教你打造
成功的特色小镇

梁　舰　主　审
杨文海　刘明海　主　编
张雪琴　田晶晶　付银辉　参　编

江苏凤凰科学技术出版社

图书在版编目(CIP)数据

教你打造成功的特色小镇 / 杨文海，刘明海主编. — 南京：江苏凤凰科学技术出版社，2018.3
ISBN 978-7-5537-9069-5

Ⅰ. ①教… Ⅱ. ①杨… ②刘… Ⅲ. ①小城镇－城市建设－研究－中国 Ⅳ. ①F299.21

中国版本图书馆CIP数据核字(2018)第043563号

教你打造成功的特色小镇

主　　编　杨文海　刘明海
项目策划　凤凰空间/翟永梅
责任编辑　刘屹立　赵　研
特约编辑　段梦瑶

出版发行　江苏凤凰科学技术出版社
出版社地址　南京市湖南路1号A楼，邮编：210009
出版社网址　http://www.pspress.cn
总　经　销　天津凤凰空间文化传媒有限公司
总经销网址　http://www.ifengspace.cn
印　　刷　北京市十月印刷有限公司

开　　本　710 mm×1 000 mm　1/16
印　　张　24.75
字　　数　475 000
版　　次　2018年3月第1版
印　　次　2018年3月第1次印刷

标准书号　ISBN 978-7-5537-9069-5
定　　价　78.00元

序 Foreword

改革开放以来，我国城镇化建设发展迅速，收效显著。据国家统计局统计，我国城镇化率已经由 2007 年的 45.89% 提高到 2016 年的 57.35%。城镇化发展不仅是人口的转移，而是产业和人口等各类生产要素在城镇空间的不断集聚，是城乡统筹区域协调发展水平的不断提升，是大中小城市、小城镇以及乡村在不同基础上的整体协调发展，这正是加快城镇化进程，全面提升城镇化质量的要义。

随着经济的不断发展、人民生活水平的不断提高以及城市现代化管理水平的不断提升和乡村战略的实施，原本产业基础薄弱、管理水平粗放、城镇景观杂乱的小城镇转型升级、改革发展迫在眉睫。

在推动城镇化全面发展进程中，浙江省取得了显著的成就。“特色镇”发展模式兴起于浙江。浙江省以“新理念、新机制、新载体”为基石，以“产业集聚、产业创新、产业升级”为目标，积极整合各方资源，创新小城镇发展的体制机制，探索出以“特色镇”带动区域经济和城乡统筹发展的新模式，创新了特色小镇的发展路径。国家有关部门出台了一系列的文件，指导和规范建制镇体系的特色小城镇和非建制镇体系的特色小镇的培育创建，期望积极稳妥、更好更快地促进小城镇的科学发展。

特色小城镇建设是全面提升城镇化质量的重要举措，是我国新型城镇化健康发展的内在要求，是全面建成小康社会的必经之路，也是我国现阶段城镇化整体进程的重要抓手，对新型城镇化建设具有重大的现实意义。各地在特色小城镇的建设中应充分挖掘自身特点，融合当地的特色文化，形成各自的特色产业，以产业经济为基础、以城乡统筹为目标发展小城镇，切不可打着特色小镇的名义，违法违规圈地搞开发，脱离实际搞形象工程，以基本建设的方式推动小城镇发展。简而言之，特色小镇的规划要有文化内涵，产业经济要有动力，旅游发展要有优势，建设风貌要有特色，培育创新突出绿色，以科学规划与可持续发展理念为指引，扎扎实实地推进特色小镇的建设。

新形势下，特色小镇的规划、设计以及申报等技术性内容和实用性信息的需求在不断增长，特色小镇建设的教训与经验也在发展过程中不断积累。《教你打造成功的特色小镇》一书回顾了我国特色小镇建设的国家战略背景以及成功创建、培育、运营的基本历程，并结合国内外特色小镇成功案例的建设实践，图文并茂地介绍了特色小镇的创建培育、规划设计、开发建设、投融资政策以及运营组织、申报等方面的内容。希望本书的出版发行对全国特色小镇的规范建设及运营发展能够起到参考与借鉴作用。

中国城市发展研究院名誉院长

住房和城乡建设部村镇建设司原司长

中国城镇化促进会副主席兼特色小镇专业委员会常务副会长

2018 年 2 月 28 日

前言 Preface

2013 年 12 月，习总书记首次提出“新常态”的概念，我国经济发展迈入新的阶段，城镇化进程也面临新挑战，城镇发展方式亟待转变。2014 年，浙江省率先提出“特色小镇”战略，探索破解浙江省发展瓶颈的途径，实现转型升级。2015 年底，习总书记肯定了特色小镇和小城镇建设的重要性，并指出从供给侧培育小城镇对于当下新常态的经济发展具有重要意义。特色小镇将在有效破解供给不足、转型和提升传统产业、促进人才和资本等高端要素的集合、破解城乡二元结构、提升人居环境等方面发挥重要的作用。2016 年 7 月，住建部、国家发改委、财政部三部委联合发布了《关于开展特色小镇培育工作的通知》，各地掀起特色小镇建设的浪潮。

中建政研特色小镇专家团队历经一年的时间，研究了国家级和各省的特色小镇相关政策，并实地考察了多地的特色小镇，于 2018 年 2 月编写完成本书。本书从特色小镇的提出背景及基本概念入手，深入阐述了特色小镇从培育到申报再到开发、建设及运营的全过程，并对如何用 PPP 模式打造特色小镇进行了论证，最后对国家及各省的特色小镇相关政策进行了梳理和解读。

本书共有三大特色：**一是权威性**。本书汇集了理论和实务界知名专家学者对特色小镇的培育、申报、开发、建设及运营进行的详尽解读，利于读者对特色小镇形成全方位的立体认知。**二是指导性**。本书对当前特色小镇的认知误区进行了分析和解答，指导特色小镇培育工作更好地开展。**三是全面性**。本书梳理了特色小镇的基本概念、核心要素、申报流程、政策解读等几乎所有的相关内容，遴选了国内外多个特色小镇的经典案例，收录了大部分国家级、省级特色小镇政策文本文件，为读者提供了完整的特色小镇知识体系。

本书将有助于地方政府了解特色小镇政策，找准发展方向，明确申报流程；有助于企业把握特色小镇市场需求和趋势，熟知不同类型的特色小镇建设模式，更好地参与特色小镇的开发运营；有助于相关规划设计单位探究国内特色小镇发展状况，有针对性地做出规划设计方案。由于时间仓促、水平有限，错漏之处在所难免，敬请读者谅解并不吝赐教。

编者

2018 年 2 月

目录 Contents

第一章　特色小镇的解读

什么是特色小镇?

特色小镇包含哪些特征?

是“非镇非区”还是“建制镇”?

……

“特色小镇”概念最早是由浙江省省长在 2014 年 10 月参观“云栖小镇”时公开提及，并迅速地吸引了大家的关注。之后财政部、国家发改委和住建部联合出台国家级文件，提出“至 2020 年要培育 1000 个左右的特色小镇”，掀起了全国共建“特色小镇”的热潮!

第一节　特色小镇的概况

一、基本概念

特色小镇从面世伊始就备受追捧。如此火爆的同时，有很多想参与特色小镇创建的政府及企事业单位、机构对特色小镇的总体概况还不甚明了。一哄而上地建设小镇发挥不出自身的特色、优势，很大程度上会阻碍小镇的进一步发展。因此，我们必须弄清楚特色小镇是什么？特色小镇有哪些玩法？到底该怎么玩？

国家发改委于 2016 年 10 月公布的《加快美丽特色小（城）镇建设的指导意见》对特色

小城镇、特色小镇的概念及形态进行了明确的区分。特色小城镇是指以传统行政区划为单元，特色鲜明、具有一定人口和经济规模的建制镇。而特色小镇指的是聚焦特色传统产业、新兴产业，集聚多方发展要素，有别于行政建制镇和产业园区的创新创业平台。

特色小镇从字面意思来看，就是具有特色的小镇，然而这种望文生义的解读并不精准。我们可以参照浙江省对特色小镇的界定，即“相对独立于市区，区别于行政区划单元和产业园区，具有明确产业定位、文化内涵、旅游和一定社区功能的发展空间平台”。简要来讲其特点就是：介于城乡之间，地域特色突出，产业相对集中，历史文化保存较好。从长远发展角度来说，基于地方特色、资源优势、产业基础打造的特色小镇是统筹城乡发展一体化、经济可持续发展的强大后动力。

由于各省市创建特色小镇的目的、地方政策、重点建设规模内容、经济效益和运作模式等多方面的差异，在不同层面、角度上对特色小镇有不同的理解和要求。随着对小镇研究的深入，全国对于“特色小镇”的基本概念有了统一的理解。特色小镇是一个包容性的概念，是以人为本、非镇非区、特色产业、新兴产业、发展要素集聚的创新平台。小城镇则是作为特色小镇的载体，通过特色小镇发展带动、惠利于小城镇，两者之间相互促进、互为支撑。

二、建设背景

改革开放以来，随着经济发展的日渐良好，我国小城镇发展迅猛。小城镇自 20 世纪 80 年代开始数量明显增多，规划上更注重功能的完善，更重视提高周围社区的辐射影响力。但在良好的发展趋势背后，也存在着一系列亟待解决的问题。由于现有的小城镇大多数都是历史上就已经形成，有的小城镇社区功能不够完备，有的人口流失严重，有的缺乏科学规划及发展不协调等问题。这些都严重制约了小城镇自身的发展，阻碍了我国城市化的步伐。

如今，小城镇的发展问题，是关乎国家和民生的大事，是上至党的领导下至老百姓关注的重点问题。国家在“十三五”规划纲要、国家新型城镇化规划中明确提出要重点发展小城镇，完善小城镇格局，提高小城镇的城市化率。推进新型城镇化建设，优化城镇化布局，推动城乡协调发展，因地制宜地发展小城镇经济是现阶段带动我国经济转型和发展的重大举措，是促进社会和谐的有效方式。

在推动城镇化发展进程中，浙江省作为全国表率取得了显著的成就。不同于建制镇体系下的城镇化发展模式，“浙江模式”主要是以产业作为城镇发展的基础，积极整合各方资源，创新机制体制，驱动区域经济发展，建设开发小镇。由此特色小镇建设应运而生，全国各省市纷纷开始开展特色小镇的培育工作，国家发改委也推出了建制镇体系的特色小城镇和非建制镇体系的特色小镇的创建指导，期望能够更好、更快地促进小城镇的发展。

（一）“新农村建设”工作

为解决好“三农”问题，推动全面社会主义现代化建设，我国于2005年开始了“社会主义新农村”的建设工作。工作旨在从产业、教育、精神文明、基础设施等方面改善农村现状，为新型城镇化进程打好坚实的基础。建设“社会主义新农村”这一战略提出后，各地开始制定各项方针政策，落到实处，极大地提高了农村生产生活水平，改善了农村生产生活条件。

“新农村建设”的政策脉络：

（1）2005年10月，党的十六届五中全会通过《中共中央关于制定国民经济和社会发展第十一个五年规划的建议》，把建设社会主义新农村作为我国现代化进程中的重大历史任务。为做好当时和其后一个时期的“三农”工作做出了指引。

（2）2006年5月，《中共中央 国务院关于推进社会主义新农村建设的若干意见》（中发〔2006〕1号）出台，提出协调推进新农村建设。坚持把“三农”作为发展的首要任务，建设社会主义新农村的各项任务都要放在紧要地位，落到实处，实现农村全面建成小康，提高我国城市化水平。

（3）2007年10月，党的十七大报告指出，统筹城乡发展，推进社会主义新农村建设，事关建设小康社会大局，必须始终作为全党工作的重中之重。

（4）2012年11月，继十七大之后，十八大进一步提出“加快推进新农村建设，全面改善农村社会生产生活条件”。

（二）“新型城镇化”战略

新型城镇化的内涵是以统筹兼顾为原则，坚持以人为本，提倡走科学发展、新型工业化道路，以城市现代化、城市集群化、城市生态化、农村城镇化为发展方向，全面提升城镇化水平和质量。我国提出的“新型城镇化”战略，是在自身实践的基础上逐步发展和完善的战略方针，是远超于西方城市化和传统城镇化的发展模式。新型城镇化不仅是人口转移，还重在人口转变，重在质的提升，同时要求大中小城市在不同基础上要整体发展，全面加快城镇化进程。

战略提出 10 年来，随着新型城镇化战略的推动，我国的城镇化进程稳步提升，收效显著。据国家统计局统计，我国的城镇化率已经由 2007 年的 45.89% 提高到 2016 年的 57.35%（表 1-1、图 1-1）。

表 1-1　2007—2016 年中国城镇化进程统计数据

年份（年）	建制镇数（个）	城镇人口（人）	总人口（人）	城镇化率（%）
2007	19 249	60 633	132 129	45.89
2008	19 234	62 403	132 802	46.99
2009	19 322	64 512	133 450	48.34
2010	19 410	66 978	134 091	49.95
2011	19 683	69 079	134 735	51.27
2012	19 881	71 182	135 404	52.57
2013	20 117	73 111	136 072	53.73
2014	20 401	74 916	136 782	54.77
2015	20 515	77 116	137 462	56.10
2016	—	79 298	138 270	57.35

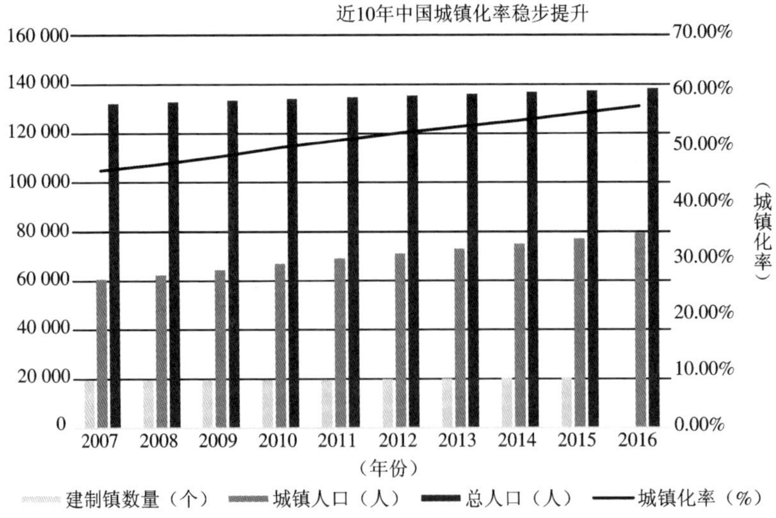

图 1-1　2007—2016 年中国城镇化统计数据

“新型城镇化”战略的政策脉络:

(1)2007年10月,党的十七大报告将新型城镇化列入“新五化”范畴,明确指出了新型城镇化的具体内涵,并且为我国新型城镇化的良好发展提供了指导性的思想与建设路径,使得新型城镇化能够更好地发展。

(2)2009年9月,住房和城乡建设部强调“落实十七大精神一定要坚定不移地探索和发展新型城镇化建设模式,实现经济社会统筹发展,人与自然和谐发展”,住房和城乡建设部将新型城镇化的概念向全国进行了推广。

(3)2011年制定的中国“十二五”规划提出“同步推进工业化、城镇化、农业现代化建设”。各省的“国民经济和社会发展第十二个五年规划纲要”中均提出了全面建设小康社会要始终把“新型城镇化”作为方向。新型城镇化是我国现代化发展的必经之路,在新型城镇化建设的道路上,要坚持走中国特色城镇化道路,科学制定城镇化发展规划。

(4)2012年11月,十八大明确提出“坚持走中国特色新型工业化、信息化、城镇化、农业现代化道路,推动信息化和工业化深度融合、工业化和城镇化良性互动、城镇化和农业现代化相互协调,促进工业化、信息化、城镇化、农业现代化同步发展。”

(5)2014年,中共中央、国务院印发《国家新型城镇化规划(2014—2020年)》明确了未来城镇化的发展路径、主要目标和战略任务,统筹相关领域制度和政策创新,是指导全国城镇化健康发展的宏观性、战略性、基础性规划。

(6)2016年2月,国务院印发《关于深入推进新型城镇化建设的若干意见》,要求全面部署,深入推进新型城镇化建设。

(7)2017年政府工作报告指出:扎实推进新型城镇化。深化户籍制度改革,当年实现进城落户1300万人以上,加快居住证制度全覆盖。支持中小城市和特色小城镇发展,推动一批具备条件的县和特大镇有序设市,发挥城市群辐射、带动作用。

(三)“新常态”经济

2013年12月10日,习近平总书记在中央经济工作会议上,首次提出“新常态”概念。这一概念的提出,意味着我国经济发展进入一个新的阶段,开始强调经济的可持续发展。总体看来,目前我国的城镇化发展已处于中后期阶段,为更好地适应我国中高速、优结构、新动力、多挑战的发展规划，以及“新常态”经济环境的变化，城镇化进程也需迈入新的阶段，城镇的发展方式亟待转变。

从本质上来说，城镇化建设要实现的并不是农村人口的“转移”，而是农村人口的“转变”。因为对农村人口单纯地进行转移，难以实现从农民到城镇市民身份的真正转变。随之而来会出现各种畸形的社会现象，比如农民工的户籍、家属、根基在农村，就业、劳动、生活在城市等。这种“半城镇化”现象存在着诸多经济发展不协调、社会不稳定因素。

针对城镇化建设过程中出现的问题，浙江省提出了“非镇非区”的特色小镇模式。特色小镇的发展模式是以政府引导、企业主导、市场化运作为原则，通过特色产业的集聚、人文历史的传承、基础设施的提升、人居环境的治理、体制机制的创新带动人口的集聚，促进农村人口就近、就地城镇化，从根本上解决“半城镇化”问题。中央对此模式给予了强烈的肯定，并将特色小镇的培育上升为国家行动，鼓励各省、自治区政府积极推进特色小城镇建设，为城镇化发展进程提供新动力。

三、建设意义

村镇经济是国民经济的重要组成部分，在我国村镇建设一系列工作的推动下，村镇经济获得了快速发展，并且极具中国特色。我国东南沿海地区由于其区位、政策等优势，村镇经济发展较好，经济实力较强，产业具备一定的规模，精神文明建设程度较高。但是在中西部地区，村镇经济受基础、区位等的限制，目前仍处在设施陈旧、资金不足、教育水平低、科学技术薄弱的状态，亟待进一步的发展。

总体来说，我国村镇建设还存在着很多问题，城镇化进程依旧任重道远，特色小镇作为我国现阶段城镇化进程的新引擎，对于发展推进新型城镇化建设具有重大的现实意义。

（一）破解城乡二元结构，提升城镇化水平

城镇化建设是推动我国经济发展的必要要求，是促进我国社会进步的必然趋势。目前我国社会发展体制为“城市 – 乡村”的二元结构，这种二元结构制约了社会资源的优化分配，也制约着城镇化的进程。特色小镇作为承接平台，是农村农民就近、就地城市化的广大载体。整合多方资源合力打造连接城乡的特色小镇，将大大改善农村人口的转移现

象，打破城乡二元的僵化结构，提高我国的城镇化水平，推进供给侧结构性改革。

1. 提升小城镇的整体质量

根据 2016 年《中国工业化蓝皮书》发布的内容：中国工业化水平综合指数已达 83.69，预计到 2020 年基本实现工业化，到 2025 年我国工业化水平综合指数将实现最大值 100。

由此可见，我国的工业化发展进入到中后期阶段，但工业经济高速发展的同时也带来了劳动力、土地成本不断上升的问题，出现了产能过剩、资源过度开发的现象。在这样的经济背景下，依靠房地产项目开发、农副产品简单加工、资源低附加值开发的小镇发展难以为继，转型升级迫在眉睫。事物的发展是个扬长补短的过程，小镇建设也是如此。小镇的优势在于拥有大城市居民无比向往的青山绿水，拥有得天独厚的产业资源优势。这些“软价值”即是小镇的特色，是小镇的有利竞争力。

特色小镇建设需进一步完善小城镇基础设施水平，主打“特色”牌，提升小城镇“软价值”，全面提高特色小镇整体质量。

2. 促进农村人口向城镇人口转变

西方国家的城镇化主要是依靠先进技术的应用引发农业现代化变革。而中国的城镇化主要依靠城市的简单扩张，通过城市土地和功能的向外延伸引发农村社会的变迁。城镇化的主题永远都是人的城镇化，通俗点说是指在二元结构中的弱势群体——农民的城镇化。尽管我国户籍人口城镇化率已经达到 57.35%，但是人口或户籍的城镇化率却远低于土地的城镇化率。

我国村镇的城镇化水平较低，农业人口向市民化转变进程缓慢。村镇中各项产业、公共配套设施等发展都不完善，在村镇拉动内需上仍需加强推动力，依靠产业的进步来带动村镇经济的发展。发展建设特色小镇，社会条件、生态环境将得到改善，产业有条件进一步发展。届时将吸引更多的企业在小镇生根，人才在小镇聚集，一部分农民将向产业工人转化。如以化纤布纺织为特色的浙江绍兴柯桥镇、以毛纺织为特色的江苏江阴新桥镇、以棉纺织为特色的山东邹平魏桥镇，经过培育打造成特色小镇，其生产规模、技术水平、品种质量和市场占有率排名均居世界前列。再如山东青岛藏南镇，该镇的特色是农业产业园，4000 多名农民就地解决了就业问题，就业后人均增收 1.5 万元。河北武强周窝镇，“日出耕作、日中做工、日落休闲”是当地农民的生活常态，该镇则以此种休闲农业的文化创意作为产业支撑，通过自身不断发展壮大，激发出村镇经济发展源源不断的内生动力。

3. 凸显建制型小城镇的平台作用

2017 年的政府工作报告中并未明确提出“特色小镇”的说法，而是将其并入“支持中小城市和特色小城镇”文章表述当中。我国 2 万多个建制型小城镇是城镇化建设的主体，是介于城市与乡村之间的重要平台纽带。在 2016 年住建部发布的第一批特色小镇名单中，127 个特色小镇均为建制镇。从区位上来说，城市周边的建制镇通过特色小镇建设，可发挥分担城市功能的作用；从管理范围上来说，建制镇相比于非建制镇，在行政管理、组织实施、居民落户、土地使用、投融资信用等方面均具有显著优势，能够更成功、有效地推进特色小镇快速发展。

（二）促进现有产业形态的转型升级

1.“产业 + 资本”造就新价值

作为经济“新常态”的突破口，特色小镇在得到中央的肯定后，就吸引了社会各方的密切关注，成为社会资本规划发展的新方向。一批相当有实力的大企业、龙头企业，如万科企业有限公司（简称“万科”）、碧桂园集团（简称“碧桂园”）、华夏幸福基业有限公司（简称“华夏幸福”）、美好置业集团股份有限公司、南山控股（集团）股份有限公司、蓝城集团等，始终坚持以产业立镇为原则，根据自身发展状况调整投资模式，将资金注入特色小镇，投资产业、完善基础设施，创造新的价值，从而形成了良好的资本回报。例如华夏幸福运营的河北大厂影视小镇，启动“人才孵化 – 产业基地”双驱发展，打造了影视制作的前期拍摄、后期制作、宣发交易的全流程产业，并且带动了人才孵化等相关产业。在产业机构上，小镇引入 Base FX、金海岸影业、派格控股传媒、北京电影学院等企业机构；在运作模式上，吸取借鉴美国影视业先进运作模式经验，创造本土影视发展的基地，被业内人士誉为“中国唯一特别上路的影视小镇”。

2. 为园区转型提供新思路

作为城市周边重点发展的块状经济，园区曾经风光一时，各种产业园区、工业园区、物流园区在全国遍地开花。随着社会环境、市场趋势的变化，一些产城分离、污染严重、技术水平不高的园区面临着要么整合、要么淘汰的窘境。特色小镇发展“产、城、人、文”的生态理念为园区的转型升级提供了思路。在有条件的园区，可以按照特色小镇的理念进行重新打造，重点扶持龙头企业，植入社区、文旅、医院、学校、企业总部等配套设施，吸引资本、人才、科技的集聚，促进园区向着可持续的方向转型升级。

例如青岛西海岸新区琅琊镇，为了提升自身经济发展水平，对生产的海产品和农产品做出提档战略，产品档次和价格变化的同时也带来了产品滞销问题。针对此问题，该镇引入信息技术，开始建设以“互联网＋山情海韵”为特色的电商小镇，开发了全省第一家镇级电商平台，将电商平台作为基础更好地整合百家农场与商家的资源，组建了覆盖全国的电商网络，在产业建设的同时，重点对海岸线的环境问题进行整治，加强小镇生态的治理。

（三）促成多元协同的治理模式

党的十八届三中全会提出以“社会治理”替代“社会管理”，“社会管理”主要是指政府和社会组织为促进社会系统协调运转进行规范管理，其中政府是管理的主体。“社会治理”不再是政府包干的模式，而是依据法律、道德、文化等手段，通过协商、协作的方式，由政府主导，社团组织、企业、公民等社会各方共同参与的“社会治理”。具体表现为：

（1）产业协同。特色小镇是集产业基础、文化底蕴、社区功能的融合平台，产业是小镇发展的中流砥柱。小镇要以核心产业为主导形成产业链，通过龙头企业的培育和新企业的孵化、入驻形成产业集群，联动发展其他相关产业。相同产业、不同产业之间只有协同发展才能实现共赢。

（2）城乡协同。小镇是城市和乡村的纽带，民约乡规、血缘亲情将农村、小镇、城市联结在一起。小镇要发展，就离不开与城市的联动。在小镇的治理中，城市与乡村的协同必不可少。通过借鉴城市的建设模式、吸引城市的高端科技和人才、疏解非大城市功能的产业等发展建设小镇，同时小镇也为城市输送产品、提供服务。

（3）生态协同。特色小镇中的生态协同包含两个方面，一是自然生态，二是社会生态。拥有良好的生态环境是小镇最大的优势所在，小镇一切的发展都要以不破坏环境为前提，做到生态和谐；同时小镇建设要以人为本，注重人的感观与体验，促进社会各方和谐共进。

第二节　特色小镇的基本特征

从特色小镇的基本概念出发，国内的特色小镇主要以资源整合型、产业集聚型、“互联网+”三种类型为主。对于特色小镇的发展，“产业”“特色”是其建设的必备条件，特色的产业以及资源优势是打造小镇的前提。同时，文化环境、体制机制是特色小镇发展的软动力，是关系发展道路长远的重要因素，需要有具体化、特殊化的内容作为支撑。因此，我们可以从“产业、风貌、文化、机制”四个维度来总结特色小镇的基本特征（图1–2）。

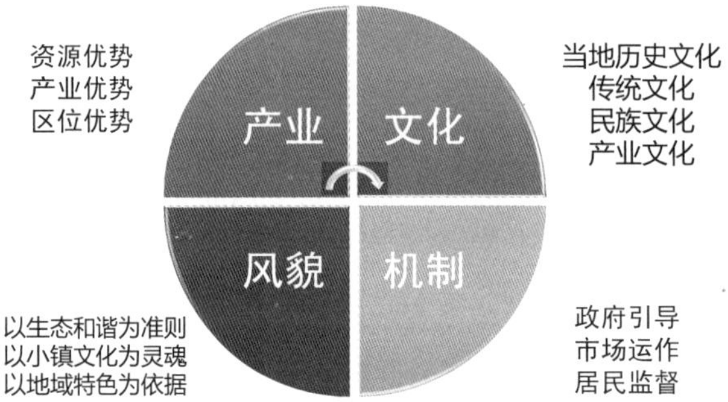

图 1-2　特色小镇的基本特征

一、产业“特”

产业是小镇的核心。国家级特色小镇要求产业定位精准、特色鲜明。浙江模式要求特色小镇是“特而强”，而不是“大而全”。产业特色不是脱离现实，一味追求与众不同，而是要在现有资源优势、产业优势和区位优势的基础上，发展具有地域特色的、适合当地发展的产业。人无我有，重点发展当地的特色产业，集群化、规模化、科学化地做大做强。人有我特，即使是相同的产业，市场定位、细分领域、产销模式都是会产生差异化、形成特色化的环节，要在不同的条件下走出不同的道路。

二、文化“特”

文化是小镇的灵魂。特色小镇的文化具有更广泛的范围，不仅包括历史文化、传统文化及民族文化，还包括产业文化、社区文化等。特色小镇要注重对当地的历史传统文化及民族文化的挖掘和传承，这些文化内容本身丰富多彩，具有千种文化有千般风采的特点。小镇在定位、挖掘产业文化时要切合产业，从“特”字着手。文化是特色小镇的特色之魂，经过策划打造、推广宣传能为小镇带来巨大的商业价值。

三、风貌“特”

风貌是小镇的名片。特色小镇讲究“精而美”、力求做到“一镇一风貌”。风貌是人们进入小镇的第一印象，切忌千篇一律，缺乏独特性。小镇建设要以生态和谐为准则，因地制宜，积极利用当地的地形地貌。小镇的建筑格局要以小镇文化和地域特色为依据，重点关注小镇的功能布局，最大限度地体现小镇的本地文化和地域特色。

四、体制机制“特”

体制机制是小镇的保障。建设特色小镇是一项长期的、资金需求巨大的、业态内容复杂的工程。依靠原有的政府主导模式难以实现，单纯依靠企业也很难进行。原则上，特色小镇体制机制的作用是为小镇的建设、运营把控方向，保驾护航。政府应引导并把控整体的发展方向，创造良好的制度环境；企业作为建设及运营主体，可以通过市场化的运作方式，结合自身优势，整合各方资源，决定建设及运营的各个细节；特色小镇的当地居民要对小镇建设运营进行公共监督。根据不同地区小镇的情况，当地政府要在制度、管理模式上作出相应创新，摸索出一套适合当地城镇发展的体制机制。

第三节　特色小镇的发展现状

我国特色小镇建设从整体来说，目前还处于起步阶段，发展进程不一：东部地区发展快于西部地区；大城市快于中小城市；城市郊区快于乡镇农村。国家三部委提出建设的特色小镇原则上是“建制镇”，但从全国特色小镇的发展现状来看，特色小镇分为“非镇非区”模式、“建制镇”模式、两种模式兼具三种，即可以是行政建制镇，也可以是非镇、非区、非园，或是两者结合的综合产物。

地方各省市特色小镇中以“非镇非区”模式创建的有:浙江省、福建省、河北省、山东省等;以“建制镇”模式创建的有:贵州省、甘肃省、安徽省、辽宁省、内蒙古自治区、四川省、广东省、重庆市等;江西省则兼具以上两种模式。下面从特色小镇的概念、创建目标和现状等角度来说明一下各省不同的创建模式。

一、“非镇非区”模式

(一)浙江省

我国特色小镇发展模式起源于浙江,浙江省在培育特色小镇方面沉淀了深厚的基础。浙江省提出的“八八战略”认真总结了浙江省的体制机制优势、区位优势、块状特色产业优势、城乡协调发展优势、生态优势、环境优势、山海资源优势和人文优势八大优势,同时制定了面向未来发展的八项举措。“八八战略”为浙江省特色小镇的持续良好发展提供了理论基础和方向。

概念:“浙江模式”的特色小镇相对独立于市区,“非镇非区”,区别于行政区划单元上的一个镇,也不是产业园区的一个区。浙江省按照创新、协调、绿色、开放、共享的发展理念,将小镇打造成产业定位明确、文化内涵丰富、旅游及社区功能完备的发展空间平台(图 1–3)。

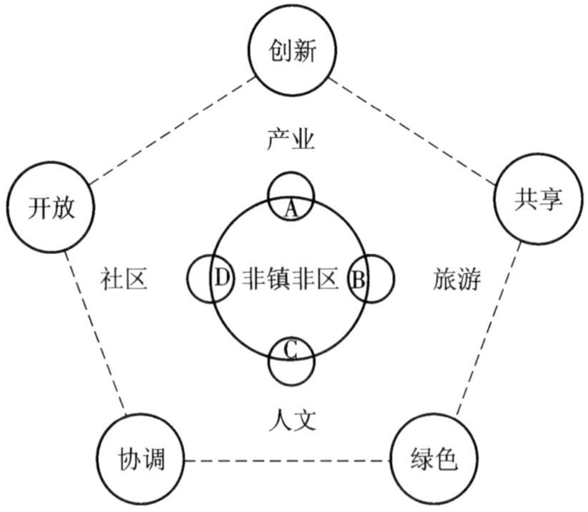

图 1-3 浙江省特色小镇的发展平台

发展基础：培育和规划建设特色小镇是浙江省政府工作的重点，浙江省的每个特色小镇几乎都有自己的特色产业集群。在地域文化因素上，浙江省交通便捷，人杰地灵，拥有浓厚的吴越文化，名胜古迹丰富、风景优美，具有独特的优势；在经济基础上，浙江省的经济发展水平一直居于各省前列，产业有相当雄厚的根基和规模，市场经济发展成熟，有着强大的经营团体、丰富的运营经验、雄厚的资金后盾。浙江省特色小镇的出现与其良好的发展是天时、地利、人和的结果。

创建目标：浙江省分批筛选创建对象，力争通过 3 年的培育创建 100 个左右特色小镇。在信息、环保、健康、旅游、时尚、金融、高端装备制造等领域规划建设一批产业特色鲜明、体制机制灵活、人文气息浓厚、生态环境优美、多种功能叠加的特色小镇。

（二）福建省

概念：福建省创建的特色小镇区别于建制镇和产业园区，是具有明确产业定位、文化内涵、兼具旅游和社区功能的发展空间平台。

创建目标：加快规划建设一批特色小镇是经济新常态下推进供给侧结构性改革和新型城镇化的战略选择，也是推动大众创业、万众创新和加快区域创新发展的有效路径，有利于加快高端要素集聚、产业转型升级和历史文化传承。

（三）山东省

概念：山东省创建的特色小镇是区别于行政区划单元和产业园区，具有明确产业定位、文化内涵、旅游特色和一定社区功能的发展空间平台。

创建目标：到 2020 年，创建 100 个左右产业上“特而强”、机制上“新而活”、功能上“聚而合”、形态上“精而美”的特色小镇，成为创新创业高地、产业投资洼地、休闲养生福地、观光旅游胜地，打造区域经济新的增长极。

（四）河北省

概念：河北省创建的特色小镇不是行政区划单元的“镇”，不具有镇一级行政管理职能，也不是产业园区、景区的“区”，而是按照创新、协调、绿色、开放、共享的发展理念打造，具有明确产业定位、文化内涵、旅游业态和一定社区功能的发展空间平台。

培育目标：将用 3~5 年时间，培育建设 100 个产业特色鲜明、人文气息浓厚、生态环境优美、多种功能融合、体制机制灵活的特色小镇。

二、"建制镇"模式

(一)辽宁省

概念:辽宁省创建的特色小镇是以创新、协调、绿色、开放、共享为发展理念,以乡镇现有产业为基础,以因地制宜、分类指导为原则,以稳增长、惠民生为目标,以坚持产业定位、壮大乡镇经济、突出特色发展为主线,以创新体制机制为重点,以建立健全省、市、县三级工作机制为保障的具有一定产业基础、地域风情浓厚的特色乡镇(含国有农场、林场)。

创建目标:"十三五"期间,力争规划建设50个产业特色鲜明、体制机制灵活、人文气息浓厚、生态环境优美、多种功能叠加的特色乡镇,培育新的经济增长点,推动新型城镇化建设,促进城乡统筹协调发展。

(二)甘肃省

概念:甘肃省创建的特色小镇是按照创新、协调、绿色、开放、共享的发展理念,以打造特色业态为主导,产业定位明确、市场要素集聚、管理机制创新、生产生活生态统筹布局的综合性发展平台。

创建目标:力争通过3年的努力,在全省范围内初步建成一批特色鲜明、绿色低碳、功能完善、产业集聚、开放包容、机制灵活、示范效应明显的特色小镇。

三、两种模式兼具

江西省特色小镇兼具"非镇非区"和"建制镇"两种形态。

概念:江西省创建的特色小镇主要指以某种产业为特色,既有城市功能,又有乡村风貌,大小适宜的人口聚集区,主要包括以传统行政区划为单元的建制镇和不同于行政建制镇、产业园区的创新创业平台两种形态。

创建目标:在全省分两批选择60个左右建设对象(含行政建制镇和不同于行政建制镇、产业园区的创新创业平台),由省、市、县三级共同扶持打造。力争到2020年,建成一批各具特色、富有活力的现代制造、商贸物流、休闲旅游、传统文化、美丽宜居等特色小镇,坚定不移地加快发展转型,推动我省国家生态文明试验区建设,努力打造美丽中国"江西样板"。

第四节 特色小镇的发展趋势

由浙江省兴起的全国特色小镇建设发展进入了快速轨道，特色小镇俨然已成为中国经济社会转型的创新改革试验区、新型城镇化推进和新农村建设的主动力及我国供给侧结构性改革的新抓手。未来特色小镇的发展空间巨大，前景无限。

一、由数量型向质量效益型增长转变

我国自 2016 年实施特色小镇、"千企千镇"工程和"双十双百"工程建设以来，中央多个部委和全国各省市都在积极出台相关政策措施。特色小镇作为未来城镇发展中的重要招商引资载体平台，各地几乎都已出台相应的特色小镇指导意见或实施方案。在政策的推动下，全国上下积极开展培育特色小镇的探索尝试，加快特色小镇的建设。

整体来看，虽然大部分地区培育创建特色小镇尚处于起步阶段，但是各方参与特色小镇建设的热情高涨，特色小镇在全国发展势头迅猛，预计未来几年将迎来快速发展期。面对如火如荼的特色小镇打造热潮，一个典型的现象就是政府为迎合中央政策，企业为追求自身利益，一哄而上地参与建设各种特色小镇。结果导致小镇遍地开花、盲目发展，忽略了特色小镇建设质量，陷入"千镇一面""房地产化"的尴尬局面，从而在后期发展中可能会出现致命性问题。

特色小镇未来的发展势必迎来战略性的调整，我们应该清楚地意识到，特色小镇建设要以发展产业为主线，在"特"字上做文章。我国特色小镇建设不能盲目追求速度和数量，更应适应国内小镇发展新阶段的要求，根据当地区域特色的人文、区位、产业优势，顺势而为进行建设，以市场为导向，由数量型向质量效益型转变、增长方式由粗放型向集约型转变、从快速发展向持续健康发展转变。

二、人口、产业迅速向城郊重镇聚集，新型城镇化发展加速

特色小镇作为破解城乡二元化发展的新突破口，正扮演着越来越重要的角色。随着国家精准扶贫政策的不断出台，政策资金向欠发达区域的倾斜力度逐渐加大，加上国家、

大型城市的功能及产业对外转移，人口逆城市化流动趋势的出现，人们开始更倾向于生活在基础设施和服务设施完善、环境优美的中小城镇中。

特色小镇的建设进一步加快了我国农村人口向城镇转移的步伐，不仅疏解了大城市功能，还能快速地提高城镇化水平，同时人口就业构成也会随之发生变化。乡镇的企业由低端向高端转型，农民开始向工人转型或是兼顾农民和工人的双重角色，小镇的经济社会发展水平得到全面提升。从区位范围来看，特色小镇的建设很大程度上分担了一部分城市的居住和休闲功能，减轻了中心城市的压力，有利于提升新型城镇化的发展水平，促进新农村建设，缩小城乡差距，解决人口就业、城乡公共资源分配不均等问题。从当地社会来看，有利于加快农村乡镇产业的发展聚集，以及基础设施、公共服务设施、相关配套服务设施水平的完善。

特色小镇、小城镇建设大有可为，不论是促进经济转型升级，还是新型城镇化建设，都具有重要的意义。未来特色小镇将是市县区域经济增长的主战场。

三、传统产业结构转型升级

目前，我国国民经济规模虽大，但实力不强。一二产业产能相对过剩，结构发展不合理，第三产业发展严重滞后，教育、医疗、养老、环保等领域供给不足，中低端产品过剩、产业链附加值低下、用工密集、高端产品供给体系严重脱节等一系列问题都是我国经济面临的困境，也是亟待解决的问题。从浙江省提出建设特色小镇的理念后，浙江省内的大批传统小镇、产业园区发展焕发出新活力，取得了瞩目成就，为我国供给侧结构性改革、传统产业结构转型、新型城镇建设提供了新思路和优秀范例。

以余杭艺尚小镇的产业转型为例：小镇位于杭州市余杭区临平新城，历史上就是闻名在外的“丝绸之府”，被称为中国布艺名城。该地区一直是风行国内市场的“杭派女装”的重要加工生产基地。随着市场低迷、成本上升、线上平台冲击等的影响，传统服装行业面对转型升级、技术创新的巨大压力。“十三五”期间，浙江省以“特色小镇”为抓手，重点发展时尚产业，地处临平新城的艺尚小镇应运而生。正在建设的艺尚小镇，以区域特色产业即时尚服装产业为切入点，依托电子商务开拓销售渠道、智能化设计生产、品牌化管理运营，以“时尚 +”的模式实现多方的共融互通。2017 年，艺尚小镇预计可以累计完成固定投资 50 亿元、建筑体量 100 万平方米、引进千万级营业收入客商 120 家、新增税收 3.5 亿元，保守估计将引进电商 600 家、导入创业型人口 3 万左右。

没有产业支撑的特色小镇不可持续，特色小镇只有以特色产业为核心、主导产业突出"特而强"才能避免昙花一现。通过集聚产业链上下游、多产业融合化发展，既避免了全国其他地区特色小镇产业的同质化，又能集中各方力量打造优质高端、竞争力强的产品，同时还能带动当地旅游、文化、居民社会生活的发展，促进产业升级转型。这样的特色小镇才是有人气、有活力的，才是可持续发展的。

四、特色小镇"智慧化"升级

特色小镇智慧化升级是一种可预见的趋势。"互联网 +"模式为资源短缺的特色小城镇解除了多方面的限制。使城镇融入数字化、网络化、智能化、信息化等新一代科技信息是创新互联网时代下发展的新业态。特色小镇的建设要顺应历史趋势，以信息化改造升级传统动能，探索发展新体制、新机制、新技术、新融资模式、新资源配置方式、新商业模式。

充分利用互联网信息技术平台，更大范围内统筹配置创新资源，促进农业、加工、销售、贸易、售后等相关产业的融合发展，形成特色鲜明的产业形态，把小城镇打造得更特、更精、更强。推动传统产业数字化、智能化、网络化转型升级，利用互联网进行改造或再造产业流程、供应链条、管理流程，使各类资源得到优化配置。

例如，利用互联网、大数据的智能技术改变特色小镇的运行模式。通过把智能技术的管理功能、服务功能、营销功能等运用于小镇的开发运营当中，如行业监管、数据采集、市场分析、在线预订、网络查询、电子导航、在线销售、客源分析、跟踪服务、宣传营销等领域。

智能化、数据化的时代已经来临，其发展速度远超我们的想象。为适应时代的发展潮流以及促进多产业转型升级、融合发展，小镇应以市场为导向，把散落各处的产业碎片重新整合，丰富产品形态，提升产业的附加值，前后端拉伸产品链条，增加盈利环节，打造成满足市场需要、满足顾客需要的新业态。

第二章　特色小镇的培育

第一节　特色小镇的培育原则

住房和城乡建设部对特色小镇的培育工作提出四大原则：一是要坚持有重点发展、有条件发展，不能一哄而上；二是要坚持有特色发展、有特色建设，防止千镇一面；三是要坚持市场为主体，产业为动力，防止“只见新镇不见人”；四是严禁打着特色小镇名义，违法违规圈地搞开发。

简而言之，特色小镇建设的旅游资源要有优势，产业经济动力强，培育必须按照各地绿色发展的要求，坚持可持续性创新发展，有序推进特色小镇的规划建设。下面就从这几个方面阐述一下特色小镇培育原则的内容。

一、旅游资源要有优势

旅游资源是发展旅游业的前提，是旅游业发展的基础条件，这就要求发展成为特色小镇的旅游资源一定要具备资源优势。旅游资源的优势吸引力集中在自然风景旅游资源和人文景观旅游资源两方面。自然风景旅游资源主要是以地貌气候、水文生物为主，包括高山、峡谷、森林、火山、江河、湖泊、海滩、温泉、野生动植物、气候等。人文景观旅游资源可归纳为人文景物、文化传统、民情风俗、体育娱乐四大类，主要包括历史文化古迹、古建筑、民族风情、饮食文化、风俗习惯、现代建设新成就、文化艺术和体育娱乐、购物等。

旅游业对国民经济的拉动作用，对社会就业的强大带动力，对文化的传承以及环境的保护优势日益显现，发展旅游业是特色小镇特色化的最佳路径之一。旅游在带动目的地消费、GDP 增长、就业增长的同时，还为当地带来了价值提升、文化品牌效应、环境生态效应、农民与居民收入高效提升、和谐社会建设健康发展等一系列良性的社会经济效应。

旅游文化特色资源，是维系小镇旅游业发展的命脉。特色小镇旅游产业发展的重要依托是当地浓厚的人文历史背景和独一无二的人文景观，而当地居民文化意识的原生性、完整性是特色小镇文化的集中表现和重要价值。拥有优势旅游资源的特色小镇，可以围绕其特有的自然风景资源或人文景观资源做文章，多层次、全方位地发展生态产业、休闲旅游、文化创意等领域，满足人民日益增长的需求，将资源优势转变为发展优势。

二、产业经济动力强

产业是特色小镇经济发展的根基，是小镇发展繁荣的前提。因此，培育特色小镇需要其具备一定的产业基础，在产业基础上重点发展主导产业，培育龙头企业。明确定位主导产业，着力往做精、做强的方向发展，形成具有一定市场占有率的产业优势；龙头企业应因地制宜，鼓励创业创新，保证龙头企业的龙头项目能在小镇扎根，做到本土化运营，保障其稳定发展。

整合资源优势，带动区域产业集群发展；聚集人才，吸纳周边人口就业；延伸产业上下端，形成产业链；充分利用“互联网 +”等信息技术对传统产业进行改造升级，推动产业链向研发、营销延伸。基于产业培育的原则，着力打造特色小镇发展的核心竞争力，为当地经济发展带来良性的循环。

三、可持续性创新发展

特色小镇的活力源泉是持续性的创新。各个特色小镇的发展、建设要有新意，要因地制宜，切忌千篇一律。创新是当前推进特色小镇建设的新机遇；创新是现代产业发展的必要途径；创新是深刻理解科技变革和迎接产业改革的新挑战。特色小镇，要在特色上下功夫，实际就是在创新上下功夫。

接下来的一段时期，特色小镇可持续性创新发展主要有两个面向。一是面向区域特色经济的长远发展，加强产业体系的前沿技术研究，提高产业体系中技术的科技创新能力；加强产业创新成果向应用的转化，降低生产成本，实现丰产增收，促进产业创新发展与当地居民致富结合。二是面向市场需求，坚持政府引导，市场主导，制度体制创新的原则，本着供给侧改革的精神，把特色小镇建设成为新时期“大众创业、万众创新”政策制度的洼地，多方合力推动特色小镇走向经济新常态的“高地”。

第二节　特色小镇的培育要求

住房和城乡建设部、国家发展改革委、财政部针对开展特色小镇建设的相关问题，明确了对于特色小镇培育的相关要求，主要有如下五大要求（图 2–1）。

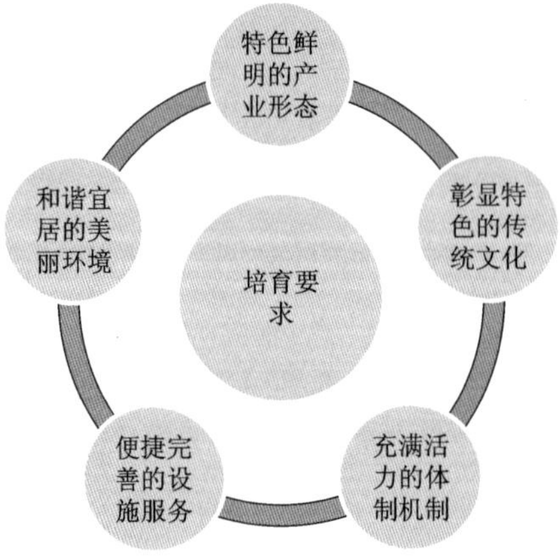

图 2-1　特色小镇培育要求

一、特色鲜明的产业形态

定位要求：以市场为导向，前期对当地资源及优势进行科学分析，对发展产业进行精准定位，挖掘其特色。新兴产业、传统产业、现代农业等发展良好、前景可观。

发展方向：产业往做特、做精、做强方向发展。新兴产业成长快，传统产业改造升级效果明显，充分利用“互联网 +”等新兴手段，推动产业链向研发、营销延伸。

综合影响：产业发展环境及前景良好，产业、投资、人才、服务等要素集聚度较高。通过产业发展，吸纳小镇周边农村剩余劳动力就业的能力明显增强，带动农村发展的效果明显，进一步缩减了城乡差距。

二、和谐宜居的美丽环境

空间布局：空间布局与周边自然环境相协调，整体格局和风貌具有典型特征，路网规划合理，建设高度和密度适宜，整体布局和谐。

住区环境：居住区开放融合，提倡街坊式布局，住房舒适美观。

建筑风貌：彰显传统文化和地域特色。

镇区环境：公园绿地贴近生活、贴近工作；店铺布局有管控；镇区环境优美，干净整洁；土地利用集约合理，小镇建设与产业发展同步协调，美丽乡村建设成效突出。

三、便捷完善的设施服务

道路交通：对交通路网进行详细科学规划，符合镇区总体规划，主、次支路相应附和，发挥相应功能，停车设施设计完善便捷。

市政设施：基础设施完善，自来水符合卫生标准，生活污水全面收集并处理后达标排放，垃圾无害化处理。绿化覆盖率不仅符合国家强制性标准，更要实现花园式绿化环境，防洪、排涝、消防等各类防灾设施符合标准。

公共服务：公共服务设施完善、服务质量较高，教育、医疗、文化、商业等服务覆盖农村地区。

四、充满活力的体制机制

体制机制发展理念有创新，经济发展模式有创新，规划建设管理有创新，社会管理服务有创新，省、市、县支持政策有创新，镇村融合发展有创新。

五、彰显特色的传统文化

文化传承：传统文化得到充分挖掘、整理、记录，历史文化遗存得到良好保护和利用，非物质文化遗产活态传承。形成独特的文化标识，与产业融合发展。

文化传播：优秀传统文化在特色小镇的建设发展和社会管理中得到充分的传承和弘扬；公共文化传播方式、方法丰富有效；同时，潜移默化地提升着居民的思想道德和文化素质水平。

第三节　特色小镇的培育类型

特色小镇的培育可分为如下五种类型（图 2–2）。

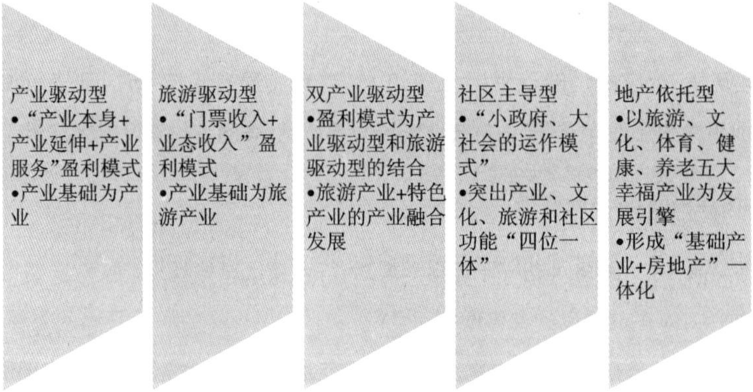

图 2-2　特色小镇培育类型

一、产业驱动型

产业驱动型特色小镇要求具备特色鲜明的产业基础，产业类型下的传统产业、特色产业、新兴产业项目核心是招商引资，旅游业只是从属产业，旅游服务设施、旅游功能相对比较薄弱。产业驱动型小镇的目的是为了吸引企业进入，推动产业发展，给入驻企业和人员创造良好、安静、舒适的工作环境。因此，产业驱动型特色小镇的基础设施、配套设施、景观打造一般不是以景区标准建设，而是按照宜居城市的标准建设。

产业驱动型特色小镇的盈利模式主要是以自身依托的优势产业环节链，同时结合旅游业发展实现盈利。比如法国格拉斯香水小镇，借助当地产业优势制造香水香料及种植花卉，引入游客旅游参与香水制作全链体验过程实现盈利。盈利模式主要是依托“产业本身＋产业延伸＋产业服务”的架构，以经济贸易、租售物业、管理物业、产业服务、投资回报、旅游创收作为收入来源实现盈利。无论是特色产业型、文化创意型还是金融创新型、高端制造型，都需要利用已有的产业优势和经济基础，突出特色，推动“产城共融”，建设更符合现代产业发展需要的配套设施，发展更贴切小镇的产业生态。

二、旅游驱动型

旅游驱动型中旅游产业占据主导地位，其他产业发展不明显，具有独特性的旅游资源和强大的旅游吸引力。旅游驱动型特色小镇的建设以“食、住、行、游、购、娱”旅游六大要素为打造基础，结合休闲、度假、观光、养老等项目打造景观，充分挖掘文化、历史、自然资源，最大限度地吸引客流，获得旅游收入。

以旅游发展为核心驱动力的特色小镇的盈利模式主要是以景区运营为主。国内大多数旅游类小镇如浙江乌镇、古北水镇等收入来源主要是门票收入，住宿、餐饮、购物等业态收入。不同于大型旅游景区，历史文化型、休闲旅游型和特色风情型的小镇前期投入巨大，投资回收压力较大。规划旅游驱动型特色小镇需要以全域化的理念打造，与整个小镇社区相融合，专业化运营，实现从景点旅游到全域旅游的转变。

三、双产业驱动型

“双产业”即旅游产业和特色产业。产业基础、旅游功能比较完善的特色小镇，其盈利模式、收入来源、打造方式是产业驱动型、旅游驱动型特色小镇的综合体。双产业驱动型特色小镇的典型代表是以影视产业和旅游为主导的横店影视城。该类型涵盖面广、综合性强、建设性强，同时也要求特色小镇在自身的区位、交通、生态、文化等方面具备明显的优势。

该类型需要充分发掘和放大产业特色及旅游功能，延伸相关要素的功能。例如砚山县正在开发建设的双产业特色小镇：小镇主要以蚕桑产业农业旅游、科研交易为发展基础，共布局自然山水生态保育、特色民族风情体验、蚕桑种养和加工、农业科研数据交易、产业生活服务配套五大功能，利用云技术和大数据创新农业数据交易模式，借助“一带一路”政策创造的有利环境将该小镇地区打造成边疆少数民族地区中的蚕丝和农业特色产品交易中心。规划双产业驱动型特色小镇应不断地优化产业结构，保护当地的自然生态环境，传承原汁原味的地域文化，创新管理运营的体制机制。

四、社区主导型

社区主导型特色小镇主要是以居住功能为主，采用“小政府、大社会”的运作模式，通过大型社区建设为城镇居民、城市迁入人口创造更好的居住环境。相当于打造一个特色社区，兼顾景观营造、产业培育、文化挖掘，通过发展亲子养老、教育研学、休闲度假增强整个社区的吸引力，推进服务创新，社区治理，突出产业、文化、旅游和社区功能“四位一体”，融合发展。

社区依托型是以特色小镇为契机，通过建设特色小镇提高居民群众生活质量和促进社区和谐文明，大力提升社区品质，不断优化社区治理、完善服务功能，形成“一镇一居”的和谐社区建设新格局。大力促进特色小镇的社区文化和特色产业振兴，确保小镇的本土文化更贴近市场需求，成为公众喜欢、追捧的消费品，在获得相应的社会经济效益的同时促进社区文化的进步，最终促成社区的可持续发展。

五、地产依托型

房地产开发土地的时代已经过去，特色小镇成为房地产商转型的一大突破口。碧桂园、华夏幸福、绿城中国控股有限公司（简称“绿城”）、绿地控股集团股份有限公司（简称“绿地”）、融创中国控股有限公司（简称“融创”）、深圳华侨城股份有限公司（简称“华侨城”）、雅居乐地产控股有限公司（简称“雅居乐”）、阳光城集团股份有限公司（简称“阳光城”）等业界房地产商纷纷加入到特色小镇的阵营当中。如绿城打造的农业小镇、碧桂园的科技小镇、华夏幸福的产业小镇、华侨城的文旅小镇、万科的良渚文化村、万达的旅游小镇等。

地产依托型小镇发展的是旅游休闲的产业格局，以旅游、文化、体育、健康、养老五大幸福产业为发展引擎，通过吸引其他区域的客源来消费，在形成人气聚集的同时聚集人口。地产依托型特色小镇仍然是以产业作为小镇建设的基础，所开发的地产项目只是发展产业的依托。但由于产业的扶持耗时很久，所以产业成功建立之前，以地产销售和后期的物业经营为主要盈利点。地产依托型小镇开发可以立足于亲子研学、养老休闲，通过休闲度假与商业地产的商业运作模式，抓住休闲游客、度假游客，结合文体娱乐、康疗养老等要素打造产业特色，使房地产、服务、金融等产业形成一体化。未来文旅地产、互联网化城镇地产将是地产依托型小镇的主要发展趋势，此类特色小镇的建设要紧紧抓住特色小镇的建设本质，严防“房地产化”的倾向。

第四节　特色小镇的培育策略

一、特色小镇的规划策略

特色小镇的规划与城市规划大不相同，培育特色小镇要进行科学规划，不能照搬。特色小镇规划是一种多维度、多业态的全面性规划（图 2–3、图 2–4）。规划是为落地服务的，在规划设计时尤其要注意方案的可实施性。

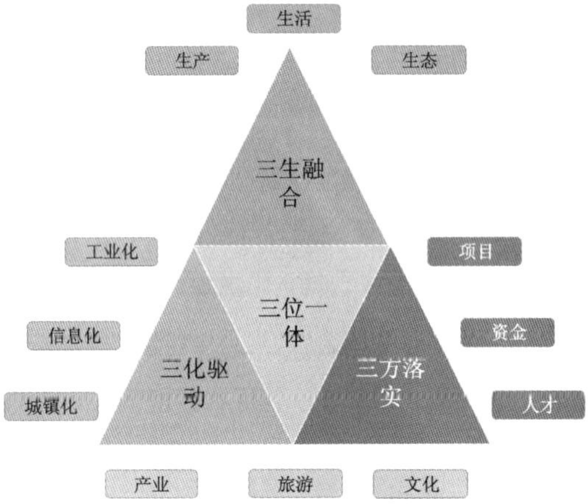

图 2-3　特色小镇培育策略

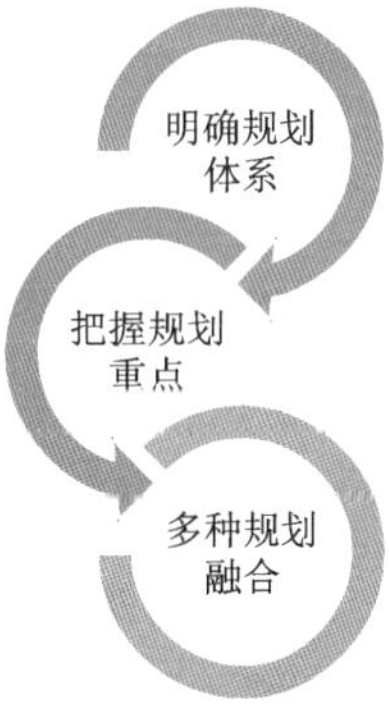

图 2-4　特色小镇规划策略

（一）明确规划体系

特色小镇的规划体系涵盖定位策划、产业培育、系统提升和空间布局等几方面内容。针对特色小镇的培育要求，小镇建设开发方应对小镇产业、宜居、文化、设施服务、体制机制五个方面进行专项规划，明确特色小镇培育方向和重点，编制科学合理的实施方案，保障特色小镇健康发展，提升旅游和文化知识两方面的影响力，并满足小镇的实际需要。规划方案和设想一定要具体落实到合适的空间布局中去，不仅要有一个空间优化落地，还要有明确的组织实施及经济概算。

（二）把握规划重点

特色小镇的规划是综合性的，必须有自身的特色导向以及多元融合，要求业态分布、产业上下游设计、空间布局等各要素高度关联。规划对于特色小镇的培育来说具有指导性和前瞻性，是一个总结过去、分析现在、描绘未来的过程。特色小镇的“特”是前提，规划更要深入挖掘产业、文化特色，将特色提炼出来，再重新融入到小镇的产业、风貌、旅游、居住、娱乐、空间布局中去，真正做到以特色为导向进行规划设计。

在产业发展方面，小镇注重新兴产业、传统产业、特色产业和其他产业发展以及外来企业和本地企业互融、共同发展；在空间布局方面，注重新建社区与老街区的交相辉映；在生态方面，注重资源开发利用与环境保护之间的取舍有度；在居民生活方面，注重外来人才与本地居民的和谐相融……总之，特色小镇的规划涉及面广，在功能上不是依靠简单的叠加，而是有机的融合。

（三）多种规划融合

小镇的规划比较复杂，小镇规划包括空间规划、产业规划、旅游规划、道路规划等，要能够全面落实到具体，相互融合及和谐。多种规划进行整合，融入特色、历史、文化的元素，结合特色小镇培育的五项基本要求多规融合、多规合一。特色小镇规划要重点突出产业规划和空间规划两方面，小镇规划要有较强的实用性和综合性，规划应科学合理。特色小镇规划中近期规划和远期规划要相互结合，近期规划要注重小镇现状，对产业、布局、人口、历史进行深层次分析，规划完整；远期规划要求针对当地资源，综合考虑国内国际市场情况、政策导向，确定小镇长远的发展路径及目标。近期规划、远期规划要方向一致，有序衔接。

二、特色小镇的建设策略

（一）避免“同质化”

全国小镇建设的浪潮接连不断，“有条件要上，没有条件创造条件也要上”的恶性竞争乱象时有存在。特色小镇建设过程中最泛滥的现象就是小镇的定位同质化，大多都是创建旅游观光小镇，千镇一面，缺乏创意。现下已建成的很多小镇存在风貌无特色、产业发展低下、人文风情不诱人、旅游承载能力差等问题，这些问题归根结底就是没有抓好“特色”这两个字。

避免“同质化”现象，首先就要对建设的特色小镇做系统全面的调查分析。清楚了解小镇的基本情况，明确小镇的市场定位。要坚持从小镇当地的实际情况出发，围绕核心产业和产品打造特色，避免“千镇一面”，做好开发建设前的概念性规划、总体规划和可行性研究，保证建设的科学性和差异性。

在小镇的规划、建设及运营各个方面都要注重体现自身的特色，重点凸显产业定位的个性。在产业选择、产业规划、产业匹配方面因地制宜，链条聚集化，层次多元化。相应地对某些高端产业、新兴产业与自身产业进行融合发展，在融合发展中促进自身产业的不断转型升级，同时要以文化特色、生态资源作为小镇开发建设的指引，吸引城市人口、企业入驻小镇，带动小镇及周边地区的发展。把这些做到位了才能真正把小镇的自身特色发挥得更好，让小镇更长远地站稳脚跟，达到规模效益最大化。

（二）防止“房地产化”

“特色小镇”概念的火热，涉及行业范围的广泛，使得民间资本、相关行业争相加入特色小镇的建设大军。国家及各省市对特色小镇建设的大力支持，扶持政策的频繁出台，也让业界人士看到了风口上的商机。很多亟待转型的房地产企业想打着特色小镇名义前来“掘金”，某些成熟的房地产、金融企业也计划涉足特色小镇领域的建设，特色小镇的规划建设到底应不应该拒绝房地产是个值得商榷的问题。

从国家政策上来看，国家在《住房城乡建设部办公厅关于做好第二批全国特色小镇推荐工作的通知》（建办村函〔2017〕357号文件）的推荐要求里明确提出不得推荐存在以房地产为单一产业、打着特色小镇名义搞圈地开发的建制镇。文件中国家对于特色小镇“房地产化”的立场清晰明了，国家坚决不承认、不允许、不放过。此外，最近国家发展改革委、国土资源部、环境保护部和住房城乡建设部的联合发文《推进特色小镇和特色小城镇建设的若干意见》更是严格划定了建设特色小镇的多条红线。其中，“严控房地产化倾向”这一项红线，明确指出科学论证特色小镇规划，重点把关特色小镇的产业内容、盈利模式和后期运营方案，严防“假小镇真地产”项目。

究其根本，特色小镇规划建设中房地产商的竞相介入，主要是因为国家政策的调整严控，房地产“拿地、建筑、销售”的时代已经过去。当下建设的特色小镇可以解决拿地难、拿地贵、卖地难的一系列问题。政府出台的一系列特色小镇建设的优惠扶持政策，使得房地产商向政府拿地的成本相对较低。另外，特色小镇占地面积一般都有十几平方千米，建设规模大，拿地规模相应地也大。

从中，我们应该清楚地认识到一点，就是房地产商深度介入主导的特色小镇，不仅仅是传统的建房子、卖房子那么简单。是大型房地产的烂尾工程，还是圈钱融资的空壳项目？特色小镇的建设涉及的资金数量、土地规模庞大，招商引资、规划开发比例、后期运营各个环节都有可能使特色小镇转性变质。这种打着特色小镇名义搞圈地开发的做法与国家培育特色小镇的初衷背道而驰。特色小镇建设初期，应该尽可能地以实体经济为主导，杜绝单一功能的房地产化，坚持产业引导，给实体经济创造更多的空间。

在特色小镇实际建设开发中，一刀切除房地产商的做法同样不可取。一方面，特色小镇的社区居住功能、旅游配套功能离不开地产项目。特色小镇要建立，大量的住房需求、配套需求必然会随之产生。另一方面，房地产行业在过去的十多年间累积了大量的资本，而解决资金问题是特色小镇建设开发的重中之重。政府也需要资本实力雄厚的房地产企业、开发商推进小镇的建设。

总之，房地产开发商想要参与到“特色小镇”的建设中，首先需要对小镇的资源整理、顶层设计、产业布局、运营规划有一个系统、完整的开发流程设计方案。盲目建设立项、破土动工的小镇未来都有可能出大问题。建议开发商们可以借助立足于特色小镇风口的机会，摒弃近饱和市场的纯地产运作模式，向旅游地产、产业地产过渡，实现自我的转型升级。

（三）创新联动模式

过去城市产业园区的发展一般都是政府通过招商引资、投入基础设施的方式，低价出让土地，吸引各类产业入驻园区。这种开发模式产业联动力度不够，资源也没有得到充分地整合利用，难以实现持续发展。有些地方除了增添点文化旅游、地域特色外，其余绝大部分都是照搬过去产业园区的模式发展特色小镇。这样的小镇毫无生机可言，产业发展不久就会遇到瓶颈或危机。

在浙江省的特色小镇建设成功的案例中，我们可以总结出不少创建经验，浙江模式的小镇具有产业集群优势、文化底蕴深厚、生态风貌充满魅力。从前期的规划理念、产业策划、建设开发、运营机制及供给服务等每一个环节都相互衔接、联动发展。产业特色鲜明、体制机制灵活、人文气息浓厚、生态环境优美、多种功能叠加都显现着创新联动的力量。也正是这种源源不断地创新，真正实现了产品开发与文化创意的结合，使得特色小镇持续发展，经久不衰。

三、特色小镇的发展策略

（一）发展特色产业

特色小镇要坚持以产业发展为小镇的发展基础，在产业发展的道路上，尤其要坚持发展特色产业。住房城乡建设部、国家发展改革委、财政部发布的《关于开展特色小镇培育工作的通知》中提到，要培育发展特色鲜明的产业形态，杜绝发展面面俱到的全产业体系。即要追求单兵突进，聚焦某个主导产业，争取把产业做精、做强，确保某一产业在小镇中的独特及主导地位，并围绕特色产业打造完整的产业链，产业和小镇相互促进、协调发展。

从小镇资源到小镇产业，从小镇产业到小镇经济，从小镇经济到小镇发展全流程是立镇、兴镇的重要支撑体系。特色产业发展要经过一定合理且严谨的过程。要将特色产业发展提升为小镇的品牌产业，离不开科学的选择、合理的规划、突出核心的培育，更不能忽视集群辐射的作用。

（二）挖掘旅游资源

在小镇的开发建设过程中，挖掘旅游资源不仅只是针对那些把旅游产业作为主导产业的特色小镇。对于其他类型产业的特色小镇而言，旅游产业的发展虽然不是发展的核心方向，但通过挖掘潜在的旅游资源，可以吸引游客，增加客流，集聚人气，发挥出一定的旅游功能，使得小镇发展更长远、更具有活力。目前，特色小镇产业发展更趋向于多产业融合发展，在发展主导产业的基础上，挖掘小镇潜在的旅游特色并加以打造，实现产业的双重效益。因此，挖掘旅游资源是百利而无一害的。根据小镇的具体情况，依据小镇所在的区域市场需求，依托大城市的发展，从小镇的人文地理环境，即山水风光、地形地貌、风俗风味、古村古居、人文历史、产业风貌等资源出发，深度挖掘具有区域特色的旅游资源。

（三）广泛聚集人气

特色小镇要有充足的人气和活力，无论是以哪种产业作为主打产业的小镇，都需要一定的人流量作为支撑。小镇在实现一定入住率的前提下，为了小镇更长远的发展，开发建设一些吸引人流的项目，增加小镇的客流量，避免小镇出现死气沉沉的局面，加大小镇可持续性的发展空间。小镇提升人气的方法有以下几方面：

1. 打造活力街区

在小镇规划中，在发展产业的基础上，增加一些对游客具有吸引力的产品，如打造质量精美的特色小吃街、娱乐街等其他一些受大众欢迎的有活力的街区。

2. 提升淡季的活力

地区特色小镇规划中要考虑到地理位置、气候条件、淡旺季时间等因素，利用淡季中某些有利条件来助力小镇。比如北方地区冬季一般是淡季的时候，一方面可以利用冬季节日如春节等作为主题，开展一系列节目及活动来吸引游客，积极发展全季节旅游，另一方面还可以通过增加一些冬季旅游项目如温泉、滑雪等来弥补气候条件因素。

3. 开拓夜间运营市场

延长运营时间，增加小镇夜晚运营项目，打造具有魅力的小镇夜色景观，为小镇风景增添一笔色彩，进一步吸引游客住宿过夜。

（四）弘扬历史文化

特色小镇发展应充分挖掘、整理、记录传统文化，使特色历史文化遗存尽可能得到保护和有效利用，并加以传承、弘扬，同时将特色历史文化进行创意性地包装打造，融合到产品中，形成独特的文化标识。另外，还可以把历史文化作为宣传小镇的一种传播手段，在传播的过程中自然而然地实现对历史文化的保护。特色文化是特色小镇的灵魂，弘扬历史文化应深入挖掘文化资源、精心打造文化产品，将历史特色文化做足、做大，尽可能把文化影响力发挥扩大到极致，使其成为极具风采的“小镇名片”。

1. 文化挖掘

小镇无论有着什么样的文化风采，都可以为小镇发展添砖加瓦。有些小镇本身具有丰厚的文化底蕴，可对其特色文化加以挖掘并打造，积极传承、弘扬光大。对于文化资源匮乏或是新建的小镇，可以从文化借鉴与培育方面出发，根据当地人文地理情况、小镇定位以及现有建设发展状况，选择合适的文化背景及发展路线，从而形成独特的文化特色，打造具有一定深度内涵的特色文化。

2. 品质提升

做好历史文化与市场需求的结合，对历史文化资源进行合理利用与开发，对历史文化系统创意创新、包装打造，最终形成文化品牌，增强竞争软实力。

（五）构建和谐环境

特色小镇的建设秉承着协调发展的理念，构建宜居、舒适的居住环境和培育人文和谐的生活环境，也是以人为本、构建和谐社会的最好体现。但特色小镇建设中涉及的规划内容较多，要想在整体建筑环境、生态环境中实现和谐，还需要多加注意。

1. 保持地域特色

我们国家有着丰富多彩的历史传统文化，可以在发展的时候对这些文化元素进行提炼，最大限度利用这些地域资源、地域特殊符号体现自身的地域特色。地域特色一定要强调地域性，深挖当地特色建筑文化、精神文化、民俗风情。禁止照抄、照搬国际小镇特色，"我有我特色，我有我自信"，最终实现地域和谐发展。

2. 重视整体和谐

小镇总体建设要体现出小镇的文化内涵，在小镇空间布局规划上，积极利用当地地形地貌特点，做到科学合理规划，保持现状肌理，尊重小镇现有路网和生产生活方式，实现地形地貌与小镇规划和谐。在小镇整体环境规划中融入山水林田湖等自然要素，注重整体格局和风貌的打造，使其和谐统一，体现特色。

（六）提升基础设施

建设便捷的基础设施和完善的公共服务是小镇长远发展的必要措施。在小镇这片亟待开发的沃土上，要对小镇基础设施中道路交通、自来水供应、污水处理、公园绿化等硬件设施进行配备及完善；教育、医疗等公共服务要做好规划、逐步提升；此外，还要积极利用先进信息技术，提高基础设施的建设水平与服务功能，探索培育智慧城市、海绵城市等先进理念城镇。

1. 特色小镇 + 智慧城市

目前，我国很多小城镇的道路结构相对单一，路网设置不合理，道路监控设施缺乏，交通实时监测与在线调控暂未实现，居民出行、道路运输十分不便；小镇的医疗设施匮乏，医疗健康服务尚未普及，农民看病难的问题大量存在……智慧城市是我国政府在城市领域的重大创新，交通和医疗正是目前智慧城市建设的两大突破口。将“智慧城市”理念引入小镇的基础建设中，能够引导小镇更好地进行信息化、智能化建设，让小镇人民享受信息化、智能化带来的便利。

2. 特色小镇 + 海绵城市

我国小城镇基础设施的不完善更多体现在管网规划和建设不足上，下雨时污水横流、雨水积存容易引发洪涝灾害。海绵城市侧重于基础设施建设，包括地下管廊敷设和海绵体的建设，建设地下综合管廊对管道集中管理，地上尽可能多的实施城市“海绵体”建设，实现下雨时吸水、蓄水、渗水、净水，需要时将蓄存的水“释放”并加以利用。2017 年政府工作报告提出：统筹城市地上、地下建设，按照先地下后地上的建设原则，杜绝“拉链马路”现象，加强城市排水、防洪及防涝等功能，使城市既有“面子”，更有“里子”。

特色小镇进行海绵城市建设，不仅可以实现地下管廊的布置，起到防洪、防涝的作用，还可以实现污水、废水分离。海绵城市建设有地方各级人民政府的建设资金支持，也完善了特色小镇公共基础设施的建设。

（七）配套体制机制

体制机制是为产业发展和人民生活服务的，确定了小镇的培育方向，就需要灵活的配套体制机制与之匹配。充满活力的体制机制要求政府服务、支持政策都要有创新性、适应性。通过探索创新的发展理念、创新的经济发展模式、创新的规划建设格局、创新的运营管理促进小镇的健康发展，激活小镇的内生动力。一方面是政府要放宽市场准入制度，尊重市场机制；另一方面是政府要为参与小镇建设的各类企业营造良好的营商氛围。

第三章　特色小镇的开发

第一节　特色小镇的开发架构

特色小镇的开发落地架构主要包括产业链搭建、公共配套导入、城镇化建设、智慧化服务这几个方面（图 3–1）。产业链聚集整合是小镇发展的核心动力，目的地设施是小镇发展的前提，城镇化建设是小镇发展的支撑体系，智慧化服务是小镇发展的活力源泉。

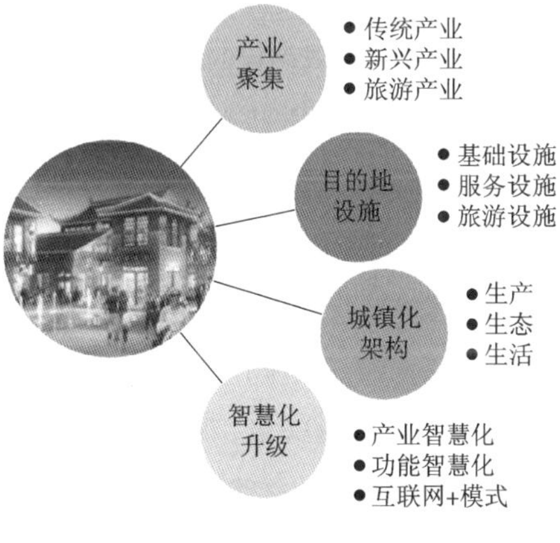

图 3-1　特色小镇开发架构

一、以产业聚集为核心动力

特色小镇发展的核心动力在于自身优势的产业，小镇产业大致可分为传统产业、新兴产业、旅游产业三大板块。传统产业主要指的是劳动力密集型的、以制造加工为主的行业，如纺织业、畜牧业、建材业、机械行业等。新兴产业诸如信息高新技术、生命科学、生物工程、经济金融、环保时尚、文化创意产业等。传统意义上，我们把旅游产业定义为“食、住、行、游、购、娱”这六大要素的行业集合体。但发展到现在，旅游产业更多地表现为一种“以旅游业本身所包含的行业为基础，关联第一产业、第二产业及第三产业中的卫生体育、文化艺术、金融、公共服务等相关行业的泛旅游产业结构群体”。因此，在旅游业结构里，我们可以把旅游产业简单理解为“泛旅游产业集群”。其内容主要通过“旅游 + 乡村”“旅游 + 农业”“旅游 + 工业”“旅游 + 康体”“旅游 + 文化”“旅游 + 科技”等形式表现出来。

以主导产业为基础，通过消费聚集实现人口聚集、产业聚集、就业增加，促进环境保护及城镇繁荣，是特色小镇发展的核心思路。基于这个思路，可以上下游延伸产业链，形成“产业本身、产业应用、产业服务”的相关延伸产业集群。简而言之，即以自身优势产业为基础，选择产业，延伸产业，拓宽“产业 +”的服务内容，大力开发旅游项目，形成旅游与产业并行的发展模式。

二、以目的地设施为前提

便捷完善的基础设施是特色小镇开发建设的前提条件。目的地设施的建设完善与否直接影响着外来人员的可进入程度和吸引力大小。当前，全国上下特色小镇的建设如火如荼，我国小城镇迎来新的发展机遇的同时，也面临着许多挑战及问题。

特色小镇建设首先要补齐基础设施和公共服务设施不足的短板。政府、市场主体在参与特色小镇建设过程中，有些地方表现得急于求成，盲目跟风，把特色小镇建设演变为“面子工程”，存在承载能力不足、设施建设滞后、配套设施缺乏等问题。基本的配套设施、服务设施跟不上将严重制约特色小镇的发展，小镇终沦为一座座“死城”“空城”。

为满足城镇人民日益发展的需求变化，必须加强小城镇道路、供水、供电、通信、公共交通、污水垃圾处理、物流等基础服务设施建设；加快食宿接待设施、游览娱乐设施、旅游和购物设施建设的步伐。只有把城镇周边的生产生活服务条件建设起来了，才能因地制宜、有序有效地推进特色小镇的培育工作。

三、以城镇化架构为支撑

城镇的生产空间、生活空间、生态空间通过产业聚集的方式集中在一起，可以大大提高土地利用率，减少各方面的运营管理成本。一方面原有的生产经济体系逐渐向全产业链高效有力的生产经济体系过渡，产业的聚集可以引进人才，留住人才，形成产业聚集、人才聚集、产业再聚集、人才再聚集的良性循环。另一方面为适应大休闲时代的发展趋势，特色小镇同步发展旅游业。此举不仅扩大了生态空间规模，还提升了生态空间与生活空间的融合度。在绿色生态空间不足的区域加大绿色发展、环境保护，走出一条生产发展、生态良好、生活富裕的文明发展道路。在生活空间建设综合性、多功能、多业态的小型旅游区与生态居住区，着力搭建产业聚集、环境优美、城乡互动、功能配套的新型城镇化发展格局。

四、以智慧化升级为活力源泉

随着数字化、网络化、智能化、信息化等新一代智慧科学技术的普及，智慧化升级是当前加速推进城镇化、建设特色小镇的有力路径，也是小镇可持续发展的活力源泉。通过信息化改造提升传统产业动能，推动传统产业数字化、智能化、网络化转型升级，提高供给质量和效率。

经智慧化升级后的特色小镇，网络将无处不在；智慧养老、智慧教育、智慧医疗、智慧生态等智慧应用功能触手可及；“互联网＋教育”“互联网＋医疗”“互联网＋文化”等利民项目层出不穷。大数据分析、云计算以及互联网平台的运用，为小镇的生活提供了更高效、精准、快捷的便利。小镇可实现物质循环再生、资源充分利用、信息反馈调节、人与自然和谐发展，形成社会、经济、文化和自然环环相扣、高度和谐的复合生态系统。最终使得数字化、网络化、智能化等科学技术发展成果惠及小镇人民。

第二节　特色小镇的土地利用

无论是特色小镇还是田园综合体的开发建设，都离不开土地利用。土地、资本和产业这三大生产要素中，土地是摆在第一位的。特色小镇不论怎样规划运营，终归是要建在土地上实现落地的。以产业为核心驱动力的特色小镇，强调以特色为吸引力，产业发展多元化，这也就决定了不同类型的特色小镇建设所需的土地分类和用途不同，小镇开发涉及到土地组合利用在申请报批的流程和路径也不尽相同。下面就依据小镇的建设用地特点及现行土地政策，分析一下获取土地的可行性路径。

一、土地支持政策

特色小镇的建设吸引了全国关注，诸多有关特色小镇的土地政策及资金政策相继出台。从国家和各省颁布的土地政策来看，《国务院关于深入推进新型城镇化建设的若干意见》提出要完善土地利用机制。在解决小镇的土地问题上，可以从以下四个角度去思考：一是规范推进城乡建设用地增减挂钩，二是建立城镇低效用地再开发激励机制，三是因地制宜推进低丘缓坡地开发，四是完善土地经营权和宅基地使用权流转机制。

地方层面上对于特色小镇出台的土地政策，主要有以下七大形式：

（1）福建省、重庆市下达建设用地计划，优先安排用地指标的土地政策。

（2）浙江省推行奖励和惩罚用地指标。

（3）湖北省、陕西省、贵州省推行城乡建设用地增减挂钩指标。

（4）福建、江西、山东、湖北、浙江等省优先利用低丘缓坡地、滩涂资源和存量建设用地。

（5）福建省、河南省、四川省实施工矿废弃地复垦利用和城镇低效用地再开发。

（6）内蒙古自治区、广西、四川、甘肃等省积极探索农村集体建设用地流转和租赁的利用方式。

（7）福建省实行继续按原用途和土地权利类型使用土地的过渡期政策。

土地获取方式主要有有偿获取和无偿获取两种。有偿获取主要是通过国有土地出让，以招标、拍卖、挂牌的方式依法竞争取得；土地无偿获取是针对特定项目的性质依法获取，比如建设项目属于《土地划拨目录》中的可以采取无偿划拨。国家目前也越来越支持以竞争性的方式获取土地。

土地政策对特色小镇建设用地的规定及限制大致分三类：一是耕地保护和土地用途

管制制度，制度对建设用地、农用地和未利用地做了划分，建设占用耕地等农用地必须经过依法批准；二是集约节约用地制度，在特色小镇的规划建设上要物尽其用，提高土地的综合利用率；三是生态保护制度，任何小镇建设都要在环境保护的前提下进行。

二、土地利用方案

（一）方案一：使用国有存量建设用地

国有存量建设用地一般包括未建设存量用地和已建设存量用地两种。未建设存量用地指的是一些已批未建的土地、农转用完成未建设用地、1999 年新土地管理法实施前的统征地；已建设存量用地主要是已建的用地，尤其是违法用地。

使用方式大致可分为以下五种：

（1）批准用于建设市政道路、公共用地等。允许发建设用地批准书，不需要发划拨决定书或出让合同等，属无偿使用方式。

（2）行政方式划拨国有土地，属无偿使用方式。

（3）协议或招标、拍卖、挂牌的方式出让国有土地使用权，属有偿使用方式。

（4）协议或招标、拍卖、挂牌的方式租赁国有土地，属有偿使用方式。

（5）协议方式作价出资或入股国有土地使用权，属有偿使用方式。

（二）方案二：转用、征收城市村镇建设用地

城市村镇建设用地，即圈内用地。土地利用总体规划中确定的城镇村庄建设用地范围内的土地，涉及农用地的，应当办理农用地转用审批手续，涉及集体所有土地的，应当办理土地征收审批手续。在已批准的农用地转用范围内，具体建设项目用地由市、县人民政府批准，市、县国土资源部门依法供应。

（三）方案三：使用集体建设用地

可使用集体建设用地的情况一般有以下几种：乡镇村公共设施、公益事业用地；村民住宅用地；集体经济组织单独或者与其他单位、个人共同以土地使用权入股、联营等形式举办企业的建设用地；集体经济组织为主体，以建设用地使用权作价出资入股、联营与其他企业共同或合作开发建设公租房、乡村休闲旅游养老等产业和农村三产融合发展的用地；33 个试点县中，可以出让、租赁、作价出资或入股集体建设用地使用权用于商品住宅

以外的经营性项目用地。

（四）方案四：单独选址建设项目用地

单独选址建设项目用地，即圈外用地。根据《土地管理法实施条例》第二十三条的相关规定，能源、交通、水利、矿山、军事设施等建设项目，确实需要使用土地利用总体规划确定的城镇村庄建设用地范围外土地的，经有关部门批准后可以在圈外单独选址建设。其中，涉及农用地的，应当办理农用地转用审批手续；涉及集体所有土地的，应当办理土地征收审批手续。土地供应方案在办理农用地转用和土地征收时一并批准。

（五）方案五：使用国有农用地、集体农用地、设施农用地

建设项目需要使用国有农用地的，应当在办理农用地转国有建设用地的转用审批手续后，依法办理供应手续，无须办理征收手续。建设项目为农业项目时，使用国有农用地、集体农用地办理承包经营、承包经营权流转、四荒地拍卖的，仍由原农户、农场职工按要求耕种。

符合要求的设施农用地不属于建设用地，不作为新增建设用地，仍按农用地进行管理，无须办理农用地转用审批手续。在设施农业项目区域内，设施农用地可直接用于经营性养殖的畜禽舍、工厂化作物栽培或水产养殖的生产设施用地、附属设施用地、配套设施用地，农村宅基地以外的晾晒场等农业设施用地。

（六）方案六：使用国有未利用土地、集体未利用土地

国有未利用土地可以直接批准用地作为建设用地使用，无须办理转用和征收手续。

集体未利用地可以直接作为集体建设用地使用。建设项目为国家建设项目的，应当办理土地征收审批手续后依法供地，无须办理农用地转用手续；已经成为建设用地的，无须用地计划指标，无须缴纳新增费和耕地开垦费。

荒山、荒沟、荒丘、荒滩的四荒地可以通过承包经营、四荒地拍卖、流转使用，最长使用年限为 50 年。四荒地须用于开荒造林、治沙改土以及休闲农业、设施农业等方向的建设项目，若用于非农业建设需上级相关部门审批。

（七）方案七：其他安排用地

如土地整治后的土地产权和各类项目用地调整后的可利用的其他安排土地，实施规划经批准后可直接办理相应的用地手续。

还有填海造地、临时用地、先行用地、抢险救灾用地 、一般采矿用地、石油天然气钻采及配套用地、闲置地处置与利用、工矿废弃地利用或复垦置换用地、农村道路用地、农田水利设施用地、地质灾害治理工程用地、低效地再开发利用、管线用地（需设置地役权）、低丘缓坡用地、光伏用地、新产业新业态用地以及农村党建、医疗、图书、体育等配套用地等用地解决方案可供选择。

（八）方案八：市场解决项目用地

市场解决项目用地主要有以下几种途径：以转让方式取得土地使用权；以股权转让方式取得目标公司控制权开发利用目标土地；以合作开发方式开发利用目标土地；原有建设用地可通过依法改变用途的方法转变成发展项目用地；满足土地使用条件后，用作发展项目用地；通过办理出让、租赁等有偿用地手续后，把原有建设用地用作发展项目用地。

三、拿地用地策略

特色小镇建设土地解决的政策应用空间很大，从土地政策梳理中可以找到很多种土地利用方案。如果不能灵活利用土地政策，可能会增加很多开发成本和建设难度。特色小镇建设用地问题解决的基本思路：一是要在小镇建设的各个环节灵活利用土地政策，提高存量土地的使用效率；二是通过增减挂钩解决城乡建设用地，利用农村集体用地入股、流转、改革等方式参与特色小镇建设。由于土地用途不同，土地获取方式也不尽相同，可根据实际需求灵活运用以下几种土地利用模式和策略。

（一）活用土地政策

土地整理完毕后，科学划分出小镇建设的功能区域，确定用地类型，列出用地需求清单，积极争取使用好本省市关于特色小镇的土地政策指标。各大省市对于特色小镇的安排用地指标根据土地类型的不同而不同，一定要熟知相关政策、明确自身的土地需求，做到有的放矢，灵活综合利用政策拿地。

（二）科学规划用地

国家土地利用总体规划对土地类型、土地用途描述得很清晰，特色小镇的选址用地应注意规避禁区，不可违法。比如永久基本农田保护区、各类自然保护区与土地利用总体规划确定的禁止建设区等是无法占用的。

特色小镇的永久建设用地部分，应当选址在土地利用总规划布局中的建设用地区域。建设用地区域包括原有建设用地、土地利用总体规划确定的建设用地区域或有条件建设用地区域，以及有可能通过规划调整为建设用地的区域。

非建设用地部分可以布局在土地利用总体规划确定的农用地或未利用地区域，比如绿化景观用地、休闲农业、设施农业、种植区域、水域等不改变农用地性质的部分。应充分利用低效用地，盘活村镇土地资源，科学配置经营性用地与产业用地比重。

（三）土地产业联动

特色小镇在拿地用地时，应着重注意土地与产业创新联动开发。特色小镇产业的价值决定特色小镇土地的价值。土地规划利用必须和产业发展、项目开发、产业运营紧密联系在一起。通过这种紧密的联系不断地提升土地利用率、土地价值，着力提高特色小镇建设开发的盈利能力，获取更大的土地市场利润。

第三节　特色小镇的产业开发

特色小镇产业开发流程包括科学选择产业、特色产业策划、产业链延伸、构建产业生态圈四大方面，具体内容如下。

一、科学选择产业

特色小镇成功的关键点在于做好“特色”。从小镇的资源禀赋到小镇的优势产业，产业基础到文化社会，再到小镇经济发展中的各个环节枢纽都要牢牢把握住“特色”二字。资源禀赋是上百上千年积累沉淀而成，很难在短时间内塑造出来，特色小镇的“特色”产业选择应当是做好优势产业的首要工作。

首先应明白的一点是，特色小镇的建设追求的不是庞大全面的产业体系，而是单个精心打造的独特且起主导作用的优势产业。产业类型可分为本土培育型、外来移植型、内外结合型三种模式类型发展落地。

在产业选择原则方面，应因地制宜，实事求是。根据当地现有的产业基础、经济发展现状及大环境的市场需求，运用科学的方法进行论证选择。

小城镇的发展产业一般以传统产业为主。目前国内的小城镇中基础条件设施薄弱，许多建设条件尚不具备，不宜发展大规模的制造业。小镇可选择的产业有传统加工业、高新研发产业、农产品加工业、旅游业等。其中，还应考虑建设一些聚集人气的产业项目（图 3–2）。

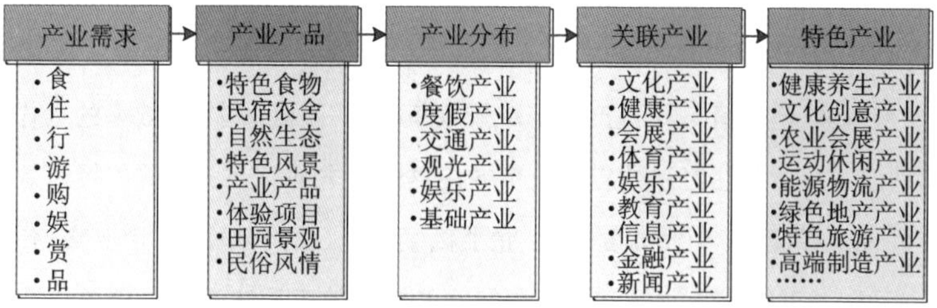

图 3-2　特色小镇相关产业

二、特色产业策划

（一）合理规划

规划部门做产业规划，一般步骤是对已选择的产业进行现状分析、产业定位，分析产业体系及结构和其延伸的产业链，规划空间布局、研究经济社会环境影响、计划制定实施方案。产业发展重点在于把握空间布局规划。产业的项目布局、功能分区、道路交通及土地利用都需在规划图纸上精细地标注。传统产业规划在空间布局上更应注重数量的发展、基础设施的建设完善，强调质量的提升及服务水平的提高。特色小镇产业规划应注重产业项目的发展、产业之间的聚集、产城之间的融合、产业和人才之间的良性循环。

总而言之，在前期规划阶段，产业合理规划要以建设特色小镇为目标，根据小镇的资源特色、景观设施及产业现状，强调发挥产业的先导作用，科学规划、安排产业建设用地，强化产业的经济带动能力，促进小镇经济持续健康地增长。

（二）核心培育

核心培育指的是核心培育支柱产业和龙头项目。加快培育发展支柱产业是解决现阶段产业创新联动性不足问题、提高产业综合效益与提升小镇经济发展水平的有效措施。

把支柱产业做大做强，有利于增强其在该行业市场的辐射带动能力。

在支柱产业中培育有号召力的龙头项目，要围绕着支柱产业及龙头项目企业，向上下游端延伸拓展产业链。着力培育和发展与支柱产业密切相关的、能够推动产业一体化经营和实现支柱产业一条龙发展的龙头加工销售企业，形成综合性、全方位的产业化经营模式。

（三）集群辐射

产业集群能产生巨大的集群效应。特色小镇以核心产业作为主要支撑，坚持“以产立镇、以产带镇、以产兴镇”，推进产业形成规模集群，实现低成本、高效率的运作优势。集群的辐射效应一般体现在经济效应与社会效应这两个方面。产业集群的经济效应具体表现为产业外部规模庞大、专业高度分化；企业高度协作、生产效率高；企业交易成本降低；群体效应明显，学习创新能力提高。产业集群的社会效应具体表现为相关产业的联动发展，地区企业的核心竞争力，小镇更多资金、人才、技术、商业、文化、运输、服务的良性循环发展。

另外，特色产业的聚集辐射不仅是产业上下游链条的延伸发展所形成的上下游产业聚集，还包括水平空间上的资金、人才辐射聚集。通过经济要素、文化要素、社会因素等多种要素的高度契合使得产业集群成为一个强有力的经济结合体，实现产业聚焦，逐步形成产业集群的辐射网络。

三、产业链延伸

资源要素和产业链内外循环平衡要素是产业链延伸前需具备的两个核心要素。这些要素主要体现为小镇特有的自然资源、社会人文资源、内部流通服务的内循环、产业链上延伸辐射的外循环及产业本身的应用。从特色产业出发，集中发展主导产业，通过对其上下游产业以及相关产业进行挖掘及开拓，将发展的注意力聚焦到延伸产业链上，充分挖掘发展内在潜力，再从内循环的基础上延伸开来，形成良好循环的外循环圈，从而延伸发展整个产业链。

产业链延伸要围绕支柱产业、龙头企业，向上下游端延伸拓展产业链，因地制宜、本土化运营，打破相关产业链及上下游产业链的产业之间的壁垒。着力培育和发展与主导产业、支柱产业密切相关的、能够推动产业一体化经营的企业，实现支柱产业一条龙发展的龙头加工销售，形成龙头带动、基地扩张、规模促销、利益促动的产业化经营模式。

四、构建产业生态圈

产业生态圈，用通俗的话说，是指某种（些）产业在一定区域内形成的以自身主导产业为核心，通过资源、产业聚集后形成的具有较强市场竞争力的多维产业网络体系。它强调的是一种新的产业发展布局模式，主要表现为人才、资金、信息、技术的聚集，基本配套设施的齐全，产业链的完善。

产业融合发展是产业生态圈可持续发展的活力源泉。以产业兴镇为核心构建产业生态圈的典型特点是产业之间的相互融合发展。特色小镇建设的产业生态圈可分类为产城融合圈、产内融合圈、产间融合圈三个方面。产城融合圈是产业自身发展与城镇居民社区、空间布局、风情文化之间的融合圈，表现为“生产、生态、生活”的融合发展，“宜业、宜居”的态势。产内融合圈及产业链内部之间直接进行的相互融合，可达到高效率、低成本、创新联动的发展模式。一、二、三产业之间的产间融合是产业发展的广大平台，所辐射的产业圈范围更为广泛，体现着产业间的协作和配套。

第四节　特色小镇的 IP 资源导入

一、IP 资源导入要素

在特色小镇建设开发的全过程中，以产业聚集融合为中心，有效导入和利用各种资源是助力小镇落地的软实力。在前期规划设计阶段的同时，策划好后期阶段的项目运营、管理服务、投融资，加快项目的落地实施。在开发阶段，所需资源要素主要包括规划导入、策划导入、设计导入、建造导入、IP（Intellectual Property rights, 知识产权 / 知识财产）资源导入、投融资导入、管理导入、服务导入、营销导入等方面（图 3-3）。在前期考察调研阶段，导入特色小镇建设的规划设计机构、咨询服务机构、投资开发商、建设运营商。导入的同时结合后端的项目落地、建造施工、营销运营、投融资计划，制作出面面俱到的策划方案，为后期工作的安排、实施提供有力的指导方向。

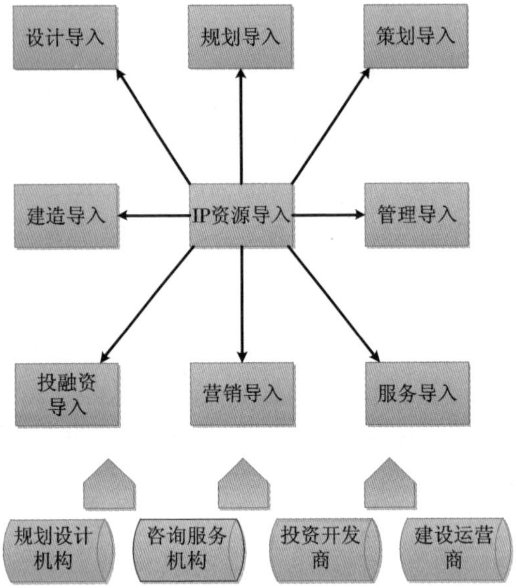

图 3-3　IP 资源导入

二、IP 资源导入类型

对于特色小镇的建设开发来说，当下最火热的话题就是 IP 资源导入了。IP 如今的定义，早已不局限于传统意义上的知识产权，不能单纯地把它理解成无形的智力成果权。现在，我们所谈到的 IP 多数是指具备独立知识产权及独立的自我认知能力的财富价值。例如蓝精灵主题农庄、冰雪奇缘 VR 体验乐园等，这些 IP 通常是通过独立自主的或是商业化购买的 IP 导入方式，把 IP 进行本地化开发运营，整合利用自己的资源，转化为实际的独创的内容。

独特的 IP 是特色小镇开发运营的关键内容，是项目落地的重要抓手，是盘活存量资产、招商引资的重要手段。有独特的 IP 就等同于有了持续的收益，消费者的范围广、受众多，发展具备可持续性和多种延展性。在特色小镇建设中，可导入的 IP 资源可从以下三大方面划分类型（图 3-4）。

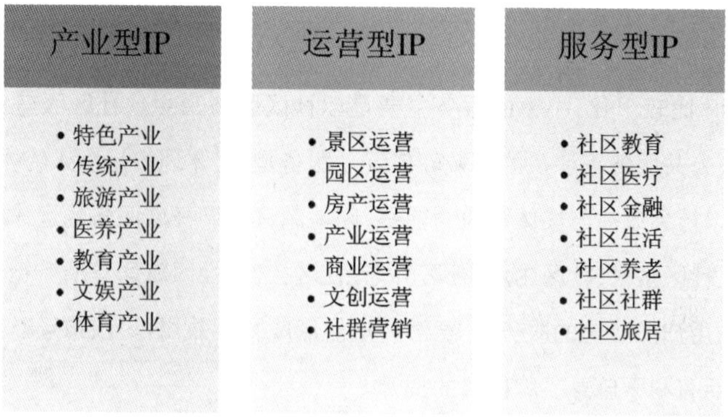

图 3-4　IP 资源类型

（一）产业型 IP

产业型 IP 的产业主要内容有传统产业、特色产业与新兴产业。三大板块产业下的子内容又可以细分出特色传统产业、旅游产业、医养产业、教育产业、文娱产业、体育产业等产业类型。比如以文化娱乐产业来举例，文化娱乐产业里包括影视作品、综艺、小说、游戏、表演等内容。该产业只要有某一类或某一下属项目形成了自身聚集人气的品牌价值，对应的产业圈内或相关的衍生项目产品受其 IP 影响，即可使自身的内容转化变现为一定的资源。随着 IP 的系统性发展、综合性累积，循环往复，无形的品牌资产也在随之不断壮大，产业链 IP 化日趋明显。

（二）运营型 IP

不论是景区、园区、地产区、产业区、商业区哪块区域，都需要商业运营盘活。IP 运营的核心在于好的内容、优质的流量。好的内容只有通过一定渠道的流量平台曝光来聚集关注度，吸引人气，才能更大程度地实现其商业价值。

就拿浙江乌镇景区运营来说，乌镇的景区运营不同于其他古镇景区以旅游观光和农家乐的模式运营。乌镇立足于传统的旅游观光，充分融合江南水乡古镇固有的地域特色、文化底蕴，策划打造了一系列文化艺术产品。一年一度的乌镇戏剧节、乌镇艺术节的盛会如期在乌镇举行，致力于将乌镇打造成一个现代文化艺术的大平台。运营 IP 型不是用简单直白的几场活动，也不是用文字图片强行向目标用户运作营销，而是把 IP 形象化、综合化、立体化、实体化，建立起产业、城镇、用户居民之间的较强的情感联系进行推广传播。

(三)服务型 IP

服务型 IP 比较泛化，小镇的服务主要是以社区服务为主。社区服务包含的生活服务、商业服务、公共服务等涉及的领域较广泛。服务型 IP 体现的是以人为本、社会化发展方向为原则，以社会效益与集体利益为前提，因地制宜协调开展服务的运作模式。社区教育、社区医疗、社区金融、社区生活、社区养老、社区社群、社区旅居等所有社区服务的目的都是为了留住用户。成功的服务型 IP 对客户能形成黏性效用，对该市场有不同程度上的激活作用，从而有利于自身品牌价值的提升。

三、IP 资源导入策略

IP 营销受到越来越多企业商家的青睐，并不断尝试，以 IP 为主的内容营销模式已经成为营销行业最受欢迎的营销方式之一。IP 资源营销怎么延展自身的主体内容植入运营呢？强大的 IP 营销生态链又该如何搭建呢？

(一)玩转粉丝、社群经济

粉丝经济指的是粉丝和被关注者之间的经营创收性经济行为，社群经济则是基于企业与用户之间的经济关系。社群经济指具有共同目标或者兴趣，沟通互动高效的群体成员之间，在互相信任的基础上，通过互惠互利形成经济价值。社群经济同粉丝经济有许多异同之处。任何 IP 都要有自己的粉丝，任何品牌都要有自己的社群。

粉丝经济可以解决用户来源，社群经济可以实现用户之间的沟通、成交，两者是相辅相成的。粉丝经济与社群经济结合的营销模式多种多样，可以先借势、造势吸引粉丝关注，然后逐步打造品牌 IP 社群。把握好营销内容，结合多种营销手段，利用多方媒体渠道植入特色小镇自身定位的品牌 IP。通过与社群粉丝用户交流互动，把客户变成用户，用户变成粉丝，粉丝变成朋友，品牌 IP 才称得上真正意义上的成功植入。

(二)寻求热门爆点

我们都知道，重大新闻、突发事件、热门话题、头条爆点传播的速度快、影响力大，它们备受人们日常关注。按照市场用户粉丝的嗜好，结合自身的特色产业、旅游产业，明确小镇的市场定位，结合时下人们感兴趣的话题、爆点事件导入资源、导入 IP。将 IP 引入小镇的产业商品、旅游产品和其他周边产品中，打造成他们青睐或愿意接受的产品，最后通过多方的渠道平台实现变现。

对于特色小镇当地来说，在“平台 + 智库 + 资本”的发展架构上，无论是产业园区 IP、文化旅游 IP，还是社区服务 IP，任何一个创新 IP 的创建、植入、变现都是在为特色小镇的超级大 IP 系统的形成做铺垫。

（三）捆绑影视文化 IP

如今，越来越多的企业开始捆绑各种各样的影视文化 IP，做跨界营销。作为一种新颖的营销模式，跨界营销是指毫不相干的元素之间的生活态度和审美方式相互渗透、相互融合，以达到用户体验上的互补效果，丰富品牌 IP 形态的运作方式。在市场竞争日益激烈，行业营销趋同的环境下，这种模式逐渐被人们认同并接受。

捆绑影视文化 IP 成功的经典案例有很多。有的够有创意、够新颖，获得了良好的口碑。比如麦当劳麦的咖啡四款果汁饮品代号选自影院热映的《小时代 3》四个女主角的名字；长白山景区结合火爆的小说《盗墓笔记》，在网上邀约，小说粉丝共赴“长白山十年之约”，见证“张起灵回归”；《爸爸去哪儿》与旅游景区、广告商的跨界融合等。

（四）特色主题“吸睛”IP

特色主题重点在主题。“吸睛”主题的内容通常比较直接，比如欢乐谷的主题就是欢乐，迪士尼的主题就是卡通人物等。特色主题可以将整个特色小镇的旅游功能放大到当地第一产业的高度层面。特色主题的主题 IP、游乐设施、旅游景区必然成为当地区域旅游的标志旅游景点。

开展特色主题的着力点在特色，原动力来源于当地的资源优势、产业特色。打造特色主题 IP，可以结合科教、文创、体旅、医养等相关要素，将特色资源要素整合包装成旅游产品，为小镇注入丰富的内容，成功进行旅游转化，逐渐壮大 IP 系统的生命力。

第五节　特色小镇的商业模式

企业与企业之间、企业的部门之间、企业与顾客之间以及企业与渠道之间存在的各种各样的交易关系和联结方式被称作是商业模式。那么，特色小镇的商业模式有哪些呢（图3–5）？

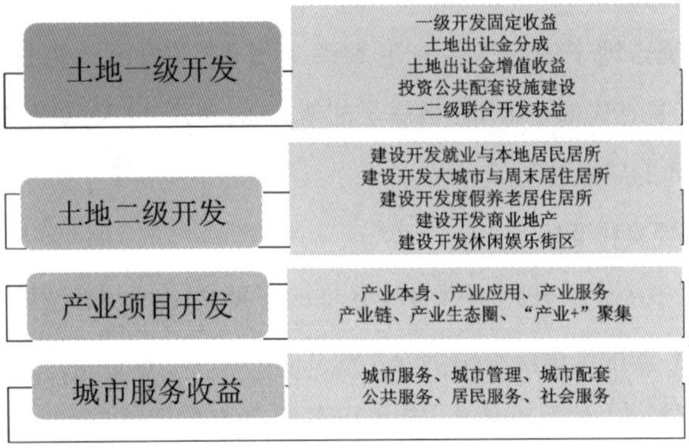

图3-5 特色小镇的商业模式

一、土地一级开发

土地一级开发企业从城市规划、产业规划、制度建设和监管机制出发，按照国家土地政策、土地总体规划、城镇区域规划有关规定开展工作，夯实特色小镇项目的落地实施基础。一级开发内容主要包括项目用地的征地补偿、拆迁、安置；旧城、旧村、城中村改造；征用和农转用土地；社会公共配套设施以及基础设施的建设；片区征地开发等。

常见的一级开发的商业模式主要有以下五种：一是土地一级开发企业接受政府的委托对土地进行一级开发，政府向其统一支付固定的一级开发利润及保证其增值收益底线；二是一级开发企业与项目所在地政府联合按照双方商定的比例直接对土地进行出让金分成；三是除获得土地一级开发成本的补偿部分外，一级开发企业还可以与政府商定，按一定比例分享土地出让金的增值收益；四是政府授权土地一级开发主体投资公共配套设施。开发商则可以通过为其所持有的优质公建物业提供公共配套服务，从中获得长期稳定的现金流；五是指土地一级开发企业通过与政府协商谈判，获取部分二级开发项目，一二级联合开发获取可观的收益。

二、土地二级开发

土地二级开发即土地使用者将已经达到政策及规划规定可以转让的土地通过流通领域进行交易的过程，主要包括土地使用权的转让、租赁、抵押等。以二级房产开发为例，土地使用者将开发建设的房地产进行出租售卖交易，通过销售、回收、经营等方式进行商业运营。

土地二级商业开发模式主要有五种：一是建设开发就业与本地居民居所；二是建设开发大城市与周末居住居所；三是建设开发度假养老居住居所；四是建设开发商业地产；五是建设开发休闲娱乐街区。

三、产业项目开发

小镇的产业项目开发是紧紧围绕着产业本身、产业应用、产业服务三方面进行开发。通过开发延伸新城产业链、发展产业生态圈、聚集融合“产业＋”业态来获得现金流回报。特色小镇产业长期发展的商业模式必须是以支柱产业为主导，同步发展旅游产业。因为产业的回报周期较长，旅游项目种类、运营获利环节较多，同步发展旅游产业是短期回笼资金的绝佳路径。如景区景点、休闲商街、文娱表演等都可以建设成商业性质的旅游项目，从而获得项目运营收益。

四、城镇服务收益

城镇建设开发主要有城市服务、城市管理、城市配套三大块。城市服务主要是围绕着公共服务、居民服务、社会服务等方面的内容进行商业开发。城市管理是指通过对城市的规划、建设和运营管理来获取收益。城市配套是指通过建设学校、医院、公园、铁路等服务配套设施的商业开发来获取收益。

第六节　特色小镇的投融资

目前特色小镇是推进新型城镇化发展的重点，我国特色小镇建设正处于高速发展的态势，其开发建设离不开充足的资金。资金问题是小镇建设落地的关键。从小镇的投资融资建设来看，纯市场化运作难度较大，需要的资金规模大，风险因素多，运营时间长，回收周期长。在开发的过程中，选择恰当的融资模式显得尤为重要。那么，适用于特色小镇建设的投融资模式有哪些呢？

一、上市模式

上市融资模式对小镇开发商的资质和信用的要求非常高。一般地，上市模式是指建设开发商把建设区域的一部分土地或项目的修筑权、收费权集中打包后，成立公司上市，发行股票筹措资金。此种模式单次融资规模大，可以解决短期流动资金的问题，降低资金财务风险，但耗时长，上市成本高，同时面临着市场监管和信息披露的压力。

二、债券融资

特色小镇可采用发债形式的融资模式，手续较为简单，融资成本低。发债种类主要有公司债、企业债及项目收益债等。该模式主要是以项目公司作为主体，根据现行债券规则、发行条件发行债券，需在一定期限内还本付息。

三、银行信贷

银行信贷是国际上最大的融资方式，是企业融资渠道的首选。信贷资金有流动资金贷款、固定资产贷款和专项贷款三种，企业可以通过质押开发经营权、未来收费权的办法获取银行贷款。

此外，为促进特色小镇的快速发展，国家联合多家银行提供财政专项资金，开辟贷款办理的绿色通道，将小城镇建设作为信贷支持的重点领域，为其提供中长期、低成本的信贷资金。

四、融资租赁

融资租赁主要方式有直接融资租赁、设备融资租赁和售后回租三种。融资租赁模式是一种转移与资产所有权有关的全部或绝大部分风险和报酬的租赁融资方式。实质上是指设备出租方根据承租方选择的租赁物，向供货商购买租赁物，提供给承租方使用，承租方需要在契约或者合同规定的期限内向其分期支付商量好的一定数额的租金。

五、基金支持

特色小镇的建设应充分利用政府引导基金、扶贫基金、产业投资基金、城市发展基金、生态保护项目基金、PPP 项目基金、文物保护项目基金等国际、国家及省市、社会组织团体支持性的资金。

六、收益信托

收益信托融资模式是一种类似于股票的融资模式。其融资流程是由信托公司接受委托人的委托，向社会发行信托计划募集信托资金后统一投资于特定的项目。委托人以项目的运营收益、政府补贴、收费等形式获取收益。

七、私募资本融资

私募资本融资即开发商采用不公开的方式对自身的资本结构进行重组改造，以招标等多样的形式向社会定向招募投资人入股，包括股权融资、债务融资及增资扩股等方式筹集资金。这种融资方式资金来源较单一，并且要求建设开发商须具备良好的商业信用声誉。

八、资产证券化

简单地讲，资产证券化的操作流程是指发起人将证券化资产出售给一家特殊目的的机构，即 SPV(Special Purpose Vehicle)公司，然后 SPV 公司以特定基础资产或资产组合所产生的现金流作为偿付的支撑体系在金融市场上发行有价证券融资，最后再用所产生的现金流来清偿所发行的有价证券。

九、PPP 融资

经济基础是发展特色小镇的现实基础，特色小镇建设的关键在于解决小镇的投融资问题。PPP 融资模式是一种公私合营的新型融资模式，具有较强的融资属性。经过试点调研发现，采用 PPP 模式融资建设特色小镇是解决小镇建设的一条有力且可行的途径。

在 PPP 模式中，政府是整个 PPP 项目的发起人和最终所有者。政府通过公开招标采购选定社会资本公司，双方共同出资组建项目公司，并授予项目公司特色小镇建设运营的特许经营权。该模式一方面能吸引社会资本的资金，政府与社会主体建立起“利益共享、风险共担、全程合作”的合作模式，另一方面能降低政府的政策风险，减轻财政负担，有效地解决小镇的建设所需的资金问题。

总而言之，在特色小镇建设融资过程中，建议结合多种融资模式灵活使用，依据不同的建设发展时期、建设项目、建设地点，采用与之相适应的融资模式。建设特色小镇涵盖面广，引进社会资本融资建设的同时，应学习先进理念和创新模式，为特色小镇建设谋求健康的、可持续发展道路，推动小城镇进入新的发展进程。

第四章　特色小镇的运营

第一节　特色小镇的运营内容

特色小镇运营的主要内容是围绕着小镇的整个建设运营过程，以市场消费者的需求为运营导向，计划、组织、实施、控制产品和服务的各项管理工作。具体说就是通过各种手段盘活产品，并持续不断地进行优化推广。运营重点主要集中在产业、服务、资金、管理四个方面（图4-1）。产业与服务是以目标消费者为对象，是特色小镇运营的核心；资金和管理是以特色小镇自身为主体对象，是特色小镇运营的支撑。

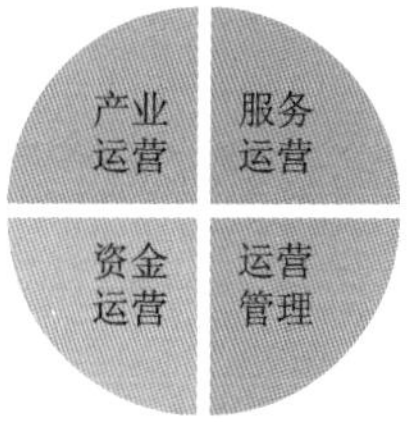

图4-1　特色小镇运营重点

一、产业运营

特色小镇是经济供给侧改革的载体，同时也是产业融合的集合体，产业运营是小镇运营的核心驱动力。产业运营是针对小镇自身的服务、资源的运营，一方面是围绕着产业产品的内容运营，另一方面是围绕着产业产品的用户运营。

产业的产品内容运营可分为内容数量和内容质量两个评价体系。产品内容的生产方式有小镇自身创新产业运营生产内容、引导目标用户生成内容和行业相关的现成内容达成合作等。不论是哪种生产方式，产品内容一定要立足于自身产业规划定位，细分目标消费市场，做到有的放矢。产业的用户运营主要是从用户数量和用户活跃度两方面考虑。利用渠道推销、平台推广、媒体传播等方式增加用户数量，采取如提醒激励机制、庆典活动等手段提升用户的参与度和活跃度。

归根结底，产业运营一定要紧紧围绕“引、聚、留”这三个字做文章、下功夫。通过优质的产业运营塑造出产业的特色品牌，形成良好的运营收益。

二、服务运营

特色小镇的服务运营主要体现在服务供给上。服务供给既要与多样化的客户需求相匹配，又要在服务质量上达到客户的服务期望值。在服务供给方面，小镇可以把技术人才引进、物联网智慧平台作为服务运营的抓手。

“资源平台、人才引进”应结合”人才聚集、平台引领、创新驱动”的发展战略，做好人才引进、人才培育、人才服务方面的工作。在产业良性循环互动的发展模式下，应有针对性地对人才进行相应的培训和提升，搭建人才服务平台，同步提供居住配套设施及相关服务的保障支持。在特色小镇的服务运营中，物联网智慧平台建设需借助互联网技术，搭建以产业大数据为核心体系的智慧服务平台，实时追踪小镇发展动态，实现信息物联网化，为特色小镇规划、建设、运营、管理提供智慧化服务升级。

三、资金运营

特色小镇的资金运营可以简单地理解为特色小镇开发运营主体为了达到商业目的而开展的筹集资金、投资和运营资金等系列活动。资金运营的好坏直接影响到特色小镇建设的现金流是否充足，融资渠道和金融服务运营能否持续健康地运转。一方面，资金运营需要完善政府、社会资本、金融机构三者之间的联动发展机制，创新融资渠道；另一方面，以招商运营为核心，科学制定筹资决策、把控风险、集中管理资金，融合投融资平台运营，助力产业发展，推动项目落地。

四、运营管理

小镇的运营管理水平取决于在小镇运营管理全过程中，管理运营团队整体的把控能力以及解决处理突发问题的能力。小镇在进入整体运营之前，根据小镇的资源禀赋、市场定位、区位优势、地域文化、产业布局进行综合分析，评估得出小镇运营管理的方向、模式、管理体系等。整合酒店管理、旅行社管理、社区管理、产业园区管理、旅游项目管理等资源，在不断的实践中摸索前行，寻求到自身的特色管理模式，使得整个运营链条实现顺利运转。

第二节　特色小镇的盈利机制

一、政府方

在特色小镇开发建设过程中，政府方作为特色小镇建设的引导者和主推者，因其在特色小镇运营中所起作用不同，所对应的盈利模式也不尽相同。发展特色小镇可以提升地方经济，利用导入资源促进就业，优化环境，改善民生，同时，可以为当地政府带来可观的财政收益。其中，政府的收益主要来源于税收收入和土地溢价收入两方面。

（一）税收收入

地方政府固定税收收入有城镇土地使用税、耕地占用税、土地增值税、房产税等土地利用的税收收入。除此之外，产业是特色小镇的发展核心，以特色产业为主导聚集各相关产业于生态圈内，企业将给地方政府带来长期稳定的税收收益，比如企业所得税、个人所得税、增值税、营业税等。同时也利于居民就业、人口流入、人才集聚，从而带动当地经济持续健康地发展。

（二）土地溢价收入

土地溢价原意是合同内所约定土地价格以外的土地交易差额，指的是土地在较正常竞争条件下所确定的市场价格高于合同约定价格的那部分金额。特色小镇开发建设必定会引起周边土地的溢价，政府可以通过土地升值获得大量的土地溢价收入。

二、开发商方

开发商是特色小镇项目的第一承担人，同时也是开发特色小镇的主体。不论是前期的土地整理、资源勘察，还是特色小镇的产业规划、后期运营，开发商贯穿于特色小镇建设的全过程。开发商在特色小镇建设的盈利点主要有以下几个方面：

（一）政策性资金

特色小镇的建设需要筹集大量的资金，国家及省市政府对于特色小镇的前期推动会给予一定的土地优惠政策和政策性资金补贴。政策性资金是指根据国家政策争取国家和省市政府部门投放的财政、银行资金；国际金融组织、国外组织对华贷款等资金；物资、设备、专利等专项资金。小镇相关产业及项目落地后，地方政府会对特色小镇项目进行相应的奖励或补贴。

（二）建设运营收益

建设运营收益主要指项目建设过程和项目运营过程中的开发商收益。项目建设收益主要是指在公共基础设施建设、配套设施建设中的工程建设收益以及土地整理过程中一级开发获得的收益。

从开发商的角度来说，项目运营阶段的收益环节较多。在运营收益结构中，运营收入主要由特色产业收益和其他经营性项目收益构成，主导产业的运营收入占主要部分。一般地，收益是通过休闲、餐饮、购物、商铺、住宅、交通的枝节发散来实现一小节一小节的盈利。小镇要依托主导产业、特色产业形成产业盈利链条，并实现盈利链条上其他关联产业的收益、旅游经营性营业收入等。

（三）地产收益

特色小镇运营不可以把房地产作为主要产业，使得特色小镇房地产化。但由于特色小镇的运营特点，即属于长期运营后才能收回投资的项目，开发商在开发运营过程中需要一个能够维持项目运营的收益。而房地产开发是特色小镇运营的一块蛋糕，所获得的收益要远远高于实体公司获得的收益，所以开发商在规划阶段可计划出一定比例的地产开发用地和实现收益见效快的地产项目来回收资金，以平衡项目产业运营开发支出，使项目更长远地发展下去。

三、金融机构

金融机构在特色小镇开发中扮演的角色不仅是提供资金，还可以根据自身机构的特点通过以下方式实现盈利：

（一）产业循环收益

金融机构在特色小镇的开发中与开发商互利互惠。通过自身优势与小镇特色产业之间的联动，采用基金介入的方式贯穿小镇建设开发运营项目中，实现资本溢价，达到盈利目的。

（二）消费信托收益

“消费信托”一词来源于经济学术语，是一种为消费而进行的投资理财产品，同时具备着金融与产业两大属性。在特色小镇的开发中，金融机构可以把自身产业介入项目的使用权、产权、经营权等相关权利转换为消费信托产品出售给他人获取收益。

第三节　特色小镇的运营理念

对于市场经济主导下的特色小镇运营来说，各大运营主体需站在一个新的高度重新审视运营这个问题。近几十年来，政府一直是城镇建设的开发者与核心运营主体，同时还肩负着管理者和监督者的职责。随着市场经济的逐步完善，政府在资源配置中的决定作用因素渐渐地过渡回归到市场运作，从政府主导转变为政府引导、市场主导、多方参与的格局。

运营主体的改变必然会引起运营理念的转变。特色小镇运营理念大致可以从以下三个方面来分析：

一、前运营，后实施

前些年，我国城镇运营的模式都是先实施，后运营，重实施，轻运营。从本质上来说，城市运营主要还是集中在土地开发、建设施工上面。随着房地产行业逐步走向正规化及新型城镇化的推进，市场化机制下运作的特色小镇急需转变运营理念，新运营理念必然需要新的观念、新的模式、新的运营体系来支撑。

首先，特色小镇的建设开发应将运营工作放在前面，即提倡前运营，后实施。在规划设计阶段就应全面着手于运营工作整体方案的制定。只有运营体系走在特色小镇建设的前端，特色小镇的整体开发才不会盲目出错。小镇才会充满生机，生命周期才会逐渐延长。

二、市场化运营机制

由于特色小镇是近几年才兴起的新事物，专业运营小镇的企业公司少之又少，大部分特色小镇都是由当地政府主导建设的。政府一般都是采取当地职能部门成立相关领导小组的方式管理运作。这样一来，小镇的后期市场活力受到制约，流通性、灵活性降低。特色小镇的运营只有真正回归到市场运营上才能让小镇的特色得以维持，新意无穷。

另外，鉴于小镇运营体系的综合性、复杂性、专业性、系统性，除了尽快推动市场化运营之外，一套完整的市场化运营机制还需成立独立专业的运营公司，完善各基本要素组织机构，制定正规严格的运营管理制度，建立具有创新性的运营模式。

三、"产城人"融合

"产、城、人"融合的运营理念是指产业、城镇与人的融合发展。即以特色小镇所在的城镇为运营基础，发展特色产业空间和产业经济，实现产业立镇，搭建产业运营、用户运营、内容运营、服务运营等运营体系，同时构建以人为本的和谐环境，从而促进宜居环境的良性运作，驱动城镇经济水平的提升及文化机制的更新，实现产业、城镇、居民三者之间互动互通、持续健康地发展。

第四节　特色小镇的营销策略

一、品牌塑造

特色小镇的品牌打造，可扩大特色小镇的影响辐射区域，对小镇所在地区、社会乃至国家都有很大的影响力。比如，一提起普罗旺斯，联想到的是法国的浪漫迷情，当地的薰衣草、葡萄酒让人魂牵梦绕；一提到"中国最美丽的乡村——婺源"，满脑都是遍地的油菜花、独具一格的徽派建筑和山水墨画般的神境。一般情况下，由于没有充足的信息来衡量当地特色产业产品质量的高低，游客在前往目的地游览参观之前，只能通过平台渠道来了解当地地区旅游行业经营者的服务水平和配套设施的好坏等。当这些流动的信息、信誉和知名度成为游客心中的“名牌”“品牌”，就能产生更大的品牌效应、乘数效应，给当地企业、社会经济带来巨大的效益。

对于特色品牌如何塑造，如何从中获取更多的运营收益这类问题，建议可以从以下三个方面入手：

（一）特色品牌文化塑造

小镇的特色品牌文化塑造必须要以自身区域特色产业、特色文化为基础，建立有号召力的龙头项目或产品。将产业化的项目作为特色品牌文化的支撑，将产业链辐射形成的产业生态圈作为特色品牌文化的空间结构，整合当地的资源优势，融入与时俱进的创意，打造特色小镇品牌化运营、标准化服务、信息化推广的发展模式。力求做到“小而美”“精而细”，细分市场提升小镇品牌文化知名度，带动特色小镇泛旅游产业的发展，促进小镇社会经济水平的提高（图 4-2）。

图 4-2　特色品牌塑造

（二）“旅游文创 IP”孵化

在旅游行业，文创 IP 是景区吸引游客的重要元素之一。IP 需要经过有新意的包装策划、挖掘整合、重塑活化才能产生巨大的经济效益。特色小镇可以通过将自身的资源 IP 导入到商品、旅游设施、产业产品上的方式，有效地整合利用自身的 IP 财富，实现盈利。其中，打造旅游文创 IP 是一个涉及全产业的大工程，从前期的文创 IP 资源整合、产业创意融合到衍生出的商品，最终建立旅游文创 IP 项目创建孵化、服务一体化的运营模式。

（三）文创产品“商品化”

无论从小镇社会的发展，还是从产业自身的发展或者从品牌的社会作用来看，从产业产品上升到品牌是一个价值虚拟的过程。文化创意产品也只有达到商品化，才能满足更高品位、更多形式的需求。一方面，产品不断地完善、创新，更好地满足顾客的需求；另一方面也是一个创造价值的过程。文创产品通过各种渠道、方式注入内容内涵、文化创意，将产品价值逐步从产品本身过渡到特色小镇品牌上。比如通过网络信息化的自由媒体平台，特色小镇可以将符合自身品牌特色的文创产品、特色产业产品在该平台展示销售。

二、营销策划

（一）营销内容

随着越来越多的特色小镇落地建设，竞争也愈演愈烈。在不断竞争的过程中，特色小镇如何才能保持持久的繁荣是困扰从事特色小镇营销工作者的症结问题。营销内容是营销工作的核心吸引物。现在这个信息大爆炸的时代，营销内容需与时俱进，在不断地摸索调整中抓住每一个新的发展机遇。

好的 IP、好的文化创意是营销内容的核心灵魂，优质的创意内容能创造出全新且充满活力的营销场景。首先，灵活利用 IP 借势。从特色小镇 IP 中导入具有创新性的主体、故事、吸引物、活动、衍生体系物等。还可以通过捆绑其他热点 IP 融入营销内容中，吸引关注人群和粉丝流量。其次，内容充满文化创意。将天马行空的文化创意转化为内容价值，延长营销过程在社交媒体传播的生命周期。

（二）营销手段

营销手段是指营销过程中所有可以使用的有效方法。现阶段的营销环境正在发生着深刻变化，在产能过剩、产品同质化严重的市场环境下，消费者的选择空间较大，很容易被其他信息分散转移。传统营销手段的运营策略越来越跟不上时代的步伐。现代营销手段如整合营销、体验营销、网络营销、差异化营销、直销、文化营销等都是我国企业经营中常用的、比较有效的方法。特色小镇运营企业根据小镇资源优势、产业特点的实际情况，针对小镇的目标市场和目标顾客特点，融合自身的特色 IP，恰当运用多种营销手段，就能够取得良好的营销效果。

（三）营销渠道

营销渠道是整个营销运营过程的重要组成部分，优质的内容、有利的手段只有依托好的渠道才能真正地发挥出良好的营销效果。在移动互联网时代的渠道选择上，主要有自媒体、口碑媒体、付费媒体三类，这三类媒体的覆盖面足够广，用户量很大。可以借用自媒体造势;利用口碑媒体参与、争议或爆料迅速扩大影响;使用付费媒体平台扩散传播。优质的传播渠道可以达到事半功倍的营销效果。特色小镇要以内容创意为核心,综合多种有效的营销手段,利用覆盖面广的平台渠道,实现产业产品营销与品牌传播的目的。

三、推广传播

近一段时间,通过特色小镇建设普遍存在的创意缺乏、深度不足、人气冷清的现象,大家可以看出任何一个社会组织想要发挥出整体综合的最佳效果,一定要和其他社会组织之间的利益关系进行多方协调达到平衡一致。在提高特色小镇知名度上有很多机遇,关键是要时机精准和方法有效。在小镇还没有建设完成、开放待客的时候,很少能被大家认知,这就需要通过公共关系工作的开展,在小镇试营业期间即做足功夫,精心策划,灵活运用网络等媒介积极传播,吸引围观,扩大自身的影响力和知名度。试营业期间若能获得公众的青睐和赞赏,口口相传,达到良好的声誉,必然会对小镇以后的经营产生良好的助力。因此,在特色旅游小镇品牌的推广宣传中,有效的公共关系活动起着极为重要的作用。

广告传播是常见的活跃于大众视野之内的手段之一。一个朗朗上口的宣传口号可以达到立杆见影的传播效果,形成一个较为完整的印象。如“江西风景独好”这句宣传语简而精,精而细,人们一听就能记住,一眼就能被吸引。当然还可以选择其他广告媒体传播方式,如在地方或是中央电视台投放广告,在客运动车、高铁、地铁、公交车上印发书刊和宣传页等,在公路、建筑上合法张贴广告等。

在互联网自媒体的时代,网络传播必不可少。比如可以创建有关特色小镇的平台网站。在建设网站的过程中,首先应该结合自身的资源特色、资金能力和目标消费者群体的喜好来决定网站的内容和形式。例如可以提供一些特色小镇的旅游资源、产业项目介绍说明,信息咨询,路线地图,问题解答,酒店交通预定,门票售卖等服务。还可以包含一些促销信息,吸引目标群体。在小镇的主打精品路线和特色路线,可以上传一些精美图片加深和丰富阅览者的印象。

为了更好地增加浏览阅读量和知名度,可以和腾讯、阿里巴巴等进行全面的社会合作,在社交媒体上进行互动推广。还可以创建微博、微信公众号等,聘请专业人士来操作和运营，结合时下的热点话题、社会大事件，制作符合大众口味的文案，或是制作一些有争议的事件进行营销增加自身的曝光度。这些都是很好的宣传手段，借力打力，能达到事半功倍的效果（图 4–3）。

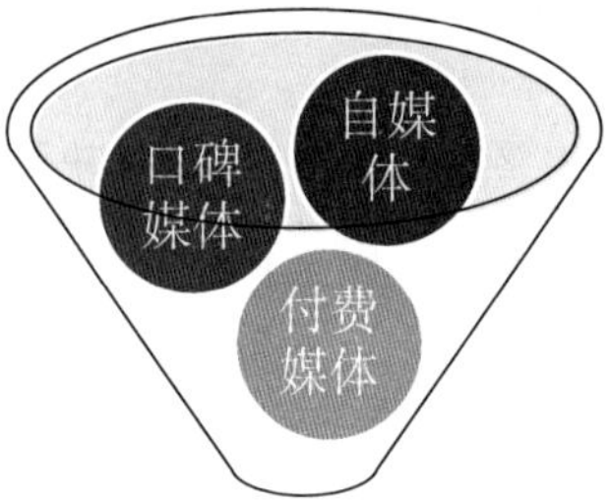

图 4-3　宣传途径

第五章　特色小镇 PPP 模式

第一节　用 PPP 模式打造特色小镇

一、PPP 模式的引入

《住房城乡建设部　国家发展改革委　财政部关于开展特色小镇培育工作的通知》中明确提出，至 2020 年，培养出 1000 个左右各具特色、富有活力的休闲旅游、商贸物流、现代制造、教育科技、传统文化、美丽宜居等特色的小镇。目前，各地方政府也积极响应国家政策，创建各色各样的特色小镇。一个特色小镇的成功落地，需要资金、产业、文化等多方面的资源整合。这对小镇的发展来说既是机遇也是挑战。

一方面，由于地方政府的债务压力较大，能提供的资金无法满足特色小镇建设的资金需求；另一方面，特色小镇的核心在于扶持产业，产业的成功培育不是一朝一夕的事情，是一个长期摸索的过程。在特色小镇整个培育过程中，资金问题、产业培育问题加重了政府的财政压力。其次，特色小镇建设重点是产业、文化、宜居、环境等各种资源要素的整合，需要拥有丰富经验的专业运作团队。而小城镇缺乏这样的操作团队，政府一己之力难以推动。又因小镇是具有公益和商业双重性质的国家公共资产，不是简单的商业项目群，为利于特色小镇的健康发展，不能将特色小镇完全交给企业建设运营。

在这样的背景下，2016 年 12 月，国家发改委发布了《关于实施“千企千镇工程”推进美丽特色小(城)镇建设的通知》，明确提出要求相关单位搭建小城镇与企业主体有效对接平台，共同促进特色小镇发展，组织实施“千企千镇工程”，积极引导社会资本参与到小镇的规划、建设与运营当中来。社会资本与政府各尽其责，使资源物尽其用，发挥最大效用。

综上所述，在特色小镇项目中引入 PPP 模式无疑是目前特色小镇健康持续发展的最有效途径。采用政府和社会资本合作的 PPP 融资模式，可以有效综合利用财政资金和社会资金来弥补特色小镇的资金缺口问题，丰富发展特色小镇的资金来源，提高特色小镇的建设效率。总之，引入 PPP 模式建设发展特色小镇可以多方得利。

二、采用 PPP 模式的目的及意义

引入 PPP 模式，目的是为了建立一种基于市场化的投资回报机制，动员政府与企业各方面力量，形成合作伙伴共同打造特色小镇，促进特色小镇的健康发展。其作用主要表现在以下三方面：

(一)解决特色小镇的融资瓶颈

融资问题是建设特色小镇最大的障碍，持续充足的建设资金是特色小镇建成落地的关键。特色小镇项目采用 PPP 模式不仅拓宽了融资渠道，快速有效地解决了特色小镇的资金问题，PPP 模式本身还是解决政府高负债的绝佳路径，同时，能更好地发挥市场配置资源的导向作用，改变资源过度集中于大城市的现象，增加小镇的凝聚力和吸引力，加快推动城镇化的发展步伐。特色小镇的融资现状和解决方法见图 5–1。

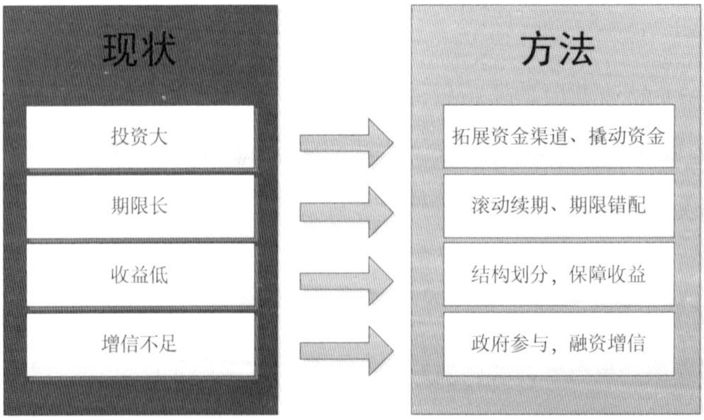

图 5-1　特色小镇的融资现状和解决方法

（二）带来社会综合效益最大化

利用 PPP 模式解决小镇融资问题是次要，PPP 模式最主要是为了实现政府和企业风险共担、合作共赢的局面，达到一加一大于二的效果。特色小镇建设不同于单一功能的项目建设，小镇建设存在建设周期长、资金投入大且后期运营不确定因素多等风险。采用 PPP 模式可提高对小镇建设运营风险的整体控制能力，通过利用政府拥有的信用背景、社会资本专业经验与先进的技术手段实现管理效率的最大化、社会综合效益的最大化。

（三）拓展社会资本的投资领域

在目前的经济态势下，很多企业投资增速明显降低。而特色小镇不是单一功能的项目，社会资本投资特色小镇除了可获得一定商业经济利益外，还可以为其带来其他衍生利益，并且可以拓宽社会资本的业务范围。

三、PPP 模式打造特色小镇的可行性

（一）良好的运行环境

PPP 融资模式发展多年，在我国各个领域都得到了广泛应用，深得各级政府的推崇。特色小镇利用 PPP 模式进行融资及发展，具有良好的土壤基础。

PPP 模式有几个明显的特点：一是公共部门与私营部门合作，即政府和社会资本的合作，合作是前提；二是强调利益共享，也是 PPP 模式的一个核心要点；三是风险共担；四是提供公共服务、产品。

（二）稳定的投资回报

特色小镇还有一点区别于政府一般意义上的公益性项目，就是小镇项目要成功培育产业，以产业作为支撑。因此，规划合理、论证科学、运作合理的特色小镇通过吸引社会资本方投资，会拥有一定量的现金流。政府在此基础上再进行政府补贴的金额就会大大减少，并可以满足社会资本方一部分的投资回报。这样很大程度上能减轻政府的财政压力，社会资本方的投资回报更加稳定可靠，可真正实现政府方与社会资本二者之间的互利共赢，大大增加特色小镇 PPP 项目的落地可能性。

四、PPP模式打造特色小镇的建议

我国PPP项目的建设虽然拥有多年的成功经验，但PPP项目相关的具体细则、法律条例没有出台，还有许多需要调整和改善的地方。特色小镇正式映入世人眼中的时间较短，还是一个全新的事物。用PPP模式打造特色小镇是一个不断探讨、摸索的过程，只有不断地实践、总结，才能划分出后期发展的界线及禁区。很多人把PPP模式仅仅看作是解决地方投融资平台债务风险的一种手段，在实际操作过程中，这种错误认知使得特色小镇采用PPP模式无法实现资源的最优整合。针对特色小镇PPP模式发展的某些典型问题，国家发展改革委、财政部以及住建部等部委的专家通过梳理现有案例资料，并结合大量的实地调研，总结出了特色小镇运用PPP模式进行顶层设计、建设和培育过程中应遵循的必要原则，主要有以下几点：

（一）真正发挥出PPP模式的精髓力量

PPP模式的精髓力量源于社会资本方和政府方的双重力量，双方力量互补互足。首先要始终明确PPP模式不应只考虑政府一方利益，不只是为了减少政府的财政压力。政府在采用PPP模式时经常会把关注重心放在项目的财政承受能力上，更多地为了完成政府采购公共服务，这种现象违背了采用PPP模式的初衷。尤其是特色小镇并不是“一窝金蛋”，建成以后短时间之内不会获得投资回报，要经过一定的孵化才可以产生可观的收益。因此在项目前期，为了小镇项目更好地发展，政府要考虑企业的实际境况，对企业进行相应数额的运营补贴，实现项目共赢。

（二）建设基于市场化的社会资本投资回报机制

特色小镇采用PPP模式创建时，如果在社会资本方正常运营的状况下所获得的营业收入不足以收回投资回报的话，政府方会给予一定的运营补贴以弥补社会资本方的投资损失，但社会资本方的投资回报主要还是以特色小镇的运营收入为主，切不可把希望寄托于政府的运营补贴，要积极利用市场力量运营特色小镇。

（三）时刻谨记特色小镇的培育主线

特色小镇项目采用PPP模式并不会改变特色小镇的核心及本质。特色小镇的培育主线依然是依托产业、文化等各种资源的整合建立。特色小镇的重心不能因为采用PPP模式就有所偏离，仍然要注重特色小镇前期的规划策划和后期的运营。在特色小镇的运营中要寻找专业的运营团队，采用科学的培育方法对特色小镇进行合理的培育。

（四）提供更多政策支持

社会资本方参与到特色小镇 PPP 项目中，处于建设、运营等实质性主体地位，承担着主要风险，政府应出台更多优惠政策支持社会资本方，如税收政策、金融支持政策等，并在 PPP 项目实施阶段给予社会资本方一定的税收减免政策，减少社会资本方的运营成本。

第二节　特色小镇中 PPP 融资模式

一、PPP 模式下参与的主体

PPP 模式下参与的主体主要有四个，分别是政府、社会资本方、项目公司及金融机构（图 5-2）。

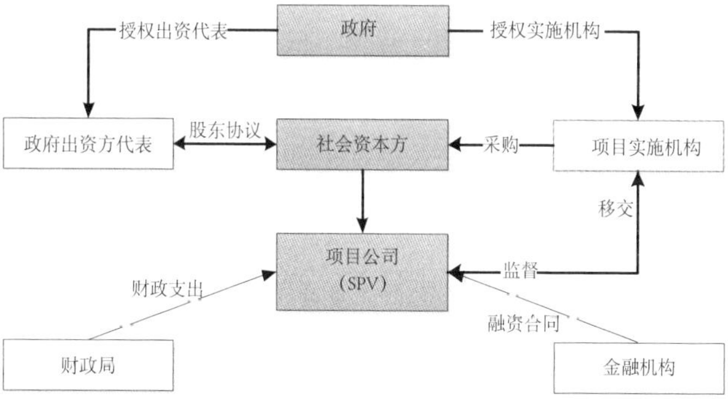

图 5-2　PPP 模式下的参与主体

这四个主体在特色小镇 PPP 项目建设中发挥着不可替代的作用，具体分工如下：

一是政府或者政府指定的下属机构、国有企业等。在 PPP 模式下，政府会指定相应的下属机构作为特色小镇项目的实施机构。实施机构在特色小镇建设运营中，在不违反合同约定的前提下不能过多干涉或参与项目公司的运营，仅仅发挥着全局总抓手的作用。在项目公司建设及运营特色小镇时，政府要积极给予支持及协助，要对项目公司的运营起重要的监督作用。通过建立绩效考核机制，把项目公司的运营水平与绩效考核挂钩，以此方式协助项目公司更好地运营特色小镇，保证小镇公民的基本利益。

二是社会资本方。社会资本主要是指本级政府所属的融资平台公司及其他控股国有企业以外已建立现代企业制度的境内外企业法人。特色小镇的成功创建涉及策划、建设、运营等多方面内容，所以社会资本方既可以是一家也可以是多家企业组成的联合体，一般社会资本联合体都包含施工企业、运营企业以及金融机构等，这样大大提高了特色小镇建成的效率。

三是 PPP 项目公司——SPV。SPV 公司是特色小镇 PPP 项目的具体实施者，可以由政府和社会资本方共同组建或社会资本方独自组建。特色小镇 PPP 项目的主要环节还是在特色小镇产业的定位及运营上，SPV 公司主要负责项目融资、建设、运营及维护等全过程运作。

四是金融机构。金融机构主要包括银行、保险、信托、基金等，其中金融机构既可以作为社会资本方联合体中的一员，也可以为特色小镇 PPP 项目提供资金支持和信用担保。

二、特色小镇 PPP 项目运作模式

特色小镇采用 PPP 模式进行建设运营，运作模式与普通 PPP 项目大同小异，都是政府与社会资本方分工协作、风险共担的合作模式。运作方式可从 BOT（建设 – 运营 – 移交）、TOT（移交 – 运营 – 移交）等方式中结合自身实际情况选择适合的，并根据所选择的方式，划定政府和社会资本方之间的分工。在运营过程中，项目公司负责运营，但项目公司对于特色小镇仅具有使用权，不具有所有权。运营结束后，特色小镇无偿移交、归还给政府，以杜绝国有资产流失。运作模式具体流程如下：

（一）项目确立

在特色小镇 PPP 项目中，政府一般是作为项目发起方，负责项目前期的考察立项等准备工作，对项目进行调研及评估确定特色小镇操作的可行性。完成项目的前期工作后，方可进行 PPP 项目的运作流程。

（二）项目评审

PPP 项目立项完成后，有关机构需要对项目进行财政承受能力评价、物有所值评价。财政局会对两个评价进行评审，通过评审后，再对 PPP 项目实施方案进行评审，最终确定

项目的投资结构以及运作方式等内容。在这几项工作完成后，政府对社会资本方进行招标采购，选择合适的社会资本方，建立 PPP 项目公司（SPV），签订 PPP 项目合同约定双方的权利与义务。

（三）项目建设与运营

建设与运营：这两点永远是特色小镇建设的重中之重。项目公司根据特色小镇所特有的产业、文化等资源，进行规划、建设、招商和后期运营等工作。项目公司还可以通过招商的方式将特色小镇的运营项目分包给专业企业以达到更好的效果，在约定的特许经营期限内，中选的社会资本可通过项目公司的净现金流来实现回笼资金。在此过程中，PPP 项目公司必须要对项目实施机构负责，政府、贷款人、社会居民都有对项目进行监督的权利。

参与收益：对于社会资本方来说，收益来源主要分为两种，一种是使用者付费，另一种是政府可行性补助。参与收益的形式主要是"政府可行性补助 + 使用者付费""使用者付费"两种。在社会资本方的收入中，这两项收入中要尽可能地以使用者付费为主，多发挥社会资本方的运营能力，以获取相对较多的特许经营收益，减轻政府的财政压力。由于某些市场、政策等因素的影响，这两种收入数额是不固定的，结果可能会导致社会资本方的运营收益不高。当运营收益不足以弥补社会资本方的投资回报时，政府有责任通过财政补贴的形式对社会资本方进行补偿。这种情况下，运营收益和财政补贴同时存在。在市场需求的刺激下，当社会资本方的运营收益足以弥补投资回报时，政府有权不支出财政弥补。

总之，社会资本方要尽力发挥运营专长，运用市场化的手段获得更多的运营收益，减少政府的压力；政府要保证社会资本方在运营收入不足的情况下，能稳定地获得上述合理利润，达到一定的投资回报率。

价格管理要求：PPP 模式对于价格管理的基本要求是政府总体监管，并进行适度价格管制。定价应基于成本，既要保证项目运行及社会资本的合理收益，又不能损害公共利益，同时要建立对收益进行补贴、调整或约束的条款。

偿付来源："土地出让收入、税收收入、非税收收入、专项资金"这 4 项收入是政府偿付各参与者的成本和利润的主要来源。

（四）项目移交

在项目合同期满前移交过渡期内，项目公司需要将所有权移交给政府。移交时，政府应对项目进行检查，组织资产评估和性能测试，确保项目处于良好状态。经评估和性能测试，项目状况符合约定的移交条件和标准的，项目公司按合同要求及有关规定完成移交工作并办理移交手续；项目状况不符合约定的移交条件和标准的，项目公司按要求对相关设施进行恢复性修理、更新重置，在满足移交条件和标准后，及时办理移交手续。

三、特色小镇 PPP 项目投融资结构

特色小镇 PPP 模式下的融资结构中，社会资本方是项目筹资以及出资的主力部队。其中的项目资本金一般由政府和社会资本方共同出资或是社会资本方独自出资，剩余的建设资金则由社会资本方负责筹措。中选的社会资本方本身须具备较强的融资能力，可借助多种金融工具降低融资成本，完成融资，在社会资本方进行筹资时，政府可允许社会资本方将其项目合同项下的权利和利益及其拥有的资产（包括动产、不动产和无形财产、社会资本方收益权及其银行账户的权利）设置抵押、质押或以其他方式设置担保，并报甲方书面同意。

四、特色小镇 PPP 模式应用现状

据市场数据统计，第一批 127 个特色小镇中，有 52% 的小镇开展了 PPP 项目，有 73% 的小镇政府已购买了市场化服务（图 5-3）。

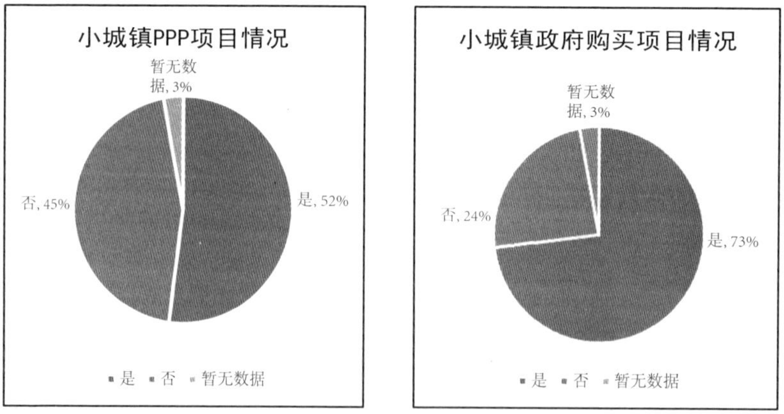

图 5-3　特色小镇市场情况

财政部 PPP 项目库中的部分特色小镇 PPP 项目，江西、山东、湖南、贵州、云南、陕西等多个省市项目包含其中，其项目统计见表 5-1。其中，一半左右的特色小镇 PPP 项目采用政府付费的方式，其他采用使用者付费或可行性缺口补助的方式。小镇中具有运营性质的项目较多，合作期限也较长，一般在 10~30 年。从第二批小镇来看，多数的小镇项目已经引入了社会资本，相信未来将有更多的小镇采用 PPP 模式进行运作。

表 5-1　财政部 PPP 项目库中部分特色小镇项目统计

项目名称	项目总投资(亿元)	所处阶段	合作期限	运作方式	回报机制	项目概况
江西省萍乡芦溪县上埠镇	2.80	识别阶段	20 年	BOT	政府付费	1. 建设电瓷公共检测平台； 2. 建设电瓷制造实训基地
江西萍乡休闲旅游特色小镇建设项目	22.50	识别阶段	30 年	BOT	可行性缺口补助	项目建设主要内容对新泉乡老街、新街进行提升改造，修缮以街道为中心的下水管路，对现有长为 3.2 km 的街道铺设沥青，并对沿街的人行道进行改造
江西吉安泰和县马市生态文化旅游特色小镇项目	10.00	识别阶段	10 年	BOT	可行性缺口补助	建设集“红、古、绿”为一体的旅游综合体项目，打造“马市生态文化旅游圈”，集游览历史文化古迹，感受农耕文化，品尝生态特色农副产品，享受生态休闲闲情逸致周末度假和疗养
山东省菏泽市曹县民族毛纺产业特色小镇基础设施	6.04	准备阶段	16 年	BOT	政府付费	项目主要建设内容包括综合办公楼一座，建筑面积为 9600 m^2 的其他基础设施项目
山东省菏泽市曹县林木产业特色小镇基础设施项目	5.30	采购阶段	16 年	BOT	政府付费	项目主要建设综合办公楼一座以及其他基础设施建设项目

续表 5-1

项目名称	项目总投资（亿元）	所处阶段	合作期限	运作方式	回报机制	项目概况
湖南省临湘市浮标特色小镇PPP项目	8.49	准备阶段	20年	BOT	可行性缺口补助	项目区域面积7.0 km^2，其中建设用地5.5 km^2，非建设用地1.5 km^2，规划核心区域1200亩，涵盖行业包括文化（垂钓文化园）、旅游（长安古街）等
湖南怀化中方县桐木葡萄沟特色小镇PPP项目	4.25	识别阶段	15年	BOT	使用者付费	项目占地约3900亩，总投资概算42 464.38万元，分3期建设
贵州安顺市西秀区轿子山工贸服务型特色小镇建设项目	4.85	识别阶段	12年	BOT	使用者付费	1. 轿子山镇公共建设项目（含幼儿园、老年养护院、图书馆、体育馆、文化馆等）； 2. 轿子山镇小城镇市政路网建设项目
贵州省安顺市西秀区双堡镇生态旅游特色小镇建设项目	20.00	识别阶段	10年	BOT	政府付费	一、镇区干道：（1. 主干道80 000 m^2；2. 绿化亮化24 000 m^2；3. 照明灯260盏，航道树1300株）； 二、文化活动综合（1. 文化广场15 000 m^2；2. 表演舞台1300 m^2等）
贵州省安顺市西秀区旧州文化旅游型特色小镇建设项目	4.20	识别阶段	10年	BOT	政府付费	项目总建筑面积57 031.08 m^2，含古城墙修复、文昌阁修复、钟鼓楼修复，公共停车场建设、微田园建设、智慧旅游建设、慢行系统建设、污水处理厂建设、垃圾收运系统建设、古驿道修复等
贵州省安顺市西秀区七眼桥镇文化旅游型特色小镇建设项目	2.33	识别阶段	10年	BOT	政府付费	项目总建筑面积14 484.00 m^2，含旅游客服中心、游客接待中心、电瓶车道、表演舞台、停车场、云山屯景区、景观花田、文化活动广场、中国屯堡文化博物馆、民间文化艺术展示中心、智慧旅游建设等

续表 5-1

项目名称	项目总投资(亿元)	所处阶段	合作期限	运作方式	回报机制	项目概况
贵州省台江县施洞文化产业园区(特色小城镇)建设	12.38	准备阶段	20 年	BOT	可行性缺口补助	园区规划面积 3.08 km^2。建设内容:体育场、古建筑群修缮、非物质文化遗产保护工程、镇区码头改扩建工程、传统工艺一条街、工艺街改善等
云南曲靖"中国山歌之乡"杨柳特色小镇建设项目	3.95	识别阶段	15 年	BOT	使用者付费	建设内容包括万人山歌剧场,中国山歌文化博览馆,中国山歌文化研究中心,中国山歌文化片区交流馆,集散场地绿化、硬化、美化、水电管网等
陕西渭南高塘特色小城镇旅游基础设施建设	7.38	采购阶段	20 年	BOT	政府付费	项目主要建设内容高速引线及两侧绿化工程、赤水河河道治理及通勤道路工程。中心停车场工程、游客服务中心工程、节能路灯改造工程等

第三节　特色小镇 PPP 项目金融工具选择

特色小镇 PPP 项目在筹集资金上,可利用的金融工具除第二章所讲的发行债券、产业基金、资产证券化、融资租赁等,还可采用 PPP 基金方式。针对特色小镇投资巨大且短时间不见成效的投资特性,需要对特色小镇 PPP 项目进行具体的、尽可能准确的财务测算,确定适合该项目的投资运营模式。

一、PPP 基金的含义

产业投资基金是指一种对具有高增长潜力的未上市企业进行股权投资,并对基金投资人出资进行管理服务,企业成熟后通过股权转让实现资本增值。PPP 基金是以产业投资基金的方式直接或间接投资于 PPP 项目的一种基金,形式一般是通过股权或股债联动的方式投资于 PPP 框架下的项目公司。2015 年 5 月,国务院办公厅转发《财政部　发展改革委　人民银行关于在公共服务领域推广政府和社会资本合作模式指导意见》,文件指出:中央财政出资引导设立中国政府和社会资本合作融资支持的基金,鼓励地方政府承担优先损失的前提下与投资管理经验的金融机构共同发起设置基金公司,吸引更多的社会资本参与。PPP 基金作为 PPP 项目的一个强有力的融资工具,逐渐登上历史的舞台。我国国家及各地方 PPP 产业基金情况见表 5-2。

表 5-2 我国国家及各地方 PPP 产业基金情况

国家或地方	成立时间	发起机构	基金名称	基金规模(亿元)	级别
国家	2015 年 5 月	财政部	中央引导示范性 PPP 基金	500	国家级
国家	2016 年 3 月	财政部	政企合作投资基金	1800	国家级
河北省	2016 年 12 月	财政厅	冀蓝股权投资基金	10	省级
河北省	2015 年 12 月	财政厅	京津冀协同发展基金	100	区域级
山西省	2016 年 2 月	财政厅	山西省改善城市人居环境 PPP 投资引导基金	144	省级
吉林省	2016 年 3 月	财政厅	PPP 引导基金	50	市县级
江苏省	2015 年 6 月	财政厅	江苏省 PPP 融资支持基金	100	省级
浙江省	2016 年 3 月	财政厅	浙江省基础设施投资(含 PPP)基金	100	省级
浙江省宁波市	2015 年 12 月	财政局	宁波市 PPP 投资基金	250	市县级
浙江省常山县	2015 年 1 月	财政局	常山县政府和社会资本合作(PPP)引导基金	3	市县级
福建省	2016 年 3 月	财政厅	福建省 PPP 引导基金(拟设立)	200	省级
江西省	2016 年 2 月	财政厅	江西省发展升级引导基金	200	省级
江西省九江市	2016 年 3 月	财政局	九江市政府产业投资引导基金	50	市级
山东省	2015 年 7 月	财政厅	山东省政府和社会资本合作发展基金	800	省级
山东省青岛市	2016 年 3 月	财政局	青岛市政府和社会资本合作发展基金	300	市县级
河南省	2015 年 6 月	财政厅	河南省 PPP 开发基金	50	省级
湖北省孝感市	2016 年 9 月	财政局	PPP 基金(I 号)	10	市级
湖北省宜昌市	2015 年 10 月	财政局	三峡产业引导股权投资基金	50	市级
湖南省	2016 年 11 月	财政厅	湖南省省级政府性投资基金	不详	省级
四川省	2015 年 12 月	财政厅	四川省 PPP 投资引导基金	50	省级

续表 5-2

国家或地方	成立时间	发起机构	基金名称	基金规模（亿元）	级别
贵州省	2015 年 12 月	财政厅	贵州金砖 PPP 省级母基金（贵州省金砖城市 1 号基金）	200	省级
云南省	2015 年 6 月	财政厅	云南省 PPP 融资支持基金	100	省级
陕西省宝鸡市	2016 年 8 月	财政局	宝鸡市投资引导基金	10	市级
新疆维吾尔自治区	2015 年 10 月	财政厅	新疆维吾尔自治区 PPP 引导基金	1000	省级
新疆阿克苏地区	2015 年 12 月	财政局	阿克苏地区 PPP 引导基金	1	区域级
广东省江门市	2015 年 9 月	财政局	江门 PPP 融资基金	不详	市县级
黑龙江省	2016 年 3 月	财政厅	黑龙江省 PPP 融资支持基金	1340	省级

二、PPP 基金分类

（一）政府主导的 PPP 产业基金

省级政府层面出资成立的引导基金，一般是以子、母基金形式进行操作。由省级政府引导金融机构出资成立产业基金的母基金，母基金与地方政府、金融机构共同成立子基金，若地方政府财政劣后，需承担项目风险。这一模式中，项目需要经过省政府的审批，政府对金融机构要有稳定的担保。

（二）金融机构联合地方国企成立的基金

该基金的发起方大多是银行等金融机构。形式是由金融机构与地方政府联合成立基金，以金融机构为主导，由金融机构做 LP（有限合伙人），采用优先级制度，地方国企做 LP 的次级，金融机构委派指定的股权投资基金作 GP（一般合伙人），即基金管理公司。

（三）社会企业主导的 PPP 产业基金

社会企业主导的 PPP 产业基金多数是大型实业类企业主导，由企业作为重要发起人。这类模式中基金出资方往往没有政府，资信度和风险承担都在企业身上。但是企业投资项目仍然是政企合作的 PPP 项目，政府授予企业特许经营权。相比前两种模式，该模式企业承担着更大的风险，但是模式运作的灵活性很大，甚至可以实现完全的市场化运营。

三、PPP 基金投资回报来源

PPP 项目产业基金还款来源主要和 PPP 项目具体的投资回报机制有关。PPP 项目的回报机制有三个，分别为使用者付费、可行性缺口补助以及政府付费。具体地说，特色小镇 PPP 项目所运营的项目中几乎都拥有经营性项目，回报机制只有使用者付费与可行性缺口补助两种。使用者付费的具体回报来源于特色小镇所运营的经营性项目获取相应使用者的付费金额；另一个是政府财政支出，是在使用者付费金额不足以弥补项目公司应获取的投资回报时，需要政府财政支出用以弥补以维持项目公司的正常运营，这部分资金也可作为回报来源。

四、PPP 基金的退出方式

（一）资产证券化

特色小镇项目是具有稳定现金流的项目，基础资产可用于资产证券化。资产证券化是产业投资基金投入特色小镇 PPP 项目中在退出时很有效的办法。在项目运营成熟以后，通过将项目公司中的基础资产注入上市公司，发行资产证券化产品，获得投资收益，实现投资者退出。

（二）股权回购、转让退出

股权回购、转让退出是指产业投资基金投入 PPP 项目，项目投资公司完成投资任务后，或者是说阶段性完成后，由政府或政府指定的运营公司进行股权回购。

（三）IPO 上市和上市公司并购

由于这两种模式均要求有稳定的现金流，运行的可行性才较高，这就要求项目或其所拥有的资源具有很大的价值或发展空间。但是，目前我国的 PPP 项目大都不具备以上条件，此方式极少使用，国内上市和并购的现有案例很少。

（四）项目到期清算

在项目投资公司完成约定的投资任务或阶段性投资任务后，PPP 产业基金资金可通过项目资产清算的方式,获取一定的股权收益,实现投资退出。

这四种方式都是 PPP 基金退出的有效方法。虽然 PPP 基金有多种退出机制,但我国目前常用的主要手段仍以股权回购、转让为主。此外,为防范退出风险, PPP 基金投资人应要求政府或社会资本方提供一定的担保。

第六章　特色小镇案例详析

第一节　特色小镇类型解读

特色小镇的打造需具备一定的客观条件，根据城镇的客观条件评估创建特色小镇的可行性，根据客观条件中的优势特色资源决定特色小镇的类型。通过对国内现有一些成功落地的小镇特点进行总结，可以归纳出以下十大类型：

一、生态旅游型小镇

（一）类型解读

生态旅游型小镇核心是以泛旅游产业、休闲生态产业为产业主体，以自然人文景观为主要吸引物，综合休闲聚集与居住聚集开发项目，输出旅游服务和休闲服务，集“生态、旅游、观光、休养、娱乐”于一体的小城镇。其中，生态旅游功能是小镇的首要功能，良好的生态环境是小镇的支撑，基础设施、服务设施、旅游设施是可进入性的硬性条件。例如温泉小镇、休闲古镇、别致风情村落、艺术时尚小镇等。

（二）发展模式

以旅游产业作为核心驱动力的休闲小镇，应统筹发展三大核心要点：核心旅游物吸引、休闲聚集和泛旅游化延伸。核心旅游物要求休闲旅游小镇具备核心的旅游吸引力，不论是自然旅游资源和人文旅游资源这种有形的旅游资源，还是社会制度、民居生活方式等无形的旅游资源都能成为吸引游客聚集的吸引力。休闲聚集输出影响着整个小镇到访游客的规模数量、消费模式、滞留时间等，是旅游产业发展的关键环节。泛旅游化延伸即将已有的产业业态泛旅游化，整合多方资源延伸发展，相互联动，相互促进。

小镇的风貌规划应因地制宜，与城镇的历史文化、民俗风情、生活习惯相融合，搭建好休闲聚集中心、居住场所、商业街区、游乐设施等发展架构，功能布局具备观光度假、休闲旅游、集散居住、医疗养老、娱乐游玩等多种功能，同时拥有旅游和社区的双重属性。

（三）案例赏析

1. 福建省福州市嵩口镇

文创旅游小镇——福建省福州市嵩口镇

嵩口镇位于福州市永泰县的西南部，地处永泰、仙游、德华、尤溪、闽清五县的结合部，已获得全国重点镇、中国历史文化名镇等称号。镇域面积257 km^2，镇区常住人口1.5万人。2015年，镇GDP为130.9亿元，城镇居民人均纯收入1.13万元。

1. 特点

特色鲜明的产业政策：着重发展休闲旅游业，扶持了业态示范和传统工艺，形成了初级旅游目的地，拥有农家乐、民宿等特色业态。依托旖旎的田园风光和独特的乡土文化等资源，开发培育特色乡村旅游景点和旅游线路，带动一二三产业的融合，打造农村服务经济新业态。

和谐宜居的美丽环境：闽江下游最大的支流——大樟溪贯穿全境，赤水溪、大喜溪清澈见底，石奇、水清、山峻、树怪，溪边景色优美怡人。

彰显特色传统文化：小镇是海上丝绸之路的重要渡口、闽商文化发源地之一，也是虎尊拳发源地，特色习俗延续至今。历史上，众多著名文人也来自嵩口镇，如南宋著名爱国主义词人张元干、闽台最大农业神张圣君等人。

便捷完善的设施服务：一是古镇门楼至镇区景观改善，镇区主街道立面、屋面等景观有较大提升；二是古渡口、古榕广场等景观恢复已基本成形，临时停车场发挥作用；三是直街、横街修缮进展顺利，古街景观逐步成形；四是一期核心游道已完成贯通，排水、排污、绿化已经完成。

2. 体制机制探索

文化铸魂：在景观改造项目中，将本土工匠和手工艺人融入进去，植入传统历史文化，以今为骨，以史为魂，在改造景观中体现历史。

产业支撑：实施旅游总体规划，修复保护古村落、古民居、古寨堡等历史文化建筑，发展特色乡村文化。

3. 近期计划

完善基础设施建设：项目实施10个，总投资8000万元。

加大招商引资力度：在产业规划的基础上，加大招商理念的创新。

2. 贵州省黔东南州西江镇

苗寨风情小镇——贵州省黔东南州西江镇

西江镇地处雷山东北部，凯里市南部，距县城27 km，距州府凯里30 km，已获得中国历史文化名镇等称号。镇域面积188 km^2，镇区常住人口1.24万人。2015年，镇GDP为6.7亿元，城镇居民人均纯收入1.2万元。

1. 特点

特色鲜明的产业形态：走“旅游+”的战略方针，带动相关产业的有效发展。西江旅游人数快速增加，发展出一条旅游兴农、旅游促农、旅游富农的特色乡村旅游之路；农业产业健康发展，民族文化产业健康发展，特色乡村旅游之路健康发展，旅游带动当地经济发展，促使当地人民摆脱贫困。

和谐宜居的美丽环境：具有古村落独特风光，向着美丽乡村之路发展。当地有原汁原味的吊脚楼，风雨桥为代表的独具特色的苗族建筑，这些都是西江镇及西江千户苗寨最重要的文化旅游专属资源；西江镇地区环境干净整洁，无污染，本着创建西江5A级景区、建设文明贵州、加大环境整治、建设美丽乡村的力度进行的打造。

彰显特色的传统文化：弘扬特色苗族风情，加强挖掘和利用苗族文化，大力推广和传播苗族民俗。

努力加强城镇基础设施建设力度，全面优化城镇服务功能：一是西江镇的交通基础设施不断得到完善。二是公用设施持续不断优化。三是公共服务全面提升。

2. 体制机制探索

一是建立“镇区合一”的组织化管理模式。

二是创新景区运营机制，加快企业现代化进程。

三是加强景区管理机制。

四是优化景区特色化开发模式，精准定位景区发展高度。

3. 近期计划

一是人居环境改善。

二是特色产业发展。

三是民族文化传承。

四是基础设施建设。

3. 浙江省湖州市莫干山镇

民国风情小镇——浙江省湖州市莫干山镇

莫干山镇位于浙江省湖州市德清县，处于长三角腹地，距上海约 100 km，已获得美丽宜居小镇等称号。镇域面积 185.8 km^2，镇区常住人口 0.35 万人。2015 年，镇 GDP 为 10.56 亿元，城镇居民人均纯收入 2.5 万元。

1. 特点

特色鲜明的产业形态：以原生态为依托，以民宿产业为主导、以“洋家乐”品牌为支撑，以“裸心养生”为特色发展高端乡村旅游产业，形成以“低碳环保、中西融合”为理念，以洋家乐为代表的民宿为支撑带动乡村发展的莫干山模式。

和谐宜居的美丽环境：以民国文化为基础，营造了特色的民国情调，使小镇的民国风和莫干山景区浓郁的海派风相得益彰。

彰显特色的传统文化：莫干山镇因历史传说而得名，具有一定的文化底蕴，镇内建筑遗存众多。小镇处于中西文化交汇之处，中西文化的交流打造了既有中国古典文化之精，又有西方休闲文化之灵的中西文化融合、古今中外交汇的独特魅力。

便捷完善的设施服务：道路交通网互联互通，公共设施城乡一体化，公共服务全面优化。

2. 体制机制探索

镇政府高度重视规划引领作用，编制规划时，明确要求各项规划坚持多规合一；积极构建城乡一体发展的体制机制,构建产业创新发展的体制机制,构建形成绿色低碳发展的体制机制。

3. 近期计划

创建特色小镇工作启动以来,莫干山镇政府高度重视,专门成立创建小组,并对2017—2018年的黄金建设时期进行了如下工作安排:

(1)推动产业创新发展。

(2)加强环境综合整治。

(3)促进文化传承发展。

(4)完善基础设施建设。

(5)推进体制机制改革。

二、现代制造型小镇

(一)类型解读

现代化是现代制造型小镇的最大特点。现代制造型小镇以制造业如高端装备制造业为主导,通常采用产业新城模式,即产城融合、城乡一体化的新型城镇化模式打造特色小镇。将产业发展和城镇发展相结合,通过发展地方特色产业带动城镇发展,而城镇的发展同时又促进产业化发展。通过"以产兴城、以城带产"的两者之间联动,促进产城融合、统筹城乡发展。

该类型小镇的打造,一是要求小镇的产业必须是以现代智能化的高端制造产业为主,并在物联网的基础上智慧化应用服务整体升级;二是注重人才资源的"引、聚、留",促进小镇"人才—产业—人才—产业"循环往复地持续发展;三是突出小镇的现代化建设。

(二)发展模式

以"智慧制造 + 创业创新"为核心打造现代制造型特色小镇,依托当地的资源优势及产业基础,壮大主导产业,培育龙头企业,加速现代制造型特色小镇的创建。支撑体系构架好之后,吸引与产业全过程相关的生产服务运营商迅速聚集于此,形成集群效应进一步提升小镇的总实力。

此外,现代制造型小镇的发展依附制造业,现代制造型特色小镇的建设无疑将会进一步推动传统制造业的转型升级。打造国际现代制造高地和国内一流的现代制造产业的集群，要引进先进的制造装备，突破前沿制造加工技术，引进“高、精、尖”型高端制造企业并延伸机械制造等关联装备企业。

现代制造型小镇应积极推广“互联网＋”创业模式，加快建设小镇，强化海外人才、创业者、企业高层、研发人员、大学生等人才集聚，着力构建开放式的创业空间。进一步完善基础服务设施、网络科技体系和功能服务平台。创建国家现代制造产业基地，用于产业研发，以此模式打造的现代制造型小镇未来前途无限。

（三）案例赏析

汽车橡塑小镇——天津市滨海新区中塘镇

中塘镇位于天津市滨海新区西南部，距天津市区 45 km，距天津港 70 km，获得全国环境优美乡镇、国家级星火技术密集区等称号。镇域面积 97 km^2，镇区常住人口 7.2 万人。2015 年，镇 GDP 为 2 亿元，城镇居民人均纯收入 3.3 万元。

1. 特点

特色鲜明的产业形态：以汽车橡塑产业为主导方向，形成集科研、开发、生产于一体的汽车胶管研发生产基地。

和谐宜居的美丽环境：滨海新区东部有现代小城市，西部有生态新市镇，有交叉的两河，有水库湿地涵养区，提高城镇品质。这里还有具有传统风貌的村落，在全镇范围内开展清洁村庄行动，推进建设美丽乡村。

彰显特色的传统文化：这里历史文化丰富悠久，拥有泊北八极拳、潘式美绣两大非物质文化遗产，世界罕见的古贝壳堤以及国内首家羊文化博物馆。

便捷完善的服务设施：小镇拥有完善的基础设施以及公共设施。镇区公共场所全面覆盖 WIFI 网络，以微信、公众号等方式提供给小镇居民便捷的生活、工作环境，并不断加强智能化建设。

2. 体制机制探索

理念模式：农业高效特色化、制造业高端现代化。

规划建设：小镇有专门的规划建设管理机构和乡村规划许可机构，并组建了规划建设管理人员队伍，协调规划、建设、管理等多方面工作。

体制机制：高度重视组织保障、制度保障和资金保障。

社会管理：提高城市管理水平、建设智慧化城市、完善公共基础服务。

3. 近期计划

至2020年实现GDP超200亿元、财政收入超40亿元的目标，把中塘镇建设成为“宜人宜居宜业，地美水美人美”的多功能实力小镇。

三、传统文化型小镇

（一）类型解读

传统文化型特色小镇，一般都具有较为深厚的历史基础和文化积淀，可依托民族与民俗文化、历史遗产等类型资源，并通过挖掘文化内涵，将其融入新型文化旅游业态来发展。传统文化型特色小镇在打造目的地的文化旅游时，要紧紧围绕当地的地域文化来延伸发展，如彝人乡镇可以以特有的彝族文化作为主题，当地丰富的历史文化、多彩的民族音乐舞蹈艺术、婚娶生丧习俗、饮食习惯、节日庆典等都是可以高度整合的资源。

（二）发展模式

传统文化型小镇要以传统文化为依托，并与时俱进地融合现代文化，要深挖历史渊源，承接古镇文脉，保持古镇风貌，力求“原汁原味”。在打造过程中，尤其要着重原始建筑和街道的保护和整修，注重保持原有的风土人情，将产业与文化相互结合，切忌商业气息过浓，影响游客的体验。

（三）案例赏析

道教第一古镇——江西省鹰潭市上清镇

上清镇位于江西省鹰潭市南郊30 km，已获得全国重点镇、中国历史文化名镇等称号。镇域面积86 km^2，镇区常住人口1.13万人。2015年，镇GDP为2.2亿元，城镇居民人均纯收入2.12万元。

1. 特点

特色鲜明的产业形态：上清镇是中国道教发祥地，文化底蕴深厚，旅游资源十分丰富。依托龙虎山旅游大气候，上清镇大力发展古镇旅游，现已初具规模。构建了“一带一环四组团”的规划布局，在产业形态方面形成了上清镇特色。

和谐宜居的美丽环境:结合新农村建设,重点实施“三清六改”工程,对旅游沿线村民房屋进行了刷白改造,改善了旅游和居住环境。对上、下圣井路边进行了绿化,在泉源熊家、沙湾圣井等核心旅游区域打造农家乐示范片区,实施最美乡村建设。

彰显特色的传统文化:依托古镇深厚的历史文化底蕴和浓厚的人文气息,在天师府、留修家庙等地不定期地进行道教文化传播,成立龙灯队、腰鼓队、秧歌队和健身操队。每年举行一次朱老爷庙会,邀请戏班到长庆广场戏台演出当地传统戏曲,弘扬悠久的历史文化。

便捷完善的设施服务:道路交通方面,对镇区内的天师路、府东路进行了青石铺设,古街及主要巷弄进行了条石铺设,新建了长庆广场和停车场。基础设施建设方面,投入大量资金完善了排水设施,新建了防洪堤,消防、排涝设施完善。自来水符合卫生标准,新建的自来水厂项目正在施工。新建了垃圾中转站,垃圾进行了无害化处理。

2. 体制机制探索

上清镇大力发展旅游业,旅游产值在国民经济中的比重逐渐加大。对旅游资源进行整合,部分旅游资源由龙虎山旅游集团公司收购;制定出台了招商引资优惠政策,把上清镇的文化产业和生态观光农业做大做强。

3. 近期计划

一是古镇区一类保护建筑的收购、修缮及住户的安置,启动桂洲新区开发、集散中心,温泉度假村项目,道学院二期工程等。

二是做好新农村建设及全镇环境卫生整治工作,打造熊家和圣井农家乐示范区,做好城门、沙湾新农村土地整理工作。

三是积极引进观光农业项目,使传统农业向旅游观光农业转型,推进农村旅游发展。

四、城郊休闲型小镇

(一)类型解读

城郊休闲型小镇的首要特点就是分布在距离城市较近的区域,一般车程不超过 2 小时,由此可依托城市中心的客源,形成城市周边游市场。该类型小镇主要是以休闲度假为主,小镇的休闲旅游产品更是要契合城市上班族、家庭人群的需求进行开发,其中体验性项目占多数,基础设施与公共服务建设水平较高,与城市差距不大。

（二）发展模式

城郊休闲小镇主要是以发展城郊旅游为主，开发类型有观光度假型、主题公园型、休闲旅游型、民俗风情型等。观光度假型的城郊小镇一般位于城市的周边地区，要尽力打造良好的自然生态环境，并利用相对较为丰富的自然资源，打造度假山庄、景区观光项目的基础条件。主题公园型需要长期稳定的客源，要对服务辐射区域进行论证，选址地点面积大，尽量在城市近郊地区建设。休闲旅游型是以“慢生活”为核心要点，重视舒适、休闲。民俗风情型的发展主要针对民俗旅游，将当地特色的民俗文化、传统习俗嫁接到旅游活动当中去，让游客参与其中，亲自体验到传统文化和民俗生活的特色。

（三）案例赏析

温泉小镇——北京市昌平区小汤山镇

小汤山镇位于北京正北，昌平新城东南，故宫中轴线北延长线上，已获得全国重点镇、新型城镇化试点镇、全国环境优美乡镇等称号。镇域面积 70.1 km^2，镇区常住人口 1.96 万人。2015 年，工业产值 65.6 亿元，城镇居民人均纯收入 3.9 万元。

1. 特点

特色鲜明的产业形态：小汤山以会展农业为载体，把娱乐体验、园艺观光、博览展销、创意设计等元素融入农业，积极开发农业的生产、生活、生态、教育等多种功能，促进都市现代农业与旅游休闲、文化创意等第三产业有机融合、协调发展，成为首都都市型现代农业的新样板。

和谐宜居的美丽环境：温榆河、白浪河等 9 条河流穿境而过，自然环境优美。并拥有北六环、温榆河等绿化带及小汤山苗圃等丰富的林木资源，被推荐为 2015 年首都城市环境建设样板单位。

彰显特色传统文化：小汤山镇以温泉资源而闻名，温泉行宫文化底蕴深厚，留存着乾隆御笔“九华兮秀”和慈禧沐浴的浴池遗址。“花钹大鼓”2008 年被批准为“国家级非物质文化遗产”。

便捷完善的设施服务：镇区交通便利，供水管网全覆盖，水质达标率 100%，污水管网较完善，生活垃圾无害化处理率 100%。城镇防灾规划完善、建设有序、有专项人员配置、管理完善。

2. 体制机制探索

产业发展方向明确，大力发展设施农业和观光休闲农业；发挥高新技术产业高端引领和科技支撑的作用；第三产业发挥温泉特色品牌作用，成为农业嘉年华服务配套产业，同时实现三个产业的高效融合发展。

规划建设完善、机制体制创新且社会治理有序，群众满意度高，连年实现违章违法建设“零增长”、流动人口负增长。

3. 近期计划

一是传承特色品牌，助推产业转型升级。

二是加大环境建设，坚持低碳发展。

三是关注民生事业，丰富群众文化生活。

四是完善基础设施建设，加速城镇化进程。

五是健全管理体制，提高服务水平。

五、新兴产业型小镇

（一）类型解读

国家战略性新兴产业规划提出的七大新兴产业指的是：节能环保、新兴信息产业、生物产业、新能源、新能源汽车、高端装备制造业和新材料。新兴产业型小镇一般坐落于经济水平发展程度较高的地区，产业发展是从开始提出新技术，到逐步产业化，最后形成产业生态圈的过程。

（二）发展模式

目前，新兴产业型小镇中以科技创新、智能化应用产业为主的占大多数，要注重发展高科技研发和互联网产业。该类型小镇需具备一定的新兴产业基础，产业链辐射的范围广、聚集效应明显。比如中国首个云计算产业生态小镇——云栖小镇，小镇以云计算为科技产业核心，以大数据和智能硬件产业为主导产业，以阿里集团为龙头企业，是集人文、科技、社区、旅游于一体的创新小镇。

（三）案例赏析

创客小镇——四川省成都市德源镇

德源镇位于郫县南面，是成都市规划的生产性服务业重点聚集区。镇域面积 30.7 km^2，镇区常住人口 5.4 万人。2015 年，镇 GDP 为 31.76 亿元，城镇居民人均纯收入 2.7 万元。

1. 特点

特色鲜明的产业形态：小镇主导产业以电子工业、大数据产业、无人机、医疗制造为主，现代服务业和精品农业协调发展。实施主导产业优化升级，对工业集中发展区开展“一清四促”、提质增效，与高校合作共建，催生高校科研成果转化落地，带动周边乡镇基础设施改造提升。

和谐宜居的美丽环境：小镇按照世界一流目标和城乡融合理念，在 2 km^2 核心区重点打造创业孵化核心区和生活服务区，在 12 km^2 农村区建设生活配套区和蒜乡田园观光带。乡村部分持续开展城乡环境“四改六治理”，垃圾进行有效处理，配套污水处理设施达标。

彰显特色的传统文化：小镇充分挖掘、整理、传承大禹治水的感恩文化，提炼文化符号，规划建设禹庙街特色街区，举办庙会，筹建非遗技艺展示公园，建成 1700 多平方米的镇综合文化站，成立 10 多支群众性文体团队，创作微电影、话剧 7 部。

便捷完善的设施服务：小镇交通加速建成交通网络，公共配套服务设施按照国际化标准建设，通过升级完善天网监控、无线 WIFI 全覆盖、创建党建微信平台等措施，促进了公共服务的智能化。

2. 体制机制探索

德源镇通过地域优势、文化优势积极促进产镇融合、镇村融合、产业文化融合，通过高品质的规划指导特色小镇建设。社会管理实现“一站式”公共服务，优化社会管理网格化联动机制。

3. 近期计划

（1）全面服务创新创业建设。突出项目成长前端和项目孵化、转化环节的政策引导扶持。

（2）重点建设新经济产业园。加快引进发展大数据和信息化智能技术及关联产业。

（3）加快推动城乡联动发展。完成桤木河生态环境整治项目和美丽院落建成项目。

（4）加快高品质城乡规划建设。加快推进城乡联动发展总体规划和专项规划编制工作。

六、特色产业型小镇

（一）类型解读

特色产业型小镇，顾名思义依托的产业一定为极具特色的新奇产业，具有极强的新奇属性。新奇产业型特色小镇不仅产业是新奇的，产业策划更要具有新奇性。对特色产业的挖掘定位不能盲目地以市场为导向，一定要遵循精细而奇特的打造原则，从当地实际出发选择特色产业。

（二）发展模式

与一般产业不同，特色产业型特色小镇发展的重中之重是挖掘特色产业。新奇产业在市场上大部分还未形成产业链，达到产业集聚的效果。由于新奇产业可以很好地满足人们的好奇心，对人们具有极强的吸引力，市场需求很大，所以挖掘一个成功的新奇产业就意味着有了一个成功的开始。

挖掘定位特色产业不可以脱离当地实际状况，要具体问题具体分析，不仅要根据市场需求及空缺来定位产业，在确定产业后，还要以产业供应链实现产业集聚为最终目的，对特色产业进行科学的策划。

（三）案例赏析

酒都小镇——山西省汾阳市杏花村镇

杏花村镇位于吕梁山东麓子夏山下，因盛产汾酒而驰名，获得国家重点镇、国家特色景观旅游名镇等称号。镇域面积 86 km^2，镇区常住人口 3.9 万人。2015 年，镇 GDP 为 151 亿元，城镇居民人均纯收入 2.6 万元。

1. 特点

特色鲜明的产业形态：杏花村镇以汾酒品牌知名度为基础，形成了酿造产业为支柱，旅游开发为突破口的产业形态。杏花村镇积极发展“互联网 +”项目，以酒类销售为基础，发展了650余家电子商务经销商，成为全省最大的电商聚集地。

和谐宜居的美丽环境：围绕汾酒工业旅游开发，在现代建筑中融合唐宋明清等古代建筑特色，建设整体格局和风貌具有历史文化特色的生产车间及职工生活居住小区，彰显了文化内涵、突出了地域特色。

彰显特色的传统文化：杏花村镇是中国最早的白酒酿造地，历史文化悠久，旅游资源丰富，拥有两处全国重点文物保护单位，一处省级重点文物保护单位，两处市级重点文物保护单位，一处全国工业旅游示范基地。

便捷完善的设施服务：投资15.6亿元开工建设杏花村镇农民住宅新型社区，新区内已构成“四横七纵”的道路体系和“三中心两公园”的发展格局，基础设施完备。

2. 体制机制探索

杏花村镇以人的城镇化为核心，以提升汾酒质量为关键，推动人口向城区化、产业向园区化、居住向社区化、土地向规模经营化集中，努力实现产业就业、规划设计、基础设施、公共服务、生态环境、文化体系的城乡统筹一体化发展，大力实施国民经济规划、城镇建设规划、国土规划、产业发展规划和环境保护规划五规合一。以社会管理服务中心为平台推出一揽子服务举措，完善了社会服务中心职能。

3. 近期计划

（1）深入挖掘汾酒文化精髓，丰满汾酒品牌内涵；

（2）科学系统策划实施文化营销，扩大品牌知名度；

（3）完善好十万吨白酒生产区建设工程工作；

（4）完成酒吧风情一条街建设，建设高品位休闲旅游带；

（5）全面完成站前广场、物流园区和战略装车点建设；

（6）全面完成湿地公园杏花村水库建设。

七、资源禀赋型小镇

（一）类型解读

资源禀赋小镇具有比其他特色小镇更丰富、更有力的资源条件。资源禀赋可划分为生产要素的资源禀赋、自然资源禀赋两大类。生产要素的资源禀赋主要是当地极具优势的劳动力、资本、技术等要素资源；自然资源禀赋就是当地环境、地理位置等优质的自然资源条件。

（二）发展模式

资源禀赋型小镇本身已经具有了小镇成功打造的资源基础，在对资源禀赋型小镇进行打造时，一定要对拥有的资源进行充分的利用，深入挖掘资源辐射的潜在市场及产业链。根据当地的优势资源量身定制产业，以市场为导向，以长远的眼光来塑造产业。

（三）案例赏析

天然中药小镇——河南省南阳市太平镇

太平镇地处秦岭褶皱系东段的伏牛山西南部。镇域面积304 km^2，镇区常住人口0.88万人。2015年，镇GDP为3.87亿元，城镇居民人均纯收入2.67万元。

1. 特点

特色鲜明的产业形态：太平镇形成了以山茱萸中药材种植、加工为主的特色农业产业，并依托景区建设发展旅游服务配套项目，引导当地群众从事山珍、土特产经营，开办农家旅馆等“农游一体”特色旅游项目。

和谐宜居的美丽环境：镇区基础设施功能完善，呈现出“生态旅游、太平古镇”的小镇风貌；推进美丽乡村建设，对示范村的“山、水、路、房、园”进行整体规划建设。

彰显特色的传统文化：太平镇深入挖掘本地生态、宗教、历史、民俗和地质文化，进一步推动本土特色文化传承。在镇区的游园、旅游环线以及各个农家宾馆安装了以孝道文化、生态文化、古训家风和历史文化等为主的宣传栏，支持民间艺术团做好群众性的文艺演出，宣传当地特色文化。

便捷完善的设施服务：镇区建设完成污水处理厂、垃圾填埋场、镇区自来水和污水管网系统。建成17个景观园区，星级酒店、大型超市、金融和养老等服务设施齐全。建成便民服务中心，政府实行“一站式”办公。

2. 体制机制探索

成立小城镇建设工作领导小组，加大建设特色小镇工作力度；制定出台了小城镇规划建设管理办法、环境卫生管理办法等27种规章制度，使小城镇建设管理进入规范法制化轨道。

3. 近期计划

（1）做好产业培育；

（2）深入开展环境整治；

（3）做好文化传承；

（4）加大基础设施建设；

（5）形成长效发展机制。

八、交通区位型小镇

（一）类型解读

交通区位型小镇的前提是要有得天独厚的区位优势。比如位于交通枢纽或中转地带，具有重要的交通要道等。小镇交通较为便利，培育产业有很好的区位依托优势。

（二）发展模式

交通区位型小镇在发展时，培育的产业最好能够依托特色小镇的区位优势。通过发展产业放大区位优势力量。此外，产业的成功发展可以很好地调动周边的城市资源，周边城市资源反过来助力产业发展，进而起到带动周边经济循环发展的作用。最终，使得小镇综合周边所有可用的资源来成功培育产业，成为区域内的网络节点。

（三）案例赏析

西南边贸小镇——云南省瑞丽市畹町镇

畹町镇位于我国西南边陲，与缅甸相邻，已获得全国重点镇等称号。镇域面积 103 km^2，镇区常住人口 0.74 万人。2015 年，镇 GDP 为 3 亿元，城镇居民人均纯收入 2.6 万元。

1. 特点

特色鲜明的产业形态：畹町是印度洋陆路通道，“孟中印缅经济走廊”的重要节点，依托口岸建设的多个专业市场、物流中心先后建成。结合自身特色，畹町建成了一批体现畹町抗战文化、边关文化、民族文化和亚热带风情的旅游项目，形成了畹町独特的特色旅游产业。

和谐宜居的美丽环境：畹町北邻畹町国家森林公园，南抵畹町河，城镇与地形结合良好，形成了推窗见绿、出门见景、百米入园等人文特色浓郁的特色小镇整体风貌。

彰显特色的传统文化：大量少数民族村寨保存完整，傣族泼水节、景颇族目瑙纵歌节等少数民族传统节日影响力不断扩大。口岸贸易的文化底蕴、体现抗战历史文化的重要遗存、重大历史事件和“中缅友好纪念馆”“中缅勘界会议遗址”等设施的建设，谱写了中缅睦邻友好和谐的外交文化篇章。

便捷完善的设施服务：杭瑞高速从畹町北部穿过，向南通过二级公路可实现与缅北重镇腊戌相连，形成畹町主要的对外交通道路。加强对镇域乡村公用设施的支持，在建排污、供水等相应设施，所有行政村垃圾均得到有效治理。按照中心镇区 - 中心村 - 基层村三级配套建设公共服务设施。

2. 体制机制探索

（1）畹町是瑞丽国家重点开发开放试验区的重要组成部分，拥有先行先试、大胆创新的国家政策支持，是未来特色小城镇发展的有利政策保障。

（2）畹町是全国 17 个国家级边境经济合作区之一，是国家深化与周边国家和地区合作的重要平台，是国家对外开放和延边开发开放政策的重点覆盖。

（3）依托《瑞丽市城乡总体规划（“多规合一”）》信息平台，推动畹町镇业务子系统的开发和建设，实现上下部门之间、平行部门之间的资源共享。

（4）推广 PPP 模式。依托瑞丽市财政建立 PPP 项目财政资金风险池，争取对符合政策的社会投资企业进行所得税减免支持。

3. 近期计划

全面完成畹町口岸西区配套基础设施项目的前期工作和融资谈判合作；完成畹町农场土地平整和农贸市场建设；逐步加快基础设施建设和改造工作，优化镇区服务水准。

九、金融创新型小镇

（一）类型解读

金融创新型小镇的创建地址与所处区域位置的经济发展水平有着很强的关联性。该类型小镇能够培育成功的为数不多，一般建造于具有一定经济基础的地区，具有得天独厚的区位优势、政策优势、人才优势等。小镇有一定的财富积累，市场相对广阔。此类小镇的支撑与动力是科技与金融，其产业具有一定稀缺性。

（二）发展模式

金融创新型小镇是以科技金融产业作为支撑产业的小镇，打造金融创新型小镇要充分发挥其区位优势、资源优势的力量，人才资源是培育金融创新产业的重要能源。金融创新型特色小镇可以用“微城市”的理念进行打造，所构建的生态及生活环境要体现宜居、和谐的含义，为企业人才搭建一个舒适健康的环境。在此基础上，配备完备的基础设施及配套服务设施，积极引入信息化高科技技术，吸收借鉴国际的先进理念与运作模式。

（三）案例赏析

基金小镇——北京市房山区长沟镇

长沟镇地处首都西南，是京冀枢纽，已获得全国重点镇、美丽宜居小镇、新型城镇化试点镇等称号。镇域面积 39.05 km^2，镇区常住人口 8217 人。2015 年，镇 GDP 为 18 亿元，城镇居民纯收入 3.6 万元。

1. 特点

特色鲜明的产业形态：打造国家级基金产业创新试验区，发展形成基金产业聚集区、基金创新示范区、基金文化引领区。通过吸引各类基金及相关金融机构入驻，形成基金产业链，整合产业链上下游资源，培育孵化成熟的基金管理人和资产管理公司，构建基金行业生态圈。

和谐宜居的美丽环境：近年来，长沟镇高举生态文明建设大旗，努力让森林走进城镇、绿色遍布乡村、河湖扮靓山川。长沟镇采取全域绿化、涵养水源等措施，绿化覆盖率已达 65%，林木覆盖率达 55%。2015 年，全镇 18 个村和 1 个社区成立村级保洁队伍，负责本村行政区域的环境卫生日常清扫保洁，保障日产日清。

彰显特色的传统文化：深度挖掘长沟 2300 多年的历史文化，整合乾隆御碑、刘济大墓、鳌头寨遗址、清南正行宫、天主教堂等历史文化资源，充分对接市场，力争让文化创意产业成为长沟新型城镇化的助推器。

便捷完善的设施服务：随着京昆高速的开通，长沟纳入了首都半小时经济圈。水、电、气、热、路、通讯等公共设施比较完备。

2. 体制机制探索

国家有关部门和北京市领导提出指导性意见和政策性支持，列入北京市委、市政府金融产业发展规划。市金融局、市文资办直接参与到基金小镇的规划建设和管理中。

以区级服务平台为载体，在北京基金小镇国际会议中心设立了北京基金小镇入驻服务窗口，成立了由镇党政一把手及相关科室组成的服务团队，建立了由文资泰玺资本参与市场运营为主导的发展模式。

3. 近期计划

长沟镇将依托区位交通、生态环境等优势，抢抓京津冀协同发展和北京基金小镇所带来的重大历史机遇，加快基金小镇建设的步伐，坚持以改革创新增添动力、以生态建设彰显魅力、以高端引领提高承载力、以协同开放提升竞争力，为建成全国乃至国际金融高地而努力。

十、时尚创意型小镇

（一）类型解读

时尚创意型小镇是以流行、创意的产业作为支撑，小镇设计及建设体现现代气息、创意思维。时尚与文化具有一定的相关性，二者之间可以相互融合，时尚创意型小镇就是时代化、国际化、创新化的小镇。

（二）发展模式

时尚创意型特色小镇的打造要注重对于文化含义的体现，积极融合时尚与文化两个元素；时尚创意型小镇要在规划设计中就凸显出所培育的时尚产业的意义，并注意对绿化规划的设计，同时要把创新元素加入到设计中。打造时尚创意型小镇是对文化创意思维的培育。时尚创意的培育工作一定要与流行文化接轨，与现代创意并肩，接触更为广阔的市场以及眼界，以利于产业的发展。

（三）案例赏析

古堰画乡小镇——浙江省丽水市大港头镇

大港头镇位于浙江省丽水市莲都区西南部，距市区 23 km。镇域面积 94.22 km^2，镇区常住人口 0.33 万人。2015 年，镇 GDP 为 5.4 亿元，城镇居民人均纯收入 3.16 万元。

1. 特点

特色鲜明的产业形态：中国艺术写生创作基地的设立，全国近300家高等院校在此建立了艺术教育实践基地，是中国最大的写生创作基地之一。“隐居画乡”“画中游”“云上伊人”“遇见花开”等一批精品民宿在市场上备受青睐。凭借着好山、好水搭建养生农业+社区、养生农业+旅游、养生农业+互联网等助推莲都建设全国养生农业示范先行区。

和谐宜居的美丽环境：建立健全违法建筑防控治理体系，保持“控违”高压态势和“拆违”良好氛围，全面推进“无违建乡镇”创建。以村庄环境整治、基础设施建设、产业培育为重点，将美丽乡村建设和农家乐乡村休闲旅游、民宿产业进行有机融合。

彰显特色的传统文化：依托农耕文化、古堰文化、红色文化等当地特色文化资源，深入挖掘“通济堰”“浙江省铁工厂”“瓯江船帮”“保定青瓷”等历史文化，持续推进千年通济堰、大港头古镇、堰头古村落等历史古迹的修缮和瓯江生态自然景观的修复。并恢复了具有浓郁地域特色的非遗文化品牌，举办大量音画主题活动，打造别具特色的音画小镇。

便捷完善的设施服务：大港头镇交通便利，通过金温高铁丽水站接轨全国铁路大动脉。镇内搭建了“六纵六横”道路框架，全面启动大港头镇自来水厂、50省道通景公路改造、渡南路立面改造等项目建设。新能源车分时租赁项目跟高铁同步投入使用，实现新能源车和高铁的无缝连接。行政便民服务中心，集民政、人力社保、农业、人口计生等服务。

2. 体制机制探索

成立特色小镇工作领导小组，并建立部门常态化协作机制，全力推进特色小镇的建设工作。重新组建浙江丽水古堰画乡旅游投资有限公司，负责大港头镇的基础设施建设，文化旅游项目开发、经营管理等。

3. 近期计划

（1）以项目建设为主引擎，夯实旅游基础；

（2）以产业发展为突破口，抓住机遇谋发展；

（3）以“六乱”整治为主抓手，营造美丽环境；

（4）以历史底蕴为依托，弘扬传统文化；

（5）以改革创新为举措，增强发展动力；

（6）以城市设计构想为契机，规划重点区块项目建设。

第二节 国家级特色小镇数据分析

一、第一批国家特色小镇

从第一批特色小镇公布的名单来看，产业特色类型分布数量占比从高到低依次排列的是旅游发展型、历史文化型、工业发展型、农业服务型、民族聚居型及商贸物流型特色小镇。数据统计的特色小镇产业类型占比落差很大，第一名旅游发展型特色小镇占比50.39%，而第二名的历史文化型特色小镇占比仅有18.11%，其他类型的特色小镇的数量占比更是少之又少，商贸流通和民族聚居两种类型的小镇仅仅各有3个入选，占比均为2.36%（见图6-1）。

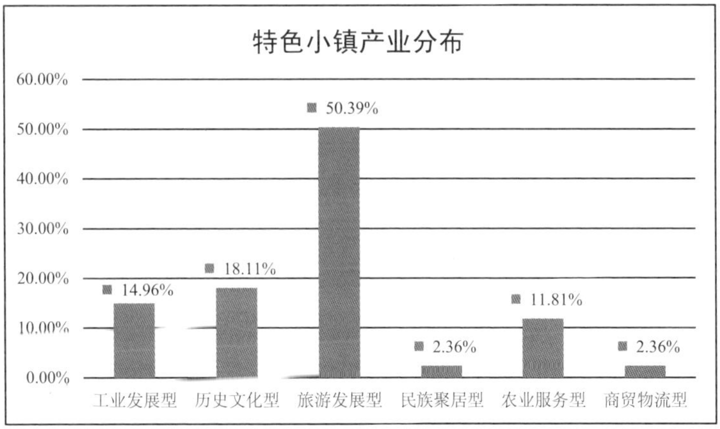

图6-1 第一批特色小镇产业分布

在特色小镇产业类型的选择上，大部分地区都倾向于选择旅游发展型。此现象一方面反映了市场需求，由于特色旅游产业和具有历史文化的特色小镇基础深厚，更易发展。另一方面也说明了特色小镇产业发展的不均衡性，容易出现旅游发展型市场饱和、同质化的局面。

第一批127个国家级小镇在全国31个省、市、自治区和新疆生产建设兵团的分布中，浙江省小镇数量最多，入选了8个，其次是江苏省、山东省和四川省，分别为6或7个；数量最少的西藏和新疆生产建设兵团，分别为2个和1个；大部分省份为3~4个。

在地域分布上，数量从多到少依次排列是华东地区，西南地区，华中地区，西北地区，华北地区，华南地区，东北地区。显而易见的是，社会经济发展程度较高的华东地区特色小镇数量最多，其次是经济发展水平相对较低但具有旅游资源优势的西南地区（图6-2）。

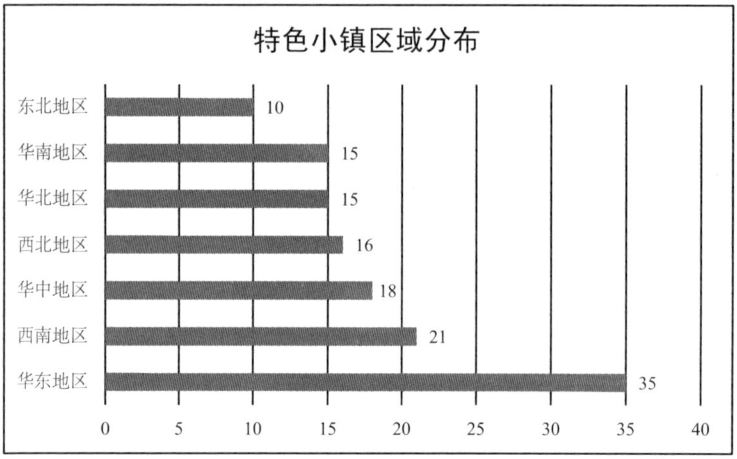

图6-2　第一批特色小镇区域分布

二、第二批国家特色小镇

在公布的第二批特色小镇名单中，从产业类型来看，旅游产业特色小镇数量仍然居于第一位。无论是第一批还是第二批特色小镇，旅游产业特色小镇的创建频率都是最高的，且数量分布远超于其他类型的特色小镇。但相较于在第一批特色小镇中的数量，所占比例有所减少，这一数据说明其他产业特色小镇的创建呈逐步上升趋势。特色农业产业类型特色小镇居于第二位，占四分之一的份额，其他类型特色小镇数量仍然相对很少（图6-3）。

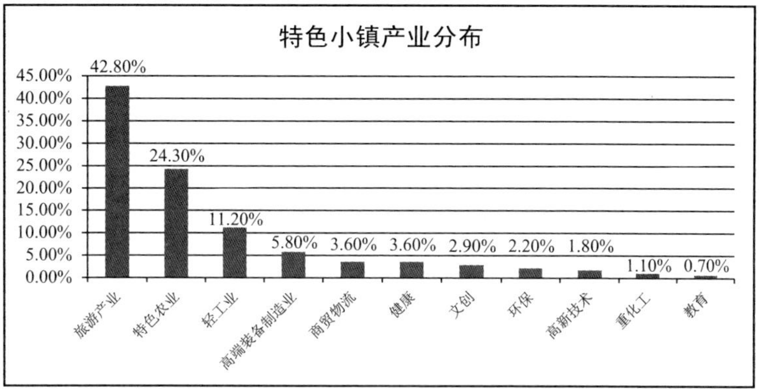

图 6-3　第二批特色小镇产业分布

总之，特色小镇产业培育不均衡的问题依然存在。特色小镇产业类型的培育不能仅依靠旅游产业，还应加大对科技、工业、高新技术产业的培育，创造经济增长新动力。

第二批在全国 31 个省、市、自治区和新疆生产建设兵团选出的 276 个国家级特色小镇中，江苏省、浙江省、山东省入选的小镇最多，分别入选了 15 个。与第一批特色小镇相比，山东省特色小镇数量明显增多，大部分省份特色小镇入选数量都超过 5 个。

从第二批特色小镇的地域分布情况上来看，华东地区所拥有的数量最多，远超第二名西南地区所拥有的特色小镇数量，西北地区、华中地区及华北地区所持有的特色小镇数量相同，东北地区的特色小镇数量最少。与第一批特色小镇在各个地区的分布情况相对比，华东地区和西南地区是特色小镇分布最多的地区，并且特色小镇的增加速度较其他地区更快（图 6-4）。

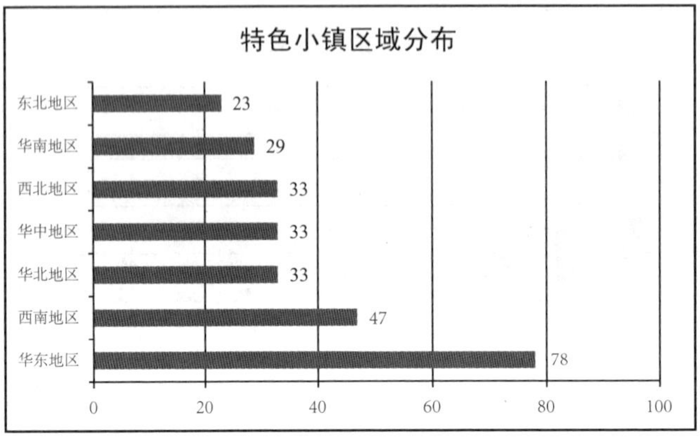

图 6-4　第二批特色小镇区域分布

三、第三批国家特色小镇申报趋势

（一）严防房地产化倾向

特色小镇房地产化倾向问题在本书中已经多次提及，特色小镇建设绝对不允许房地产化。对比关于做好 2016 年特色小镇推荐工作的通知、小城镇基本信息表要求的申报用地情况，在第二批推荐通知中不仅删掉了这项要求，还明确划定了房地产化的红线。

（二）文化建设重视程度提高

第二批推荐通知中的特色小镇推荐信息表添加了对文化建设的要求，推荐信息表中明确要求体现特色小镇文化建设的实质性成果。例如文化建设成果方案需填写 2015 年至 2017 年 1 季度举办的文化活动内容、活动参加人次、活动级别、内容要求等。通知的种种迹象表明，国家对特色小镇的文化建设重视程度的提高。

（三）基础设施要求相应降低

在关于做好 2016 年特色小镇推荐工作的通知中，特色小镇申报要求填写学校、医院等基础设施的建设状况，对基础设施建设完备程度具有一定的要求，但第二批特色小镇推荐通知中并没有专门提及学校等信息。这也就意味着国家为现阶段一些发展缓慢的小镇降低了进入特色小镇的门槛。

（四）环境情况定量化评价

关于做好 2016 年特色小镇推荐工作的通知中仅仅要求填写“街头小公园、绿地”等内容，而在第二批推荐通知中，在绿化要求这项内容中明确要求填写绿化覆盖率。与之前相比，环境考核体系向定量化评价发展。

（五）文化 IP 成为全国特色小镇评价的加分项

在第二批特色小镇的评选中，可以明显察觉出特色小镇的评定越来越注重小镇的文化积淀深度，注重是否有成型的小镇 IP。例如北京市怀柔区雁栖镇（雁栖湖国际会议中心所在地）、海南琼海市博鳌镇（博鳌亚洲论坛永久性会址所在地）、辽宁省锦州市北镇市沟帮子镇（中国共产党在东北第一党支部的诞生地）等。

第三节　国外小镇成功案例总结

特色小镇在发达的西方国家和地区有着悠久的发展历史，建设出了一批全球闻名的小镇。比如：法国维特雷——内陆型工业城镇、法国格拉斯——农业小镇、德国赫尔佐根赫若拉赫——体育小镇、美国格林尼治——金融基金小镇、丹麦卡伦堡——循环经济小镇和瑞士达沃斯——旅游疗养小镇等。这些小镇各具特色，环境良好，适宜居住，历史文化沉淀深厚，产业人才聚集……

因此，在中国特色小镇发展初期，研究国外发展成熟的特色小镇相当有必要。那么国外特色小镇是如何发展起来的？他们的成功有哪些经验可学习借鉴呢？

一、小镇成功经验总结

（一）深挖地域资源

特色小镇的开发与挖掘都是建立在自身地域资源的基础上。以特色为准绳，因地制宜，避免小镇同质化发展。比如坐拥最大巧克力工厂的美国好时小镇、极限运动天堂的皇后镇、湖光山色的瑞士小镇等，这些都是对当地特色的地域资源进行深度挖掘及运用的表现。

在历史资源、自然资源、文化资源、艺术氛围、民俗风情等地域资源种类繁多的地区创建的特色小镇，必须要尊重当地的风貌特色，传承丰富的历史文化底蕴，融合居民的社区文化、生活习惯等，维护自然、生活环境，实现“产、城、人”三者之间的融合。

（二）地方自治权强大

国外中小城镇的地方政府大部分都拥有独立的财政权利，上下各级政府之间不存在隶属关系，拥有自主的财政收入与支出权。他们可以出台各种优惠政策、实施有力措施发展当地的城镇经济，改善当地的生活生产条件，从而吸引更多的企业、人才、居民进驻。

（三）产业专业化集聚

产业聚集专业化要求生产技术强、企业人才聚集、服务水平高。在政治经济环境、市场经济体制成熟和居民受教育程度高的基础上，国外地方企业活跃度高，更注重产业的聚集、产品的创新；政府重视支持企业的产业经营、支持人才的培养。

（四）大城市合作疏通

工业和经济的变革使得欧美国家的大都市迅速崛起，大城市的城市化水平与现代化水平程度相当高。在此过程中，许多百年小镇、千年小镇的风貌以及文化得到延续，且持续健康地向上发展，已然形成了独具特色的非凡魅力。

在自由市场经济体制的背景下，国外城市与城市之间的沟通交流更为密切。国外城镇更重视与各大经济开放的大都市合作，促进城镇的基础设施、产业培育、空间规划持续健康地发展，从而带动当地经济的增长。

二、小镇典型案例解读

（一）农业产业化小镇——法国格拉斯

1. 法国格拉斯小镇介绍

现代香水发端于16世纪法国南部的小镇格拉斯，俗话说：“世界的浪漫在法国，法国的香氛在格拉斯小镇”。

法国是世界第一香水出口大国，占全世界香水出口量的38%。而位居蔚蓝海岸的美丽小镇——格拉斯，则是法国香水的第一产地，这个不到4万人的地方，有超过30家的香水工厂。自 18 世纪末以来，格拉斯的香水制造业一直相当繁荣，风靡世界的品牌香奈儿 5 号香水就诞生于此，它也为法国赢得了“香水之国”的美誉。

格拉斯小镇生产法国 2/3 的天然芳香，用于制造香水和食品调味料，每年香水业为小镇创造超过 6 亿欧元的财富。

小镇也设有国际香水博物馆、弗拉戈纳尔美术馆、弗拉戈纳尔香水工厂、普罗旺斯艺术历史博物馆等著名景点，并每年举行国际玫瑰博览会和“茉莉花节”，吸引全世界爱香及旅游人士的到来。

格拉斯小镇已成为探访香水之路的旅行者们争相拜访的圣地之一。

2. 格拉斯小镇发展历程及成功之道

法国小镇格拉斯最初成名于皮革业，后来因环境污染发展了养花，再后来格拉斯便借了花的精髓成了世界的香水之都，如今旅游业又成了小镇的主导产业。由此可见，格拉斯小镇历经了多次的产业转型，并最终走上了以绿色农业为基础（鲜花）、新型工业为主导（香水）、现代服务业为支撑（旅游）的经济发展模式。

第一次转型从 16 世纪初开始一直持续到 17 世纪中叶，这次转型使格拉斯人抛弃了污染严重的手工皮手套生产，转而生产更环保、附加值也更高的香精和香水。这次转型有两个方面的成功之处：第一是实现了香味皮手套对异味皮手套的淘汰，实现了产业的升级换代，提高了人们的生活质量；第二是善于发现商机的手工匠们主动放弃了皮手套产业，转而进入附加值更高、具有更大社会需求的新兴产业——香精和香水产业，以获取更高的收益。

第二次转型是近半个世纪的事情，它成功融入了全球产业链。今天，小镇里一般使用蒸馏法来提炼精油，为了保证精油的质量，尽管成本很高但是作为原料的鲜花一直是手工采摘，特别是当地一种素馨花只能在凌晨 4 点到上午 10 点间采摘，这种近乎苛刻的传统被一代代沿袭了下来。由于格拉斯本地采摘的鲜花成本过高，使得香水制造厂商进而转向进口原材料，比如高质量的玫瑰花从保加利亚、土耳其和摩洛哥等国进口；茉莉花来自埃及、意大利；依兰来自热带的科摩罗和印度尼西亚；苦橙和柠檬主要产地也是意大利；珍贵原料霍广香则多从印尼进口。

格拉斯小镇始终保持着活力，如今仍在转型与发展中。

（二）金融基金小镇——美国格林尼治

1. 美国格林尼治小镇介绍

在美国，有一个小镇跟硅谷一样有名。只不过硅谷讲的是二进制（IT），这里讲的是衍生品（金融）。在硅谷，有神一样存在的独角兽公司，在格林尼治，有传说中才听过的千亿美元级对冲基金大鳄。这就是格林尼治，世界对冲基金之都。

格林尼治小镇占地面积只有174 km^2，是康涅狄格州的一个小镇。但不凡的是，这座小镇里却集中了超过500家的对冲基金公司，其掌握的财富规模更是惊人，仅Bridge Water这一家公司就握有1500亿美元的资金规模。

2. 格林尼治小镇发展历程及成功之道

格林尼治经过几十年的发展形成了目前的规模，可以说它是自发形成的，但是也有政府的因素在里面。它的税收特别优惠，这一点吸引了很多对冲基金落户。

（1）税率优惠：

在几十年前，格林尼治开始发力吸引对冲基金的时候，当地税收比纽约要低很多。大概一千万美元的年收入，在格林尼治要比在纽约省50万美元。再加上本身环境也不错，交通也方便，离纽约又不远，这些节省的税金切切实实吸引了最早的一批对冲基金企业。格林尼治的税率也比纽约低，例如房产的物业税，小镇只有千分之十二，近在咫尺的纽约州就要千分之三十。很大程度上，公立学校、教堂和图书馆等要靠对冲基金大佬捐款，这也是平衡预算的很重要的方面。

（2）产业集聚：

对冲基金行业是对聚集效应要求最高的行业。机构投资者选择对冲基金投资首先要对基金进行尽职调查，这就需要一个足够多的走访量，而出差是需要成本的。而且，投资者维护投资组合还需要定期跟踪，这也是为什么规模效应一旦建立起来，地位将很难撼动的原因。

（3）区位优势：

纵观全球，对冲基金聚集区一般都放在沿海地区，因为网速非常重要。现在都是拼毫秒级的，网速差几秒就是很大的劣势。此外，对冲基金中心还要离金融中心近，因为牵涉到银行的兑换，至少要跟一个比较大的分行离得近。对冲基金基地还要有严格的安保系统。格林尼治小镇都满足这些条件，所以自然而然地聚集了大量的对冲基金公司。

格林尼治小镇离纽约州很近，坐火车35至40分钟，大概相当于深圳到广州的距离。每天早上能看到很多年轻人很有朝气、衣着讲究地从纽约州赶到康涅狄格州上班，形成一条亮丽的风景线。

（4）环境优势：

除了富丽堂皇的豪宅，格林尼治还以水道、蜿蜒的乡村路、森林、草地和峡谷著称。格林尼治环境优美，风景如画，别墅区众多，非常安静。大多数对冲基金的工作人员都能步行上班，满眼尽是绿色，这个地方还很适合老年人，60岁以上的基金经理都能安安静静地过日子。这里变成了世界最美的世界对冲基金之都。

（三）循环工业小镇——丹麦卡伦堡

1. 丹麦卡伦堡小镇介绍

丹麦卡伦堡市是企业共生与循环经济的体现。卡伦堡位于丹麦首都哥本哈根西边约百千米，是个规模不大的小镇，居民约5万人。过去40年来，卡伦堡创造出产业共生模式，你的废物是我的原料，跨产业的资源循环利用并非梦想。

目前在卡伦堡工业共生体系中主要有四家企业：丹麦最大的火力发电厂阿斯耐斯瓦尔盖发电厂，发电能力为150万千瓦；丹麦最大的炼油厂斯塔朵尔炼油厂，年产量超过300万吨，消耗原油500多万吨；丹麦最大的生物工程公司挪伏·挪尔迪斯克公司；瑞典企业吉普洛克石膏材料公司。

由于进行了合理的链接，能源和副产品在这些企业中得以多级重复利用。这些企业以能源、水和废物的形式进行物质交易，一家企业的废弃物成为另一家企业的原料。炼油厂的废水经过生物净化处理，输送到发电厂，作为发电厂冷却发电机组的冷却水。炼油厂生产的多余燃气则作为燃料供给发电厂，部分替代煤和石油，每年能够使发电厂节约煤3万吨，节约石油1.9万吨。同时这些燃气还供应给石膏材料厂用于石膏板生产的干燥之用。发电厂产生的蒸汽供给炼油厂和制药厂（发酵池），同时，发电厂也把蒸汽出售给石膏厂和市政府，它甚至还给一家养殖场提供热水。发电厂一年产生的7万吨飞灰，被水泥厂用来生产水泥。企业间通过这种“互助”，实现了废弃物的循环利用，达到了节能减排的目的。

卡伦堡16个废料交换工程总投资为6000万美元，而由此产生的效益每年超过1000万美元，取得了巨大的环境效益和经济效益。

2. 卡伦堡小镇发展历程及成功之道

最初，这里只有一座火力发电厂和一座炼油厂。经过数年的发展，20 世纪 60 年代末开始，卡伦堡的主要企业相互间交换蒸汽、不同温度和不同纯净度的水以及各种副产品或者“废料”。20 世纪 80 年代以来，当地发展部门意识到它们逐渐地也是自发地创造了一种体系，将其称之为“工业共生体系”。“工业共生体系”的发展使这个不为人知的小镇在世界上知名起来，历经几十年的发展，其规模和影响力不断扩大，已经成为其他国家发展循环经济、实施区域循环经济的传统典范。

卡伦堡市政府也参与了该共生体系的运行，它使用发电厂出售的蒸汽给全市供暖。共生体系内的成员相互间的距离不超过数百米，由专门的管道体系连接在一起。此外，工业园区内还有硫酸厂、水泥厂、农场等企业参与到了工业共生体系中。

探求卡伦堡小镇的发展动力，可以看出，第一个驱动力来自于政策机制。政府在制度安排上对污染排放实行强制性的高收费政策，这使得污染物的排放成为一种成本要素。与此同时，对于减少污染排放则给予经济激励。这是卡伦堡生态工业模式产生的基本原因。

第二个驱动力来自于企业经济效益和长期发展。卡伦堡地区水资源缺乏，地下水很昂贵，发电厂的冷却水若直接排放不仅会导致水的供给短缺，使得当地其他企业无水可用，发展受到限制，而且还要缴纳污水排放税。因此，其他企业就主动与发电厂签订协议，利用发电厂产生的冷却水和余热。因为在卡伦堡，对于那几家企业来说，加工废水重新利用的成本与缴纳污水排放税相比可以节约 50% 的成本；而与直接取用新地下水相比可以节约成本约 75%。因此，水的循环利用成为最早循环利用的生产要素。这是卡伦堡生态工业存在并发展的核心。

第三个驱动力来自于企业的生态道德和社会责任。卡伦堡的制药厂利用制药产生的有机废弃物制造有机肥料，免费送给周围的农场使用，作为回报，企业从农场获得农产品做原料。这使制药厂与农场之间成为循环经济联合体，实现了污染物的零排放。这是制药企业追求对社会负责的形象和生态道德的结果。

同时，丹麦卡伦堡还积极打造绿色宜居环境，引导地区居民健康的生活方式，形成绿色生产和生活方式的良性循环。

（四）旅游疗养小镇——瑞士达沃斯

1. 瑞士达沃斯小镇介绍

达沃斯小镇，位于瑞士东南部格里松斯地区，隶属格劳宾登州，坐落在一条 17 km 长的山谷里，靠近奥地利边境，它是阿尔卑斯山系海拔最高的小镇。人口约 1.3 万，主要讲德语。

宁静的山镇坐拥在高山积雪、茂盛山林和山谷湖水间，气候宜人。开汽车或者乘火车都可以到达，从最近的机场（苏黎世机场）到达达沃斯，汽车两个半小时，火车三个小时行程。

狭长的达沃斯小镇东西走向，只有两条主要的道路，大街的宽度只有两车道，以巴士为主要交通工具。旅馆和商店聚集的普罗姆纳街（Promenade）及达尔街（Talstrasse）都是单行道，只有巴士可以逆向行驶。

2. 达沃斯小镇发展历程和成功之道

（1）达沃斯小镇发展历程。

19 世纪：疗养地，健康度假村，医院众多。最早达沃斯是靠空气出名的。19 世纪时肺结核还是不治之症，到此寻求庇护的德国医生亚历山大（Alexander Spengler），发现达沃斯因为海拔高，四面环山，空气干爽清新，对保健有极大的帮助，也是各种肺病患者最佳的疗养地。达沃斯因而也被称为健康度假村。当时城里的医院鳞次栉比，今天当地的很多医院已经改建成酒店，但达沃斯在医学界的地位不减当年，每年仍有不少国际医学大会在这里举行。

1877 年：欧洲最大的天然冰场建成。欧洲最大的天然冰场在达沃斯落成，世界级的选手都在这里训练。此外还有一座冰雪体育馆。每年这里的国际赛事不断。

1900 年前后：发展休闲旅游，完善休闲、体育运动设施建设。来达沃斯的客户们更为注重休闲和体育运动。达沃斯也因此建设了许多相关设施，如世界第一条雪橇道、第一条滑雪索道、第一个高尔夫球场等。在这几十年里，达沃斯不时地根据需要改变自己的面貌，并一直是阿尔卑斯地区旅游业的先驱。冬天旅游旺季的发展也完善了夏季旅游，达沃斯很快成为一个全年旅游胜地。

1969 年：达沃斯会议中心建筑部分建成。这也是达沃斯迈向新领域的一个开端。从那以后的 40 年中，达沃斯承办了许多会议，更使一些世界知名会议在这里安家。其中最著名的是世界经济论坛（WEF）年会，自 1970 年以来都在达沃斯举办。

（2）达沃斯小镇定位。

著名疗养胜地：这里是阿尔卑斯地区空气最洁净的地方，是欧洲著名的疗养胜地，最适合人类居住的小城。20世纪初这里设立了呼吸系统疾病的治疗所，奠定了现在宾馆业发展的基础。尤其是呼吸器官有问题的病人，多会以达沃斯作为调养身体的地点。

运动度假胜地：达沃斯在二十世纪成为国际冬季运动中心之一。一年四季都有着不间断的各项体育赛事。例如世界锦标赛（花样滑冰、速度滑冰、冰球、滑雪、阿尔卑斯滑雪、跨国滑雪等）、各项比赛等。

世界十大滑雪胜地之一：这里是“欧洲最大的高山滑雪场”，电缆车可达海拔1530~2610 m。达沃斯的滑雪场分为七个部分，其中帕森（Parsenn）地区是最大也是最受欢迎的滑雪场；毗邻的克罗斯特滑雪场（Klosters）是英国皇室的最爱。达沃斯拥有欧洲最大的天然溜冰场，冬天还可以在此滑雪、滑冰，进行丰富多彩的活动。

国际会议集中地：达沃斯是世界经济论坛举办地，众多国际会议集中于此。

（3）达沃斯小镇成功之道。

达沃斯小镇具有得天独厚的自然生态景观，独具魅力的人文生态、文化积淀和独具匠心的经营管理和市场运作。

达沃斯高端会议对旅游的促进作用可用图6-5表示：

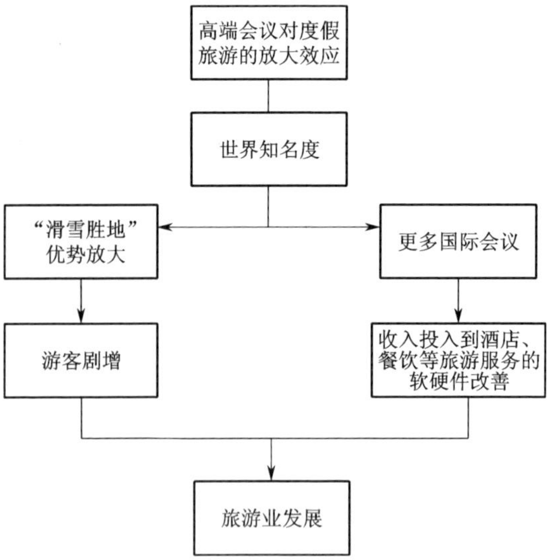

图6-5　达沃斯高端会议对旅游的促进作用

第七章　特色小镇的政策及申报

第一节　特色小镇政策汇编

国家部委及地方特色小镇的政策、文号及发布时间见表 7–1。

表 7-1　国家部委及地方特色小镇政策、文号、发布时间

序号	政策	文号	发布时间
国家部委特色小镇政策			
1	《住房城乡建设部　国家发展改革委　财政部关于开展特色小镇培育工作的通知》	建村〔2016〕147 号	2016 年 7 月 1 日
2	《关于做好 2016 年特色小镇推荐工作的通知》	建村建函〔2016〕71 号	2016 年 8 月 3 日
3	《国家发展改革委关于加快美丽特色小（城）镇建设的指导意见》	发改规划〔2016〕2125 号	2016 年 10 月 8 日
4	《住房城乡建设部　中国农业发展银行关于推进政策性金融支持小城镇建设的通知》	建村〔2016〕220 号	2016 年 10 月 10 日
5	《住房城乡建设部关于公布第一批中国特色小镇名单的通知》	建村〔2016〕221 号	2016 年 10 月 11 日

续表 7-1

序号	政策	文号	发布时间
6	《关于实施"千企千镇工程"推进美丽特色小(城)镇建设的通知》	发改规划〔2016〕2604号	2016年12月12日
7	《国家发展改革委　国家开发银行关于开发性金融支持特色小(城)镇建设促进脱贫攻坚的意见》	发改规划〔2017〕102号	2017年1月13日
8	《住房城乡建设部　国家开发银行关于推进开发性金融支持小城镇建设的通知》	建村〔2017〕27号	2017年1月24日
9	《住房城乡建设部等部门关于公布全国重点镇名单的通知》	建村〔2014〕107号	2014年7月21日
10	《住房城乡建设部　中国建设银行关于推进商业金融支持小城镇建设的通知》	建村〔2017〕81号	2017年4月1日
11	《住房城乡建设部办公厅关于做好第二批全国特色小镇推荐工作的通知》	建办村函〔2017〕357号	2017年5月26日
12	《住房城乡建设部关于保持和彰显特色小镇特色若干问题的通知》	建村〔2017〕144号	2017年7月7日
13	国家四部委《关于规范推进特色小镇和特色小城镇建设的若干意见》	—	2017年12月4日
地方特色小镇政策			
一、浙江省			
1	《浙江省人民政府关于加快特色小镇规划建设的指导意见》	浙政发〔2015〕8号	2015年4月22日
2	《浙江省电子商务工作领导小组办公室关于推进电子商务特色小镇创建工作的通知》	浙电商办〔2015〕6号	2015年6月29日
3	《关于加快推进特色小镇建设规划编制工作的指导意见》	浙建规〔2015〕83号	2015年9月2日
4	《关于开展特色小镇规划建设统计监测工作的通知》	浙特镇办〔2015〕7号	2015年9月17日
5	《浙江省特色小镇创建导则》	浙特镇办〔2015〕9号	2015年10月11日

续表 7-1

序号	政策	文号	发布时间
6	《关于金融支持浙江省特色小镇建设的指导意见》	杭银发〔2015〕207号	2015年10月15日
7	《浙江省特色小镇建成旅游景区的指导意见》	浙旅政法〔2015〕216号	2015年12月28日
8	《浙江省人民政府办公厅关于高质量加快推进特色小镇建设的通知》	浙政办发〔2016〕30号	2016年3月16日
9	《浙江省科学技术厅关于发挥科技创新作用推进浙江特色小镇建设的意见》	浙科发高〔2016〕90号	2016年5月9日
10	《浙江省文化厅关于加快推进特色小镇文化建设的若干意见》	浙文法〔2016〕7号	2016年6月7日
二、贵州省			
1	《省人民政府办公厅关于印发贵州省100个示范小城镇建设2013年工作方案的通知》	黔府办发〔2013〕10号	2013年3月1日
2	《关于打造贵州省特色小城镇升级版的实施意见》	黔镇联办通〔2016〕4号	2016年3月
3	《省人民政府关于深入推进新型城镇化建设的实施意见》	黔府发〔2016〕14号	2016年5月30日
4	《省人民政府办公厅关于公布全省第一批整县推进小城镇建设发展试点县名单的通知》	黔府办函〔2016〕180号	2016年8月11日
三、山东省			
1	《山东省人民政府关于贯彻落实国发〔2014〕31号文件促进旅游业改革发展的实施意见》	鲁政发〔2014〕21号	2014年11月27日
2	《山东省财政厅　山东省住房和城乡建设厅关于印发<山东省省级城镇化建设资金管理暂行办法>的通知》	鲁财建〔2016〕26号	2016年3月23日
3	《山东省人民政府关于贯彻国发〔2016〕44号文件实施支持农业转移人口市民化若干财政政策的意见》	鲁政发〔2016〕23号	2016年8月26日
4	《山东省人民政府办公厅关于印发山东省创建特色小镇实施方案的通知》	鲁政办字〔2016〕149号	2016年9月1日
5	《省委办公厅省政府办公厅关于加快推进农业转移人口市民化的实施意见》	—	2016年9月9日

续表 7-1

序号	政策	文号	发布时间
6	《山东省人民政府办公厅关于印发山东省经济开发区转型升级五年行动计划的通知》	鲁政办字〔2016〕202 号	2016 年 11 月 16 日
7	《山东省人民政府办公厅关于公布新的中小城市试点名单和特色小镇创建名单的通知》	鲁政办字〔2017〕16 号	2017 年 1 月 6 日
四、江西省			
1	《江西省人民政府关于印发江西省特色小镇建设工作方案的通知》	赣府字〔2016〕100 号	2016 年 12 月 20 日
五、四川省			
1	《四川省人民政府关于 2013 年加快推进新型城镇化的意见》	川府发〔2013〕2 号	2013 年 5 月 10 日
2	《四川省人民政府关于印发进一步加快推进新型城镇化八条措施的通知》	川府发〔2013〕47 号	2013 年 9 月 12 日
3	《四川省商务厅　四川省住房和城乡建设厅关于印发 < 四川省“百镇建设行动”2015 年商贸镇建设工作方案 > 的通知》	川商建〔2014〕45 号	2014 年 11 月 7 日
4	《四川省“十三五”特色小城镇发展规划》	—	2017 年 2 月 6 日
5	《关于公开征求对 < 中共四川省委　四川省人民政府关于深化拓展“百镇建设行动”、培育创建特色镇的意见（代拟稿）> 意见的通告》	—	2017 年 2 月 14 日
六、广东省			
1	《广东省发展改革委关于建立省特色小镇建设工作联席会议制度的通知》	粤发改区域函〔2016〕3417 号	2016 年 7 月 21 日
七、福建省			
1	《福建省人民政府关于开展特色小镇规划建设的指导意见》	闽政〔2016〕23 号	2016 年 6 月 3 日
2	《福建省人民政府关于公布福建省第一批特色小镇创建名单的通知》	闽政〔2016〕39 号	2016 年 9 月 17 日

续表 7-1

序号	政策	文号	发布时间
3	《福建省推进新型城镇化工作联席会议办公室关于印发<福建省特色小镇创建规划编制指引（试行）>的通知》	闽发改规划〔2016〕773号	2016年10月19日
	八、陕西省		
1	《陕西省人民政府关于深入推进新型城镇化建设的实施意见》	陕政发〔2016〕47号	2016年10月21日
2	《陕西省人民政府关于表彰奖励2016年度小城镇建设先进镇的通报》	陕政函〔2017〕37号	2017年2月21日
	九、河北省		
1	《关于上报重点培育特色小城镇名单的通知》	冀建办村〔2016〕21号	2016年2月5日
2	《河北省人民政府关于深入推进新型城镇化建设的实施意见》	冀政发〔2016〕27号	2016年6月8日
3	《关于开展重点培育特色小城镇总体规划实施评估工作的通知》	冀建村〔2016〕14号	2016年6月30日
4	《关于开展全省首批特色小镇申报工作的通知》	冀发改传〔2016〕25号	2016年7月5日
5	《关于公布全省重点培育的100个特色小城镇名单的通知》	冀建村〔2016〕18号	2016年7月15日
6	《中共河北省委　河北省人民政府关于建设特色小镇的指导意见》	—	2016年8月12日
7	《关于做好特色小城镇培育工作的通知》	冀建村〔2016〕26号	2016年8月25日
8	《河北省特色小镇创建导则》	—	2016年10月13日
	十、重庆市		
1	《重庆市人民政府办公厅关于培育发展特色小镇的指导意见》	渝府办发〔2016〕111号	2016年6月17日
2	《重庆市人民政府办公厅关于做好特色小镇（街区）示范点创建工作的通知》	渝府办发〔2016〕250号	2016年11月29日

续表 7-1

序号	政策	文号	发布时间
十一、辽宁省			
1	《辽宁省人民政府关于推进特色乡镇建设的指导意见》	辽政发〔2016〕53 号	2016 年 8 月 9 日
十二、内蒙古自治区			
1	《内蒙古自治区人民政府办公厅关于特色小镇建设工作的指导意见》	内政办发〔2016〕128 号	2016 年 9 月 14 日
2	关于转发《住建部关于做好 2016 年特色小镇推荐工作的通知》的函	内建村函〔2016〕759 号	2016 年 8 月 26 日
3	《关于做好 2016 年自治区级特色小镇推荐工作的通知》	内建村函〔2016〕943 号	2016 年 10 月 14 日
十三、甘肃省			
1	《甘肃省人民政府办公厅关于推进特色小镇建设的指导意见》	甘政办发〔2016〕114 号	2016 年 7 月 27 日
2	《关于加快特色小镇规划编制工作的通知》	甘肃函〔2016〕417 号	2016 年 11 月 8 日
十四、云南省			
1	《云南省人民政府关于加快特色小镇发展的意见》	云政发〔2017〕20 号	2017 年 3 月 30 日
十五、广西壮族自治区			
1	《广西壮族自治区人民政府办公厅关于培育广西特色小镇的实施意见》	桂政办发〔2017〕94 号	2017 年 7 月 15 日
十六、江苏省			
1	《省政府关于培育创建江苏特色小镇的指导意见》	苏政发〔2016〕176 号	2016 年 12 月 30 日
十七、河南省			
1	《河南省人民政府办公厅关于印发河南省重点镇建设示范工程实施方案的通知》	豫政办〔2015〕100 号	2015 年 8 月 7 日
十八、吉林省			

续表 7-1

序号	政策	文号	发布时间
1	《吉林省住房和城乡建设厅关于开展吉林省特色小镇培育的通知》	吉建村〔2017〕9 号	2017 年 3 月 9 日
十九、天津市			
1	《关于印发天津市加快特色小镇规划建设指导意见的通知》	—	2016 年 10 月 20 日
二十、湖北省			
1	《省人民政府关于加快特色小(城)镇规划建设的指导意见》	鄂政发〔2016〕78 号	2016 年 12 月 30 日
二十一、海南省			
1	《海南省人民政府关于印发全省百个特色产业小镇建设工作方案的通知》	琼府〔2015〕88 号	2016 年 10 月 19 日
2	《海南省人民政府关于印发海南省特色产业小镇发展基金设立方案的通知》	琼府〔2017〕54 号	2017 年 6 月 9 日
二十二、安徽省			
1	《安徽省住房城乡建设厅 发展改革委员会 财政厅关于开展特色小镇培育工作的指导意见》	建村〔2016〕169 号	2016 年 8 月 8 日
2	《安徽省国土资源厅关于支持和促进特色小镇建设的意见》	皖国土资〔2017〕110 号	2017 年 6 月 2 日
二十三、西藏自治区			
1	《西藏自治区人民政府办公厅关于印发西藏自治区特色小城镇示范点建设工作实施方案的通知》	藏政办发〔2015〕29 号	2015 年 5 月 8 日
二十四、上海市			
1	上海市发改委 规划和国土资源管理局《关于开展上海市特色小(城)镇培育与 2017 年申报工作的通知》	沪发改地区〔2016〕20 号	2016 年 12 月 12 日

第二节　国家相关政策

国家部委、中国农业发展银行、国家开发银行、中国建设银行等对加强特色小镇建设下发了相关通知和指导意见，节选如下：

住房城乡建设部　国家发展改革委　财政部

关于开展特色小镇培育工作的通知

建村〔2016〕147 号

为贯彻党中央、国务院关于推进特色小镇、小城镇建设的精神，落实《国民经济和社会发展第十三个五年规划纲要》关于加快发展特色镇的要求，住房城乡建设部、国家发展改革委、财政部（以下简称三部委）决定在全国范围开展特色小镇培育工作，现通知如下。

一、指导思想、原则和目标

（一）指导思想

全面贯彻党的十八大和十八届三中、四中、五中全会精神，牢固树立和贯彻落实创新、协调、绿色、开放、共享的发展理念，因地制宜、突出特色，充分发挥市场主体作用，创新建设理念，转变发展方式，通过培育特色鲜明、产业发展、绿色生态、美丽宜居的特色小镇，探索小镇建设健康发展之路，促进经济转型升级，推动新型城镇化和新农村建设。

（二）基本原则

——坚持突出特色。从当地经济社会发展实际出发，发展特色产业，传承传统文化，注重生态环境保护，完善市政基础设施和公共服务设施，防止千镇一面。依据特色资源优势和发展潜力，科学确定培育对象，防止一哄而上。

——坚持市场主导。尊重市场规律，充分发挥市场主体作用，政府重在搭建平台、提供服务，防止大包大揽。以产业发展为重点，依据产业发展确定建设规模，防止盲目造镇。

——坚持深化改革。加大体制机制改革力度，创新发展理念，创新发展模式，创新规划建设管理，创新社会服务管理。推动传统产业改造升级，培育壮大新兴产业，打造创业创新新平台，发展新经济。

（三）目标

到 2020 年，培育 1000 个左右各具特色、富有活力的休闲旅游、商贸物流、现代制造、教育科技、传统文化、美丽宜居等特色小镇，引领带动全国小城镇建设，不断提高建设水平和发展质量。

二、培育要求

（一）特色鲜明的产业形态

产业定位精准，特色鲜明，战略新兴产业、传统产业、现代农业等发展良好、前景可观。产业向做特、做精、做强发展，新兴产业成长快，传统产业改造升级效果明显，充分利用“互联网 +”等新兴手段，推动产业链向研发、营销延伸。产业发展环境良好，产业、投资、人才、服务等要素集聚度较高。通过产业发展，小镇吸纳周边农村剩余劳动力就业的能力明显增强，带动农村发展效果明显。

（二）和谐宜居的美丽环境

空间布局与周边自然环境相协调，整体格局和风貌具有典型特征，路网合理，建设高度和密度适宜。居住区开放融合，提倡街坊式布局，住房舒适美观。建筑彰显传统文化和地域特色。公园绿地贴近生活、贴近工作。店铺布局有管控。镇区环境优美，干净整洁。土地利用集约节约，小镇建设与产业发展同步协调。美丽乡村建设成效突出。

（三）彰显特色的传统文化

传统文化得到充分挖掘、整理、记录，历史文化遗存得到良好保护和利用，非物质文化遗产活态传承。形成独特的文化标识，与产业融合发展。优秀传统文化在经济发展和社会管理中得到充分弘扬。公共文化传播方式方法丰富有效。居民思想道德和文化素质较高。

（四）便捷完善的设施服务

基础设施完善，自来水符合卫生标准，生活污水全面收集并达标排放，垃圾无害化处理，道路交通停车设施完善便捷，绿化覆盖率较高，防洪、排涝、消防等各类防灾设施符合标准。公共服务设施完善、服务质量较高，教育、医疗、文化、商业等服务覆盖农村地区。

（五）充满活力的体制机制

发展理念有创新，经济发展模式有创新。规划建设管理有创新，鼓励多规协调，建设规划与土地利用规划合一，社会管理服务有创新。省、市、县支持政策有创新。镇村融合发展有创新。体制机制建设促进小镇健康发展，激发内生动力。

三、组织领导和支持政策

三部委负责组织开展全国特色小镇培育工作，明确培育要求，制定政策措施，开展指导检查，公布特色小镇名单。省级住房城乡建设、发展改革、财政部门负责组织开展本地区特色小镇培育工作，制定本地区指导意见和支持政策，开展监督检查，组织推荐。县级人民政府是培育特色小镇的责任主体，制定支持政策和保障措施，整合落实资金，完善体制机制，统筹项目安排并组织推进。镇人民政府负责做好实施工作。

国家发展改革委等有关部门支持符合条件的特色小镇建设项目申请专项建设基金，中央财政对工作开展较好的特色小镇给予适当奖励。

三部委依据各省小城镇建设和特色小镇培育工作情况，逐年确定各省推荐数量。省级住房城乡建设、发展改革、财政部门按推荐数量，于每年 8 月底前将达到培育要求的镇向三部委推荐。特色小镇原则上为建制镇（县城关镇除外），优先选择全国重点镇。

关于做好2016年特色小镇推荐工作的通知

建村建函〔2016〕71号

根据《住房城乡建设部、国家发展改革委、财政部关于开展特色小镇培育工作的通知》（建村〔2016〕147号）（以下简称《通知》）的要求，为做好2016年特色小镇推荐上报工作，现将有关事项通知如下。

一、推荐数量

根据各省（区、市）经济规模、建制镇数量、近年来小城镇建设工作及省级支持政策情况，确定2016年各省推荐数量（见附件1）。

二、推荐材料

推荐特色小镇应提供下列资料：

（一）小城镇基本信息表（见附件2）。各项信息要客观真实。

（二）小城镇建设工作情况报告及PPT（编写提纲见附件3）。报告要紧紧围绕《通知》中5项培育要求编写。同时按编写提纲提供能直观、全面反映小城镇培育情况的PPT。有条件的地方可提供不超过15分钟的视频材料。

（三）镇总体规划。符合特色小镇培育要求、能够有效指导小城镇建设的规划成果。

（四）相关政策支持文件。被推荐镇列为省、市、县支持对象的证明资料及县级以上支持政策文件。

以上材料均需提供电子版，基本信息表还需提供纸质盖章文件。

三、推荐程序

各省（区、市）要认真组织相关县级人民政府做好推荐填报工作，组织专家评估把关并实地考核，填写专家意见和实地考核意见，将优秀的候选特色小镇报我司。候选特色小镇近5年应无重大安全生产事故、重大环境污染、重大生态破坏、重大群体性社会事件、历史文化遗存破坏现象。我司将会同国家发展改革委规划司、财政部农业司组织专家对各地推荐上报的候选特色小镇进行复核，并现场抽查，认定公布特色小镇名单。

各省（区、市）村镇建设相关部门严格按照推荐数量上报，并于2016年8月30日前将候选特色小镇材料及电子版上报我司，同时完成在我部网站（网址：http://czjs.mohurd.gov.cn）上的信息填报。

附件 1：

各省（区、市）特色小镇推荐数量分配表

编号	省（区、市）	数量
1	北京市	4
2	天津市	3
3	河北省	5
4	山西省	4
5	内蒙古自治区	4
6	辽宁省	5
7	吉林省	3
8	黑龙江省	4
9	上海市	4
10	江苏省	8
11	浙江省	10
12	安徽省	6
13	福建省	6
14	江西省	5
15	山东省	8
16	河南省	5
17	湖北省	6
18	湖南省	6
19	广东省	8
20	广西壮族自治区	5
21	海南省	3
22	重庆市	5
23	四川省	8
24	贵州省	6
25	云南省	4
26	西藏自治区	3

续表

编号	省（区、市）	数量
27	陕西省	6
28	甘肃省	3
29	青海省	3
30	宁夏回族自治区	3
31	新疆维吾尔自治区	4
32	新疆生产建设兵团	2
合　计		159

附件 2：

小城镇基本信息表

<table>
<tr><td>镇名称</td><td colspan="2"></td><td colspan="2">所属省、市、县</td><td colspan="2"></td></tr>
<tr><td>地形</td><td colspan="2">□山区 □平原 □丘陵</td><td colspan="2">区位</td><td colspan="2">□大城市近郊 □远郊区 □农业地区</td></tr>
<tr><td>功能类型</td><td colspan="6">A 商贸流通型 B 工业发展型 C 农业服务型 D 旅游发展型 E 历史文化型 F 民族聚居型
G 其他（请注明）</td></tr>
<tr><td>镇域面积（平方千米）</td><td></td><td colspan="3">镇区建成区面积（平方千米）</td><td colspan="2"></td></tr>
<tr><td>镇域常住人口（人）</td><td></td><td colspan="3">下辖村庄数量（个）</td><td colspan="2"></td></tr>
<tr><td>镇区常住人口（人）</td><td></td><td colspan="3">镇区户籍人口（人）</td><td colspan="2"></td></tr>
<tr><td>本镇就业总人口（人）</td><td colspan="6">________；其中：来自于周边农村的就业人口（人）________；</td></tr>
<tr><td>镇 GDP（万元）</td><td></td><td colspan="3">镇所属县 GDP（万元）</td><td colspan="2"></td></tr>
<tr><td>城镇居民人均纯收入（元）</td><td></td><td colspan="3" rowspan="3">公共财政收入（万元）
其中：本级公共财政收入（万元）
上级补贴（万元）</td><td colspan="2"></td></tr>
<tr><td>农村居民人均纯收入（元）</td><td></td><td colspan="2"></td></tr>
<tr><td>市政基础设施建设投资（万元）</td><td></td><td colspan="2"></td></tr>
<tr><td>全社会固定资产投资（万元）</td><td>2013</td><td></td><td>2014</td><td></td><td>2015</td><td></td></tr>
<tr><td>民间资本固定资产投资（万元）</td><td>2013</td><td></td><td>2014</td><td></td><td>2015</td><td></td></tr>
<tr><td>已获称号</td><td colspan="6">国家级称号：
□全国重点镇 □中国历史文化名镇 □全国特色景观旅游名镇
□美丽宜居小镇 □国家园林城镇 □全国环境优美乡镇
□国家发改委新型城镇化试点镇 □财政部、住建部建制镇试点示范
□其他
省级称号：
□省级重点镇、中心镇、示范镇 □省级卫生乡镇 □省级美丽宜居镇 □其他
镇域内是否有传统村落？ □是 □否 数量：□中国传统村落；□省级传统村落
镇域内是否有美丽宜居村庄 / 美丽乡村？ □是 □否
其他（请注明称号名称及哪级认定）：</td></tr>
</table>

续表

<table>
<tr><td rowspan="2">规划</td><td>镇规划区面积（平方千米）：_____</td><td colspan="3">控制性详细规划编制面积（平方千米）：______</td></tr>
<tr><td>镇规划区是否编制了与特色小镇相关的专项规划？□是　□否</td><td colspan="3">规划名称：____________________</td></tr>
<tr><td rowspan="11">产业</td><td>年份</td><td>2013</td><td>2014</td><td>2015</td></tr>
<tr><td>主导产业类型</td><td></td><td></td><td></td></tr>
<tr><td>主导产业企业数量（个）</td><td></td><td></td><td></td></tr>
<tr><td>主导产业企业年投资额（万元）</td><td></td><td></td><td></td></tr>
<tr><td>主导产业产值（万元）</td><td></td><td></td><td></td></tr>
<tr><td>主导产业吸纳的就业人员数量（人）</td><td></td><td></td><td></td></tr>
<tr><td>龙头企业大专以上学历就业人数</td><td></td><td></td><td></td></tr>
<tr><td>主导产业产品品牌荣誉、称号</td><td colspan="3">国家级______；省级______；市、县级_______；</td></tr>
<tr><td>主导产业产值在省、市、县同类行业镇中排名</td><td colspan="3">省排名______；市排名______；县排名_______；</td></tr>
<tr><td>全镇当年新增注册公司数量（个）</td><td></td><td></td><td></td></tr>
<tr><td rowspan="6">基础设施</td><td>是否通二级以上公路</td><td>□是　□否</td><td>停车位数量（个）</td><td></td></tr>
<tr><td>自来水供水率（%）</td><td></td><td>自来水卫生达标率（%）</td><td></td></tr>
<tr><td>生活垃圾无害化处理率（%）</td><td></td><td>生活污水达标排放率（%）</td><td></td></tr>
<tr><td>宽带入户率（%）</td><td></td><td>街头小公园、绿地（处）</td><td></td></tr>
<tr><td colspan="2">主要灾害设施（防洪、排涝、消防等）名称</td><td colspan="2">____________________________</td></tr>
<tr><td>有污水处理设施的行政村比例（%）</td><td></td><td>垃圾得到有效治理的行政村比例（%）</td><td></td></tr>
</table>

续表

用地	各类产业用地面积（公顷）		镇区人均建设用地面积（平方米）	
公共服务	小学（所）		是否为市级以上重点小学	□是　□否
	初中（所）		是否为市级以上重点中学	□是　□否
	高中（所）		职业学校（所）	
	医院等级		养老服务设施（处）	
	银行（信用社）网点（个）	____个；分属银行______；______；______；		
	大型连锁超市或商业中心（处）		三星标准以上酒店（个）	
	快递网点（个）		公共区域WIFI全覆盖	□是　□否
文化传播	非物质文化遗产	国家____项；省级____项；市级____项；县____项；		
	地域特色文化	□民俗活动　□特色餐饮　□民间技艺　□民间戏曲 □其他特色____________________		
	文化活动中心/场所（处）		举办居民文化活动类型	（类）
	文化传播手段（多选）	□广播电视　□网站　□微信　□短信　□其他		

续表

<table>
<tr><td rowspan="8">社会管理</td><td colspan="2">镇级组织机构设置（镇政府及下设办公室）</td><td colspan="2">____________</td></tr>
<tr><td colspan="2">近 3 年曾获得县级以上表彰</td><td colspan="2">____________</td></tr>
<tr><td>是否有综合执法机构</td><td>□是 □否</td><td>是否“一站式”综合行政服务</td><td>□是 □否</td></tr>
<tr><td>是否有规划建设管理机构</td><td>□是 □否</td><td>镇政府工作人员数量（人）</td><td></td></tr>
<tr><td rowspan="2">是否核发乡村规划许可?</td><td rowspan="2">□是 □否</td><td>其中：有编制的人员数量（人）</td><td></td></tr>
<tr><td>规划建设管理人员数量（人）</td><td></td></tr>
<tr><td>是否有 PPP 项目?</td><td colspan="3">□是 □否 项目名称____________</td></tr>
<tr><td>是否有政府购买服务项目?</td><td colspan="3">□是 □否 项目名称____________</td></tr>
<tr><td>县级申报单位意见</td><td colspan="4">申报意见：

单位盖章
日期： 年 月 日</td></tr>
<tr><td>省级村镇建设管理部门意见</td><td colspan="4">专家组审核意见：

现场考核专家意见：

单位盖章
日期： 年 月 日</td></tr>
</table>

注：表格数据均指 2015 年数据。

附件 3：

小城镇建设工作情况报告编写提纲

（字数不超过 5000 字）

一、近 3 年小城镇建设工作情况

要求：简述小城镇区位、交通、人口、经济水平、产业基础等社会经济发展基本情况。简述近 3 年小城镇建设情况，主要实施项目，特色化方面开展的工作情况。

二、小城镇建设培育工作评估

要求：按照建村〔2016〕147 号文中培育要求，简述本镇在“产业发展、小镇环境、传统文化、设施服务、体制机制”5 个方面的情况，逐项评估。

（一）特色鲜明的产业形态

从产业特色、带动作用、发展环境 3 方面阐述小城镇的产业发展特色。

（二）和谐宜居的美丽环境

从城镇风貌、镇区环境、美丽乡村 3 方面阐述小城镇的环境风貌特色。

（三）彰显特色的传统文化

从文化传承、文化传播 2 个方面阐述小城镇的文化特色。

（四）便捷完善的设施服务

从道路交通、公用设施、公共服务 3 方面阐述小城镇服务设施的便捷性。

（五）充满活力的体制机制

从理念模式、规划建设、社会管理、体制机制等方面阐述小城镇的体制机制活力。

三、当前小城镇培育面临的困难和问题

四、发展目标及政策措施

（一）到 2020 年总体发展目标及年度目标

略。

（二）近期工作安排

从产业培育、环境整治、文化传承、基础设施建设、体制机制建设等方面阐述 2017 年、2018 年工作安排。

（三）县级支持政策

略。

国家发展改革委关于加快美丽特色小(城)镇建设的指导意见

发改规划〔2016〕2125号

特色小(城)镇包括特色小镇、小城镇两种形态。特色小镇主要指聚焦特色产业和新兴产业,集聚发展要素,不同于行政建制镇和产业园区的创新创业平台。特色小城镇是指以传统行政区划为单元,特色产业鲜明、具有一定人口和经济规模的建制镇。特色小镇和小城镇相得益彰、互为支撑。发展美丽特色小(城)镇是推进供给侧结构性改革的重要平台,是深入推进新型城镇化的重要抓手,有利于推动经济转型升级和发展动能转换,有利于促进大中小城市和小城镇协调发展,有利于充分发挥城镇化对新农村建设的辐射带动作用。为深入贯彻落实习近平总书记、李克强总理等党中央、国务院领导同志关于特色小镇、小城镇建设的重要批示指示精神,现就加快美丽特色小(城)镇建设提出如下意见。

一、总体要求

全面贯彻党的十八大和十八届三中、四中、五中全会精神,深入学习贯彻习近平总书记系列重要讲话精神,牢固树立和贯彻落实创新、协调、绿色、开放、共享的发展理念,按照党中央、国务院的部署,深入推进供给侧结构性改革,以人为本、因地制宜、突出特色、创新机制,夯实城镇产业基础,完善城镇服务功能,优化城镇生态环境,提升城镇发展品质,建设美丽特色新型小(城)镇,有机对接美丽乡村建设,促进城乡发展一体化。

——坚持创新探索。创新美丽特色小(城)镇的思路、方法、机制,着力培育供给侧小镇经济,防止"新瓶装旧酒""穿新鞋走老路",努力走出一条特色鲜明、产城融合、惠及群众的新型小城镇之路。

——坚持因地制宜。从各地实际出发,遵循客观规律,挖掘特色优势,体现区域差异性,提倡形态多样性,彰显小(城)镇独特魅力,防止照搬照抄、"东施效颦"、一哄而上。

——坚持产业建镇。根据区域要素禀赋和比较优势,挖掘本地最有基础、最具潜力、最能成长的特色产业,做精做强主导特色产业,打造具有持续竞争力和可持续发展特征的独特产业生态,防止千镇一面。

——坚持以人为本。围绕人的城镇化,统筹生产、生活、生态空间布局,完善城镇功能,补齐城镇基础设施、公共服务、生态环境短板,打造宜居宜业环境,提高人民群众获得感和幸福感,防止形象工程。

——坚持市场主导。按照政府引导、企业主体、市场化运作的要求，创新建设模式、管理方式和服务手段，提高多元化主体共同推动美丽特色小（城）镇发展的积极性。发挥好政府制定规划政策、提供公共服务等作用，防止大包大揽。

二、分类施策，探索城镇发展新路径

总结推广浙江等地特色小镇发展模式，立足产业"特而强"、功能"聚而合"、形态"小而美"、机制"新而活"，将创新性供给与个性化需求有效对接，打造创新创业发展平台和新型城镇化有效载体。

按照控制数量、提高质量、节约用地、体现特色的要求，推动小（城）镇发展与疏解大城市中心城区功能相结合、与特色产业发展相结合、与服务"三农"相结合。大城市周边的重点镇，要加强与城市发展的统筹规划与功能配套，逐步发展成为卫星城。具有特色资源、区位优势的小城镇，要通过规划引导、市场运作，培育成为休闲旅游、商贸物流、智能制造、科技教育、民俗文化传承的专业特色镇。远离中心城市的小城镇，要完善基础设施和公共服务，发展成为服务农村、带动周边的综合性小城镇。

统筹地域、功能、特色三大重点，以镇区常住人口 5 万以上的特大镇、镇区常住人口 3 万以上的专业特色镇为重点，兼顾多类型多形态的特色小镇，因地制宜建设美丽特色小（城）镇。

三、突出特色，打造产业发展新平台

产业是小城镇发展的生命力，特色是产业发展的竞争力。要立足资源禀赋、区位环境、历史文化、产业集聚等特色，加快发展特色优势主导产业，延伸产业链、提升价值链，促进产业跨界融合发展，在差异定位和领域细分中构建小镇大产业，扩大就业，集聚人口，实现特色产业立镇、强镇、富镇。

有条件的小城镇特别是中心城市和都市圈周边的小城镇，要积极吸引高端要素集聚，发展先进制造业和现代服务业。鼓励外出农民工回乡创业定居。强化校企合作、产研融合、产教融合，积极依托职业院校、成人教育学院、继续教育学院等院校建设就业技能培训基地，培育特色产业发展所需各类人才的。

四、创业创新，培育经济发展新动能

创新是小城镇持续健康发展的根本动力。要发挥小城镇创业创新成本低、进入门槛低、各项束缚少、生态环境好的优势，打造大众创业、万众创新的有效平台和载体。鼓励特色小（城）镇发展面向大众、服务小微企业的低成本、便利化、开放式服务平台，构建富有活力的创业创新生态圈，集聚创业者、风投资本、孵化器等高端要素，促进产业链、创新链、人才链的耦合；依托互联网拓宽市场资源、社会需求与创业创新对接通道，推进专业空间、网络平台和企业内部众创，推动新技术、新产业、新业态蓬勃发展。

营造吸引各类人才、激发企业家活力的创新环境，为初创期、中小微企业和创业者提供便利、完善的"双创"服务；鼓励企业家构筑创新平台、集聚创新资源；深化投资便利化、商事仲裁、负面清单管理等改革创新，打造有利于创新创业的营商环境，推动形成一批集聚高端要素、新兴产业和现代服务业特色鲜明、富有活力和竞争力的新型小城镇。

五、完善功能，强化基础设施新支撑

便捷完善的基础设施是小城镇集聚产业的基础条件。要按照适度超前、综合配套、集约利用的原则，加强小城镇道路、供水、供电、通信、污水垃圾处理、物流等基础设施建设。建设高速通畅、质优价廉、服务便捷的宽带网络基础设施和服务设施，以人为本推动信息惠民，加强小城镇信息基础设施建设，加速光纤入户进程，建设智慧小镇。加强步行和自行车等慢行交通设施建设，做好慢行交通系统与公共交通系统的衔接。

强化城镇与交通干线、交通枢纽城市的连接，提高公路技术等级和通行能力，改善交通条件，提升服务水平。推进大城市市域（郊）铁路发展，形成多层次轨道交通骨干网络，高效衔接大中小城市和小城镇，促进互联互通。鼓励综合开发，形成集交通、商业、休闲等为一体的开放式小城镇功能区。推进公共停车场建设。鼓励建设开放式住宅小区，提升微循环能力。鼓励有条件的小城镇开发利用地下空间，提高土地利用效率。

六、提升质量，增加公共服务新供给

完善的公共服务特别是较高质量的教育医疗资源供给是增强小城镇人口集聚能力的重要因素。要推动公共服务从按行政等级配置向按常住人口规模配置转变，根据城镇常住人口增长趋势和空间分布，统筹布局建设学校、医疗卫生机构、文化体育场所等公共服务设施，大力提高教育卫生等公共服务的质量和水平，使群众在特色小（城）镇能够享受更有质量的教育、医疗等公共服务。要聚焦居民日常需求，提升社区服务功能，加快构建便捷"生活圈"、完善"服务圈"和繁荣"商业圈"。

镇区人口10万以上的特大镇要按同等城市标准配置教育和医疗资源，其他城镇要不断缩小与城市基本公共服务差距。实施医疗卫生服务能力提升计划，参照县级医院水平提高硬件设施和诊疗水平，鼓励在有条件的小城镇布局三级医院。大力提高教育质量，加快推进义务教育学校标准化建设，推动市县知名中小学和城镇中小学联合办学，扩大优质教育资源覆盖面。

七、绿色引领，建设美丽宜居新城镇

优美宜居的生态环境是人民群众对城镇生活的新期待。要牢固树立“绿水青山就是金山银山”的发展理念，保护城镇特色景观资源，加强环境综合整治，构建生态网络。深入开展大气污染、水污染、土壤污染防治行动，溯源倒逼、系统治理，带动城镇生态环境质量全面改善。有机协调城镇内外绿地、河湖、林地、耕地，推动生态保护与旅游发展互促共融、新型城镇化与旅游业有机结合，打造宜居宜业宜游的优美环境。鼓励有条件的小城镇按照不低于3A级景区的标准规划建设特色旅游景区，将美丽资源转化为“美丽经济”。

加强历史文化名城名镇名村、历史文化街区、民族风情小镇等的保护，保护独特风貌，挖掘文化内涵，彰显乡愁特色，建设有历史记忆、文化脉络、地域风貌、民族特点的美丽小（城）镇。

八、主体多元，打造共建共享新模式

创新社会治理模式是建设美丽特色小（城）镇的重要内容。要统筹政府、社会、市民三大主体积极性，推动政府、社会、市民同心同向行动。充分发挥社会力量作用，最大限度激发市场主体活力和企业家创造力，鼓励企业、其他社会组织和市民积极参与城镇投资、建设、运营和管理，成为美丽特色小（城）镇建设的主力军。积极调动市民参与美丽特色小（城）镇建设热情，促进其致富增收，让发展成果惠及广大群众。逐步形成多方主体参与、良性互动的现代城镇治理模式。

政府主要负责提供美丽特色小（城）镇制度供给、设施配套、要素保障、生态环境保护、安全生产监管等管理和服务，营造更加公平、开放的市场环境，深化“放管服”改革，简化审批环节，减少行政干预。

九、城乡联动，拓展要素配置新通道

美丽特色小（城）镇是辐射带动新农村的重要载体。要统筹规划城乡基础设施网络，健全农村基础设施投入长效机制，促进水电路气信等基础设施城乡联网、生态环保设施城乡统一布局建设。推进城乡配电网建设改造，加快农村宽带网络和快递网络建设，以美丽特色小（城）镇为节点，推进农村电商发展和“快递下乡”。推动城镇公共服务向农村延伸，逐步实现城乡基本公共服务制度并轨、标准统一。

搭建农村一二三产业融合发展服务平台，推进农业与旅游、教育、文化、健康养老等产业深度融合，大力发展农业新型业态。依托优势资源，积极探索承接产业转移新模式，引导城镇资金、信息、人才、管理等要素向农村流动，推动城乡产业链双向延伸对接。促进城乡劳动力、土地、资本和创新要素高效配置。

十、创新机制，激发城镇发展新活力

释放美丽特色小（城）镇的内生动力关键要靠体制机制创新。要全面放开小城镇落户限制，全面落实居住证制度，不断拓展公共服务范围。积极盘活存量土地，建立低效用地再开发激励机制。建立健全进城落户农民农村土地承包权、宅基地使用权、集体收益分配权自愿有偿流转和退出机制。创新特色小（城）镇建设投融资机制，大力推进政府和社会资本合作，鼓励利用财政资金撬动社会资金，共同发起设立美丽特色小（城）镇建设基金。研究设立国家新型城镇化建设基金，倾斜支持美丽特色小（城）镇开发建设。鼓励开发银行、农业发展银行、农业银行和其他金融机构加大金融支持力度。鼓励有条件的小城镇通过发行债券等多种方式拓宽融资渠道。

按照“小政府、大服务”模式，推行大部门制，降低行政成本，提高行政效率。深入推进强镇扩权，赋予镇区人口 10 万以上的特大镇县级管理职能和权限，强化事权、财权、人事权和用地指标等保障。推动具备条件的特大镇有序设市。

各级发展改革部门要把加快建设美丽特色小（城）镇作为落实新型城镇化战略部署和推进供给侧结构性改革的重要抓手，坚持用改革的思路、创新的举措发挥统筹协调作用，借鉴浙江等地采取创建制培育特色小镇的经验，整合各方面力量，加强分类指导，结合地方实际研究出台配套政策，努力打造一批新兴产业集聚、传统产业升级、体制机制灵活、人文气息浓厚、生态环境优美的美丽特色小（城）镇。国家发展改革委将加强统筹协调，加大项目、资金、政策等的支持力度，及时总结推广各地典型经验，推动美丽特色小（城）镇持续健康发展。

住房城乡建设部　中国农业发展银行
关于推进政策性金融支持小城镇建设的通知

建村〔2016〕220号

为贯彻落实党中央、国务院关于推进特色小镇、小城镇建设的精神，切实推进政策性金融资金支持特色小镇、小城镇建设，现就相关事项通知如下：

一、充分发挥政策性金融的作用

小城镇是新型城镇化的重要载体，是促进城乡协调发展最直接最有效的途径。各地要充分认识培育特色小镇和推动小城镇建设工作的重要意义，发挥政策性信贷资金对小城镇建设发展的重要作用，做好中长期政策性贷款的申请和使用，不断加大小城镇建设的信贷支持力度，切实利用政策性金融支持，全面推动小城镇建设发展。

二、明确支持范围

（一）支持范围：

1. 支持以转移农业人口、提升小城镇公共服务水平和提高承载能力为目的的基础设施和公共服务设施建设。主要包括：土地及房屋的征收、拆迁和补偿；安置房建设或货币化安置；水网、电网、路网、信息网、供气、供热、地下综合管廊等公共基础设施建设；污水处理、垃圾处理、园林绿化、水体生态系统与水环境治理等环境设施建设；学校、医院、体育馆等文化教育卫生设施建设；小型集贸市场、农产品交易市场、生活超市等便民商业设施建设；其他基础设施和公共服务设施建设。

2. 为促进小城镇特色产业发展提供平台支撑的配套设施建设。主要包括：标准厂房、孵化园、众创空间等生产平台建设；博物馆、展览馆、科技馆、文化交流中心、民俗传承基地等展示平台建设；旅游休闲、商贸物流、人才公寓等服务平台建设；其他促进特色产业发展的配套基础设施建设。

（二）优先支持贫困地区：

中国农业发展银行要将小城镇建设作为信贷支持的重点领域，以贫困地区小城镇建设作为优先支持对象，统筹调配信贷规模，保障融资需求。开辟办贷绿色通道，对相关项目优先受理、优先审批，在符合贷款条件的情况下，优先给予贷款支持。

三、建立贷款项目库

地方各级住房城乡建设部门要加快推进小城镇建设项目培育工作，积极与中国农业发展银行各级机构对接，共同研究融资方案，落实建设承贷主体。申请政策性金融支持的小城镇需要编制小城镇近期建设规划和建设项目实施方案，经县级人民政府批准后，向中国农业发展银行相应分支机构提出建设项目和资金需求。各省级住房城乡建设部门、中国农业发展银行省级分行应编制本省（区、市）本年度已支持情况和下一年度申请报告（包括项目清单），并于每年 12 月底前提交住房城乡建设部、中国农业发展银行总行，同时将相关信息录入小城镇建设贷款项目库（http://www.czjs.mohurd.gov.cn）。

四、加强项目管理

住房城乡建设部负责组织、推动全国小城镇政策性金融支持工作，建立项目库，开展指导和检查。中国农业发展银行将进一步争取国家优惠政策，提供中长期、低成本的信贷资金。

省级住房城乡建设部门、中国农业发展银行省级分行要建立沟通协调机制，协调县（市）申请中国农业银行政策性贷款，解决相关问题。县级住房城乡建设部门要切实掌握政策性信贷资金申请、使用等相关规定，组织协调小城镇政策性贷款申请工作，并确保资金使用规范。

中国农业发展银行各分行要积极配合各级住房城乡建设部门工作，普及政策性贷款知识，加大宣传力度。各分行要积极运用政府购买服务和采购、政府和社会资本合作（PPP）等融资模式，为小城镇建设提供综合性金融服务，并联合其他银行、保险公司等金融机构以银团贷款、委托贷款等方式，努力拓宽小城镇建设的融资渠道。对符合条件的小城镇建设实施主体提供重点项目建设基金，用于补充项目资本金不足部分。在风险可控、商业可持续的前提下，小城镇建设项目涉及的特许经营权、收费权和政府购买服务协议预期收益等可作为中国农业发展银行贷款的质押担保。

住房城乡建设部关于公布第一批中国特色小镇名单的通知

建村〔2016〕221号

根据《住房城乡建设部 国家发展改革委 财政部关于开展特色小镇培育工作的通知》(建村〔2016〕147号)(以下简称《通知》)精神和相关规定,在各地推荐的基础上,经专家复核,会签国家发展改革委、财政部,认定北京市房山区长沟镇等127个镇为第一批中国特色小镇,现予以公布。

附件:

第一批中国特色小镇名单

一、北京市(3个)

房山区长沟镇、昌平区小汤山镇、密云区古北口镇

二、天津市(2个)

武清区崔黄口镇、滨海新区中塘镇

三、河北省(4个)

秦皇岛市卢龙县石门镇、邢台市隆尧县莲子镇镇、保定市高阳县庞口镇、衡水市武强县周窝镇

四、山西省(3个)

晋城市阳城县润城镇、晋中市昔阳县大寨镇、吕梁市汾阳市杏花村镇

五、内蒙古自治区(3个)

赤峰市宁城县八里罕镇、通辽市科尔沁左翼中旗舍伯吐镇、呼伦贝尔市额尔古纳市莫尔道嘎镇

六、辽宁省(4个)

大连市瓦房店市谢屯镇、丹东市东港市孤山镇、辽阳市弓长岭区汤河镇、盘锦市大洼区赵圈河镇

七、吉林省(3个)

辽源市东辽县辽河源镇、通化市辉南县金川镇、延边朝鲜族自治州龙井市东盛涌镇

八、黑龙江省(3个)

齐齐哈尔市甘南县兴十四镇、牡丹江市宁安市渤海镇、大兴安岭地区漠河县北极镇

九、上海市（3 个）

金山区枫泾镇、松江区车墩镇、青浦区朱家角镇

十、江苏省（7 个）

南京市高淳区桠溪镇、无锡市宜兴市丁蜀镇、徐州市邳州市碾庄镇、苏州市吴中区甪直镇、苏州市吴江区震泽镇、盐城市东台市安丰镇、泰州市姜堰区溱潼镇

十一、浙江省（8 个）

杭州市桐庐县分水镇、温州市乐清市柳市镇、嘉兴市桐乡市濮院镇、湖州市德清县莫干山镇、绍兴市诸暨市大唐镇、金华市东阳市横店镇、丽水市莲都区大港头镇、丽水市龙泉市上垟镇

十二、安徽省（5 个）

铜陵市郊区大通镇、安庆市岳西县温泉镇、黄山市黟县宏村镇、六安市裕安区独山镇、宣城市旌德县白地镇

十三、福建省（5 个）

福州市永泰县嵩口镇、厦门市同安区汀溪镇、泉州市安溪县湖头镇、南平市邵武市和平镇、龙岩市上杭县古田镇

十四、江西省（4 个）

南昌市进贤县文港镇、鹰潭市龙虎山风景名胜区上清镇、宜春市明月山温泉风景名胜区温汤镇、上饶市婺源县江湾镇

十五、山东省（7 个）

青岛市胶州市李哥庄镇、淄博市淄川区昆仑镇、烟台市蓬莱市刘家沟镇、潍坊市寿光市羊口镇、泰安市新泰市西张庄镇、威海市经济技术开发区崮山镇、临沂市费县探沂镇

十六、河南省（4 个）

焦作市温县赵堡镇、许昌市禹州市神垕镇、南阳市西峡县太平镇、驻马店市确山县竹沟镇

十七、湖北省（5 个）

宜昌市夷陵区龙泉镇、襄阳市枣阳市吴店镇、荆门市东宝区漳河镇、黄冈市红安县七里坪镇、随州市随县长岗镇

十八、湖南省（5个）

长沙市浏阳市大瑶镇、邵阳市邵东县廉桥镇、郴州市汝城县热水镇、娄底市双峰县荷叶镇、湘西土家族苗族自治州花垣县边城镇

十九、广东省（6个）

佛山市顺德区北滘镇、江门市开平市赤坎镇、肇庆市高要区回龙镇、梅州市梅县区雁洋镇、河源市江东新区古竹镇、中山市古镇镇

二十、广西壮族自治区（4个）

柳州市鹿寨县中渡镇、桂林市恭城瑶族自治县莲花镇、北海市铁山港区南康镇、贺州市八步区贺街镇

二十一、海南省（2个）

海口市云龙镇、琼海市潭门镇

二十二、重庆市（4个）

万州区武陵镇、涪陵区蔺市镇、黔江区濯水镇、潼南区双江镇

二十三、四川省（7个）

成都市郫县德源镇、成都市大邑县安仁镇、攀枝花市盐边县红格镇、泸州市纳溪区大渡口镇、南充市西充县多扶镇、宜宾市翠屏区李庄镇、达州市宣汉县南坝镇

二十四、贵州省（5个）

贵阳市花溪区青岩镇、六盘水市六枝特区郎岱镇、遵义市仁怀市茅台镇、安顺市西秀区旧州镇、黔东南州雷山县西江镇

二十五、云南省（3个）

红河州建水县西庄镇、大理州大理市喜洲镇、德宏州瑞丽市畹町镇

二十六、西藏自治区（2个）

拉萨市尼木县吞巴乡、山南市扎囊县桑耶镇

二十七、陕西省（5个）

西安市蓝田县汤峪镇、铜川市耀州区照金镇、宝鸡市眉县汤峪镇、汉中市宁强县青木川镇、杨陵区五泉镇

二十八、甘肃省（3个）

兰州市榆中县青城镇、武威市凉州区清源镇、临夏州和政县松鸣镇

二十九、青海省（2个）

海东市化隆回族自治县群科镇、海西蒙古族藏族自治州乌兰县茶卡镇

三十、宁夏回族自治区（2个）

银川市西夏区镇北堡镇、固原市泾源县泾河源镇

三十一、新疆维吾尔自治区（3个）

喀什地区巴楚县色力布亚镇、塔城地区沙湾县乌兰乌苏镇、阿勒泰地区富蕴县可可托海镇

三十二、新疆生产建设兵团（1个）

第八师石河子市北泉镇

关于实施“千企千镇工程”推进美丽特色小(城)镇建设的通知

发改规划〔2016〕2604号

为深入贯彻落实习近平总书记、李克强总理等党中央、国务院领导同志关于加强特色小镇、小城镇建设的重要批示指示精神，按照《国家发展改革委关于加快美丽特色小(城)镇建设的指导意见》要求，在总结近年来企业参与城镇建设运营行之有效的经验基础上，国家发展改革委、国家开发银行、中国光大银行、中国企业联合会、中国企业家协会、中国城镇化促进会拟组织实施美丽特色小(城)镇建设“千企千镇工程”。有关事项通知如下：

一、主要目的

“千企千镇工程”，是指根据“政府引导、企业主体、市场化运作”的新型小(城)镇创建模式，搭建小(城)镇与企业主体有效对接平台，引导社会资本参与美丽特色小(城)镇建设，促进镇企融合发展、共同成长。

实施“千企千镇工程”，有利于充分发挥优质企业与特色小(城)镇的双重资源优势，开拓企业成长空间，树立城镇特色品牌，实现镇企互利共赢；有利于培育供给侧小镇经济，有效对接新消费新需求，增强小(城)镇可持续发展能力和竞争力；有利于创新小(城)镇建设管理运营模式，充分发挥市场配置资源的决定性作用，更好发挥政府规划引导和提供公共服务等作用，防止政府大包大揽。

二、主要内容

牢固树立和贯彻落实创新、协调、绿色、开放、共享的发展理念，深入推进供给侧结构性改革，以建设特色鲜明、产城融合、充满魅力的美丽特色小(城)镇为目标，以探索形成政府引导、市场主导、多元主体参与的特色小(城)镇建设运营模式为方向，加强政企银合作，拓宽城镇建设投融资渠道，加快城镇功能提升。坚持自主自愿、互利互惠，不搞“拉郎配”，不搞目标责任制，通过搭建平台更多依靠市场力量引导企业等市场主体参与特色小(城)镇建设。

(一)聚焦重点领域。围绕产业发展和城镇功能提升两个重点，深化镇企合作。引导企业从区域要素禀赋和比较优势出发，培育壮大休闲旅游、商贸物流、信息产业、智能制造、科技教育、民俗文化传承等特色优势主导产业，扩大就业，集聚人口。推动“产、城、人、文”融合发展，完善基础设施，扩大公共服务，挖掘文化内涵，促进绿色发展，打造宜居宜业的环境，提高人民群众获得感和幸福感。

（二）建立信息服务平台。运用云计算、大数据等信息技术手段，建设“千企千镇服务网”，开发企业产业转移及转型升级数据库和全国特色小（城）镇数据库，为推动企业等社会资本与特色小（城）镇对接提供基础支撑。

（三）搭建镇企合作平台。定期举办“中国特色小（城）镇发展论坛”，召开多形式的特色小（城）镇建设交流研讨会、项目推介会等，加强企业等社会资本和特色小（城）镇的沟通合作与互动交流。

（四）镇企结对树品牌。依托信息服务平台和镇企合作平台，企业根据自身经营方向，优选最佳合作城镇，城镇发挥资源优势，吸引企业落户，实现供需对接、双向选择，共同打造镇企合作品牌。

（五）推广典型经验。每年推出一批企业等社会资本与特色小（城）镇成功合作的典型案例，总结提炼可复制、可推广的经验，供各地区参考借鉴。

三、组织实施

（一）强化协同推进。“千企千镇工程”由国家发展改革委、国家开发银行、中国光大银行、中国企业联合会、中国企业家协会、中国城镇化促进会等单位共同组织实施。中国城镇化促进会要充分发挥在平台搭建、信息交流、经验总结等方面的积极作用，承担工程实施的具体工作。

（二）完善支持政策。“千企千镇工程”的典型地区和企业，可优先享受有关部门关于特色小（城）镇建设的各项支持政策，优先纳入有关部门开展的新型城镇化领域试点示范。国家开发银行、中国光大银行将通过多元化金融产品及模式对典型地区和企业给予融资支持，鼓励引导其他金融机构积极参与。政府有关部门和行业协会等社会组织将加强服务和指导，帮助解决“千企千镇工程”实施中的重点难点问题。

（三）积极宣传引导。充分发挥主流媒体、自媒体等舆论引导作用，持续跟踪报道“千企千镇工程”实施情况，总结好经验好做法，发现新情况新问题，形成全社会关心、关注、支持特色小（城）镇发展的良好氛围。

四、工作要求

（一）各地发展改革部门要强化对特色小（城）镇建设工作的指导和推进力度，积极组织引导特色小（城）镇参与结对工程建设，做好本地区镇企对接统筹协调。

（二）国家开发银行、中国光大银行各地分行要把特色小（城）镇建设作为推进新型城镇化建设的突破口，对带头实施“千企千镇工程”的企业等市场主体和特色小（城）镇重点帮扶，优先支持。

（三）各地企业联合会、企业家协会要充分发挥社会组织的作用，动员和组织本地企业与特色小（城）镇结对，以市场为导向，以产城融合为目标，把企业转型升级与特色小（城）镇建设有机结合起来。

国家发展改革委　国家开发银行
关于开发性金融支持特色小(城)镇建设促进脱贫攻坚的意见

发改规划〔2017〕102号

建设特色小(城)镇是推进供给侧结构性改革的重要平台,是深入推进新型城镇化、辐射带动新农村建设的重要抓手。全力实施脱贫攻坚、坚决打赢脱贫攻坚战是"十三五"时期的重大战略任务。在贫困地区推进特色小(城)镇建设,有利于为特色产业脱贫搭建平台,为转移就业脱贫拓展空间,为易地扶贫搬迁脱贫提供载体。为深入推进特色小(城)镇建设与脱贫攻坚战略相结合,加快脱贫攻坚致富步伐,现就开发性金融支持贫困地区特色小(城)镇建设提出以下意见。

一、总体要求

全面贯彻党的十八大和十八届三中、四中、五中、六中全会精神,统筹推进"五位一体"总体布局和协调推进"四个全面"战略布局,牢固树立和贯彻落实新发展理念,按照扶贫开发与经济社会发展相结合的要求,充分发挥开发性金融作用,推动金融扶贫与产业扶贫紧密衔接,夯实城镇产业基础,完善城镇服务功能,推动城乡一体化发展,通过特色小(城)镇建设带动区域性脱贫,实现特色小(城)镇持续健康发展和农村贫困人口脱贫双重目标,坚决打赢脱贫攻坚战。

——坚持因地制宜、稳妥推进。从各地实际出发,遵循客观规律,加强统筹协调,科学规范引导特色小(城)镇开发建设与脱贫攻坚有机结合,防止盲目建设、浪费资源、破坏环境。

——坚持协同共进、一体发展。统筹谋划脱贫攻坚与特色小(城)镇建设,促进特色产业发展、农民转移就业、易地扶贫搬迁与特色小(城)镇建设相结合,确保群众就业有保障、生活有改善、发展有前景。

——坚持规划引领、金融支持。根据各地发展实际,精准定位、规划先行,科学布局特色小(城)镇生产、生活、生态空间。通过配套系统性融资规划,合理配置金融资源,为特色小(城)镇建设提供金融支持,着力增强贫困地区自我发展能力,推动区域持续健康发展。

——坚持主体多元、合力推进。发挥政府在脱贫攻坚战中的主导作用和在特色小(城)镇建设中的引导作用,充分利用开发性金融融资、融智优势,聚集各类资源,整合优势力量,激发市场主体活力,共同支持贫困地区特色小(城)镇建设。

——坚持改革创新、务求实效。用改革的办法和创新的精神推进特色小(城)镇建设,完善建设模式、管理方式和服务手段,加强金融组织创新、产品创新和服务创新,使金融资源切实服务小(城)镇发展,有效支持脱贫攻坚。

二、主要任务

(一)加强规划引导。加强对特色小(城)镇发展的指导,推动地方政府结合经济社会发展规划,编制特色小(城)镇发展专项规划,明确发展目标、建设任务和工作进度。开发银行各分行积极参与特色小(城)镇规划编制工作,统筹考虑财税、金融、市场资金等方面因素,做好系统性融资规划和融资顾问工作,明确支持重点、融资方案和融资渠道,推动规划落地实施。各级发展改革部门要加强与开发银行各分行、特色小(城)镇所在地方政府的沟通联系,积极支持系统性融资规划编制工作。

(二)支持发展特色产业。一是各级发展改革部门和开发银行各分行要加强协调配合,根据地方资源禀赋和产业优势,探索符合当地实际的农村产业融合发展道路,不断延伸农业产业链、提升价值链、拓展农业多种功能,推进多种形式的产城融合,实现农业现代化与新型城镇化协同发展。二是开发银行各分行要运用"四台一会"(管理平台、借款平台、担保平台、公示平台和信用协会)贷款模式,推动建立风险分担和补偿机制,以批发的方式融资支持龙头企业、中小微企业、农民合作组织以及返乡农民工等各类创业者发展特色优势产业,带动周边广大农户,特别是贫困户全面融入产业发展。三是在特色小(城)镇产业发展中积极推动开展土地、资金等多种形式的股份合作,在有条件的地区,探索将"三资"(农村集体资金、资产和资源)、承包土地经营权、农民住房财产权和集体收益分配权资本化,建立和完善利益联结机制,保障贫困人口在产业发展中获得合理、稳定的收益,并实现城乡劳动力、土地、资本和创新要素高效配置。

(三)补齐特色小(城)镇发展短板。一是支持基础设施、公共服务设施和生态环境建设,包括但不限于土地及房屋的征收、拆迁和补偿;安置房建设或货币化安置;水网、电网、路网、信息网、供气、供热、地下综合管廊等公共基础设施建设;污水处理、垃圾处理、园林绿化、水体生态系统与水环境治理等环境设施建设以及生态修复工程；科技馆、学校、文化馆、医院、体育馆等科教文卫设施建设；小型集贸市场、农产品交易市场、生活超市等便民商业设施建设；其他基础设施、公共服务设施以及环境设施建设。二是支持各类产业发展的配套设施建设，包括但不限于标准厂房、孵化园、众创空间等生产平台；旅游休闲、商贸物流、人才公寓等服务平台建设；其他促进特色产业发展的配套基础设施建设。

（四）积极开展试点示范。结合贫困地区发展实际，因地制宜开展特色小（城）镇助力脱贫攻坚建设试点。对试点单位优先编制融资规划，优先安排贷款规模，优先给予政策、资金等方面的支持，鼓励各地先行先试，着力打造一批资源禀赋丰富、区位环境良好、历史文化浓厚、产业集聚发达、脱贫攻坚效果好的特色小（城）镇，为其他地区提供经验借鉴。

（五）加大金融支持力度。开发银行加大对特许经营、政府购买服务等模式的信贷支持力度，特别是通过探索多种类型的 PPP 模式，引入大型企业参与投资，引导社会资本广泛参与。发挥开发银行“投资、贷款、债券、租赁、证券、基金”综合服务功能和作用，在设立基金、发行债券、资产证券化等方面提供财务顾问服务。发挥资本市场在脱贫攻坚中的积极作用，盘活贫困地区特色资产资源，为特色小（城）镇建设提供多元化金融支持。各级发展改革部门和开发银行各分行要共同推动地方政府完善担保体系，建立风险补偿机制，改善当地金融生态环境。

（六）强化人才支撑。加大对贫困地区特色小（城）镇建设的智力支持力度，开发银行扶贫金融专员要把特色小（城）镇作为金融服务的重要内容，帮助派驻地（市、州）以及对口贫困县区域内的特色小（城）镇引智、引商、引技、引资，着力解决缺人才、缺技术、缺资金等突出问题。以“开发性金融支持脱贫攻坚地方干部培训班”为平台，为贫困地区干部开展特色小（城）镇专题培训，帮助正确把握政策内涵，增强运用开发性金融手段推动特色小（城）镇建设、促进脱贫攻坚的能力。

（七）建立长效合作机制。国家发展改革委和开发银行围绕特色小（城）镇建设进一步深化合作，建立定期会商机制，加大工作推动力度。各级发展改革部门和开发银行各分行要密切沟通，共同研究制定当地特色小（城）镇建设工作方案，确定重点支持领域，设计融资模式；建立特色小（城）镇重点项目批量开发推荐机制，形成项目储备库；协调解决特色小(城)镇建设过程中的困难和问题,将合作落到实处。

各级发展改革部门和开发银行各分行要支持贫困地区特色小(城)镇建设促进脱贫攻坚,加强合作机制创新、工作制度创新和发展模式创新,积极探索、勇于实践,确保特色小(城)镇建设取得新成效,打赢脱贫攻坚战。

住房城乡建设部　国家开发银行
关于推进开发性金融支持小城镇建设的通知

建村〔2017〕27号

一、充分认识开发性金融支持小城镇建设的重要意义

小城镇是新型城镇化建设的重要载体，是促进城乡协调发展最直接最有效的途径，在推进经济转型升级、绿色低碳发展和生态环境保护等方面发挥着重要作用。小城镇建设任务艰巨，资金需求量大，迫切需要综合运用财政、金融政策，引导金融机构加大支持力度。开发性金融支持是推动小城镇建设的重要手段，是落实供给侧结构性改革的重要举措。各级住房城乡建设部门、国家开发银行各分行要充分认识开发性金融支持小城镇建设的重要意义，加强部行协作，强化资金保障，全面提升小城镇的建设水平和发展质量。

二、主要工作目标

（一）落实《住房城乡建设部　国家发展改革委　财政部关于开展特色小镇培育工作的通知》（建村〔2016〕147号），加快培育1000个左右各具特色、富有活力的休闲旅游、商贸物流、现代制造、教育科技、传统文化、美丽宜居的特色小镇。优先支持《住房城乡建设部关于公布第一批中国特色小镇名单的通知》（建村〔2016〕221号）确定的127个特色小镇。

（二）落实《住房城乡建设部等部门关于公布全国重点镇名单的通知》（建村〔2014〕107号），大力支持3675个重点镇建设，提升发展质量，逐步完善一般小城镇的功能，将一批产业基础较好、基础设施水平较高的小城镇打造成特色小镇。

（三）着力推进大别山等集中连片贫困地区的脱贫攻坚，优先支持贫困地区基本人居卫生条件改善和建档立卡贫困户的危房改造。

（四）探索创新小城镇建设运营及投融资模式，充分发挥市场主体作用，打造一批具有示范意义的小城镇建设项目。

三、重点支持内容

（一）支持以农村人口就地城镇化、提升小城镇公共服务水平和提高承载能力为目的的设施建设。主要包括：土地及房屋的征收、拆迁和补偿；供水、供气、供热、供电、通讯、

道路等基础设施建设;学校、医院、邻里中心、博物馆、体育馆、图书馆等公共服务设施建设;防洪、排涝、消防等各类防灾设施建设。重点支持小城镇污水处理、垃圾处理、水环境治理等设施建设。

(二)支持促进小城镇产业发展的配套设施建设。主要包括:标准厂房、众创空间、产品交易等生产平台建设;展示馆、科技馆、文化交流中心、民俗传承基地等展示平台建设;旅游休闲、商贸物流、人才公寓等服务平台建设,以及促进特色产业发展的配套设施建设。

(三)支持促进小城镇宜居环境塑造和传统文化传承的工程建设。主要包括:镇村街巷整治、园林绿地建设等风貌提升工程;田园风光塑造、生态环境修复、湿地保护等生态保护工程;传统街区修缮、传统村落保护、非物质文化遗产活化等文化保护工程。

四、建立项目储备制度

(一)建立项目储备库。各县(市、区)住房城乡建设(规划)部门要加快推进本地区小城镇总体规划编制或修编,制定近期建设项目库和年度建设计划,统筹建设项目,确定融资方式和融资规模,完成有关审批手续。

(二)推荐备选项目。各县(市、区)住房城乡建设(规划)部门要组织做好本地区项目与国家开发银行各分行的项目对接和推荐,填写小城镇建设项目入库申报表,报省级住房城乡建设部门。省级住房城乡建设部门应汇总项目申报表,于 2017 年 3 月底前报住房城乡建设部,并将项目信息录入全国小城镇建设项目储备库。

今后,应在每年 11 月底前报送下一年度项目申报表,并完成项目录入工作。住房城乡建设部将会同国家开发银行对各地上报项目进行评估,将评估结果好的项目作为优先推荐项目。

五、加大开发性金融支持力度

(一)做好融资规划。国家开发银行将依据小城镇总体规划,适时编制相应的融资规划,做好项目融资安排,针对具体项目的融资需求,统筹安排融资方式和融资总量。

(二)加强信贷支持。国家开发银行各分行要会同各地住房城乡建设(规划)部门,确定小城镇建设的投资主体、投融资模式等,共同做好项目前期准备工作。对纳入全国小城镇建设项目储备库的优先推荐项目,在符合贷款条件的情况下,优先提供中长期信贷支持。

（三）创新融资模式，提供综合性金融服务。国家开发银行将积极发挥“投、贷、债、租、证”的协同作用，为小城镇建设提供综合金融服务。根据项目情况，采用政府和社会资本合作（PPP）、政府购买服务、机制评审等模式，推动项目落地；鼓励大型央企、优质民企以市场化模式支持小城镇建设。在风险可控、商业可持续的前提下，积极开展小城镇建设项目涉及的特许经营权、收费权和购买服务协议下的应收账款质押等担保类贷款业务。

六、建立工作协调机制

住房城乡建设部和国家开发银行签署《共同推进小城镇建设战略合作框架协议》，建立部行工作会商制度。省级住房城乡建设部门、国家开发银行省级分行要参照部行合作模式建立工作协调机制，加强沟通、密切合作，及时共享小城镇建设信息，协调解决项目融资、建设中存在的问题和困难；要及时将各地项目进展情况、存在问题及有关建议分别报住房城乡建设部和国家开发银行总行。

住房城乡建设部　中国建设银行
关于推进商业金融支持小城镇建设的通知

建村〔2017〕81号

各省、自治区、直辖市住房城乡建设厅（建委），北京市农委、规划和国土资源管理委，上海市规划和国土资源管理局，新疆生产建设兵团建设局，中国建设银行各省、自治区、直辖市分行，总行直属分行，苏州分行：

为贯彻落实党中央、国务院关于推进小城镇建设的工作部署，大力推进商业金融支持小城镇建设，现就有关工作通知如下。

一、充分认识商业金融支持小城镇建设的重要意义

小城镇是经济转型升级、新型城镇化建设的重要载体，在推进供给侧结构性改革、生态文明建设、城乡协调发展等方面发挥着重要作用。小城镇建设任务重、项目多、资金缺口大，迫切需要发挥市场主体作用，加大商业金融的支持力度，积极引导社会资本进入小城镇。各级住房城乡建设部门、建设银行各分行要充分认识商业金融支持小城镇建设的重要意义，坚持用新发展理念统筹指导小城镇建设，加强组织协作，创新投融资体制，加大金融支持力度，确保项目资金落地，全面提升小城镇建设水平和发展质量。

二、支持范围和内容

（一）支持范围：

落实《住房城乡建设部　国家发展改革委　财政部关于开展特色小镇培育工作的通知》（建村〔2016〕147号）、《住房城乡建设部等部门关于公布全国重点镇名单的通知》（建村〔2014〕107号）等文件要求，支持特色小镇、重点镇和一般镇建设。优先支持《住房城乡建设部关于公布第一批中国特色小镇名单的通知》（建村〔2016〕221号）确定的127个特色小镇和各省（区、市）人民政府认定的特色小镇。

（二）支持内容：

1. 支持改善小城镇功能、提升发展质量的基础设施建设。主要包括：道路、供水、电力、燃气、热力等基础设施建设；企业厂房、仓库、孵化基地等生产设施建设；学校、医院、体育场馆、公园、小镇客厅等公共设施建设；居民拆迁安置、园林绿化等居住环境改善设施建设；河湖水系治理、建筑节能改造、新能源利用、污水和垃圾处理等生态环境保护设施建设。

2. 支持促进小城镇特色发展的工程建设。主要包括：街巷空间、建筑风貌等综合环境整治工程建设；传统街区保护和修缮、非物质遗产活化等传统文化保护工程建设；双创平台、展览展示、服务平台、人才交流等促进特色产业发展的配套工程建设。

3. 支持小城镇运营管理融资。主要包括：基础设施改扩建、运营维护融资；运营管理企业的经营周转融资；优质企业生产投资、经营周转、并购重组等融资。

三、实施项目储备制度

（一）建立项目储备库。

各县（市、区）住房城乡建设（规划）部门要加快推进本地区小城镇总体规划编制或修编，制定近期建设项目库和年度建设计划，统筹建设项目，确定融资方式和融资规模，完成有关审批手续。

（二）推荐备选项目。

各县（市、区）住房城乡建设（规划）部门要组织做好本地区建设项目与中国建设银行地市级分行的对接和推荐，填写小城镇建设项目储备表（详见附件），并报送至省级住房城乡建设部门。省级住房城乡建设部门要联合中国建设银行省级分行对本地区上报项目进行审核，并于 2017 年 5 月底前将通过审核的项目信息录入全国小城镇建设项目储备库（http：//www.charmingtown.cn）。住房城乡建设部将会同中国建设银行总行对纳入全国小城镇建设项目储备库的项目进行评估，确定优先推荐项目。

四、发挥中国建设银行综合金融服务优势

（一）加大信贷支持力度。

中国建设银行将统筹安排年度信贷投放总量，加大对小城镇建设的信贷支持力度。对纳入全国小城镇建设项目储备库的推荐项目，予以优先受理、优先评审和优先投放贷款。

（二）做好综合融资服务。

充分发挥中国建设银行集团全牌照优势，帮助小城镇所在县（市）人民政府、参与建设的企业做好融资规划，提供小城镇专项贷款产品。根据小城镇建设投资主体和项目特点，因地制宜提供债券融资、股权投资、基金、信托、融资租赁、保险资金等综合融资服务。

（三）创新金融服务模式。

中国建设银行将在现有政策法规内积极开展金融创新。探索开展特许经营权、景区门票收费权、知识产权、碳排放权质押等新型贷款抵质押方式。探索与创业投资基金、股权基金等开展投贷联动，支持创业型企业发展。

五、建立工作保障机制

住房城乡建设部与中国建设银行总行签署《共同推进小城镇建设战略合作框架协议》，建立部行工作会商制度。省级住房城乡建设部门、中国建设银行省级分行要参照部行合作模式尽快建立定期沟通机制和工作协作机制，及时共享小城镇建设信息，共同协调解决项目融资、建设中存在的问题，做好风险防控，为小城镇建设创造良好的政策环境和融资环境。执行过程中如有问题和建议，请及时与住房城乡建设部和中国建设银行总行联系。

住房城乡建设部办公厅关于做好第二批全国特色小镇推荐工作的通知

建办村函〔2017〕357号

各省（区、市）住房城乡建设厅（建委）、北京市农委、上海市规划和国土资源局：

为落实《住房城乡建设部　国家发展改革委　财政部关于开展特色小镇培育工作的通知》（建村〔2016〕147号）精神，做好第二批全国特色小镇推荐工作，经商财政部，现将有关事项通知如下：

一、推荐要求

各地推荐的特色小镇应符合建村〔2016〕147号文件规定的培育要求，具备特色鲜明的产业形态、和谐宜居的美丽环境、彰显特色的传统文化、便捷完善的设施服务和充满活力的体制机制，并满足以下条件：

（一）具备良好的发展基础、区位优势和特色资源，能较快发展起来。

（二）实施并储备了一批质量高、带动效应强的产业项目。

（三）镇规划编制工作抓得紧，已编制的总体规划、详细规划或专项规划达到了定位准确、目标可行、规模适宜、管控有效4项要求。现有规划未达到定位准确等4项要求的已启动规划修编工作。

（四）制定并实施了支持特色小镇发展的政策措施，营造了市场主导、政企合作等良好政策氛围。

（五）实施了老镇区整治提升和发展利用工程，做到设施完善、风貌协调和环境优美。

（六）引入的旅游、文化等大型项目符合当地实际，建设的道路、公园等设施符合群众需求。

对存在以房地产为单一产业，镇规划未达到有关要求、脱离实际，盲目立项、盲目建设，政府大包大揽或过度举债，打着特色小镇名义搞圈地开发，项目或设施建设规模过大导致资源浪费等问题的建制镇不得推荐。县政府驻地镇不推荐。以旅游文化产业为主导的特色小镇推荐比例不超过1/3。

二、推荐程序

我部根据各省(区、市)建制镇数量、规划编制与实施情况、特色小镇培育工作进展、地方组织推进小城镇建设力度等因素，确定了2017年各省(区、市)特色小镇推荐名额(附件1)。请各省(区、市)按照分配名额组织好特色小镇推荐工作。

按照自愿申报、择优推荐的原则，由县(市、区)住房城乡建设部门做好特色小镇信息填报等工作，经县(市、区)人民政府审核后，于2017年6月15日前将有关材料报省级住房城乡建设部门。省级住房城乡建设部门要严格按照建村〔2016〕147号文件要求，组织专家对上报的有关材料进行初审、评估并实地考核，确定本省(区、市)特色小镇推荐名单和排序，于2017年6月30日前将推荐名单和推荐材料报我部村镇建设司。我部将以现场答辩形式审查推荐的特色小镇，会同财政等部门认定并公布第二批全国特色小镇名单。现场答辩的有关安排另行通知。

三、材料要求

各省级住房城乡建设部门上报的推荐材料应包括特色小镇推荐信息表(附件2)、特色小镇培育说明材料、相关视频(可选)和有关规划。推荐信息表一式两份并加盖单位公章，相关信息录入特色小镇培育网(www.charmingtown.cn)。培育说明材料应逐项用文字、照片和图纸进行说明，以PPT格式提交(说明材料模板及示例可从特色小镇培育网下载)。视频材料时长为5~10分钟，文件格式不限。有关规划包括总体规划、详细规划和专项规划，提交电子版。推荐材料可通过光盘或U盘方式提交。

住房城乡建设部关于保持和彰显特色小镇特色若干问题的通知

建村〔2017〕144号

各省、自治区住房城乡建设厅，北京市住房城乡建设委、规划国土委、农委，天津市建委、规划局，上海市住房城乡建设管委、规划国土局，重庆市城乡建设委：

党中央、国务院做出了关于推进特色小镇建设的部署，对推进新发展理念、全面建成小康社会和促进国家可持续发展具有十分重要的战略意义。保持和彰显小镇特色是落实新发展理念，加快推进绿色发展和生态文明建设的重要内容。目前，特色小镇培育尚处于起步阶段，部分地方存在不注重特色的问题。各地要坚持按照绿色发展的要求，有序推进特色小镇的规划建设发展。现就有关事项通知如下。

一、尊重小镇现有格局、不盲目拆老街区

（一）顺应地形地貌。小镇规划要与地形地貌有机结合，融入山水林田湖等自然要素，彰显优美的山水格局和高低错落的天际线。严禁挖山填湖、破坏水系、破坏生态环境。

（二）保持现状肌理。尊重小镇现有路网、空间格局和生产生活方式，在此基础上，下细致功夫解决老街区功能不完善、环境脏乱差等风貌特色缺乏问题。严禁盲目拉直道路，严禁对老街区进行大拆大建或简单粗暴地推倒重建，避免采取将现有居民整体迁出的开发模式。

（三）延续传统风貌。统筹小镇建筑布局、协调景观风貌、体现地域特征、民族特色和时代风貌。新建区域应延续老街区的肌理和文脉特征，形成有机的整体。新建建筑的风格、色彩、材质等应传承传统风貌，雕塑、小品等构筑物应体现优秀传统文化。严禁建设"大、洋、怪"的建筑。

二、保持小镇宜居尺度、不盲目盖高楼

（一）建设小尺度开放式街坊住区。应以开放式街坊住区为主，尺度宜为100~150米，延续小镇居民原有的邻里关系，避免照搬城市居住小区模式。

（二）营造宜人街巷空间。保持和修复传统街区的街巷空间，新建生活型道路的高宽比宜为1∶1至2∶1，绿地以建设贴近生活、贴近工作的街头绿地为主，充分营造小镇居民易于交往的空间。严禁建设不便民、造价高、图形象的宽马路、大广场、大公园。

（三）适宜的建筑高度和体量。新建住宅应为低层、多层，建筑高度一般不宜超过 20 米，单体建筑面宽不宜超过 40 米，避免建设与整体环境不协调的高层或大体量建筑。

三、传承小镇传统文化、不盲目搬袭外来文化

（一）保护历史文化遗产。保护小镇传统格局、历史风貌，保护不可移动文物，及时修缮历史建筑。不要拆除老房子、砍伐老树以及破坏具有历史印记的地物。

（二）活化非物质文化遗产。充分挖掘利用非物质文化遗产价值，建设一批生产、传承和展示场所，培养一批文化传承人和工匠，避免将非物质文化遗产低俗化、过度商业化。

（三）体现文化与内涵。保护与传承本地优秀传统文化，培育独特文化标识和小镇精神，增加文化自信，避免盲目崇洋媚外，严禁乱起洋名。

各地要按照本通知要求，加强特色小镇规划建设的指导和检查。我部已将是否保持和体现特色作为特色小镇重要认定标准，将定期对已认定特色小镇有关情况进行检查。

国家发展改革委　国土资源部　环境保护部　住房城乡建设部 关于规范推进特色小镇和特色小城镇建设的若干意见

各省、自治区、直辖市人民政府，新疆生产建设兵团：

特色小镇是在几平方千米土地上集聚特色产业、生产生活生态空间相融合、不同于行政建制镇和产业园区的创新创业平台。特色小城镇是拥有几十平方千米以上土地和一定人口经济规模、特色产业鲜明的行政建制镇。近年来，各地区各有关部门认真贯彻落实党中央国务院决策部署，积极稳妥推进特色小镇和小城镇建设，取得了一些进展，积累了一些经验，涌现出一批产业特色鲜明、要素集聚、宜居宜业、富有活力的特色小镇。但在推进过程中，也出现了概念不清、定位不准、急于求成、盲目发展以及市场化不足等问题，有些地区甚至存在政府债务风险加剧和房地产化的苗头。为深入贯彻落实党中央国务院领导同志重要批示指示精神，现就规范推进各地区特色小镇和小城镇建设提出以下意见。

一、总体要求

（一）指导思想。深入学习贯彻党的十九大精神，以习近平新时代中国特色社会主义思想为指导，坚持以人民为中心，坚持贯彻新发展理念，把特色小镇和小城镇建设作为供给侧结构性改革的重要平台，因地制宜、改革创新，发展产业特色鲜明、服务便捷高效、文化浓郁深厚、环境美丽宜人、体制机制灵活的特色小镇和小城镇，促进新型城镇化建设和经济转型升级。

（二）基本原则。坚持创新探索。创新工作思路、方法和机制，着力培育供给侧小镇经济，努力走出一条特色鲜明、产城融合、惠及群众的新路子，防止“新瓶装旧酒”“穿新鞋走老路”。

坚持因地制宜。从各地区实际出发，遵循客观规律，实事求是、量力而行、控制数量、提高质量，体现区域差异性，提倡形态多样性，不搞区域平衡、产业平衡、数量要求和政绩考核，防止盲目发展、一哄而上。

坚持产业建镇。立足各地区要素禀赋和比较优势，挖掘最有基础、最具潜力、最能成长的特色产业，做精做强主导特色产业，打造具有核心竞争力和可持续发展特征的独特产业生态，防止千镇一面和房地产化。

坚持以人为本。围绕人的城镇化，统筹生产生活生态空间布局，提升服务功能、环境质量、文化内涵和发展品质，打造宜居宜业环境，提高人民获得感和幸福感，防止政绩工程和形象工程。

坚持市场主导。按照政府引导、企业主体、市场化运作的要求，创新建设模式、管理方式和服务手段，推动多元化主体同心同向、共建共享，发挥政府制定规划政策、搭建发展平台等作用，防止政府大包大揽和加剧债务风险。

二、重点任务

（三）准确把握特色小镇内涵。各地区要准确理解特色小镇内涵特质，立足产业"特而强"、功能"聚而合"、形态"小而美"、机制"新而活"，推动创新性供给与个性化需求有效对接，打造创新创业发展平台和新型城镇化有效载体。不能把特色小镇当成筐、什么都往里装，不能盲目把产业园区、旅游景区、体育基地、美丽乡村、田园综合体以及行政建制镇戴上特色小镇"帽子"。各地区可结合产业空间布局优化和产城融合，循序渐进发展"市郊镇""市中镇""园中镇""镇中镇"等不同类型特色小镇；依托大城市周边的重点镇培育发展卫星城，依托有特色资源的重点镇培育发展专业特色小城镇。

（四）遵循城镇化发展规律。浙江特色小镇是经济发展到一定阶段的产物，具备相应的要素和产业基础。各地区发展很不平衡，要按规律办事，树立正确政绩观和功成不必在我的理念，科学把握浙江经验的可复制和不可复制内容，合理借鉴其理念方法、精神实质和创新精神，追求慢工出细活出精品，避免脱离实际照搬照抄。特别是中西部地区要从实际出发，科学推进特色小镇和小城镇建设布局，走少而特、少而精、少而专的发展之路，避免盲目发展、过度追求数量目标和投资规模。

（五）注重打造鲜明特色。各地区在推进特色小镇和小城镇建设过程中，要立足区位条件、资源禀赋、产业积淀和地域特征，以特色产业为核心，兼顾特色文化、特色功能和特色建筑，找准特色、凸显特色、放大特色，防止内容重复、形态雷同、特色不鲜明和同质化竞争。聚焦高端产业和产业高端方向，着力发展优势主导特色产业，延伸产业链、提升价值链、创新供应链，吸引人才、技术、资金等高端要素集聚，打造特色产业集群。

（六）有效推进"三生融合"。各地区要立足以人为本，科学规划特色小镇的生产、生活、生态空间，促进产城人文融合发展，营造宜居宜业环境，提高集聚人口能力和人民群众获得感。留存原住居民生活空间，防止将原住居民整体迁出。增强生活服务功能，构建便捷“生活圈”、完善“服务圈”和繁荣“商业圈”。提炼文化经典元素和标志性符号，合理应用于建设运营及公共空间。保护特色景观资源，将美丽资源转化为“美丽经济”。

（七）理清政府与市场边界。各地区要以企业为特色小镇和小城镇建设主力军，引导企业有效投资、对标一流、扩大高端供给，激发企业家创造力和人民消费需求。鼓励大中型企业独立或牵头打造特色小镇，培育特色小镇投资运营商，避免项目简单堆砌和碎片化开发。发挥政府强化规划引导、营造制度环境、提供设施服务等作用，顺势而为、因势利导，不要过度干预。鼓励利用财政资金联合社会资本，共同发起特色小镇建设基金。

（八）实行创建达标制度。各地区要控制特色小镇和小城镇建设数量，避免分解指标、层层加码。统一实行宽进严定、动态淘汰的创建达标制度，取消一次性命名制，避免各地区只管前期申报、不管后期发展。

（九）严防政府债务风险。各地区要注重引入央企、国企和大中型民企等作为特色小镇主要投资运营商，尽可能避免政府举债建设进而加重债务包袱。县级政府综合债务率超过 100% 的风险预警地区，不得通过融资平台公司变相举债立项建设。统筹考虑综合债务率、现有财力、资金筹措和还款来源，稳妥把握配套设施建设节奏。

（十）严控房地产化倾向。各地区要综合考虑特色小镇和小城镇吸纳就业和常住人口规模，从严控制房地产开发，合理确定住宅用地比例，并结合所在市县商品住房库存消化周期确定供应时序。适度提高产业及商业用地比例，鼓励优先发展产业。科学论证企业创建特色小镇规划，对产业内容、盈利模式和后期运营方案进行重点把关，防范“假小镇真地产”项目。

（十一）严格节约集约用地。各地区要落实最严格的耕地保护制度和最严格的节约用地制度，在符合土地利用总体规划和城乡规划的前提下，划定特色小镇和小城镇发展边界，避免另起炉灶、大拆大建。鼓励盘活存量和低效建设用地，严控新增建设用地规模，全面实行建设用地增减挂钩政策，不得占用永久基本农田。合理控制特色小镇四至范围，规划用地面积控制在 3 平方千米左右，其中建设用地面积控制在 1 平方千米左右，旅游、体育和农业类特色小镇可适当放宽。

（十二）严守生态保护红线。各地区要按照《关于划定并严守生态保护红线的若干意见》要求，依据应划尽划、应保尽保原则完成生态保护红线划定工作。严禁以特色小镇和小城镇建设名义破坏生态，严格保护自然保护区、文化自然遗产、风景名胜区、森林公园和地质公园等区域，严禁挖山填湖、破坏山水田园。严把特色小镇和小城镇产业准入关，防止引入高污染高耗能产业，加强环境治理设施建设。

三、组织实施

（十三）提高思想认识。各地区要深刻认识特色小镇和小城镇建设的重要意义，将其作为深入推进供给侧结构性改革的重要平台，以及推进经济转型升级和新型城镇化建设的重要抓手，切实抓好组织实施。

（十四）压实省级责任。各省级人民政府要强化主体责任意识，按照本意见要求，整合各方力量，及时规范纠偏，调整优化实施方案、创建数量和配套政策，加强统计监测。

（十五）加强部门统筹。充分发挥推进新型城镇化工作部际联席会议机制的作用，由国家发展改革委牵头，会同国土资源、环境保护、住房城乡建设等有关部门，共同推进特色小镇和小城镇建设工作，加强对各地区的监督检查评估。国务院有关部门对已公布的两批 403 个全国特色小城镇、96 个全国运动休闲特色小镇等，开展定期测评和优胜劣汰。

（十六）做好宣传引导。发挥主流媒体舆论宣传作用，持续跟踪报道建设进展，发现新短板新问题，总结好样板、好案例，形成全社会关注关心的良好氛围。

第三节　省级特色小镇相关政策

一、浙江省相关政策

浙江省人民政府、科技厅等对推进特色小镇建设提出了相关指导意见，下发了相关通知、意见，现节选如下：

浙江省人民政府关于加快特色小镇规划建设的指导意见

浙政发〔2015〕8号

特色小镇是相对独立于市区，具有明确产业定位、文化内涵、旅游和一定社区功能的发展空间平台，区别于行政区划单元和产业园区。加快规划建设一批特色小镇是省委、省政府从推动全省经济转型升级和城乡统筹发展大局出发作出的一项重大决策。为加快特色小镇规划建设，现提出如下意见：

一、总体要求

（一）重要意义。在全省规划建设一批特色小镇，有利于推动各地积极谋划项目，扩大有效投资，弘扬传统优秀文化；有利于集聚人才、技术、资本等高端要素，实现小空间大集聚、小平台大产业、小载体大创新；有利于推动资源整合、项目组合、产业融合，加快推进产业集聚、产业创新和产业升级，形成新的经济增长点。

（二）产业定位。特色小镇要聚焦信息经济、环保、健康、旅游、时尚、金融、高端装备制造等支撑我省未来发展的七大产业，兼顾茶叶、丝绸、黄酒、中药、青瓷、木雕、根雕、石雕、文房等历史经典产业，坚持产业、文化、旅游“三位一体”和生产、生活、生态融合发展。每个历史经典产业原则上只规划建设一个特色小镇。根据每个特色小镇功能定位实行分类指导。

（三）规划引领。特色小镇规划面积一般控制在3平方千米左右，建设面积一般控制在1平方千米左右。特色小镇原则上3年内要完成固定资产投资50亿元左右（不含住宅和商业综合体项目），金融、科技创新、旅游、历史经典产业类特色小镇投资额可适当放宽，淳安等26个加快发展县（市、区）可放宽到5年。所有特色小镇要建设成为3A级以上景区，旅游产业类特色小镇要按 5A 级景区标准建设。支持各地以特色小镇理念改造提升产业集聚区和各类开发区（园区）的特色产业。

（四）运作方式。特色小镇建设要坚持政府引导、企业主体、市场化运作，既凸显企业主体地位，充分发挥市场在资源配置中的决定性作用，又加强政府引导和服务保障，在规划编制、基础设施配套、资源要素保障、文化内涵挖掘传承、生态环境保护等方面更好发挥作用。每个特色小镇要明确投资建设主体，由企业为主推进项目建设。

二、创建程序

按照深化投资体制改革要求，采用“宽进严定”的创建方式推进特色小镇规划建设。全省重点培育和规划建设 100 个左右特色小镇，分批筛选创建对象。力争通过 3 年的培育创建，规划建设一批产业特色鲜明、体制机制灵活、人文气息浓厚、生态环境优美、多种功能叠加的特色小镇。

（一）自愿申报。由县（市、区）政府向省特色小镇规划建设工作联席会议办公室报送创建特色小镇书面材料，制订创建方案，明确特色小镇的四至范围、产业定位、投资主体、投资规模、建设计划，并附概念性规划。

（二）分批审核。根据申报创建特色小镇的具体产业定位，坚持统分结合、分批审核，先分别由省级相关职能部门牵头进行初审，再由省特色小镇规划建设工作联席会议办公室组织联审、报省特色小镇规划建设工作联席会议审定后由省政府分批公布创建名单。对各地申报创建特色小镇不平均分配名额，凡符合特色小镇内涵和质量要求的，纳入省重点培育特色小镇创建名单。

（三）年度考核。对申报审定后纳入创建名单的省重点培育特色小镇，建立年度考核制度，考核合格的兑现扶持政策。考核结果纳入各市、县（市、区）政府和牵头部门目标考核体系，并在省级主流媒体公布。

（四）验收命名。制订《浙江省特色小镇创建导则》。通过 3 年左右创建，对实现规划建设目标、达到特色小镇标准要求的，由省特色小镇规划建设工作联席会议组织验收，通过验收的认定为省级特色小镇。

三、政策措施

（一）土地要素保障。各地要结合土地利用总体规划调整完善工作，将特色小镇建设用地纳入城镇建设用地扩展边界内。特色小镇建设要按照节约集约用地的要求，充分利用低丘缓坡、滩涂资源和存量建设用地。确需新增建设用地的，由各地先行办理农用地转用及供地手续，对如期完成年度规划目标任务的，省里按实际使用指标的 50% 给予配套奖励，其中信息经济、环保、高端装备制造等产业类特色小镇按 60% 给予配套奖励；对 3 年内未达到规划目标任务的，加倍倒扣省奖励的用地指标。

（二）财政支持。特色小镇在创建期间及验收命名后，其规划空间范围内的新增财政收入上交省财政部分，前 3 年全额返还、后 2 年返还一半给当地财政。

各地和省级有关部门要积极研究制订具体政策措施，整合优化政策资源，给予特色小镇规划建设强有力的政策支持。

四、组织领导

（一）建立协调机制。加强对特色小镇规划建设工作的组织领导和统筹协调，建立省特色小镇规划建设工作联席会议制度，常务副省长担任召集人，省政府秘书长担任副召集人，省委宣传部、省发改委、省经信委、省科技厅、省财政厅、省国土资源厅、省建设厅、省商务厅、省文化厅、省统计局、省旅游局、省政府研究室、省金融办等单位负责人为成员。联席会议办公室设在省发改委，承担联席会议日常工作。

（二）推进责任落实。各县（市、区）是特色小镇培育创建的责任主体，要建立实施推进工作机制，搞好规划建设，加强组织协调，确保各项工作按照时间节点和计划要求规范有序推进，不断取得实效。

（三）加强动态监测。各地要按季度向省特色小镇规划建设工作联席会议办公室报送纳入省重点培育名单的特色小镇创建工作进展和形象进度情况，省里在一定范围内进行通报。

浙江省人民政府办公厅关于高质量加快推进特色小镇建设的通知

浙政办发〔2016〕30号

为进一步贯彻落实习近平总书记等中央领导同志对我省特色小镇建设的重要批示精神，高质量加快推进我省特色小镇规划建设，经省政府同意，现将有关事项通知如下：

一、强化政策措施落实。严格贯彻执行《浙江省人民政府关于加快特色小镇规划建设的指导意见》（浙政发〔2015〕8号）明确的有关政策措施。各市和省特色小镇规划建设工作联席会议成员单位应进一步制订完善具体的支持政策。适时对政策有关落实情况开展专项检查，确保有关政策措施落实到位。

二、发挥典型示范作用。进一步加大工作推进力度，着力推动建设一批产业高端、特色鲜明、机制创新、具有典型示范意义的高质量特色小镇，力争每个市都有示范性小镇、每个重点行业都有标杆性小镇。对在全省具有示范性的特色小镇，省给予一定的用地指标奖励，省产业基金及区域基金要积极与相关市县合作设立专项子基金给予支持。

三、引导高端要素集聚。充分整合利用已有资源，积极运用各类平台，加快推动人才、资金、技术向特色小镇集聚。省级有关行业主管部门应充分利用行业优势，积极推荐行业领军人物参与特色小镇建设，推动最新技术在特色小镇推广应用。鼓励指导有条件的特色小镇召开区域性、全国性乃至全球性的行业大会。加强招商引资，依托浙洽会、浙商大会等平台，开展特色小镇推介活动，吸引骨干企业、优质项目落户特色小镇。

四、开展“比学赶超”活动。建立健全特色小镇创建对象长效交流机制，分行业、分区域、分主题组织开展“比学赶超”现场推进会。围绕特色小镇的建设速度、产业高度、创新力度和特色亮度，加强各地、各特色小镇之间的交流、互鉴，营造互比互学、你追我赶的良好氛围。

五、加强统计监测分析。省统计主管部门要完善特色小镇统计监测制度，加强指导和培训，会同有关部门开展统计监测工作检查和数据质量核查。各县（市、区）政府要建立健全特色小镇统计工作机制，明确部门职责分工，夯实特色小镇统计基础，确保统计数据质量。建立特色小镇统计监测数据共享机制。

六、完善动态调整机制。坚持宽进严定的创建制，高质量推进特色小镇规划建设。严格执行年度考核和验收命名制度，对不符合“三生融合”（生产、生态、生活）、“四位一体”（产业、文化、旅游和一定社区功能）等内涵特征、有效投资带动作用弱、新开工建设项目少、新增税收等预期成效差的特色小镇创建单位予以调整，对原奖励或预支的新增建设用地计划指标予以扣回。

七、做好舆论宣传引导。积极发挥省内主流媒体阵地作用，加强与中央媒体的对接联络，创造条件开展灵活多样、经常性的宣传报道，全面展现特色小镇工作亮点。要认真总结特色小镇建设的创新实践，挖掘好亮点，提供好素材，并以此为契机查找特色小镇规划建设中的短板，制订改进举措，尽快补齐补好短板，增创新优势。

浙江省科学技术厅关于发挥科技创新作用推进浙江特色小镇建设的意见

浙科发高〔2016〕90号

为了充分发挥科技创新支撑和引领作用，更好的服务和助力特色小镇建设，根据《浙江省人民政府关于加快特色小镇规划建设的指导意见》，特制定本意见。

一、充分认识特色小镇对转型升级的重要作用

规划建设一批特色小镇是浙江践行创新、协调、绿色、开放、共享发展理念的重要功能平台，是加强供给侧改革、持续增强增长动力的重要举措，是加快推动经济转型升级、统筹城乡发展的一项重大决策。各级科技部门要充分认识特色小镇建设在创新改革发展中的重要性，充分发挥科技支撑和引领作用，积极参与和助力特色小镇建设，集聚创新人才，转化科技成果，打造创业平台，营造创业生态，把特色小镇打造成为创新创业、培育发展新兴产业的重要载体，成为创新驱动发展、引领浙江经济转型升级的重要基地。

二、结合特色小镇建设规划布局建设众创空间或星创天地

市县科技部门要加强与特色小镇建设单位的沟通和联系，立足特色小镇主导产业发展技术需求，主动谋划并建设众创空间（星创天地），通过提供工作和社交空间，搭建创新资源共享平台，形成良好的创新创业生态，吸引科技人员入驻特色小镇创新创业，将特色小镇打造成科技人员创新创业的重要基地。鼓励支持有条件的市县打造以创新创业为主题的特色小镇，对布局特色小镇建设的众创空间（星创天地），符合条件的优先认定为省级众创空间（星创天地）并报国家众创空间备案，纳入国家科技企业孵化器体系管理。

三、支持特色小镇建设科技企业孵化器

根据特色小镇主导产业定位，支持有条件的特色小镇规划建设专业科技企业孵化器。已建有科技企业孵化器并有条件整体搬迁入驻特色小镇的，支持整体迁入特色小镇，根据有关规定，给予相应的政策补偿。鼓励国家和省级科技企业孵化器结合特色小镇的产业定位和技术需求，在特色小镇设立分孵化器，充分发挥和利用已有的资源和管理经验为特色小镇创新创业提供支撑和服务。

四、在特色小镇布局建设技术市场

市县科技部门要结合特色小镇建设的产业定位，谋划建设专业网上技术市场或分市场，充分利用浙江网上技术市场，实现网上信息发布、成果展示、对接洽谈、签约交易等功能，形成技术转移、科技成果转化产业化的创新服务链，打通特色小镇科技与经济结合的通道，加强有效科技成果供给。鼓励有条件的特色小镇规划建设实体技术市场。

五、围绕特色小镇主导产业布局建设企业研发机构和公共科技创新服务平台

根据特色小镇主导产业创新研发、创意设计等需求，支持地方高新技术龙头企业牵头或若干家企业联合在特色小镇建设企业研发机构或公共科技创新服务平台。符合省重点企业研究院创建要求的，优先纳入省重点企业研究院建设计划，并给予省重点企业研究院建设相应政策的支持。

六、把特色小镇作为集聚科技创新创业人才重要载体

要充分发挥特色小镇产业定位明确、自然生态优美、人文气息浓郁、配套设施齐全的优势，以重大人才工程、重大人才平台为抓手，围绕重点产业、重点领域、重点项目，大力引进培育一批高水平的创新创业人才和团队。要顺应创业主体从“小众”、精英走向大众的态势，打造为大众创业万众创新提供新型的众创空间、创业基地等承载并集聚科技创业人员的载体，吸引科技人员赴特色小镇创新创业，发展新业态、新模式和新产业。鼓励并支持领军人才和创新团队到特色小镇创业，符合省领军型创新创业团队条件的，优先认定为省领军型创新创业团队给予支持。

七、谋划设计并启动实施一批特色小镇科技项目

市县科技部门要结合特色小镇主导产业技术需求和建设规划，在产业技术创新、科技与文化融合、智慧旅游、产品创意设计和创意生态农业等方面主动谋划设计并启动实施一批科技项目，符合省级科技计划项目要求的，优先给予立项支持。要结合特色小镇生产、生态、生活相互融合，旅游、文化、产业三位一体的发展要求，深化产学研合作，积极推广应用“互联网 +”、大数据应用、智慧制造、机器换人、农业农村信息化等先进技术和产品，构建适合新业态发展的运行环境，探索和创新一批适应市场机制的新模式，推进互联网技术与小镇主导产业的深度融合。

八、要为特色小镇开放共享创新资源

要积极引导和支持高等学校、科研院所加强与特色小镇的科技合作。公共财政支持的国家和省级重点实验室、工程技术研究中心要向特色小镇开放共享科研仪器设备等科技资源，充分发挥自身的专业特长，为特色小镇提供技术咨询、检验检测、合作研发、创意设计、知识产权等服务，全力支持特色小镇建设。发挥“创新券”作用，支持特色小镇的科技型企业充分利用创新载体的科技资源，降低企业和创业者的研发成本。

九、对接特色小镇做好科技精准服务

已规划启动建设特色小镇的市县科技部门要尽快建立科技部门重点联系制度，主要负责人为服务特色小镇建设的联系人，牵头做好调研，协调并解决科技方面存在的问题，全力支持特色小镇建设工作。要将特色小镇建设作为重点服务对象，当好科技“店小二”，做到“精准对接、精准服务”。加强与特色小镇建设单位的合作，整合现有科技资源倾斜支持特色小镇建设。要做好入驻特色小镇科技型企业的培育和发展，落实好企业研发费加计扣除等政策，符合科技型中小企业条件的认定为省级科技型中小企业，符合国家高新技术企业的辅导做好高新技术企业申报工作。充分发挥科技特派员的专业特长，围绕地方特色小镇建设技术需求，主动做好对接和服务。要主动跟踪并加强对特色小镇建设发展的调研，征集技术难题、项目合作和人才引进等需求，解决特色小镇和企业发展的困难和问题。

本意见自 2016 年 6 月 8 日起正式施行。

二、贵州省相关政策

贵州省人民政府、办公厅等对于加强特色小镇建设下发了相关通知和实施意见，现节选如下：

省人民政府办公厅
关于印发贵州省100个示范小城镇建设2013年工作方案的通知

黔府办发〔2013〕10号

2012年9月，省委、省政府下发《关于加快推进小城镇建设的意见》（黔党发〔2012〕25号），要求把小城镇培育成为县域经济发展的新载体，重点扶持100个示范小城镇，以点带面加快推进全省小城镇建设，到2015年，建成100个交通枢纽型、旅游景观型、绿色产业型、工矿园区型、商贸集散型、移民安置型等各具特色的示范小城镇。通过示范小城镇的带动作用，到2017年，每个县（市、区、特区）建成3至5个特色小城镇，全省新增小城镇人口120万人左右，带动全省城镇化水平提升3个百分点左右。30个省级示范小城镇到2017年率先实现小康目标。省委十一届二次全会提出推进"5个100工程"重点平台建设，其中包括100个示范小城镇建设。为做好2013年度100个示范小城镇建设工作，特制定本工作方案。

一、工作要求

进一步完善总体规划和专项规划，合理确定建设规模和发展定位。加快建设一批基础设施项目、产业项目和民生项目，提升小城镇综合承载能力。注重特色发展，彰显自然景观、建筑风格、民族风情和文化品位特色，建设"小而精、小而美、小而富、小而特"城镇。坚持多元投入，整合各类资金，统筹推进小城镇机构改革、户籍制度改革和公共服务体系建设。落实省直部门工作责任，推动30个省级示范小城镇率先出形象、出效益。

二、工作目标

——规划工作目标。提升优化100个示范小城镇总体规划，完成100个示范小城镇详细规划，合理确定建设内容和建设规模，统筹安排基础设施建设项目、产业项目和民生项目。

———建设工作目标。重点完善示范小城镇基础设施和公共服务设施，建立健全项目库。实施 70 个市（州）级示范小城镇“8 个 1”工程：每个示范小城镇建设或完善 1 个路网、1 个标准卫生院、1 个社区服务中心、1 个农贸市场、1 个市民广场或公园、启动 1 个污水处理设施或垃圾处理设施项目、建设 1 个敬老院、建设 1 项城镇保障性安居工程。实施 30 个省级示范小城镇“8+3”工程，即在“8 个 1”的基础上，力争建设 1 个体育场、1 个产业园区、1 个有机农产品生产基地。鼓励和引导有条件的示范小城镇建设城镇综合体。

———特色发展目标。按照“四小”的要求，打造“小而精、小而美、小而富、小而特”示范小城镇。30 个省级示范小城镇编制“四小”发展规划，70 个市（州）级示范小城镇根据自身发展情况适时编制。结合“六型”示范小城镇特点，打造宜工则工、宜农则农、宜商则商、宜贸则贸、宜游则游的小城镇。

———经济社会发展目标。社会生产总值比上年增加 19% 以上，固定资产投资比上年增加 35% 以上，财政收入比上年增加 20% 以上，城镇居民人均可支配收入比上年增加 19% 以上，农村居民人均可支配收入比上年增加 21% 以上；100 个示范小城镇新增城镇人口 2 万至 3 万人。100 个示范小城镇完成政府投资 13 亿元以上，拉动社会投资 130 亿元；100 个示范小城镇培育 100 个主导产业，创办 300 个小微型企业，建设 100 个无公害、绿色、有机农产品生产基地。建立健全 100 个村镇规划建设管理机构。

———绿色生态目标。30 个省级示范小城镇按国家绿色低碳重点小城镇标准进行创建，70 个市（州）级示范小城镇按省级绿色小城镇要求进行创建。力争茅台镇、旧州镇列入国家绿色低碳重点小城镇名录，培育 6 个省级绿色小城镇。

三、工作原则

（一）规划先行，特色发展。以规划为龙头，结合交通区位、自然资源、产业构成、历史文化、民族风情等实际，实行分类指导和建设，着力提升示范小城镇特色和品位。

（二）项目推进，有序发展。以项目为抓手，强化基础设施项目、产业项目、民生项目建设，提高城镇综合承载力，引导和推动农村更多人口向示范小城镇有序转移。

（三）多元投入，统筹发展。以政府投入为引导，强化招商引资，吸纳金融支持，通过多元化筹资，积极支持和推动示范小城镇协调发展。

四、重点任务

2013 年，按照“四定三集中”的原则，确保完成重点任务。即：定路线图：优化规划，完善设施，培育产业，强化管理；定工作量：完成政府投资 13 亿元，拉动投资 130 亿元；定时间表：第一季度重点完成规划优化，第二季度重点抓重大项目确立和落实，第三季度重点抓全面实施，第四季度重点抓督查考核；定责任人：省级联席会议决策部署，省有关部门对应落实，帮扶单位承担“包干责任”“一包到底”，市（州）政府推进落实，县（市、区、特区）政府组织实施，县（市、区、特区）、镇（乡）政府承担第一责任。集中人力：建立联席会议、部门对口帮扶、吸纳专家智慧、依托基层力量；集中物力：争取中央项目支持、省级和联席会议成员单位项目倾斜、县（市、区、特区）政府整合项目统筹安排；集中财力：政府加大投入、帮扶单位专项资金帮扶、整合资金捆绑使用、金融优先支持、推进招商引资。

（一）完善小城镇建设技术标准和有关制度。出台《贵州省小城镇总体规划编制技术导则》《贵州省乡镇污水处理设施建设技术指南》；编制《贵州省小城镇建设指导图册》《贵州省 100 个示范小城镇建设监测指标体系》《贵州省 100 个示范小城镇分布图》；制定《贵州省小城镇建设资金管理办法》；建立贵州省 100 个示范小城镇基本情况信息库。

责任单位：各县（市、区、特区）政府和镇（乡）政府，各市（州）政府，示范小城镇帮扶单位，省住房城乡建设厅。

（二）建立示范小城镇工作台账。规范“一镇一档”制度，建立示范小城镇规划建设现状和经济社会发展工作台账，动态收集完善相关文本、图片、指标等资料，在 100 个示范小城镇率先推行信息化管理，健全基础数据信息库，逐步在全省推开。

责任单位：各县（市、区、特区）政府和镇（乡）政府，各市（州）政府，示范小城镇帮扶单位，省住房城乡建设厅。

（三）提升优化 100 个示范小城镇规划。结合示范小城镇自身发展实际，按照“小而精、小而美、小而富、小而特”的要求和“六型”小城镇的特点，提升优化总体规划，3 月底前组织对总体规划（含“四小”专章）进行审查，4 月底前完成镇区重点地段、主要路网（街道）、居住小区、工业园区及中心镇区详细规划，合理确定建设规模和发展定位，统筹安排基础设施、公共服务设施，明确人口聚集措施和人口预测指标。

责任单位：各县（市、区、特区）政府和镇（乡）政府，各市（州）政府，示范小城镇帮扶单位，省住房城乡建设厅。

（四）加快项目建设进度。

一是加快建设一批基础设施项目。完善小城镇对外交通路网体系，新建、改建、扩建城镇道路，对镇区主次干道进行升级改造。建设和完善小城镇供水管网系统，新建、改建、扩建供水设施，提高供水能力，确保供水安全。建设和完善小城镇雨污分流系统，确保排水畅通；因地制宜建设污水处理设施，实现污水基本达标排放；完善垃圾清运系统，逐步提高垃圾机械化清运率，因地制宜建设垃圾无害化处理设施。电力、通讯、广播电视等线路架设规范有序。

责任单位：各县（市、区、特区）政府和镇（乡）政府，各市（州）政府，示范小城镇帮扶单位，省发展改革委、省经济和信息化委、省财政厅、省国土资源厅、省环境保护厅、省住房城乡建设厅、省交通运输厅、省水利厅、省广电局、贵州电网公司。

二是加快建设一批产业项目。根据资源、地缘和产业基础，打造优势产业，大力发展适合小城镇的资源型、劳动密集型等有传统优势的项目。引导企业向园区集中，培育主导产业，延长产业链，引导制造产业和生产性服务业聚集、配套。支持示范小城镇发展农业特色优势产业，注重主导产业带动，支持示范小城镇农业产业化龙头企业申报建设特色优势产业类农业项目，结合农业示范园区建设，加快建设无公害、绿色、有机农产品生产基地。加快推进新农村现代流通服务体系建设。扶持、引进和培育流通企业，设置农村配送中心。

责任单位：各县（市、区、特区）政府和镇（乡）政府，各市（州）政府，示范小城镇帮扶单位，省发展改革委、省经济和信息化委、省财政厅、省农委、省商务厅、省工商局、省扶贫办。

三是建设一批民生项目。用足用活保障性住房政策，加大乡镇廉租住房、公共租赁住房、经济适用住房、棚户区改造等保障性住房项目建设力度。加快卫生院、计生服务站、社区综合服务站、敬老院等公共服务设施建设。加快镇区多功能文化娱乐活动中心（站、馆）、健身场馆、科技活动室、图书馆等文化体育科技设施建设，完善小城镇功能。

责任单位：各县（市、区、特区）政府和镇（乡）政府，各市（州）政府，示范小城镇帮扶单位，省科技厅、省民政厅、省文化厅、省卫生厅、省人口计生委、省体育局。

（五）注重特色发展。按照“小而精、小而美、小而富、小而特”的要求，结合“六型”小城镇特点，走贵州山区小城镇特色发展之路。结合交通区位、自然资源、历史文化、民族风情等方面的实际，突出贵州特色，着力提升小城镇建设品位。从山区城镇的特殊性和山地特有的自然条件入手，利用我省生态优势，创造人与自然和谐相处的美好环境；对核心街区、重点建筑物，要按照传承和发展地方文化和建筑特色的要求，精心规划、精心设计、精心施工，突出个性，防止千镇一面、万街雷同；要充分挖掘和保护民族传统、民间艺术、民俗文化，塑造小城镇魅力。因地制宜发展“精致小镇、美丽小镇、富裕小镇、特色小镇”。

责任单位：各县（市、区、特区）政府和镇（乡）政府，各市（州）政府，示范小城镇帮扶单位，省发展改革委、省民委、省财政厅、省住房城乡建设厅、省文化厅。茅台镇作为全省小城镇的龙头，在区位、产业、人文、生态环境等方面具有打造成为示范名镇的明显优势。要围绕省委、省政府将茅台镇打造成为“贵州第一、全国一流、世界知名”示范名镇的决策部署和目标要求，依托优势，主动作为，高起点、大手笔优化提升修建性详规，积极实施产业壮大、环境整治、交通疏解、旅游开发工程，集中人力、物力、财力加快茅台镇规划建设，打造茅台镇文化旅游综合体，建设宜游、宜业、宜居的示范名镇。

责任单位：遵义市政府、仁怀市政府、茅台镇政府，贵州茅台酒厂（集团）有限公司，省发展改革委、省经济和信息化委、省财政厅、省环境保护厅、省住房城乡建设厅、省交通运输厅、省水利厅、省旅游局。

（六）多渠道筹集建设资金。按照“政、银、企、社”多元投入、多方合作的融资模式，“用好”本地财政资金，“用足”上级扶持资金，“用活”金融机构资金，“用巧”经营城镇资金，“用够”社会民间资金，加快推进小城镇建设发展。

责任单位：各县（市、区、特区）政府和镇（乡）政府，各市（州）政府，示范小城镇帮扶单位，省发展改革委、省财政厅等省有关部门，国家开发银行贵州省分行、省农信社等金融机构。

（七）创新社会管理。创新城镇管理机制，围绕宜居、宜业、宜游和建设新型社区的要求，加强社会管理，提高公共服务，着力建设和谐小城镇。建立健全村镇规划建设管理机构。积极推进教育、文化、卫生、计生、体育等社会事业发展。逐步实现公共服务均等化，农民成为城镇居民后，在就业、医疗、入学等社会保障和公共服务等方面享受当地居民同等待遇，与医保、低保、住房、就学等社会保障有机衔接。切实加强社会治安综合治理，不断丰富居民精神文化生活，促进社会文明程度不断提高。加大户籍制度改革力度，配套相关措施，促进人口聚集。

责任单位：各县（市、区、特区）政府和镇（乡）政府，各市（州）政府，示范小城镇帮扶单位，省教育厅、省公安厅、省人力资源社会保障厅、省住房城乡建设厅、省文化厅、省卫生厅、省人口计生委、省体育局、省文明办。

（八）筹备办好小城镇建设发展大会。做好全省第二届小城镇建设发展大会筹备工作，按照公开、公平、择优的原则，确定大会承办地，指导承办地办好全省小城镇建设发展大会，强力推动全省小城镇建设。省、市（州）两级分别制作示范小城镇建设宣传片，展示建设成效。

责任单位：各市（州）政府，省住房城乡建设厅。

五、保障措施

（一）加强组织领导。建立以省政府分管领导为召集人，省住房城乡建设厅牵头、省有关部门为成员的贵州省 100 个示范小城镇建设工作联席会议制度，负责示范小城镇综合协调、规划编制、城镇建设、产业发展、政策研究、督促检查等工作，协调解决工作中的困难和问题。各级政府要建立相应的工作机制，制定详细的工作推进方案，对小城镇建设工作定期调度，协调解决小城镇建设中遇到的困难和问题，高效、有序推进 100 个示范小城镇建设工作。

（二）明确工作责任。县（市、区、特区）、镇（乡）政府作为第一责任人，要强化自身发展能力，扎扎实实地推进各项工作。市（州）政府作为主要责任人，负责组织实施、推进落实。省有关部门要根据自身职责，出台配套措施，从政策、资金、项目等方面对示范小城镇给予倾斜和支持。强化帮扶单位责任，帮扶单位要结合示范小城镇实际，进一步从城乡规划编制、市政公用基础设施建设、公共服务设施建设、镇容镇貌整治、特色产业发展、社会管理等方面完善帮扶方案，明确帮扶内容，提出帮扶目标，细化帮扶措施，对示范小城镇履行“包干”责任，在规划、建设、管理、发展、生态等各个方面“一包到底”。帮扶单位要以对口帮扶示范小城镇发展为己任，选派得力人员，驻镇开展帮扶工作；各市（州）、县（市、区、特区））要建立相应的对口帮扶机制，落实帮扶任务，建立联系制度，明确责任人、联系人。

（三）整合部门资源。省财政2013年安排3亿元用于30个示范小城镇基础设施项目建设，其中省小城镇建设引导专项资金2亿元，整合资金1亿元（其中整合省住房城乡建设厅建设资金0.5亿元），并视财力逐年增加。各市（州）、县（市、区）也要建立小城镇建设专项资金。县级政府要本着“渠道不乱、投向不变、统筹安排、捆绑使用、各记其功”的原则，加大整合统筹力度。发展改革、财政、住房城乡建设、交通运输、农委、水利等省有关部门申请中央项目和资金以及下达省级补助资金时要向100个示范小城镇倾斜。各级金融机构要在同等条件下优先满足示范小城镇项目建设贷款资金需求，积极鼓励各类社会资金参与示范小城镇项目建设。财政部门要加强对小城镇建设专项引导资金的管理，会同住房城乡建设部门制定小城镇建设专项引导资金管理办法。财政、监察、审计部门建立健全监管制度，确保资金使用规范、安全、有效。

（四）保障土地供应。按照山区城镇化特点和要求，有序推进低丘缓坡土地综合开发利用试点，将未利用地开发为小城镇建设用地。开展城乡建设用地增减挂钩试点，增减挂钩项目区的建新留用区重点布局在小城镇。节余的用地指标主要用于小城镇建设。盘活小城镇存量建设用地，节约集约用地。加大项目投资强度，提高土地利用效率。

（五）加强督促检查。建立100个示范小城镇建设跟踪、监控评估和动态管理制度，实行“月调度、季检查、半年通报、年度考核”。按照100个示范小城镇2013年建设任务表，定期对示范小城镇建设情况进行跟踪评估，每季度向省政府常务会议汇报工作推进情况。对工作推进不力的，予以通报批评、责令限期整改，对整改不力的，按年度对项目资金进行动态调整，并对相关单位负责人、责任人进行约谈。

（六）鼓励扶持典型。出台支持小城镇建设发展大会承办地有关政策，引导各地示范小城镇建设“比学赶超”。探索推进小城镇建设的有效途径，树立一批有特色、有成效、有影响的典型示范小城镇。通过以奖代补方式，对年度考核优秀的示范小城镇予以奖励，并在次年下达资金和项目时予以倾斜。

（七）加强技术指导和人员培训。出台示范小城镇建设文件资料汇编和示范小城镇建设指导图集，组织省有关部门、帮扶单位及各类专业技术人员组成专家咨询小组，对示范小城镇规划、建设、管理、发展、生态等各项内容进行技术指导。依托党校、高校、科研院所等机构，编制小城镇建设管理人员培训教材，每年组织开展全省小城镇尤其是示范小城镇领导干部和管理人员专题培训。

省人民政府关于深入推进新型城镇化建设的实施意见

黔府发〔2016〕14号

为认真贯彻中央城镇化工作会议、中央城市工作会议、国务院深入推进新型城镇化建设电视电话会议精神，深入落实《国务院关于深入推进新型城镇化建设的若干意见》（国发〔2016〕8号），加快推进贵州山地特色新型城镇化示范区建设，促进我省城镇化持续快速健康发展，提出以下实施意见。

一、总体要求

牢固树立创新、协调、绿色、开放、共享五大新发展理念，牢牢守住发展和生态两条底线，深入实施城镇化带动主战略，按照“遵循规律、道法自然，试点示范、创新驱动，补齐短板、重点突破，城乡一体、统筹推进”的原则，坚持以人的城镇化为核心，以提高质量为关键，以城市群和城镇组群为主体形态，以体制机制改革为动力，紧紧围绕“十三五”期末常住人口城镇化率达到50%以上的目标，加快转变城镇化发展方式，城镇建设不“摊大饼”、多“蒸小笼”，促进组团式、紧凑型、集约化发展，走以人为本、因地制宜、四化同步、优化布局、生态文明、文化传承的贵州山地特色新型城镇化道路，充分释放新型城镇化蕴藏的巨大内需潜力，为全省经济社会发展提供强劲动力。

二、积极推进农业转移人口市民化

（一）健全农业转移人口和其他常住人口落户城镇制度。围绕加快提高户籍人口城镇化率，深化户籍制度改革，强化地方政府推动农业转移人口市民化主体责任，促进有能力在城镇稳定就业和生活的农业转移人口举家进城落户，并与城镇居民享有同等权利、履行同等义务。全面放开省域落户限制，贵阳市需加快制定完善非户籍人口落户方案。到2020年，努力促进300万农业转移人口和其他常住人口落户城镇。

（二）推进城镇基本公共服务常住人口全覆盖。推进基础教育服务常住人口全覆盖。统筹人口流入地与流出地学校布局和教师编制，保障农业转移人口随迁子女以流入地公办学校为主接受义务教育。落实随迁子女在流入地参加中考和高考。以公办幼儿园和普惠性民办幼儿园为主接受学前教育，实施义务教育“两免一补”和生均公用经费基准定额资金随学生流动可携带政策，为家庭困难学生提供生活补助并享受国家助学金。建立完善优质教育资源共享挂钩机制。推进职业技术教育培训服务全覆盖。对有就业愿望和培训需求的农业转移人口，大力开展就业技能培训和创业培训，并按规定落实职业培训补贴和技能鉴定补贴。为有劳动能力和就业要求的农业转移人口提供就业创业服务，促进就业创业。对符合条件的农业转移人口给予创业担保贷款及贴息，免费享有劳动人事争议调解和仲裁服务，符合条件人员享受职业技能鉴定补贴。推进城镇住房保障常住人口全覆盖，鼓励各地采取多种方式将农业转移人口纳入城镇住房保障体系。推进基础医疗服务常住人口全覆盖。加快推进整合城乡居民基本医疗保险制度，完善基本医疗保险异地就医医疗费用结算平台，做好城乡居民养老保险、医疗保险关系转移接续工作，实现社会保障应保尽保。

（三）加快建立吸引农业转移人口落户城镇激励机制。切实维护农业转移人口在农村的既有合法权益。健全财政转移支付同农业转移人口市民化挂钩机制，建立城镇建设用地增加规模同吸纳农业转移人口落户数量挂钩机制，建立基建投资安排与城市吸纳农业转移人口落户数量挂钩机制。省发展改革、财政、国土资源部门出台我省相关配套政策，增强农业转移人口落户城镇吸引力。贯彻落实《居住证暂行条例》，深入实施《贵州省流动人口服务管理条例》，保障居住证持有人在居住地享有义务教育、公共就业服务、公共卫生服务等基本公共服务。

三、全面提升城市功能

（四）加快城镇棚户区、城中村和危旧房改造。加快推进集中成片棚户区（危旧房）改造，稳步实施城中村、城边村、城郊村棚户区改造，以完善配套基础设施、环境综合整治、房屋维修加固和建筑节能改造为重点，注重现有山水格局和历史文化街区、建筑及重点文物的保护，体现地域特征、民族特色和时代风貌，提升人居环境品质。落实土地、财政、税收和金融政策，打好棚户区改造三年攻坚战，持续推进城镇棚户区、城中村和危旧房改造，“十三五”期间完成 130 万户约 400 万人改造任务。将棚户区改造政策支持范围扩大到镇，落实好政府购买棚户区改造服务，积极争取国家开发银行、中国农业发展银行等金融机构增加对我省棚户区改造项目贷款规模。加强棚户区改造工程质量监督，严格执行国家建设标准和技术规范，严格实施质量责任终身追究制度及责任倒查机制。

（五）加快城市综合交通网络建设。优化街区路网结构，建立级配合理的路网系统。畅通进出城通道，加快综合交通枢纽、停车场（库）等设施建设，促进不同运输方式和城乡交通之间的顺畅衔接、便捷换乘。实施公交优先战略，进一步优化城区公共汽车站点布局，扩大城市公共交通覆盖范围，提高公共交通机动化出行分担率。加强自行车车道、人行道等慢行系统及非机动车停车设施、无障碍设施建设。加快贵阳市、遵义市、六盘水市城市轨道交通系统建设，其他有条件的城市加快城市轨道交通项目前期研究，适时启动建设。推进充电站、充电桩等新能源汽车充电设施建设，将其纳入城市旧城改造和城市新区建设规划同步实施。

（六）实施城市地下管网改造工程。加快推进六盘水市国家地下综合管廊试点建设，统筹城市地上地下设施规划建设，合理布局电力、通信、广电、给排水、燃气等地下管网，加快实施既有路面城市电网、通信网络架空线入地工程。推动城市新区、各类园区、成片开发区新建道路同步建设地下综合管廊，老城区要结合旧城更新、棚户区改造、河道治理、道路整治等逐步推进地下综合管廊建设，鼓励社会资本投资运营地下综合管廊。加快城市易涝点改造，推进雨污分流管网改造与排水及防洪排涝设施建设。加强城市供水管网改造，进一步降低供水管网漏损率。

（七）推进海绵城市建设。加快推进贵安新区国家海绵城市试点建设。在城市新区、各类园区、成片开发区全面推进海绵城市建设，积极应用海绵城市建设技术，建设城市人工湿地、下凹式绿地、植草场、可渗透路面、透水性广场等可透水项目，实现城市建设低影响开发，推广透水建材铺装，提高城市蓄水、滞水和渗水能力。在城市老城区结合棚户区改造、老楼危楼安全隐患排查整治和老旧小区有机更新，加大城市河道整治力度，鼓励打开城区被封闭和加盖的河段，妥善解决城市防洪安全、雨水收集利用、黑臭水体治理等问题。加强自然水系保护与生态修复，提高水源涵养能力，重点保护重要江河水功能区和城市饮用水源。

（八）推动新型城市建设。把以人为本、尊重自然、传承历史、绿色低碳、安全发展等理念融入城市规划全过程，增强城市规划的科学性和权威性，促进“多规合一”。开展城市开发边界划定工作，推动城市总体规划与土地利用总体规划“两图合一”。加快推进城市设计，加强城市设计工作指导，抓紧制定适应贵州实际的城市设计技术导则和管理办法。统筹山水林田湖等要素，打造山水相依、山水环抱的山水城市。全面实施大数据战略行动，加快推进智慧城市试点建设。实施建筑效能提升工程和绿色建筑发展提速工程，开展绿色生态城区示范创建。积极推广应用绿色新型建材、装配式建筑和钢结构、现代木结构建筑。加强垃圾处理设施建设,进一步推进城镇生活垃圾多元化综合处理,基本建立建筑垃圾、餐厨废弃物、园林废弃物等回收和再生利用体系,建设循环型城市。大力实施大气污染防治计划,加大工业废气治理力度,削减大气污染物排放总量,稳步提高空气质量优良天数比例。推进城市规划水资源论证,落实最严格水资源管理制度,推广节水新技术和新工艺,积极推进中水回用,开展节水型城市建设试点,积极创建节水型城市。划定永久基本农田、生态保护红线,实施城市生态廊道建设和生态系统修复工程,建设生态型城市。推动符合条件的开发区向城市综合功能区转型,引导工业集聚区规范发展,促进城市新区、各类产业园区健康发展,实现产城融合。支持有条件的地区申报世界自然遗产和有条件的城市申报国家历史文化名城。提炼应用地方文化元素符号,实施"城市脸谱"计划,提高城市可识别性。

(九)提升城市公共服务水平。加大财政对接收农民工随迁子女较多的城市中小学校、幼儿园建设的投入力度,吸引企业和社会力量投资建学办学,增加中小学校和幼儿园学位供给。加强医疗卫生机构、文化设施、体育健身场所设施、公园绿地等公共服务设施规划建设,提高城市公共服务配套水平。统筹新老城区公共服务资源均衡配置,促进基本公共服务均等化发展。优化社区生活设施布局,完善社区服务综合信息平台,打造包括物流配送、便民超市、银行网点、零售药店、家庭服务中心等在内的便捷生活服务圈。建设以居家为基础、社区为依托、机构为补充的多层次养老服务体系,推动生活照料、康复护理、精神慰藉、紧急援助等服务全覆盖。加快推进住宅、公共建筑、公共场所等适老化改造。坚持"安全第一、保证质量"原则,严格执行国家建设标准和技术规范,加强城镇公用设施规划选址、建设、使用全过程安全管理。健全城市抗震、防洪、排涝、消防、应对地质灾害应急指挥体系,完善城市生命通道系统,加强城市防灾避难场所建设,增强抵御自然灾害、处置突发事件和危机管理能力,加强城市防灾减灾设施的使用管理,提高设施使用效率。

四、加快促进大中小城市和小城镇协调发展

(十)着力构建新型城镇化空间骨架。全面实施《贵州省城镇体系规划(2015—2030年)》,以构建"一核、一群、两圈、六组、多点"省域城镇体系为导向,突出贵阳中心城区、贵安新区同城发展的主核,积极发展贵阳－安顺都市圈和遵义都市圈,培育发展黔中城市群。加快建设六盘水市、安顺市、毕节市、铜仁市、黔东南州、黔南州、黔西南州等市/州政府所在地城市，提高城市建设品质。着力发展一批节点城市、县城和重点景区，提高县域经济支撑作用。整体推进小城镇扩容提质发展，夯实城镇化发展基础。分类推进美丽乡村建设，提高城乡统筹发展能力。到2020年，基本形成个（黔中城市群）、十（9个市/州所在地城市和贵安新区）、百（100个县城及重点景区）、千（1000个小城镇）、万（10 000个风貌村庄）的城镇化空间格局，黔中城市群城镇人口发展到1100万左右，对全省新型城镇化发展的龙头带动作用进一步凸显。

（十一）着力培育发展黔中城市群。推动贵阳市中心城区与贵安新区、安顺市中心城区同城化发展，引导贵阳市与龙里、惠水等周边县（市）一体化发展，做实贵阳－安顺都市圈，做强贵阳发展主核。推动遵义市中心城区与绥阳、桐梓、湄潭、仁怀等周边县（市）一体化发展，做实遵义都市圈，做大遵义中心城市。促进都匀－凯里一体化发展，推动城镇组群发展、组团式布局，拓展城市发展空间。统筹城市群交通基础设施布局，建设一体化基础设施，拓展和增加主要城市之间、主要城市与周边城镇的快速通道，整合建设城市、产业园区、重点旅游景区基础设施，构建贵阳1小时通勤圈和遵义1小时通勤圈。加快建设城际轨道、快速干道及铁路站场、公路客运与货运场站，实现城际路网无缝对接。统筹推进重大能源基础设施和能源市场一体化建设，共建安全可靠的供水和供电系统。加快城市群重点工业区和开发区建设，优化重大产业布局，形成层次清晰、协调互补的产业发展体系。统筹建设高速联通、服务便捷的信息网络，推进城市群信息港建设，支持开展“宽带中国”示范城市（城市群）创建。探索建立城市群医疗、教育资源交流机制和互派干部挂职交流机制。全面建设无障碍旅游区，加快全域旅游发展。建立健全黔中城市群建设推进联席会议制度，成立城市群交通体系、产业协同、公共服务设施、环境共治等专业建设委员会，常态化、项目化推进城市群建设发展。

（十二）推进城镇组群和特色城镇带建设。以道路系统对接、产业发展协同、设施共建共享、旅游同线同网等为重点，推进六盘水市、毕节市、铜仁市、黔东南州、黔南州、黔西南州等市（州）政府所在地城市与周边城镇一体化发展，打造省域六个城镇组群，扩大区域性中心城市容量。依托高速公路、高速铁路、国省干道等交通走廊，培育盘县－普安－晴降、德江－印江－思南－沿河、榕江－黎平－锦屏－从江等特色城镇带。加快推进城镇组群及城镇带交通网络体系与省域交通枢纽站点、高速路网无缝衔接。优化城镇组群、城镇带布局规划，完善功能组合与交通组织，强化城乡景观建设，塑造城市特色风貌。

（十三）培育发展一批中小城市。支持兴仁、盘县、黔西、德江、桐梓、瓮安、湄潭、思南等经济社会发展较好、城镇化水平较高的县推进撤县设市、撤县设区工作。着力培育一批基础设施较好、发展潜力较大的县，积极推进撤县设市、撤县设区申报工作。以下放事权、扩大财权、改革人事权及强化用地指标保障等为重点，深入开展赋予乡（镇）部分县级经济社会管理权限的行政管理体制改革试点，选择一批重点镇按照中小城市市政设施标准建设，加快培育发展中小城市，补足我省城市数量偏少的短板。

（十四）培育提升县城和重点镇基础设施水平。抓住国家加大对中西部地区发展潜力大、吸纳人口多的县城和重点镇支持力度的契机，加强县城和重点镇公共供水、市政道路、燃气、信息网络等市政基础设施和教育、医疗、文化、体育等公共服务设施建设。结合国省干线改造工程，加快县城—县城、县城—重点镇、重点镇—重点镇之间联络线建设。提高城镇供水能力，县城供水设施要向周边乡镇和有条件的农村延伸。统筹推进县域城镇污水垃圾处理设施建设和运行管理，加快县域垃圾收运系统建设，鼓励运用垃圾焚烧发电及其他工业生产协同处理方式综合处置生活垃圾及污泥。

（十五）加快特色小城镇建设。充分发挥市场主体作用，推动小城镇发展与疏解大城市中心城区功能相结合、与特色产业发展相结合、与服务“三农”相结合，继续加快全省100个示范小城镇建设，促进示范小城镇提档升级。推广应用示范小城镇建设经验，带动全省1000个左右特色小城镇共同发展，加快发展一批产业定位清晰、文化内涵丰富、功能配套完善的特色小镇，建成一批文化古镇、创客小镇、养生小镇、特色产业小镇等，配套旅游服务功能，提高小城镇综合承载力，增强吸引力，促进就地就近城镇化发展。支持有条件的小城镇创建以“生态、怀旧、文化旅游”为特征的“国际慢城”。

五、辐射带动新农村建设

（十六）以镇村联动模式推动基础设施和公共服务向农村延伸。科学编制县域乡村居民点规划，优化村庄居民点布局，提高村庄建设水平。推广1个小城镇带动周边N个村庄的“1+N”镇村联动发展模式，在基础设施、公共服务、产业协同、绿色廊道等方面实现统筹发展。整合“四在农家·美丽乡村”基础设施建设六项行动计划，以农村生活垃圾治理、生活污水治理、村庄绿化提升、乡村道路畅通、安全用水、安全用电及光明工程、农房改造、风貌提升、传统村落保护发展等工程为重点，全面实施农村人居环境综合整治。加快实施农村公路建设三年会战和农村电网改造升级工程，加快农村生活污水治理、防灾减灾服务体系建设，打通农村基础设施“最后一千米”。加快建立和完善县、乡、村三级学校教育网络，加强农村基本医疗设施、公共卫生服务能力和乡村医生队伍建设，加强农村社会救助工作，建立健全农村留守儿童和妇女、老人关爱体系，促进公共服务均等化。

（十七）带动农村产业融合发展。优化农业产业结构，大力发展现代山地特色高效农业，提高优质农产品供给能力。深入推进现代高效农业园区建设。围绕发展山地农业规划布局一批农业工程技术研究中心，推进高等院校、科研院所与现代高效农业园区及产业基地共建产业技术创新战略联盟、农科基地和协同创新中心。围绕农业特色优势资源，大力发展农产品加工、贮藏、保鲜、分级、包装、运销等业务，提高农产品加工转化率和附加值，加快发展大宗农产品生产加工，建设农产品加工技术集成基地。规划建设一批农产品产地交易市场、专业批发市场、区域性综合性商贸冷链物流基地，依托城镇建设一批集贸市场和零售商业网点，培育发展市场集群，繁荣农村商业。加快农村邮政快递综合服务平台建设，强化快递物流体系建设，构建“快递 + 农产品”运销体系。依托农村绿水青山、田园风光、乡土文化等资源，建设一批休闲农业和乡村旅游村寨。加快培育农民专业合作社、家庭农场、专业大户、农业产业化龙头企业等新型农业经营主体，积极发展多种形式农业适度规模经营。

（十八）带动农村信息化建设。深入推进国家农村信息化示范省建设。开展“互联网 + 现代农业”行动，推动农业全产业链改造升级。实施宽带乡村工程，加快有线广播电视网络双向化改造，开展下一代广播电视网络建设，2016 年实现村村通广电，2017 年基本建成全光网省，2020 年实现行政村村村通光纤、户户能上网、基本建成现代邮政。大力培育农村电子商务市场主体，搭建发展平台，构建服务体系，完善基础支撑，推广农产品电子商务营销，推动黔货出山、网货下乡，提升“三农”信息化水平。

（十九）推进易地扶贫搬迁与新型城镇化结合。深入实施大扶贫战略行动，全力推进“33668”扶贫攻坚行动计划，落实发展生产脱贫一批、易地搬迁脱贫一批、生态补偿脱贫一批、发展教育脱贫一批、社会保障兜底一批等“五个一批”精准扶贫要求。统筹易地扶贫搬迁工程与农村危房改造、城镇保障性住房项目建设，对生活在“一方水土养不起一方人”地区、无业可扶无力脱贫的贫困群众实施搬迁，根据资源环境承载力，以县城、小城镇、旅游服务区、中心村、有就业岗位的产业园区为主进行安置。进一步完善移民安置点基础设施和公共服务设施建设，强化社会保障，开展订单式培训，促进劳务输出和就地就近就业相结合，解决好移民长远生计问题。

六、完善土地利用机制

（二十）规范推进城乡建设用地增减挂钩。总结瓮安等地经验模式，全面实施城镇建设用地增加与农村建设用地减少相挂钩政策，推动增减挂钩节余指标在省域内流转。鼓励农村宅基地复垦复耕，强化规范管理、规范操作、规范运行，扩大城乡建设用地增减挂钩规模和范围，统筹土地增减挂钩政策支持易地扶贫搬迁项目建设。探索建立增减挂钩节余指标省级流转平台，增减挂钩节余指标优先用于新型城镇化项目建设。

（二十一）建立城镇低效用地再开发激励机制。鼓励存量土地使用权人在不违反法律法规、符合相关规划前提下，按照有关规定经批准后对土地进行再开发。完善城镇存量土地再开发过程中的供应方式，鼓励原国有土地使用权人自行改造，涉及原划拨土地使用权转让需补办出让手续的，经依法批准，可采取规定方式办理并按市场价缴纳土地出让价款。建立国家、改造者、土地权利人三者在“三旧”（旧城镇、旧厂房、旧村庄）改造方面的土地收益合理分配机制，加快推进城镇低效用地再开发。

（二十二）因地制宜推进低丘缓坡地开发。在坚持最严格耕地保护制度、确保生态安全、切实做好地质灾害防治前提下，按照占耕地少、占林地少、拆迁少和无基本农田的“三少一无”原则，扎实推进低丘缓坡地开发试点。选择适宜低丘缓坡地开展道路交通、市政设施、特色产业和山地景观等工程项目建设，引导城镇、村庄合理利用山地资源，发展山地城镇和特色村寨。率先做好高速公路、高速铁路沿线山地丘陵的绿化美化。通过创新规划计划方式、开展整体整治、土地分批供应等政策措施，合理确定低丘缓坡地开发用途、规模、布局和项目用地准入门槛。

（二十三）完善土地经营权和宅基地使用权流转机制。加快推进农村土地确权登记颁证工作，建立健全农村产权流转市场体系，探索建立农户对土地承包权、宅基地使用权、集体收益分配权的自愿有偿退出机制，研究出台鼓励农村人口到城市落户或跨地区、跨省落户后原有宅基地、承包土地、山林退出奖励、结算政策。允许农民以出租、转换、置换、赠予、继承、作价入股等适宜方式流转林权;允许农民以置换、赠予、继承、抵押、作价入股等适宜方式流转农民住房财产权。允许农民以出租、转让、互换、作价入股等方式流转土地承包经营权,实现资源变资产、资金变股金、农民变股东。做好湄潭国家土地改革试点的经验总结,有序推进集体经营性建设用地规范入市。

七、创新投融资机制

(二十四)深化政府和社会资本合作。加快推进行政审批制度改革,进一步放宽准入条件,健全价格调整机制和政府补贴、监管机制,在同等条件下,政府通过现有资金渠道,以投资补助、基金注资、贷款贴息等方式,对引入社会资本的项目优先予以支持,广泛吸引社会资本参与城镇基础设施和公共服务设施建设运营。城镇基础设施和公共服务设施按照经营性、准经营性和非经营性项目不同特点,综合考虑实施周期、收费定价机制、投资收益水平、风险分配基本框架和所需的政府投入等因素,有针对性地采取不同的政府和社会资本合作(PPP)模式组织建设。进一步建立健全 PPP 工作机制,推进 PPP 示范县和示范项目工作,积极组织申报全国 PPP 示范项目。

(二十五)加大政府投入力度。优化政府投资结构,安排专项资金重点支持农业转移人口市民化相关配套设施建设。根据城镇化建设工作推进改革需要,统筹城镇化建设发展资金,对确需保障的项目进行重点投入、优先保障。通过财政转移支付同农业转移人口市民化挂钩,进一步加大省对下转移支付力度。编制公开透明的政府资产负债表,积极争取中央新增债券规模,在中央下达的债务限额内,通过省级政府发行地方政府债券等方式,创新投融资机制支持新型城镇化建设。政府举债使用方向要向新型城镇化倾斜。

(二十六)强化金融支持。积极争取国家专项建设基金支持我省城镇基础设施和公共服务设施建设、特色小城镇功能提升等。充分发挥国家政策性金融机构和开发性金融机构中长期大额资金优势和综合金融服务优势,创新投融资机制,加大新型城镇化建设投入。积极发挥商业银行融资主渠道作用,大力支持各商业银行争取上级行对我省新型城镇化建设设定优惠贷款条件,降低准入门槛,放宽增信要求,灵活授信管理,在差别化定价业务授权、创新型产品运用等方面给予倾斜。积极推进"险资入黔"工作,促进更多保险资金运用债权和股权方式,投资具有稳定收益的城镇基础设施项目建设和运营。鼓励各地优化政府资金使用方向，通过设立城镇化基金等方式，拓宽投融资渠道。对具有一定营利性的城镇化建设项目，推动资金变基金，实现基金专业化管理。支持我省符合条件的企业发行企业债、公司债、非金融机构债务融资工具、中小企业私募债，用于棚户区改造以及地下综合管廊、城镇给排水、城镇停车场等基础设施项目建设。

八、完善城镇住房制度

（二十七）完善购租并举的城镇住房制度。以满足新市民的住房需求为主要出发点，建立购房与租房并举、市场配置与政府保障相结合的住房制度，健全以市场为主满足多层次需求、以政府为主提供基本保障的住房供应体系。对具备购房能力的常住人口，支持其购买商品住房。对不具备购房能力或没有购房意愿的常住人口，支持其通过住房租赁市场租房居住。对符合条件的低收入住房困难家庭，通过提供公共租赁住房或发放租赁补贴保障其基本住房需求。

（二十八）完善城镇住房保障体系。住房保障采取实物与租赁补贴方式相结合并逐步转向以租赁补贴为主。健全保障性住房分配机制，加快分配入住。完善以水、电、路、气等为重点的配套基础设施，同步配套教育、医疗、文化、社区管理等公共服务设施。结合地方经济社会发展，适时调整保障条件和标准，把公租房扩大到非户籍人口，对符合条件的低收入住房困难家庭，有序推进"租补分离、梯度保障"，通过提供公共租赁住房或发放租赁补贴保障其基本住房需求。建立部门联动机制，加强沟通和信息共享，严格保障性住房分配和使用管理，健全退出机制，鼓励采用提高租金等方式实现有序退出，确保住房保障体系公平、公正和健康运行。

（二十九）加快发展专业化住房租赁市场。加快完善土地、规划、金融等相关支持政策，落实相关税收优惠政策，大力培育和发展住房租赁市场。引导企业投资购房用于租赁经营，鼓励和支持有条件的房地产开发企业租售并举，拓展租赁市场。支持专业企业、物业服务企业等通过租赁或购买社会闲置住房开展租赁经营。落实鼓励居民出租住房的税收优惠政策，激活存量住房租赁市场。鼓励商业银行开发适合住房租赁业务发展需要的信贷产品，在风险可控、商业可持续原则下，对购买商品住房开展租赁业务企业提供购房信贷支持。

（三十）健全房地产市场调控机制。鼓励银行业金融机构积极落实各项房地产信贷政策，支持农业转移人口购买普通商品住房满足自住需求。提高对农民工等中低收入群体的住房金融服务水平，对有进城购房落户意愿的农业转移人口纳入住房公积金制度覆盖范围，缴存住房公积金 6 个月以上可申请住房公积金贷款。引导房地产开发企业转型升级，分期建设的已开工房地产项目，尚未启动建设的地块，在配建标准不降低前提下，允许按照规定程序调整为国家支持的新兴产业、养老产业、文化产业、教育产业、体育产业等项目或在不突破容积率情况下调整商住比例。完善住房用地供应制度，有序推进房地产去库存，大力发展新型地产，优化住房供应结构。加强商品房预售管理，推行商品房买卖合同在线签订和备案制度，完善商品房交易资金监管机制。进一步提高城镇棚户区改造以及其他房屋征收项目货币化安置比例。鼓励易地扶贫搬迁农民进城买房。

九、加快推进新型城镇化综合示范试点

（三十一）加快贵州山地特色新型城镇化示范区建设。在实施国家“三个 1 亿人”城镇化行动方案、构建城镇化空间格局、创新城镇规划建设管理模式等方面抓好落实。制定年度工作要点，建立示范区政策试点分类推进机制，点面结合逐项实现示范区建设目标。积极争取国家相关部委同贵州建立省部战略合作机制，支持示范区建设。定期开展评估，适时推广示范经验。

（三十二）深入开展国家级试点。安顺市、都匀市、贵安新区、播州区（原遵义县）、湄潭县、玉屏县等国家新型城镇化综合试点地区要根据工作要求制定年度计划，在培育新生中小城市、建立农业转移人口市民化成本分担机制、城镇化投融资机制以及进城落户农民农村土地承包权、宅基地使用权、集体收益分配权依法自愿有偿退出机制等方面先行先试，鼓励国家新型城镇化综合试点结合示范区建设要求拓展试点任务。省有关部门在组织开展相关领域的试点时，要向国家新型城镇化综合试点地区倾斜。2017 年初步形成试点阶段性成果，2020 年完成试点任务，形成试点总结。积极争取将更多地区纳入国家级试点。

（三十三）积极开展省级试点。对应构建开放和谐的城镇化空间格局、大力提升城镇化产业就业支撑能力、建立多元化可持续的城镇化投融资机制等示范区工作任务，积极开展省级试点工作，试点县（市、区、特区）不少于 2 项、试点乡（镇）至少 1 项任务，并在新生中小城市培育、特色城镇建设、城镇绿色低碳智能发展、产城融合发展和开发区转型等方面率先探索，完善试点实施方案，按年度编制工作要点，扎实推进试点建设。适时扩大省级试点范围，逐步放大试点效应。省级城镇化建设专项资金要向试点地区倾斜，支持试点地区新型城镇化项目建设。实行省级试点动态考核调整机制，强化试点管理。

十、健全新型城镇化工作推进机制

（三十四）强化组织保障。强化省新型城镇化工作领导小组的统筹协调作用，加强对全省新型城镇化建设的调度推进。在本文件出台 2 个月内，领导小组相关成员单位要出台相应配套政策或制定具体实施方案，各市（州）和贵安新区要成立新型城镇化工作领导小组，制定本地实施方案，建立完善推进机制，统筹推进新型城镇化建设。将新型城镇化建设内容纳入各级党校、行政学院培训课程设置，分层全面开展培训，提高各级党委、政府及有关部门推进新型城镇化建设工作的能力和水平。

（三十五）强化平台抓手。鼓励各级政府结合国家对政府债务管控和创新财政资金投入方式的相关要求，采用设立城镇化基金等方式实现财政资金的放大效应和引导作用，对具有一定营利性的城镇化建设项目，走资金变基金、基金专业化管理道路，撬动社会资本参与新型城镇化建设，形成多元化投融资机制，保障关键领域和重大项目建设投入。各地要积极整合土地、资金、人才等要素，充分整合政府投融资平台设立新型城镇化建设投融资平台，建立完善新型城镇化项目库，项目化推进、实物化落实新型城镇化建设任务。

（三十六）加强督促检查。将推进新型城镇化建设纳入各级政府重点工作任务，实行分层级督查制度抓好工作落实。省新型城镇化工作领导小组办公室负责对各市（州）、贵安新区管委会新型城镇化推进情况和国家综合试点开展情况进行督查，对各地和相关部门的政策配套及实施情况进行跟踪检查，动态评估全省新型城镇化推进情况。各市（州）政府、贵安新区对本辖区新型城镇化推进情况和省级试点实施督查，推进政策举措落地。实行信息报送制度，省直相关部门、各市（州）、贵安新区以及试点地区要在每季度末报送新型城镇化推进信息，信息报送工作纳入督查范围，对迟报、漏报、信息不实的，适时予以通报。

（三十七）加强宣传引导。各地各部门要以"贵州山地特色新型城镇化"为主题词，广泛宣传推进新型城镇化的新理念、新政策和新举措，突出宣传报道新型城镇化试点与示范区建设的成效和经验，凝聚社会共识，营造深入推进新型城镇化建设的良好舆论氛围。

省人民政府办公厅
关于公布全省第一批整县推进小城镇建设发展试点县名单的通知

黔府办函〔2016〕180 号

为抢抓国家批复我省设立贵州山地特色新型城镇化示范区的重大机遇，贯彻落实《住房城乡建设部　国家发展改革委　财政部关于开展特色小镇培育工作的通知》（建村〔2016〕147 号，以下简称《通知》）和《关于打造贵州省特色小城镇升级版的实施意见》（黔镇联办通〔2016〕4 号，以下简称《实施意见》）精神，决定在全省开展以县为单位整县推进小城镇建设发展试点工作。经申报、遴选、审议等程序，并经省人民政府同意，确定贵阳市的开阳县、修文县，遵义市的播州区、仁怀市、湄潭县，六盘水市的六枝特区、盘县，安顺市的西秀区、平坝区，毕节市的七星关区、金沙县，铜仁市的玉屏县、石阡县，黔东南州的凯里市、台江县，黔南州的贵定县、龙里县、福泉市，黔西南州的安龙县、兴仁县，共 20 个县（市、区）（排名不分先后）为全省第一批整县推进小城镇建设发展试点县。现将有关事宜通知如下。

一、制定工作方案

各试点县要根据《实施意见》有关"十大提升工程"的要求，按照定路线图、定工作量、定时间表、定责任人，集中人力、财力、物力的"四定三集中"原则，及时认真制定整县推进小城镇建设发展工作方案，明确目标任务、工作内容、完成时限、保障措施、工作机制等，于 2016 年 9 月 30 日前报省 100 个示范小城镇建设工作联席会议办公室。

二、加大支持力度

各试点县要积极主动对接上级有关部门，进一步争取各级各部门支持力度。省直有关部门、各金融机构、各融资平台要根据各自职责和各试点县实际工作需要，加强业务指导、项目扶持和技术支持，研究出台支持各试点县开展整县推进小城镇建设发展的实施方案或工作计划，明确支持内容、项目清单、支持措施等，在安排专项资金、基金信贷业务、项目融资时，要优先向试点县倾斜支持。相关实施方案或工作计划，于 2016 年 9 月 30 日前送省 100 个示范小城镇建设工作联席会议办公室。

三、优化提升规划

各试点县要在县城（城市）总体规划工作中，进一步优化提升县域城镇体系规划，科学确定各小城镇的发展性质、功能定位、主导产业，统筹考虑区域内小城镇功能配套需求、基础设施布局、产业发展指引。各小城镇要按照“小而精、小而美、小而富、小而特”的要求，融入“多规融合”理念，认真修改完善小城镇总体规划，及时编制完善“8+X”项目布局图，扎实推进小城镇全域规划的实施，努力实现重要地段控制性详细规划全覆盖。

四、注重特色发展

各试点县要按照《通知》要求，引导小城镇形成特色鲜明的产业形态、和谐宜居的美丽环境、彰显特色的传统文化、便捷全面的设施服务、健全完善的体制机制。要依托我省大扶贫、大数据两大战略行动，充分发挥大数据、大旅游、大生态“三块长板”优势，充分挖掘自然生态优良、民族文化浓厚、旅游资源丰富、现代山地高效农业、中药资源独特等优势，合理布局特色主导产业，强化产、城、景、文、农、旅融合发展，以特色主导产业为引领，培育一批各具特色、富有活力的特色小镇，带动周边多个乡镇联动连片发展。

五、加快设施建设

各试点县要根据小城镇总体规划，以基础设施、公共服务、民生保障、特色产业项目为重点，建立项目库，制定“8+X”项目清单和建设时序表，落实近期建设项目计划，抓紧开展项目建设前期工作，具备开工条件的项目要及时启动建设，力争实现区域内小城镇建设发展“三年见成效，五年大变样”。要以污水垃圾处理为重点突破口，按照“以城带乡、城镇打捆、政府主导、市场运作”的原则，整县推进小城镇污水处理设施建设；按照“户分类、村收集、镇转运、县处理”的原则，整县推进城乡垃圾收运处置设施建设。

六、推进镇村联动

各试点县要按照“精准扶贫、精准脱贫”“以镇带村、以村促镇”要求，全面实施“1+N”镇村联动，推进1个“特色小镇”带动多个“美丽乡村”建设；整合“四在农家•美丽乡村”六项行动计划，建立美丽乡村建设“6+X”项目库，整村整镇连片推进项目建设，全面改善农村人居环境。要充分利用扶贫政策，整合资源实施镇村基础设施联动、公共服务联动、产业发展联动、绿色廊道联动，实现镇村联动、联建、联美、联富、联强。

七、加强资金筹措

各市（州）、试点县要加大本级财政对小城镇建设发展的支持力度，在年度财政预算时要安排小城镇建设发展专项资金，集中用于支持试点县小城镇建设发展。各试点县要加大向上争取各级各部门补助资金的力度，充分发挥各级各部门补助资金的撬动作用和各级融资平台的融资放大效应，促成金融机构加大信贷投入；鼓励采用政府与社会资本合作（PPP）的模式，采取“财政补助、信贷支持、社会投入”的方式多方筹集建设资金，吸纳社会资本积极投入，整合资源共同开展小城镇建设发展。

八、强化督促考核

各试点县人民政府是整县推进小城镇建设发展的责任主体，要建立主要领导亲自抓、分管领导负责抓、主管部门具体抓、相关部门协力抓的工作机制。省100个示范小城镇建设工作联席会议办公室要牵头及时研究建立整县推进小城镇建设发展试点县竞争遴选机制、激励奖惩机制、考核退出机制，对工作推进有力、成效明显的试点县，进一步加大项目、资金和政策支持力度；对工作推进不力、进度明显滞后、未达到既定目标的试点县，根据年度考核情况及时启动退出机制，切实形成比学赶超、争先创优的浓厚氛围。

三、山东省相关政策

山东省财政厅、住房和城乡建设厅、省人民政府对推进特色小镇建设下发了相关通知，提出了若干意见，现节选如下：

山东省财政厅 山东省住房和城乡建设厅
关于印发 < 山东省省级城镇化建设资金管理暂行办法 > 的通知

鲁财建〔2016〕26 号

山东省省级城镇化建设资金管理暂行办法

第一条　为规范省级城镇化建设资金管理，提高资金使用效益，加快推进新型城镇化发展，根据国家和省里有关规定制定本办法。

第二条　省级城镇化建设资金（以下简称“城镇化资金”）是根据省政府确定的工作目标和任务，由省级财政预算安排，专项用于支持城镇化发展的资金。

第三条　城镇化资金安排遵循“突出重点、择优扶持，财政引导、以奖促建，各级联动、形成合力”的原则，鼓励和引导社会资金投入，逐步建立多元化、多渠道、多层次的城镇化投入机制。

第四条　城镇化资金支持范围：

（一）新型城镇化综合试点、小城市培育试点、重点示范镇；

（二）特色小镇创建；

（三）宜居村镇建设和传统村落保护；

（四）城镇污水垃圾处理设施建设；

（五）历史文化名城、风景名胜区保护和城乡建设抗震防灾；

（六）城市地下综合管廊、海绵城市建设；

（七）补充城镇化股权投资引导基金；

（八）城乡规划编制及相关标准制定、市政公用事业和建设市场监管；

（九）省财政厅、省住房城乡建设厅确定的其他城乡建设方面的项目。

第五条　支持新型城镇化综合试点、小城市培育、示范镇提升行动的资金，依据国家和省确定的新型城镇化综合试点、小城市培育试点、重点示范镇名单，采取切块安排方式，由各市（县）统筹用于规划编制项目，产业园区、农村新型社区公共配套设施项目，城镇道路交通、供水、污水处理、垃圾处理、供气、供热等基础设施建设。

第六条　支持特色小镇创建的资金，依据各设区市建制镇数量、经济社会发展水平和特色产业发展状况，用于支持各特色小镇进行规划设计、公共服务平台建设、各特色产业发展等。

第七条　支持宜居村镇建设和传统村落保护的资金，主要用于住房城乡建设主管部门评定公布的美丽宜居小镇、美丽宜居村庄和传统村落进行规划编制，完善基础设施，实施生态保护和修复等工程。

第八条　支持城镇污水垃圾处理设施建设的资金，依据省城镇污水垃圾处理工程建设规划、项目进度、建设规模、技术工艺、人口数量等因素分配，主要用于支持城镇污水处理及配套设施工程等污水处理项目，全国农村生活污水治理示范县污水处理项目，城乡生活垃圾收集运输工程、无害化处理工程和资源化利用工程，城市餐厨废弃物收运系统和集中处理工程等垃圾处理项目。

第九条　支持历史文化名城、风景名胜区保护的资金，用于国家和省级历史文化名城（含历史文化街区、历史优秀建筑）、国家级和省级风景名胜区，进行保护规划编制（修编）以及关于历史文化名城、风景名胜其他保护工作。支持城乡建设抗震防灾资金，用于抗震防灾规划编制（修编），既有建筑抗震性能普查、鉴定与加固，抗震技术科学研究、推广应用等工作。

第十条　建设地下综合管廊和海绵城市的市，须编制建设规划和实施方案。省级补助资金按因素法测算下达，其中，支持地下综合管廊建设的资金，按计划完工长度等因素进行分配；支持海绵城市建设的资金，按实施方案建设面积等因素分配。上述资金要全部用于规划建设内容，并按基本建设财务制度进行核算。属于政府和社会资本合作（PPP）项目的，在不改变既定用途的情况下，可作为项目公司（SPV）政府出资资本金。

第十一条　城镇化资金使用要严格执行国家有关财政政策、财务规章制度、招投标管理、政府采购等规定，科学合理安排。

第十二条　各市、县（市、区）要积极创新资金使用方式，综合运用政府和社会资本合作（PPP）、补助、贴息、奖励、担保等手段，引导和带动各类社会资金投入，共同支持新型城镇化建设。

第十三条　各市、县（市、区）建设、财政部门应对资金使用情况和项目进展情况进行监督检查和跟踪问效，确保资金安全高效使用、项目按时完成。省财政厅、省住房城乡建设厅组织对城镇化资金进行绩效评价。

第十四条　对在审计等监督检查中发现骗取、截留、挪用专项资金的，依照《财政违法行为处罚处分条例》（国务院令第427号）有关规定进行处理、处罚、处分，同时追回已下达资金。构成犯罪的，移交司法机关处理。

第十五条　本办法由省财政厅、省住房城乡建设厅负责解释。

第十六条　本办法自2016年5月1日起施行，有效期至2018年4月30日。《山东省城镇化建设专项资金管理暂行办法》（鲁财建〔2015〕17号）同时废止。

山东省人民政府关于贯彻国发〔2016〕44号文件实施支持农业转移人口市民化若干财政政策的意见

鲁政发〔2016〕23号

为贯彻《国务院关于实施支持农业转移人口市民化若干财政政策的通知》(国发〔2016〕44号)精神，加快推进以人为核心的新型城镇化，促进实现全省外来务工人员市民化、城中村城边村原有居民市民化、其他农村地区就地转移就业人口市民化"三个市民化"，现结合我省实际，提出以下意见：

一、总体要求

(一)指导思想。深入贯彻党的十八大和十八届三中、四中、五中全会精神，按照党中央、国务院和省委、省政府关于推进新型城镇化、深化财税体制改革的战略部署，适应户籍制度改革、实施居住证制度和公共服务管理改革的新形势，强化人口流入地政府的主体责任，健全完善支持农业转移人口市民化的财政政策体系，加大对吸纳农业转移人口地区尤其是中西部地区中小城镇的支持力度，将持有居住证人口纳入基本公共服务保障范围，创造条件加快实现基本公共服务向常住人口全覆盖，推进基本公共服务均等化，调动各地推进农业转移人口市民化的积极性。

(二)基本原则。健全完善支持农业转移人口市民化的财政政策体系，一要坚持创新机制，大力推进公共资源配置改革，尽快将持有居住证人口纳入基本公共服务保障范围，使全体居民共享改革成果；二要坚持精准施策，综合考虑农业转移人口特点和地区间财力差异因素，加大对财力薄弱地区的转移支付，增强基本公共服务保障能力；三要坚持强化激励，建立与"三个市民化"挂钩的激励机制，依法维护进城落户农民在农村享有的既有权益，有序推动农业转移人口进城落户；四要坚持上下联动，强化市县政府主体责任，加大省级政策引导和资金扶持，提高基本公共服务共建能力和共享水平，形成推进"三个市民化"的工作合力。

(三)目标任务。围绕促进实现"三个市民化"，遵循"基本公共服务随人走"的原则，进一步健全完善财政政策支持体系，强化激励约束功能，加强对农业转移人口的基本公共服务有效供给，使吸纳农业转移人口较多地区的财政保障能力明显增强，“三个市民化”进程明显加快，全省城镇化质量与水平明显提升，力争到2018年构建起功能完备、责权明晰、科学规范、保障有力的支持新型城镇化发展和农业转移人口市民化的财政政策体系。

二、政策措施

（一）支持农业转移人口子女平等享有受教育权利。适应城镇化进程中学生流动性加大的新情况，建立以居住证为主要依据的随迁子女入学政策。从2016年起，统一城乡义务教育经费保障机制，实现“两免一补”资金和生均公用经费基准定额资金随学生流动可携带。对学前教育、义务教育、高中教育以及中等职业教育、技师教育等各类涉及学生政策的转移支付，省级财政全部按照在校学生数及相关标准测算分配到市县，支持将农业转移人口随迁子女全部纳入接收地财政保障范围，保障其平等享有受教育权利。全面实施解决城镇普通中小学“大班额”奖补政策，资金分配要向接收农民工子弟较多的学校倾斜，促进教育资源均衡配置。

（二）支持将农业转移人口纳入就业服务体系。将城镇常住人口和城镇新增就业人数作为省级就业补助资金分配的重要因素，支持农业转移人口与当地户籍人口平等享受就业扶持政策。在就业地办理就业失业登记的进城农民，免费享受政策咨询、信息发布、职业指导、职业介绍等公共就业服务，并按规定享受职业培训、技能鉴定、创业担保贷款及财政贴息等扶持政策。招用农业转移人员达到规定条件的小微企业，可按规定申请创业担保贷款，由当地财政部门给予贴息支持。

（三）支持完善统筹城乡的基本医疗保障制度。加快落实城镇职工与城乡居民基本医疗保险关系转移接续办法和异地就医结算办法，积极推进参保人员跨制度、跨地区转移接续基本医疗保险。完善城乡统一的居民基本医疗保险制度和大病保险制度，确保城乡居民在基本医疗保险政府补助标准、支付结算、经办服务等方面享受同等待遇。对于居住证持有人选择参加当地居民基本医疗保险的，个人按当地居民相同标准缴费，各级财政按照当地参保居民同样的标准给予补助，避免重复参保、重复补助。深入实施城乡一体的医疗救助制度，实现城乡居民救助政策、救助内容、救助条件和救助标准统一。完善医疗卫生与计划生育转移支付办法，省级财政按照常住人口数及相应标准测算分配基本公共卫生服务转移支付资金，支持将进城农业转移人口纳入当地社区公共卫生服务体系。

（四）支持构建统筹城乡的基本养老保障体系。完善企业职工基本养老保险与居民基本养老保险制度衔接办法，将与企业建立稳定劳动关系或符合条件的灵活就业农业转移人口纳入企业养老保险等城镇社会保障制度覆盖范围，加快构建有利于人口流动、城乡一体的养老保障体系，促进农业转移人口有序流动。完善城乡居民基本养老保险补助政策，省级财政按照符合领取居民基础养老金条件的老年人口数和相关补助标准对市县予以补助，市县政府负责落实缴费补贴政策，并为困难群体代缴养老保险费。

（五）支持将农业转移人口纳入住房保障体系。按照市场配置资源和政府保障相结合的原则，鼓励农业转移人口通过市场购买或租赁住房，采取多种方式解决农业转移人口居住问题。各市要将符合条件的农业转移人口纳入本地城镇住房保障范围，积极推进以城中村为重点的棚户区改造，促进城中村居民市民化。将公租房保障范围扩大到持有居住证的农业转移人口，符合条件的进城农民可申请承租公共租赁住房或申领住房困难家庭住房租赁补贴，省市财政部门按照实际承租或领取补贴人数分配相关补助资金，支持进城农民平等享受公租房保障政策。省级财政在安排保障性住房专项资金时，对吸纳农业转移人口较多尤其是城中村、城边村、建制镇等棚户区改造任务重的地区给予重点支持。

（六）支持产城、产业融合发展带动农民就地就近市民化。加大财税政策实施力度，支持小城镇和农村新型社区产城融合发展，增强其公共服务供给、产业辐射和就业吸纳能力，带动农村就地转移就业人口市民化。各级城镇化建设、产业发展、扶贫基金等专项资金要重点加大对县域及小城镇建设的支持力度，推进县域、镇域特色经济产业化，积极打造生态、宜居、宜业、宜游的特色小镇。将农村产业融合发展与新型城镇化有机结合，开展农村产业融合发展试点，采取先建后补、贷款贴息等方式，引导农产品加工、仓储、物流等农村二三产业向县城、小城镇、产业园区集中，就近吸纳农业转移人口。市县财政部门要加大对农村新型社区和特色产业园区“两区共建”的扶持力度，强化产业就业支撑，拓宽农民就近就地就业渠道。

（七）建立农业转移人口市民化奖励机制。结合中央市民化考核奖励情况，省级财政设立农业转移人口市民化奖励资金，专项用于对“三个市民化”进展快、城镇化质量高的地区给予奖励，重点向农村人口进城落户多、农村新型社区纳入城镇化管理程度高、城中村城边村改造成效大、城镇化率提高快的地区倾斜。省级奖励资金由市县统筹用于加强农业转移人口公共服务供给、增强社区服务能力以及支持城市基础设施运行维护等支出。

（八）完善县级基本财力保障机制奖补资金分配办法。充分考虑农业转移人口因素对县级基本支出的影响，将包括持有居住证人口在内的常住人口作为资金分配的重要依据。省级财政在测算相关支出时，将与接纳农业转移人口相关的基本公共服务支出需求全部按常住人口测算，增加对吸纳外来农业人口较多且民生支出缺口较大县（市、区）的转移支付。对当年农村人口进城落户人数增加较多的县（市、区），适当提高奖补系数，鼓励和引导各地将持有居住证的常住人口有序在城镇落户。县级政府要统筹用好资金，切实将农业转移人口纳入基本公共服务保障范围，不断加强对农业转移人口的基本公共服务有效供给。

（九）改革完善省对下均衡性转移支付制度。建立省对下均衡性转移支付稳定增长机制，改进转移支付分配办法，强化财力均衡功能，推动全省基本公共服务均等化。综合考虑农业转移人口公共服务需求和地区间财力状况，科学设置均衡性转移支付分配因素与权重，提高持有居住证人口因素权重，增加对吸纳农业转移人口较多且财力水平较低地区的均衡性转移支付，促进地区间公共资源均衡配置。市级财政在对下分配均衡性转移支付资金时，要考虑县级政府为持有居住证人口提供基本公共服务等增支因素，增强县级财政保障能力。

（十）建立支持农业转移人口市民化财政政策动态调整机制。省市财政部门在测算分配各类基本公共服务转移支付时，要根据资金性质、补助对象、实施条件等因素，与农业转移人口市民化挂钩，为农业转移人口平等享受城镇基本公共服务提供财力支持。要根据不同时期农业转移人口数量规模、不同地区和城乡之间农业人口流动变化、大中小城市农业转移人口市民化成本差异等，对转移支付规模、结构以及保障标准等进行动态调整。

（十一）建立农业转移人口市民化成本分担机制。按照责任共担、适度均衡的原则，建立健全由政府、企业、个人共同参与的农业转移人口市民化成本分担机制。落实政府基本公共服务保障责任，合理划分省以下各级政府在义务教育、社会保障、医疗卫生、保障性住房等方面的支出责任，完善重大民生政策财政分担机制；强化企业社会责任，依法为建立劳动关系的农业转移人口缴纳社会保险费用，落实农民工同工同酬权利；完善参保缴费激励机制，强化多缴多得、长缴多得的政策导向，引导农业转移人口积极承担社会保险费等成本，提升其自我发展和融入城镇的能力。

（十二）支持提升城镇综合承载能力。各地要编制实施农业转移人口市民化规划和城中村改造规划，并与本地区经济社会发展规划、城乡规划和城市基础设施建设规划做好衔接。省级在分配建设类专项资金时，要向吸纳农业转移人口较多的地区倾斜，支持城镇重点基础设施建设。加快建立多元化城镇建设投融资机制，鼓励各地通过政府与社会资本合作、政府引导基金、政府购买服务、财政贴息或补助以及发行地方政府债券等多种方式，拓宽城镇建设融资渠道，吸引社会资本参与城镇建设运营以及提供公共服务。各级在分配使用政府债券时，要优先考虑吸纳外来人口较多地区的城中村改造、综合管廊建设、海绵城市建设、农村新型社区建设、综合片区开发等建设需求，并对新型城镇化综合试点、中小城市试点、特色小镇等予以适当倾斜。

三、配套措施

（一）加强组织领导。建立健全支持农业转移人口市民化的财政政策，是党中央、国务院和省委、省政府部署的重点改革任务。各级、各部门要高度重视，加强协调配合，做好城乡政策制度统筹衔接，破除农业转移人口平等享受公共服务的制度障碍。省级有关部门要及时调整完善相关政策，积极推进市民化政策落实。市级政府要落实市民化工作的主体责任，统筹推进市域内城镇化建设、户籍制度改革、进城农民定居落户、转移支付保障等工作。县级政府负责市民化具体实施工作，要统筹用好自有财力和上级转移支付资金，努力保障好农业转移人口基本公共服务需求。

（二）维护进城落户农民合法权益。各地要扎实做好农村土地确权登记颁证工作，不得强行要求进城落户农民转让在农村的土地承包权、宅基地使用权、集体收益分配权，或将其作为进城落户条件。对拥有土地承包权的农业转移人口，按规定继续享受以土地为发放依据的各类农业补贴。要通过健全农村产权流转交易市场，逐步建立进城落户农民在农村的相关权益退出机制，积极引导和支持进城落户农民依法自愿有偿转让相关权益，促进相关权益的实现和维护，但现阶段要严格限定在本集体经济组织内部。要多渠道筹集资金，支持进城落户农民在城镇居住、投资、创业，鼓励农民带资进城落户。

（三）完善农业转移人口统计调查制度。以县级为单位，健全完善农业转移人口统计制度和年度全省人口抽样调查制度，增加人口与劳动力抽样调查样本量，全面掌握农业转移人口数量、变动等情况，准确反映跨区域农业转移人口规模和结构。加快居住证办理工作进程，加强居住证持有人信息的采集、登记工作，为完善相关财政政策提供基础数据支撑。完善反映城镇化质量的指标体系，建立农业转移人口市民化进程监测制度，重点监测农业转移人口就业创业、平等享受基本公共服务、城镇落户等情况，客观反映农业转移人口市民化进展情况。

（四）支持农村新型社区纳入城镇化管理。全面实施《山东省农村新型社区和新农村发展规划》（鲁办发〔2014〕43 号），落实农村新型社区纳入城镇化管理标准。对符合条件的农村社区依法实行“村改居”，纳入城市社区治理体系，按照城市社区模式开展服务。积极支持农村新型社区基础设施建设按城市社区标准投入，居民社会保障政策逐步按城市社区居民标准执行，促进农村人口就地就近向城镇转移。

（五）加强评估督导。省财政厅要会同有关部门加强转移支付资金绩效管理，根据市、县（市、区）向农业转移人口提供公共服务等情况，对各类转移支付与农业转移人口市民化挂钩政策效果进行评估。要强化评价结果运用，建立农业转移人口市民化财政政策动态调整机制，对成效明显或绩效较好的政策，要适当增加资金规模，强化实施效果；对成效不明显或绩效较差的政策，要及时调整完善，适当压减资金规模或适时退出。

各市政府要结合本地区实际，抓紧制定支持农业转移人口市民化的财政政策措施，并报省财政厅备案。

山东省人民政府办公厅关于印发山东省创建特色小镇实施方案的通知

鲁政办字〔2016〕149号

山东省创建特色小镇实施方案

为全面贯彻党中央、国务院关于特色小镇建设的要求，牢固树立和落实"创新、协调、绿色、开放、共享"的发展理念，充分发挥特色小镇在推动新型城镇化、促进经济转型升级等方面的作用，结合我省实际，制定本实施方案。

一、创建目标

特色小镇是区别于行政区划单元和产业园区，具有明确产业定位、文化内涵、旅游特色和一定社区功能的发展空间平台。到2020年，创建100个左右产业上"特而强"、机制上"新而活"、功能上"聚而合"、形态上"精而美"的特色小镇，成为创新创业高地、产业投资洼地、休闲养生福地、观光旅游胜地，打造区域经济新的增长极。

二、创建标准

（一）定位明确，特色突出。以产业为基础，一业为主，多元发展，特色突出。

（二）以产兴城，以城兴业。围绕打造创新创业载体，做大做强主导产业，就业岗位和税收有较大增长，主导产业税收占特色小镇税收总量的70%以上。

（三）产城融合，功能配套。优化功能布局，集聚大批工商户、中小企业、中高级人才，实现产业、文化、旅游和社区有机结合，实现生产、生态、生活融合发展。

（四）规模集聚，品牌示范。主导产业在行业内有较大影响力，特色产业和品牌具有核心竞争力，在全省或全国有较大知名度。

（五）宜居宜游，生态优美。人文气息浓厚，旅游特色鲜明，每年接待一定数量游客，达到省级特色景观旅游名镇标准，其中旅游类小镇达到国家级特色景观旅游名镇标准。

三、创建内容

（一）明确产业定位。尊重经济规律，按照一镇一业、一镇一品要求，因势利导，突出主导产业，拉长产业链条，壮大产业集群，提升产业层次，做大做强特色经济。聚集人才，培育海洋开发、信息技术、高端装备、电子商务、节能环保、金融等新兴产业；挖掘资源禀赋，发展旅游观光、文化创意、现代农业、环保家具等绿色产业；依托原有基础，优化造纸、酿造、纺织等传统产业。

（二）科学规划布局。特色小镇规划符合城镇总体规划，并与经济社会发展、土地利用、生态环境保护、历史文化保护、旅游发展等相关专业规划有效衔接。规划面积一般控制在 3 平方千米左右，起步阶段建设面积一般控制在 1 平方千米左右。将城市设计贯穿特色小镇规划建设全过程，塑造特色风貌。

（三）增加有效投资。原则上 5 年完成固定资产投资 30 亿元以上，每年完成投资不少于 6 亿元。西部经济隆起带的特色小镇和信息技术、金融、旅游休闲、文化创意、农副产品加工等产业特色小镇的固定资产投资额不低于 20 亿元，每年完成投资不少于 4 亿元。

（四）完善功能配置。高标准配套建设基础设施和教育、医疗等公共服务设施。建设具有创业创新、公共服务、商贸信息、文化展示、旅游信息咨询、产品交易和信息管理等功能的综合服务平台，积极应用现代信息技术，实现公共 WIFI 和数字化管理全覆盖。

（五）创新运营方式。发挥政府服务职能，积极做好规划编制设计、基础设施配套、资源要素保障、文化内涵挖掘传承、生态环境保护等工作；发挥市场在资源配置中的决定性作用，以企业为主推进项目建设；发挥第三方机构作用，为入驻企业提供电子商务、软件研发、产品推广、技术孵化、市场融资等服务，将特色小镇打造为新型众创平台。

四、创建程序

（一）自愿申报。特色小镇申报每年组织 1 次，按照创建内容，凡具备创建条件的均可申报。凡列入新生小城市和重点示范镇的不再列为特色小镇。设区市政府向省城镇化工作领导小组办公室报送书面申报材料（包括创建方案，特色小镇的建设范围、产业定位、投资主体、投资规模、建设计划、营商环境改善措施，并附概念性规划）。

（二）审核公布。省城镇化工作领导小组办公室将申报材料送省有关部门初审，并在初审基础上组织联审，根据联审结果提出建议名单分批报省政府审定后公布。

（三）年度评估。对列入创建名单的小镇，省城镇化工作领导小组办公室委托第三方评价机构进行年度评估，达到发展目标要求的兑现扶持政策。

（四）验收命名。对经过创建，达到创建内容标准要求，通过省城镇化工作领导小组办公室评价验收的，省政府命名为山东省特色小镇。

五、政策措施

（一）用地支持。各地要结合土地利用总体规划调整完善工作，将特色小镇建设用地纳入城镇建设用地扩展边界内。特色小镇建设要按照节约集约用地的要求，充分利用低丘缓坡、滩涂资源和存量建设用地，对如期完成年度规划目标任务的，省里按实际使用指标一定比例给予奖励；对连续 2 年内未达到规划目标任务的，加倍倒扣省奖励的用地指标。各地在分配新增建设用地指标时要积极支持特色小镇创建。

（二）财政支持。从 2016 年起，省级统筹城镇化建设等资金，积极支持特色小镇创建，用于其规划设计、设施配套和公共服务平台建设等。鼓励省级城镇化投资引导基金参股子基金加大对特色小镇创建的投入力度，支持其特色产业、人才项目建设等。各地也要出台有针对性的财政支持政策，筹集相应资金予以扶持。

（三）金融支持。引导金融机构加大对特色小镇的信贷支持力度。创新融资方式，探索产业基金、股权众筹、PPP 等融资路径，加大引入社会资本的力度，用于特色小镇公共配套基础设施、公共服务平台以及创新孵化平台等项目的建设。

（四）人才支持。牢固树立人才是第一资源的理念，落实扶持创新创业政策，吸引、支持泰山学者、泰山产业领军人才、科技人员创业者、留学归国人员，积极投入特色小镇创建，运用现代新技术，开发新产品，加快特色产业转型发展、领先发展。

六、组织领导

（一）建立协调机制。省城镇化工作领导小组办公室负责特色小镇创建的统筹、协调工作，及时分解工作任务，落实责任单位，加大推进力度。有关部门要各司其职，研究制定有利于特色小镇创建的配套措施，在资金、土地、人才、技术、项目等方面给予支持和倾斜，要建立信息交流制度，协调互动，密切配合，形成合力。

（二）推进责任落实。各市、县（市、区）政府要科学引导特色小镇培育创建，建立工作推进机制，搞好规划建设，加强组织协调，推动技术标准应用，确保各项工作规范有序进行。特色小镇创建主体要积极作为、真抓实干，确保创建目标任务落实，不断取得实效。

（三）加强动态监管。将特色小镇创建工作推进情况，纳入新型城镇化考核。建立考核指标体系和评价制度，引入第三方评价机构，每年评价 1 次。实行动态管理制度，对第一年没有完成规划建设投资目标的，给予黄牌警告；对连续 2 年没有完成规划建设投资目标的，取消特色小镇创建资格。

（四）优化发展环境。各地要积极开辟“绿色通道”，精简审批事项，优化审批服务，提高审批效率，提升政府服务质量和服务水平，努力把特色小镇建设成“创业最佳、服务最优、环境最美、宜居宜游”的新型发展增长极。

四、江西省相关政策

江西省人民政府对于本省特色小镇建设工作下发了相关通知，节选如下：

江西省人民政府关于印发江西省特色小镇建设工作方案的通知

赣府字〔2016〕100号

江西省特色小镇建设工作方案

特色小镇主要指以某种产业为特色，既有城市功能，又有乡村风貌，大小适宜的人口聚集区，主要包括以传统行政区划为单元的建制镇和不同于行政建制镇、产业园区的创新创业平台两种形态。建设特色小镇是推进供给侧结构性改革的重要平台，是深入推进新型城镇化的重要抓手，有利于推进经济转型升级和发展动能转换，有利于促进大中小城市和小城镇协调发展，有利于发挥城镇化对新农村建设的辐射带动作用。为深入贯彻落实习近平总书记、李克强总理等中央、国务院领导同志关于特色小镇建设的重要批示指示精神，根据《住房城乡建设部　国家发展改革委　财政部关于开展特色小镇培育工作的通知》（建村〔2016〕147号）、《国家发展改革委关于加快美丽特色小城镇建设的指导意见》（发改规划〔2016〕2125号）精神和省政府工作部署，决定开展省级特色小镇建设工作。现制定本工作方案。

一、总体要求

（一）指导思想。深入贯彻党的十八大和十八届三中、四中、五中、六中全会精神，全面贯彻习近平总书记系列重要讲话特别是视察江西重要讲话精神，牢固树立和贯彻落实创新、协调、绿色、开放、共享的发展理念，尊重城镇化发展规律、自然规律和市场经济规律，因地制宜、突出特色，发挥市场主体作用，创新建设理念，转变发展方式，大力培育特色鲜明、产业发展、绿色生态、美丽宜居的特色小镇，促进经济转型升级和新型城镇化发展，为决胜全面建成小康社会、建设富裕美丽幸福江西做出新贡献。

（二）基本原则。坚持突出特色，结合现状、实际，科学确定建设对象，壮大特色产业，传承传统文化，注重生态环境保护，完善市政公用设施。坚持市场主导，充分发挥市场主体作用，政府搭建平台、提供服务，依据产业发展确定建设规模。坚持深化改革，加大体制机制改革力度，创新发展理念，创新发展模式，创新规划建设管理，创新社会服务管理。

（三）目标任务。按照全面提升小城镇建设水平和发展质量的要求，在全省分两批选择60个左右建设对象（含行政建制镇和不同于行政建制镇、产业园区的创新创业平台），由省、市、县三级共同扶持打造。力争到2020年，建成一批各具特色、富有活力的现代制造、商贸物流、休闲旅游、传统文化、美丽宜居等特色小镇，坚定不移加快发展转型，推动我省国家生态文明试验区建设，努力打造美丽中国"江西样板"。

二、工作重点

（一）编制规划方案。按照创新、协调、绿色、开放、共享的发展理念，因地制宜、突出特色，科学编制特色小镇建设专项规划和工作方案。建设专项规划要明确特色小镇发展定位，重点围绕打造优势产业、提升设施水平、传承历史文化、保护生态环境和完善体制机制五个方面，分年度确定目标体系和谋划空间布局。工作方案要制定特色小镇发展目标实施路径，结合创新体制机制，研究组织领导、项目审批、投资优惠、资金和用地保障等方面的扶持政策。每批省特色小镇名单公布后3个月内，有关设区市要将经县级政府审定的专项规划和工作方案，报省特色小镇建设工作联席会议办公室备案。

（二）打造特色产业。依据资源禀赋和区位优势，精准定位产业布局，合理规划产业结构，大力实施"一镇一策"，精心打造特色鲜明、优势突出的主导产业。加快新兴产业成长和传统产业升级，推动产业向做特、做精、做强发展，不断优化经济结构和提升发展效益，新增大量财税和就业岗位。强化校企合作、产研融合、产教融合，培育特色产业发展所需各类人才。深化市场主体培育，发挥市场在资源配置中的决定性作用，以企业投资为主体，催生一批市级以上特色优势产业项目。引导企业分行业、分品种研究市场，培育自身品牌，提升产业附加值和产品市场占有率。充分利用"互联网+"等新兴手段，推动产业链向研发、营销延伸。有条件的特色小镇要积极吸引高端要素集聚，发展先进制造业和现代服务业。

（三）营造宜居环境。牢固树立"绿水青山就是金山银山"的绿色发展理念，探索生态文明建设新模式。结合周边自然环境、地域特色开展镇村建设、整治，"不砍树、不挖山、不填湖"，塑造小镇典型风貌。确定小镇生态环境保护与建设目标，开展河湖水系、绿化、环境等保护、整治和建设，保护地形地貌、河湖水系、森林植被、动物栖息地等自然景观，开展水土保持、污染防治等工程，保护和修复自然、田园景观。开展旧镇区有机更新，逐步改善旧镇区生产、生活环境。推进镇容镇貌综合治理，重点治理镇区出入口、车站广场、交易市场、占道经营、沟渠水塘、环境卫生、垃圾污水等。鼓励建设开放式住宅小区。鼓励有条件的小镇按照不低于3A级景区标准规划建设特色旅游景区。

（四）彰显特色文化。充分挖掘、整理、记录地方传统文化，保护和利用好历史文化遗存，在经济发展和社会管理中充分弘扬优秀传统文化，形成独特的地方文化标识。制定历史文化遗产、历史文化街区、风景名胜等的保护措施，制定传统村落保护发展规划，完善历史文化名村、传统村落和民居名录，建立健全保护和监管机制。保护独特风貌，挖掘文化内涵，彰显乡愁特色，建设有历史记忆、文化脉络、地域风貌的特色小镇。加强规划管理，集约节约利用土地，提倡街坊式居住区布局，开展房屋、店铺及院落风貌整治，建筑彰显传统文化和地域特色，防止外来建筑风格对原有风貌的破坏。发展城乡社区文化、主题文明教育和农村公益性文化事业，更新居民思想观念和提高法制意识，大力提高居民思想道德和文化素质。

（五）完善设施服务。全面提升特色小镇建设水平和群众生活质量，健全农村基础设施投入长效机制，推动城镇公共服务向农村延伸，按照适度超前、综合配套、集约利用的原则，统筹实施市政公用设施改造，加快完善道路、供水、供电、供气、广播电视、排水、防洪、农贸市场、垃圾处理、污水处理、公共交通、通信网络等设施，逐步实现城乡基本公共服务制度并轨、标准统一。加强小城镇信息基础设施建设，加速光纤入户进程，加强步行和自行车等慢行交通设施建设，推进公共停车场建设。全面收集生活污水并达标排放，生活垃圾百分之百无害化处理，道路交通停车设施完善便捷，防洪、排涝、消防等各类防灾设施符合标准。实施医疗卫生服务能力提升计划，加快推进义务教育学校标准化建设。教育、医疗、文化、商业等公共服务覆盖农村地区，服务质量较高。利用小城镇基础设施及公共服务设施，整体带动提升农村人居环境质量。

（六）创新体制机制。进一步创新发展理念和发展模式，提升社会管理服务水平，大力探索省、市、县扶持政策。深化简政放权、放管结合、优化服务改革，加快转变政府职能、提高政府效能，破除体制机制障碍，增强创新能力，激发内生动力。提供双创服务，深化投资便利化、负面清单管理等改革创新。处理好政府和市场的关系，使市场在资源配置中起决定性作用和更好发挥政府作用。充分发挥社会力量作用，充分调动各方面的积极性和创造性，最大限度激发市场主体活力和企业家创造力，鼓励企业、其他社会组织和市民积极参与特色小镇投资、建设、运营和管理。创新规划建设管理方式，试点多规合一，促进公共服务覆盖农村、产业发展合理布局、经济要素有序流动，实现城乡协调发展和镇村功能融合。建立低效用地再开发激励机制，健全进城落户农民农村土地承包权、宅基地使用权、集体收益分配权自愿有偿流转和退出机制。探索利用国家和省、市科研项目资金，支持特色小镇内企业研发平台建设，引导企业开展产品研发和创新，支持企业研发成果转化。

三、组织申报

（一）申报范围。（1）以传统行政区划为单元的建制镇（不含城关镇）。（2）聚焦特色产业和新兴产业、集聚发展要素，不同于行政建制镇和产业园区的创新创业平台。

（二）申报时间。由省特色小镇建设工作联席会议办公室印发通知，2017、2018 年的每年 4 月底分别集中申报一次。

（三）申报数量。为重点扶持条件成熟、发展较好的特色小镇，省特色小镇建设工作联席会议 2017、2018 年的每年 6 月底分别确定公布一批省特色小镇名单，两年合计确定公布 60 个左右省特色小镇名单。

（四）申报方式。2017、2018 年的每年 4 月底，由设区市建设局（建委）会同发改委、财政局向省特色小镇建设工作联席会议办公室汇总上报各县（市、区，含省直管试点县）申报材料。申报条件和评选程序由省住房城乡建设厅会同省发改委等省直部门另行确定。

四、保障措施

（一）加强组织领导。建立省特色小镇建设工作联席会议制度，由省住房城乡建设厅牵头组织实施，省发改委、省财政厅、省委农工部、省统计局、省国土资源厅、省工信委、省地税局作为成员单位参加，联席会议办公室设在省住房城乡建设厅。各市、县（区）要将特色小镇建设工作作为加快小城镇建设和促进新型城镇化发展、促进创新创业的重点，摆上重要工作日程，明确责任，强化措施，在工作部署、项目落地、用地指标、财力安排上统筹协调，加强督导，确保目标任务落到实处。各有关部门要根据职能分工，发挥部门优势，整合政策、资金、项目，重点支持特色小镇建设工作，形成推进合力。

（二）明确工作责任。省特色小镇建设工作联席会议负责组织开展省特色小镇建设工作，明确建设要求，制定政策措施，开展指导检查，公布和调整特色小镇名单，推荐上报全国特色小镇。设区市政府负责对县（市、区）特色小镇建设工作进行督查，对申请纳入省级特色小镇建设的建制镇和创新创业平台进行初审上报。县级政府作为特色小镇建设责任主体，负责制定建设专项规划、工作方案、年度计划等，建立用地、财力保障制度和监督考核机制，确保特色小镇建设快速有效推进。建制镇政府和创新创业平台管理主体具体实施特色小镇建设工作。

（三）落实经费保障。县级政府是特色小镇建设经费的筹措主体，要建立"以县为主、乡镇为辅、省市奖补"的经费保障机制。县级政府设立特色小镇产业发展基金或风险资金，提供企业融资服务和创业补贴。特色小镇按规定计提各项基金后的土地出让金净收益全部留镇用于公共设施建设。入选省特色小镇名单后，省财政每年安排每个特色小镇建设奖补资金 200 万元，用于对特色小镇建设年度考核合格的进行奖励。对特色小镇年度考核不合格的，对当年建设奖补资金不予奖励。

（四）用足土地政策。坚持节约集约用地原则，支持各地从省下达的年度新增建设用地计划中安排一定数量的用地计划用于特色小镇建设，并予以优先安排、足额保障。支持有条件的特色小镇通过开展低丘缓坡荒滩等未利用地开发利用、工矿废弃地复垦利用和城乡建设用地增减挂钩试点，增减挂钩的周转指标扣除农民安置用地以外，剩余指标的 20%~50% 留给特色小镇使用，有节余的可安排用于城镇经营性土地开发。特色小镇现有的存量行政划拨用地，依据规划，依法经县级以上国土资源、城乡规划主管部门同意，县级以上人民政府批准，可转为经营性用地。

（五）深化"放管服"改革。以商事制度改革为重点，降低市场准入门槛，强化事中事后监管，着力在"放、管、服"上下功夫，以放促活、以管促优、以服促强，努力营造特色小镇宽松便捷的准入环境、公平有序的市场环境、高效优质的服务环境，促进经济转型发展，助力实体经济做大做强。创新特色小镇建设投融资机制，大力推进政府和社会资本合作，鼓励利用财政资金撬动社会资金，共同发起设立特色小镇建设基金。特色小镇纳入省级小微企业创业园同步创建，提供融资服务、技术支持、证照办理等相关便利，依法给予税费减免，在投资项目审批中，进一步简化程序、缩短时限、提高效率。

五、运行、监管和验收

（一）日常运行。坚持政府引导、企业主体、市场运作，县级政府主要做好建设专项规划和工作方案编制、市政公用设施配套、项目监管、文化内涵挖掘、生态环境保护、统计数据审核上报等工作，项目建设推进以企业为主。

（二）动态监管。省特色小镇建设工作联席会议办公室牵头建立省特色小镇评价指标体系，采取半年度通报和年度考核的办法，对省特色小镇建设名单、观察名单开展统一监测。省特色小镇建设采取动态监管的方式，以年度统计数据、项目推进情况为依据，评出年度优秀、合格、不合格特色小镇。对年度考核优秀的特色小镇，落实省级财政、土地扶持政策并予以适当奖励，推荐上报全国特色小镇；对年度考核合格的特色小镇，落实省级财政扶持政策；对年度考核不合格的特色小镇，次年取消其省级财政扶持政策，调整进入观察名单，并向设区市政府发函督促问责。对进入观察名单的镇，一年后由省特色小镇建设工作联席会议办公室对其整改情况进行实地复核，对整改不到位的，终止观察并通报全省。

（三）联动指导。省特色小镇建设工作联席会议办公室具体负责对特色小镇规划建设的前期辅导、协调指导、日常督查和协调政策落实。各设区市要加强对所辖县（市、区）特色小镇规划、申报、建设等工作的督促和指导。各县（市、区）要参照省特色小镇建设工作联席会议部门职责分工，明确责任、分工合作，形成省、市、县联动推进的工作机制。

（四）期末验收。特色小镇要如期完成专项建设规划确定的各项目标，确保真正符合特色小镇的内涵特征，在社会上有较大的知名度，在行业内有一定的公认度。省特色小镇建设工作联席会议办公室在 2020 年底，组织有关成员单位实地察看，形成验收意见报省特色小镇建设工作联席会议审议。具体验收办法另行制定。

五、四川省相关政策

四川省对于特色小镇建设提出了如下的发展规划：

四川省“十三五”特色小城镇发展规划

序言

特色小城镇是指以行政区划为单元，资源禀赋各异、特色产业鲜明、具有一定人口和经济规模的建制镇。培育发展特色小城镇是推进新型城镇化的重要抓手，是推进供给侧结构性改革的重要平台，是推进城乡统筹发展的重要途径。为贯彻落实《国家发展改革委关于加快美丽特色小（城）镇建设的指导意见》精神，立足四川省情，编制本规划，指导和培育一批基础条件好、发展潜力大、产业特色鲜明的小城镇，发挥在全省特色小城镇建设和发展中的示范带动作用。规划期为2016—2020年。

第一章　规划背景

第一节　“十二五”发展成效

“十二五”时期，省委省政府高度重视小城镇发展和建设，先后实施了发展改革试点镇建设、全国建制镇试点、“百镇建设行动”等一系列举措，积极探索小城镇发展的新路径。一是以规划为指引，不断优化小城镇形态和布局，充分利用自然资源、历史文化、交通区位等条件，建成一批分布合理、和谐宜居的小城镇。二是坚持宜工则工、宜商则商、宜旅则旅，因地制宜、分类施策，以特色产业发展助推创业就业和人口集聚，初步形成充满活力的镇域经济发展新格局。三是小城镇基础设施建设加快推进，一批道路、管网、通信、能源、污水垃圾处理等设施建成并投入使用，综合承载能力大幅提升。四是加快产镇村融合发展，小城镇对乡村的辐射带动作用逐步显现，有力地促进了新农村建设和农民增收致富。五是大力推进扩权强镇，小城镇建设和管理水平得到提升，发展活力进一步释放。截至2015年底，全省已有建制镇2032个，集聚人口1万人以上的超过600个，1万~3万的超过490个，3万~5万的超过100个，5万人以上的有18个。

第二节　存在问题

我省小城镇数量众多，但与全国平均水平，特别是沿海发达地区相比还存在一些问题。一是特色优势不够突出。小城镇的特色内涵挖掘不充分，在发展路径、风貌打造等方面存在同质化现象。特别是主导产业特色不鲜明，核心竞争力不强，集群集聚发展程度不高，部分相邻小城镇还未形成错位互补的发展关系，“一镇一业”的发展格局未有效建立。二是“小、散、弱”问题明显。全省小城镇人口规模不大，超过70%的小城镇镇区常住人口不到1万人，主导产业规模普遍偏小，基础设施建设仍然滞后，对周边区域的辐射带动作用有限，集聚人口和经济的能力亟待提高。三是综合承载能力仍然较低。小城镇基础设施、公共设施建设欠账多、差距大，大量小城镇供水普及率、燃气普及率、广电覆盖率等指标低于城市水平，污水垃圾处理设施建设仍然滞后，医疗教育等公共服务资源短缺，不能满足农业转移人口就近就地城镇化的需要。四是发展建设投入不足。小城镇发展普遍存在自身财力不足、缺乏有效资金筹措及投入机制等问题，小城镇建设利用社会资本的能力、经验不够，随着经济发展、人口增加，小城镇建设资金不足的矛盾将更加突出。

第三节　发展机遇

“十三五”时期，我省小城镇建设发展面临良好的机遇和环境。一是国家系列重大发展战略带来了新机遇。国家将加快推进新型城镇化、长江经济带建设以及新一轮西部大开发等重大战略，特别是印发了《成渝城市群发展规划》《关于深入推进新型城镇化建设的若干意见》《关于加快美丽特色小（城）镇建设的指导意见》等，为我省因地制宜发展特色小城镇指明了方向。二是推动创新驱动转型发展带来了新动力。国家和我省大力实施创新驱动发展战略，我省作为西部地区唯一的省级全面创新改革试验区，将加快推动“大众创业、万众创新”和产业结构转型升级，将有利于我省小城镇发展走上特色化、专业化、绿色化道路。三是全面深化改革激发了新活力。供给侧结构性改革、户籍制度改革、扩权强镇改革等加快实施，将极大激发小城镇发展的内生动力，增添小城镇发展活力。四是先进省份的经验做法拓展了发展思路。近年来，许多省份积极开展了大量特色小城镇建设的地方探索，提出了产业“特而强”、功能“聚而合”、形态“小而美”、机制“新而活”等模式，为我省特色小城镇建设实践提供了有益参考。

第二章　总体要求

第一节　指导思想

深入贯彻落实中央和省委城镇化工作会议、城市工作会议精神，按照“五位一体”总体布局和“四个全面”战略布局，牢固树立创新、协调、绿色、开放、共享的发展理念，以人的城镇化为核心，以特色优势产业发展为支撑，以提高综合承载能力为重点，以优化宜业宜居宜商环境为方向，推进功能化、个性化、专业化、品牌化、标准化建设，培育一批发展水平高、代表性强、示范作用大的特色小城镇，引领带动全省小城镇走上特色鲜明、创业创新、富有活力的发展道路，为推进全省新型城镇化提供持续有效的动力支撑。

第二节　基本原则

因地制宜，突出特色。落实主体功能区战略，充分利用四川独特的山、水、林等生态优势和历史文化禀赋，结合经济社会发展实际，合理确定城镇规模、功能定位和特色产业，体现区域差异性，提倡形态多样性，彰显小城镇独特魅力。

和谐宜居，绿色发展。坚持以人为本、生态优先，统筹生产、生活、生态三大空间布局和规划、建设、管理三大环节，加强城镇基础设施建设、公共服务供给、生态环境保护，完善城镇功能，打造宜居宜业环境，提高人民群众获得感和幸福感。

产镇融合，城乡统筹。推动产镇村融合发展，根据区域要素禀赋和比较优势，做精做强主导特色产业，培育新经济新业态，增强城镇对农村的带动和产业对就业的吸纳作用，打造具有较强竞争力和可持续发展能力的独特产业生态。

市场主导，政府引导。充分发挥市场在资源配置中的决定性作用和更好地发挥政府作用，创新建设模式、管理方式和服务手段，以市场为主体、以规划为引领、以项目为支撑，提高各方共同推动特色小城镇发展的积极性。

深化改革，探索创新。充分发挥地方探索实践的主动性和创造性，鼓励先行先试，创新要素保障机制，着力培育供给侧小镇经济，努力形成可复制、可推广的经验和模式，走出一条特色鲜明、效益明显、惠及群众的新型小城镇发展之路。

第三节　发展目标

“十三五”期间，以旅游休闲、现代农业、商贸物流、加工制造、文化创意、科技教育等方向为重点，大力培育发展200个左右类型多样、充满活力、富有魅力的特色小城镇，引领带动全省小城镇发展和建设。

产业特色更加鲜明。特色小城镇产业定位更加精准，资源禀赋、产业形态、区位环境、历史文化等特色得到充分挖掘，优势产业专业化水平和竞争力明显提高，新兴产业快速成长，传统产业加快升级，在差异定位和领域细分中构建小镇大产业，实现特色产业立镇、强镇、富镇。

人居环境更加美丽。特色小城镇“一镇一规”全面推行，城镇特色景观资源得到有效保护，环境综合整治进一步加强，生态环境质量全面改善，形成生产空间集约高效、生活空间宜居适度、生态空间山清水秀的可持续发展格局。按照3A级景区以上标准规划建设特色旅游景区，将美丽资源转化为“美丽经济”。

设施服务更加完善。功能完善、服务优质的基础设施和公共服务体系加快形成，综合承载能力大幅提高，满足人口集聚、经济发展的需要。全面推行污水达标排放和垃圾无害化处理，道路交通停车设施完善便捷，绿化覆盖率进一步提高，各类防灾设施符合标准，教育、医疗、文化、商业等服务体系更加完善。

体制机制更新更活。扩权强镇改革进一步深化，户籍制度、行政管理、土地开发、投融资等体制机制更加健全，更加公平、开放的市场环境加快形成，特色小城镇发展活力得到有效激发和释放。

第四节　总体布局

按照各地主体功能定位，根据重点开发区域、农产品主产区、重点生态功能区的管控要求，立足资源禀赋、地理区位、发展基础等实际，引导特色小城镇布局建设。

重点开发区域。重点布局一批加工制造、商贸物流、文化创意、科技教育等类型的特色小城镇，以产业发展和人口集聚为重点，统筹规划国土空间，加快新型工业化和新型城镇化进程，做大做强优势支柱产业，延伸产业链和提升价值链，提高基础设施和公共服务设施水平，营造宜业宜居宜商环境，逐步发展成为中心城市服务配套的卫星城镇。

农产品主产区。重点布局一批现代农业、农产品加工、商贸物流等类型的特色小城镇，以服务“三农”、带动农村为重点，合理控制开发强度，加快推进农业现代化，积极发展果蔬、畜禽等特色农产品深加工产业，加强交通、水利、能源等基础设施建设，进一步完善教育、医疗等基本公共服务体系，提升服务农村、带动周边的功能。

重点生态功能区。重点布局一批旅游休闲等类型的特色小城镇，以加强生态保护、发展生态经济为重点，严格控制工业化城镇化开发强度，城镇建设禁止成片蔓延扩张，在不损害生态系统功能的前提下，因地制宜发展旅游、康养、文化等适宜产业，增加公共服务供给，承接生态移民，走依托生态优势实现可持续发展之路。

第三章　分类引导特色小城镇发展

在综合分析资源禀赋、产业基础、交通区位、发展潜力等因素的基础上，在全省选择发展水平高、代表性强、示范作用大的小城镇（县级政府所在的城关镇不在选择范围内）进行指导，培育一批旅游休闲、现代农业、商贸物流、加工制造、文化创意、科技教育等主导产业特色鲜明的小城镇，发挥示范带动作用，推动形成类型多样、充满活力、富有魅力的全省小城镇发展新格局。

第一节　旅游休闲型

充分利用四川特色景观、历史文化、民俗宗教、休闲养生等优势资源，鼓励旅游业占主导地位或具有较大发展潜力的小城镇，加快发展旅游休闲产业，力争打造 4A 级以上旅游景区，推动城镇建设和旅游休闲产业发展有机融合，建成区域旅游集散和服务中心。

加强旅游休闲、历史文化、生态环境等资源的保护利用，打造特色化的景点景观，完善城镇及旅游配套设施，提供高品质的旅游服务。把旅游城镇建设与景区景点建设结合起来，加强旅游小城镇的可进入性，完善旅游公共服务功能，设置游客中心、停车场、导览标识及环卫设施等，提升旅游小镇的接待能力。统筹城乡景观建设，促进小城镇建设与自然山水景观有机融合，打造镇村连片景观带。在旅游镇规划建设中加强旅游业与文化产业的融合，深入挖掘小城镇文化内涵，加大对传统民居、宗教遗迹、民间艺术等特色资源的保护，在旅游形象、旅游产品、宣传营销等方面注入文化特色，加强对外推介，塑造特色旅游品牌。

专栏1　旅游休闲型小城镇

成都市：金堂县五凤镇、大邑县新场镇
自贡市：沿滩区永安镇
攀枝花市：米易县得石镇、盐边县红格镇
泸州市：合江县尧坝镇、古蔺县双沙镇
德阳市：什邡市冰川镇、罗江县白马关镇
绵阳市：平武县响岩镇、三台县郪江镇
广元市：朝天区曾家镇、剑阁县剑门关镇、苍溪县云峰镇
遂宁市：安居区玉丰镇
内江市：威远县连界镇
乐山市：犍为县芭沟镇、沐川县箭板镇、峨边彝族自治县黑竹沟镇
南充市：蓬安县锦屏镇
宜宾市：兴文县石海镇、屏山县龙华镇
广安市：武胜县飞龙镇
达州市：通川区罗江镇、万源市八台镇
巴中市：南江县关坝镇
雅安市：名山区蒙顶山镇
眉山市：彭山区江口镇、青神县汉阳镇
资阳市：安岳县卧佛镇
阿坝藏族羌族自治州：理县桃坪镇、茂县叠溪镇、黑水县卡龙镇、若尔盖县红星镇、红原县安曲镇
甘孜藏族自治州：康定县新都桥镇、泸定县冷碛镇、丹巴县巴底镇、雅江县西俄洛镇、甘孜县来马镇、新龙县拉日马镇、稻城县桑堆镇
凉山彝族自治州：木里藏族自治县茶布朗镇、布拖县龙潭镇、喜德县红莫镇、甘洛县海棠镇、雷波县黄琅镇

第二节　现代农业型

充分利用四川田园景观优美、农业生产经营活跃、乡土风情浓郁等优势，鼓励花卉、果蔬、林业、渔业、牧业等农业产业化资源丰富的小城镇，加快发展现代农业和农产品深加工产业，推动4A级景区建设，促进城镇建设和都市农业、现代农业相互结合，建成宜农宜游、保留乡愁记忆、服务"三农"的特色小城镇。

围绕农产品生产、流通、消费等环节，充分考虑农业生产、农村生活的功能要求，培育农产品品牌，加强农产品地理标志保护，建设无公害、绿色和有机食品生产基地。支持农产品批发市场和流通企业跨区域发展，加强重要农产品集散地、优势农产品产地市场、主要农产品集配中心建设。积极培育集观光、体验、度假、购物等为一体的农业产业新业态，形成新的经济增长点。积极发展高品质、高附加值的种养业，拓展以体验农业和创意农业为重点的休闲度假、观光旅游模式，适应消费结构升级的需要。大力发展优质粮油、畜禽、果蔬、花卉、水产等特色农业，延长产业链，提高附加值，满足多样化的消费需求。鼓励依托森林、草场、光热等优势资源，积极发展林下经济、优质牛羊肉、中药材、亚热带水果、反季节蔬菜等名特优新农产品，拓展发展农产品精深加工和旅游观光农业。

专栏2　现代农业型小城镇

成都市：青白江区福洪镇、蒲江县朝阳湖镇

自贡市：沿滩区黄市镇、荣县留佳镇、富顺县李桥镇

攀枝花市：东区银江镇、仁和区大田镇、米易县撒莲镇、盐边县永兴镇

泸州市：江阳区分水岭镇、合江县大桥镇

德阳市：绵竹市九龙镇

绵阳市：游仙区街子镇

广元市：苍溪县五龙镇

遂宁市：船山区河沙镇、安居区聚贤镇

内江市：隆昌县普润镇

乐山市：沙湾区福禄镇、夹江县华头镇、马边彝族自治县烟烽镇

南充市：高坪区江陵镇、营山县黄渡镇

宜宾市：南溪区江南镇、江安县底蓬镇、高县大窝镇、筠连县腾达镇、珙县王家镇

广安市：前锋区观塘镇、华蓥市明月镇、岳池县乔家镇、邻水县柑子镇

达州市：通川区磐石镇、达川区亭子镇、宣汉县黄金镇、大竹县乌木镇

巴中市：恩阳区下八庙镇、通江县铁佛镇

雅安市：芦山县大川镇

眉山市：仁寿县文宫镇

资阳市：雁江区丹山镇、安岳县文化镇

阿坝藏族羌族自治州：金川县安宁镇

甘孜藏族自治州：乡城县青德镇

凉山彝族自治州：西昌市黄联关镇、冕宁县沙坝镇

第三节　商贸物流型

支持区位优势突出、位于重要交通节点、镇区常住人口多的小城镇，以交通为依托，以需求为导向，加快发展商贸业、物流业、会展业等，强化城镇功能与商贸服务功能的有机结合，打造成为辐射周边区域的商贸流通、物资集散中心。

加快交通运输、邮电通信等基础设施建设，完善城镇公共服务功能，促进技术、信息、人才等生产要素自由流动，强化对周边区域的辐射带动作用。科学布局综合市场及各类专业批发市场，着重加强商业街区、仓储物流设施建设，着力培育以商务会展、农产品流通、物资集散、电子商务等为主导的产业形态。加快产镇和镇村联动，以特色小城镇为节点，加强电商服务站（点）建设，推进农村电商发展和“快递下乡”。落实内贸流通行政管理权力清单、市场准入负面清单等制度，加强事中事后监管。利用信息技术加强市场监管，提升商务执法能力，整顿和规范市场流通秩序。

专栏3　商贸物流型小城镇

成都市：新都区斑竹园镇
自贡市：自流井区舒坪镇、大安区大山铺镇
攀枝花市：仁和区金江镇
泸州市：龙马潭区石洞镇
德阳市：旌阳区德新镇、绵竹市土门镇
绵阳市：梓潼县许州镇
广元市：昭化区红岩镇、剑阁县元山镇、旺苍县嘉川镇
遂宁市：大英县河边镇
乐山市：峨眉山市符溪镇
南充市：顺庆区李家镇、南部县东坝镇、仪陇县立山镇、蓬安县河舒镇
宜宾市：翠屏区菜坝镇、宜宾县泥溪镇
广安市：前锋区护安镇、武胜县烈面镇
达州市：达川区河市镇、宣汉县南坝镇、大竹县杨家镇
雅安市：雨城区对岩镇、名山区车岭镇
资阳市：乐至县良安镇
甘孜藏族自治州：九龙县烟袋镇
凉山彝族自治州：德昌县永郎镇、会理县通安镇、会东县姜州镇

第四节　加工制造型

依托资源禀赋、产业园区等条件，支持以工业为主导、制造业基础较好、发展潜力较大的小城镇，发展壮大特色产业，加快新兴产业培育和传统产业改造升级，推动产镇融合发展，增强城镇服务功能，加快推进特大镇建设，建成具有较强人口集聚能力和产业竞争力的制造业基地。

坚持走新型工业化、新型城镇化发展道路，做好城镇总体规划和产业发展规划的衔接，统筹考虑城镇新区和工业园区规划建设，通过新区的开发建设和功能的完善，加快人口集聚和产业发展。加强对现有工业园区支撑和服务配套能力建设，按照集聚集群集约的要求，延伸产业链，促进关联产业协作发展，壮大产业发展规模。推动创新驱动转型发展，鼓励大众创业、万众创新，积极承接产业转移，大力发展循环经济和绿色产业，加快培育新经济、新模式，做精做强主导特色产业。积极吸纳农业转移人口到镇区就业、居住，促进居民就业增收致富，带动商贸、餐饮等生活性服务业发展，为小城镇发展提供持续有效的活力动力。

专栏4　加工制造型小城镇

成都市：都江堰市蒲阳镇、新津县普兴镇

泸州市：江阳区黄舣镇、纳溪区大渡口镇、泸县太伏镇、叙永县龙凤镇

德阳市：中江县仓山镇、罗江县金山镇

绵阳市：游仙区松垭镇、安州区界牌镇

广元市：朝天区中子镇

遂宁市：船山区桂花镇、蓬溪县金桥镇

内江市：东兴区椑木镇

乐山市：五通桥区金山镇、沙湾区嘉农镇

南充市：营山县城南镇

宜宾市：南溪区裴石镇、宜宾县高场镇、江安县桐梓镇、珙县珙泉镇

广安市：广安区龙台镇、华蓥市高兴镇、邻水县高滩镇

达州市：开江县普安镇

巴中市：巴州区清江镇

雅安市：名山区百丈镇

眉山市：东坡区修文镇、仁寿县视高镇

资阳市：雁江区临江镇

第五节　文化创意型

充分挖掘悠久的历史文化遗存、深厚的巴蜀文化底蕴和鲜明的民族文化传统，适应人民群众不断增长的精神文化需求，支持历史文化资源丰富、艺术人才汇集、文化产业发展潜力大的小城镇，加快发展文化旅游、创意设计、影视动漫、艺术创作、文博等特色文化产业，建成具有一定影响力和独特魅力的文化创意基地。

加强历史名镇建设，强化空间立体性、平面协调性、风貌整体性、文脉延续性等方面的规划和管控，留住城镇特有的地域环境、文化特色、建筑风格等“基因”。推动历史文化和民族文化的保护传承，促进优秀传统文化创造性转化和创新性发展，形成新的经济增长点。依托历史遗迹、文化景观等，促进文化与旅游、商贸等深度融合。以民俗、民族、艺术创作、饮食养生等为重点，培育和保护文化品牌，鼓励推陈出新，提供优质的文化产品和文化服务。吸纳影视动漫、音像传媒、表演艺术、工艺设计、广告装潢、服装设计等方面的创意群体，增强文化创意产业发展能力。充分利用现代信息平台促进对外交流，加强宣传推介，提升文化创意产品的知名度、美誉度。

专栏 5　文化创意型小城镇

成都市：龙泉驿区洛带镇、崇州市怀远镇、大邑县安仁镇

自贡市：贡井区艾叶镇

泸州市：龙马潭区特兴镇、叙永县江门镇

德阳市：旌阳区孝泉镇、广汉市南兴镇、中江县龙台镇

绵阳市：涪城区河边镇、游仙区沉抗镇、江油市青莲镇、北川县禹里镇、盐亭县金鸡镇

广元市：青川县关庄镇

遂宁市：射洪县金华镇、大英县卓筒井镇

内江市：市中区龙门镇、资中县罗泉镇、隆昌县云顶镇

乐山市：市中区苏稽镇、井研县竹园镇

南充市：高坪区长乐镇、嘉陵区李渡镇、阆中市柏垭镇

宜宾市：翠屏区李庄镇、长宁县双河镇

广安市：华蓥市永兴镇

达州市：宣汉县樊哙镇、渠县临巴镇

巴中市：平昌县驷马镇

眉山市：洪雅县止戈镇

第六节　科技教育型

依托学校、科研机构、高新技术产业园区等，支持创新资源较丰富、科教实力较雄厚的小城镇，加快科技孵化、技术研发、职业教育、学术交流等特色产业发展，营造大众创业、万众创新的良好环境，建成人才汇集、科教事业蓬勃发展的区域性创新创业基地。

加强信息、道路、物流等基础设施的建设，建设智慧小镇。在规划建设中明确产研区域、教育区域、生活区域等空间布局，配套图书馆、运动场地、医疗卫生等高品质生活服务设施，打造富有活力的城镇社区，积极推动镇域资源共享和后勤社会化，吸引高等院校、科研机构、双创企业等科技教育资源聚集。鼓励镇域内校企合作，建立人才交流培养机制，支持科技创新成果就地转化，实现产学研联动发展。积极建立完善以创业苗圃、创业孵化器、企业加速器为主的创业孵化体系。建立高校科技资源校地共享机制，开展多种形式的科技成果展示、交易、对接活动，促进科技成果交易方式的多样化和价格市场化。

专栏6　科技教育型小城镇

成都市：郫都区德源镇、彭州市丽春镇、简阳市石板凳镇

自贡市：贡井区成佳镇

泸州市：纳溪区合面镇、泸县云龙镇

德阳市：广汉市新平镇

绵阳市：涪城区青义镇、江油市厚坝镇

广元市：剑阁县普安镇、青川县竹园镇

南充市：西充县多扶镇

广安市：广安区协兴镇

达州市：通川区北外镇

阿坝藏族羌族自治州：汶川县水磨镇

第四章　深入推进产镇融合

第一节　明确城镇主导功能

根据各地主体功能定位，立足发展基础和比较优势，确定小城镇主导功能，培育发展专业特色镇，构建横向错位发展，纵向分工合作的发展格局。加强规划引导，精准定位主导产业和特色产业，体现区域差异性，提倡形态多样性，打造具有持续竞争力和可持续发

展特征的独特产业形态。推动成都、绵阳、南充、泸州等大城市周边的小城镇融入城市群、都市圈产业链，加强与中心城市发展的规划统筹和功能配套。提高特色小城镇的城镇化发展水平，强化辐射带动能力，促进周边乡镇和农村居民点人口集聚，为完善城镇体系提供多点支撑，形成城乡统筹、协调发展、集约高效的发展格局。

第二节　推动产业结构转型升级

引导小城镇瞄准先进标准和细分市场需求，利用现代化技术改造升级传统产业，加快先进制造业和现代服务业发展，大力推进农业现代化，促进供给能力提升和体制革新，增加适应高端需求的有效供给。坚持调整存量和优化增量并举，围绕在全省具有支撑作用的电子信息、装备制造、汽车制造、食品饮料等优势产业，强化配套能力建设和竞争力提升。瞄准新技术创新、新消费变化，积极发展新一代信息技术、轨道交通装备、节能环保装备等先进制造业以及电子商务、现代物流、健康养老等新兴先导型服务业，形成产业发展新引擎。从提高产品功效、性能、适用性、可靠性和美观性入手，补齐设计、品质、技术短板，推动质量品牌提升，满足市场多样化、个性化产品需求。

第三节　优化空间布局

树立“精明增长”“紧凑城镇”理念，合理划定城镇、农业、生态三大空间，优化用地结构，促进功能混合，加快形成高效、协调、可持续的国土空间开发格局。合理划分镇域内生产、生活、生态等功能布局，提升中心镇区综合服务功能，促进人口和经济集聚，强化工业集中集约集聚发展和布局，控制镇域开发强度，提高空间利用效率。科学预测人口规模和发展趋势，注重从全局范围和更长时间维度谋划小城镇发展，有效引导人口资源流向，为城镇未来发展预留空间。合理划定基本农田保护红线、生态保护红线等，控制土地开发增量，提高土地利用效率，鼓励有条件的小城镇开发利用地下空间。推动城乡联动统筹发展，强化小城镇连接城乡、辐射农村的纽带功能，促进城镇基础设施和公共服务向农村延伸，引导城镇资金、技术、信息等要素向农村流动，形成城乡一体化发展新格局。

第四节　推动创业创新

发挥小城镇门槛低、束缚少、生态环境好等优势，打造大众创业、万众创新的载体，培育经济发展新动能。积极搭建面向大众、服务小微企业的开放式服务平台，汇聚创业信息、风险资本、科技成果等高端要素，为创业团队、中小微企业提供便捷高效的服务，构建富有活力的创业创新生态圈。鼓励企业构筑汇聚创新资源的平台，依托互联网拓宽营销渠道、社会需求。推进专业空间、网络平台和企业内部众创。制定更加开放有效的人才引进政策，积极开展招才引智，努力争取技术移民、海外人才离岸创新创业基地、在川外国留学生毕业后直接留川就业等试点。深化投资便利化、商事仲裁、负面清单管理等改革创新，加快推进社会信用体系建设，积极营造汇聚人才、激发活力的创业环境，推动形成一批集聚高端要素、具有鲜明特色、富有活力和竞争力的新型小城镇。

第五章　提升城镇综合承载能力

第一节　加快基础设施建设

遵循适度超前、综合配套、集约利用的原则，加强道路、供水、供电、通讯、污水垃圾处理、物流等基础设施建设，构筑城乡一体的公共交通、供排水、垃圾处理等公共服务网络。鼓励有条件的小城镇合理推进电力、通讯、给排水、热力、燃气等基础设施地下布局，统筹人防工程和地下综合管廊建设。强化城镇与交通干线、交通枢纽城市的连接，提高公路技术等级和通行能力，改善交通条件，提升服务水平。加强信息基础设施建设，完善高速通畅、质优价廉、服务便捷的宽带网络，建设智慧小镇。鼓励综合开发，形成集交通、商业、休闲等为一体的开放式功能区。加强防灾减灾能力建设，科学避让自然灾害高发地段，合理确定防洪标准、抗震设防标准。

第二节　着力提升公共服务水平

根据人口变化趋势，科学规划基本公共服务设施布局，提高基本公共服务水平。大力提高教育质量，加快推进义务教育学校标准化建设，推动市县知名中小学和城镇中小学联合办学，扩大优质教育资源覆盖面。推动城乡医疗设施共建共享，提升镇区中心医院等级。完善商业服务、养老服务和各类文化体育设施建设，提升小城镇吸引力。聚焦居民日常需求，提升社区服务功能，加快构建便捷“生活圈”、完善“服务圈”和繁荣“商业圈”。

第三节　加强生态环境保护

贯彻“绿水青山就是金山银山”的发展思路，保护独特的山、水、林、田、湖等生态资源，促进生活生产方式向绿色化转变，打造宜居宜业宜游的优美环境。加强环境综合整治，深入开展大气污染、水污染、土壤污染防治行动，实施雨污分流，推动镇区污水收集处理和达标排放，禁止秸秆焚烧，严控建筑扬尘，减少固体废弃物污染，全面推行垃圾分类投放、收运、处置。提高镇容管理和保洁水平，杜绝违法搭建，保持镇区环境美观整洁。加强镇域内重要山体、河流、绿色廊道等保护和建设，有机协调城镇内外绿地、河湖、林地、耕地，构建城镇生态网络，促进小城镇建设与自然山水景观有机融合。

第六章　强化体制机制保障

第一节　发挥市场主体作用

积极引进多元化市场主体，鼓励社会力量积极参与城镇投资、建设、运营和管理，逐步形成多方主体参与、良性互动的现代城镇治理模式。充分调动居民参与特色小城镇建设热情，促进其致富增收，让发展成果惠及广大群众。通过提供制度供给、设施配套、要素保障、市场监管、生态环境保护等管理和服务，营造更加公平、开放的市场环境。

第二节　深化扩权强镇改革

按照“小政府、大服务”模式，深入推进强镇扩权，强化事权、财权、人事权和用地指标等保障，推动具备条件的特大镇有序设市。加强城镇精细化管理，促进政府、社会、市民三大主体同心同向行动。全面放开小城镇落户限制，落实居住证制度，保障居住证持有者享有均等化的基本公共服务。深化“简政放权、放管结合、优化服务”改革，探索减少管理层级，简化审批环节，降低行政成本，提高行政效率。鼓励按照城市标准对镇区进行规划建设，提高居民生活、投资贸易、创业创新的服务水平和便利化程度。推进城镇管理属地化，健全城镇基层治理机制，推动规划建设管理综合执法。

第三节　创新投融资机制

大力推进政府和社会资本合作，广泛吸引社会资本参与基础设施建设运营和实施整体性开发。积极争取中央财政资金支持，加大省级财政资金支持力度，鼓励利用财政资金撬动社会资金，支持有条件的小城镇通过债券等方式拓宽融资渠道，缓解小城镇建设资金瓶颈问题。加大对贫困地区、民族地区特色小城镇转移支付、对口支持，提升自我发展能力。引导银行业金融机构结合特色小城镇建设金融需求特点，创新金融产品和服务，加大信贷支持。鼓励产业发展基金等支持特色小城镇建设。

第四节　完善工作机制

各地各部门要把加快建设特色小城镇作为落实新型城镇化战略部署和推进供给侧结构性改革的重要抓手，坚持用改革的思路、创新的举措发挥统筹协调作用，借鉴先进地区经验，整合各方面力量，加强分类指导，打造一批新兴产业集聚、传统产业升级、体制机制灵活、人文气息浓厚、生态环境优美的特色小城镇。各级地方政府是加快特色小城镇建设的责任主体，要切实加强领导，建立工作推进机制，做好统筹安排，确保各项工作不断取得实效，加快形成可复制可推广经验。省级有关部门结合各领域实际，加强对特色小城镇建设的指导和政策支持。

六、广东省相关政策

广东省发展改革委对于建立省特色小镇建设工作联席会议制度下发了相关通知，节选如下：

广东省发展改革委关于建立省特色小镇建设工作联席会议制度的通知

粤发改区域函〔2016〕3417号

附件：广东省特色小镇建设工作联席会议制度

为切实推动我省特色小镇建设，加强特色小镇建设的统筹协调，经省人民政府同意，建立广东省特色小镇建设工作联席会议（以下简称联席会议）制度。

一、主要职责

（一）贯彻落实国家、省关于推进新型城镇化的工作部署，统筹协调全省特色小镇建设工作，指导各地、各有关部门推进特色小镇创建工作。

（二）研究出台促进特色小镇建设的重大政策措施，审议全省特色小镇规划建设指导意见、创建导则等重要文件。

（三）审议候选特色小镇的发展规划、政策措施、重大项目布局，以及其他重要事项，研究提出拟公布的全省特色小镇名单报省政府审定。

（四）建立特色小镇规划建设协调机制、考核评价机制与动态调整机制，加强对特色小镇建设工作的指导、监督、评估和考核，协调解决特色小镇规划建设过程中遇到的重大问题。

（五）组织召开特色小镇创建现场会和专题工作会议，总结推广特色小镇规划建设经验，及时向省委、省政府报告有关工作进展情况。

（六）完成省委、省政府交办的其他事项。

二、组成人员

召集人：省发展改革委主任

成　员：省编办副主任

省发展改革委副主任

省经信委巡视员

省科技厅副厅长

省财政厅副厅长

省国土资源厅副厅长

省环保厅副厅长

省住房城乡建设厅副厅长

省交通运输厅副厅长

省农业厅副厅长

省文物局局长

省统计局副巡视员

省旅游局副局长

省金融办副主任

联席会议日常工作由省发展改革委承担。联席会议成员因工作变动需要调整的，由所在单位提出，联席会议确定。

三、工作规则

联席会议根据工作需要定期或不定期召开会议，由召集人主持或由召集人委托有关负责人主持。联席会议可根据工作需要，邀请非联席会议成员单位参加会议。联席会议以会议纪要形式明确会议议定事项，经与会成员同意并由召集人签发后印发。重大事项及时向省委、省政府报告。

四、工作要求

各成员单位要按照职责分工，互通信息、密切配合、相互支持、形成合力，认真落实联席会议议定事项，充分发挥联席会议的作用。要积极研究制订各领域推进特色小镇建设的具体支持政策和实施细则，及时指导和帮助解决特色小镇建设中的相关问题。

七、福建省相关政策

福建省人民政府、发展改革委等为推进特色小镇建设工作，提出了指导意见并下发了相关通知，节选如下：

福建省人民政府关于开展特色小镇规划建设的指导意见

闽政〔2016〕23号

特色小镇区别于建制镇和产业园区，是具有明确产业定位、文化内涵、兼具旅游和社区功能的发展空间平台。加快规划建设一批特色小镇是经济新常态下推进供给侧结构性改革和新型城镇化的战略选择，也是推动大众创业万众创新和加快区域创新发展的有效路径，有利于加快高端要素集聚、产业转型升级和历史文化传承。为加快推进特色小镇规划建设工作，现提出如下意见：

一、总体要求

（一）特色为本。特色小镇是集产业链、投资链、创新链、人才链、服务链于一体的创新创业生态系统，是新型工业化、城镇化、信息化和绿色化融合发展的新形式，要按照创新、协调、绿色、开放、共享发展理念，结合自身特质，找准产业定位，制定各具特色发展规划，挖掘产业特色、人文底蕴和生态禀赋，形成“产、城、人、文”四位一体有机结合的重要功能平台。

（二）产业为根。特色小镇应聚焦新一代信息技术、高端装备制造、新材料、生物与新医药、节能环保、海洋高新、旅游、互联网经济等新兴产业，兼顾工艺美术（木雕、石雕、陶瓷等）、纺织鞋服、茶叶、食品等传统特色产业，选择一个具有当地特色和比较优势的细分产业作为主攻方向，力争培育为支撑特色小镇未来发展的大产业。每个细分产业原则上只规划建设一个特色小镇。

（三）精致宜居。特色小镇要坚持精而美，按照节约集约发展、“多规融合”的要求，充分利用现有区块的环境优势和存量资源，合理规划生产、生活、生态等空间布局，规划区域面积一般控制在3平方千米左右（旅游类特色小镇可适当放宽）。其中，建设用地规模一般控制在1平方千米左右，原则上不超过规划面积的50%。特色小镇要建设3A级以上景区，旅游产业类特色小镇按5A级景区标准建设。

（四）双创载体。特色小镇要把人才引进作为首要任务，把为企业家构筑创新平台、集聚创新资源作为重要工作，在平台构筑、文化培育、社区建设等方面鼓励小镇内企业、社会组织、从业者等充分参与，培育小镇自治，不设专门机构，不新增人员编制；在投资便利化、商事仲裁、负面清单管理等方面改革创新，努力打造有利于创新创业的营商环境，最大限度集聚人才、技术、资本等高端要素，建设创新创业样板，助推产业转型升级。

（五）项目带动。发挥项目带动支撑作用，夯实特色小镇发展基础。新建类特色小镇原则上 3 年内完成固定资产投资 30 亿元以上（商品住宅项目和商业综合体除外），改造提升类 18 亿元以上，23 个省级扶贫开发工作重点县可分别放宽至 20 亿元以上和 10 亿元以上，其中特色产业投资占比不低于 70%。互联网经济、旅游和传统特色产业类特色小镇的总投资额可适当放宽至上述标准的 80%。

（六）企业主体。特色小镇建设要坚持企业主体、政府引导、市场化运作的模式，鼓励以社会资本为主投资建设。每个特色小镇要明确投资建设主体，可以是国有投资公司、民营企业或混合所有制企业。地方政府重点做好规划引导、基础设施配套、资源要素保障、文化内涵挖掘传承、生态环境保护、投资环境改善等工作。

二、创建程序

务实、分批推进特色小镇规划建设，力争通过 3 ～ 5 年的培育创建，建成一批产业特色鲜明、体制机制灵活、人文气息浓厚、创业创新活力迸发、生态环境优美、多种功能融合的特色小镇。

（一）自愿申报。由各设区市人民政府、平潭综合实验区管委会及省属企事业单位和高等院校向省推进新型城镇化工作联席会议办公室（挂靠省发改委，以下简称省城镇化办）报送创建特色小镇书面申报材料，应包含创建方案，明确特色小镇的四至范围、产业定位、投资主体、投资规模、建设计划，并附概念性规划。

（二）确定创建名单。根据申报创建特色小镇的具体产业定位，坚持统分结合、分批审核，先分别由省级相关职能部门牵头进行初审，再由省城镇化办组织联审并报省推进新型城镇化工作联席会议审定后由省政府分批公布创建名单。对各地申报创建特色小镇不平均分配名额，凡符合特色小镇内涵和质量要求的，纳入特色小镇创建名单，对产业选择处于全省同类产业领先地位的优先考虑。

（三）年度考核。对纳入省级创建名单的特色小镇，建立年度考核制度，由省城镇化办牵头制定考核办法。对连续两年未完成年度目标考核任务的特色小镇，实行退出机制，下一年度起不再享受特色小镇相关扶持政策。

（四）验收命名。纳入省级创建名单的特色小镇完成规划建设目标、达到特色小镇标准要求的，由省城镇化办组织有关部门进行评估验收，验收合格的报省政府审定命名为福建省特色小镇。

三、政策措施

（一）要素保障。各地要结合土地利用总体规划调整完善工作，统筹安排特色小镇建设用地，优化特色小镇建设用地布局。特色小镇建设要按照节约集约用地的要求，充分利用低丘缓坡地、存量建设用地等。省国土厅对每个特色小镇各安排 100 亩用地指标，新增建设用地计划予以倾斜支持。

在符合相关规划的前提下，经市、县（区）人民政府批准，利用现有房屋和土地，兴办文化创意、科研、健康养老、工业旅游、众创空间、现代服务业、“互联网＋”等新业态的，可实行继续按原用途和土地权利类型使用土地的过渡期政策，过渡期为 5 年。过渡期满后需按新用途办理用地手续，若符合划拨用地目录的，可依法划拨供地。在符合相关规划和不改变现有工业用地用途的前提下，对工矿厂房、仓储用房进行改建及利用地下空间，提高容积率的，可不再补缴土地价款差额。

在纳入省级创建名单的特色小镇内，符合条件的建设项目优先列入省重点建设项目。

（二）资金支持。对纳入省级创建名单的特色小镇，在创建期间及验收命名后累计 5 年，其规划空间范围内新增的县级财政收入，县级财政可以安排一定比例的资金用于特色小镇建设；有关市、县（区）在省财政下达的政府债务限额内，倾斜安排一定数额债券资金用于支持特色小镇建设；支持特色小镇组建产业投资发展基金和产业风险投资基金，支持特色小镇发行城投债和战略性新兴产业、养老服务业、双创孵化、城市停车场、城市地下综合管廊、配电网建设改造、绿色债券等专项债券。2016—2018 年，新发行企业债券用于特色小镇公用设施项目建设的，按债券当年发行规模给予发债企业 1% 的贴息，贴息资金由省级财政和项目所在地财政各承担 50%，省级财政分担部分由省发改委和省财政厅各承担50%。特色小镇完成规划设计后，省级财政采取以奖代补的方式给予50万元规划设计补助，省发改委、省财政厅各承担25万元。

特色小镇范围内符合条件的项目，优先申报国家专项建设基金和相关专项资金，优先享受省级产业转型升级、服务业发展、互联网经济、电子商务、旅游、文化产业、创业创新等相关专项资金补助或扶持政策。优先支持特色小镇向国家开发银行、中国农业发展银行等政策性银行争取长期低息的融资贷款。鼓励特色小镇完善生活污水处理设施和生活垃圾处理收运设施建设，省级财政给予“以奖代补”资金倾斜支持。

（三）人才扶持。推广中关村等国家自主创新示范区税收试点政策，在特色小镇内实行促进高层次人才加大科研投入、吸引人才加盟、吸收股权投资、发展离岸业务等方面的税收激励办法。对特色小镇内企业以股份或出资比例等股权形式给予企业高端人才和紧缺人才的奖励，执行我省自贸试验区人才激励个人所得税管理办法和中关村国家自主创新示范区股权激励个人所得税政策。各级政府主导的担保公司要加大对特色小镇内高层次人才运营项目的担保支持力度，省再担保公司对小镇内高层次人才运营项目可适当提高再担保代偿比例。

（四）改革创新。列入省级创建名单的特色小镇，优先上报国家相关改革试点；优先实施国家和省里先行先试的相关改革试点政策；允许先行先试符合法律法规要求的改革。

四、组织领导

（一）建立协调机制。各级各有关部门要强化工作联动和协调，合力推动特色小镇创建工作的有力开展。依托现有的省推进新型城镇化工作联席会议制度，推进特色小镇创建工作。各设区市人民政府、平潭综合实验区管委会参照建立相应联席会议制度。

（二）实行重点扶持。各设区市人民政府、平潭综合实验区管委会要根据省特色小镇创建遴选标准和任务，制定培育计划，研究制定具体政策措施，加强宣传推介，实行领导挂钩、重点培育、重点发展。省直部门出台的各类扶持政策要对特色小镇给予倾斜支持。

（三）推进责任落实。县（市、区）要建立实施推进工作机制，搞好规划建设，加强组织协调，确保各项工作按照时间节点和计划要求规范有序推进，确保取得实效。

（四）加强动态监测。有关市、县（区）按季度向省城镇化办报送特色小镇创建工作进展和形象进度情况，省里在一定范围内进行通报。

福建省人民政府关于公布福建省第一批特色小镇创建名单的通知

闽政〔2016〕39号

经研究，确定长乐东湖VR小镇等28个特色小镇列入省级第一批特色小镇创建名单，现予以公布。有关事项通知如下：

一、加强组织领导

特色小镇所在县（市、区）政府是特色小镇规划建设的主体责任单位，要建立高效协调机制，组建强有力的工作班子，指导特色小镇投资建设主体单位扎实推进创建工作，及时研究解决遇到的困难和问题。省直有关部门要及时兑现扶持政策，加强对创建工作的支持和指导。省推进新型城镇化工作联席会议要发挥统筹协调作用，重大事项及时报送省政府研究。

二、扎实推进实施

入选创建名单的特色小镇要高水平规划设计，推进“多规合一”，完善创建方案，突出产业特色和竞争力、挖掘文化内涵、建设宜居环境，服务创业创新和产业转型升级。特色小镇创建工作已纳入省政府2016年第二批投资工程包，要细化工作计划，落实责任单位，明确年度投资目标、具体建设节点，按时报送投资进度。

三、发挥示范作用

推动人才、技术、资本等高端要素向特色小镇集聚，营造有利于创新创业的环境，打造创新创业样板。要立足产业基础，发挥产业比较优势，传承发展传统特色产业，培育战略性新兴产业，推动产业转型升级，为全省推进供给侧结构性改革、实施创新驱动发展战略创造经验、提供示范。

四、强化考核验收

省统计局会同省发改委建立特色小镇统计指标体系，开展定期监测。实行动态管理，对连续两年没有完成年度目标考核任务的，退出创建名单。三年期满，开展评估验收，验收合格的由省政府命名为福建省特色小镇。

福建省推进新型城镇化工作联席会议办公室关于印发 <福建省特色小镇创建规划编制指引(试行)> 的通知

闽发改规划〔2016〕773 号

为指导和规范特色小镇创建规划编制工作，制定《福建省特色小镇创建规划编制指引(试行)》(以下简称《指引》)。特色小镇申报材料编制可参照本《指引》。

一、规划编制总体要求

(一)总体要求

规划编制要贯彻落实《福建省人民政府关于开展特色小镇规划建设的指导意见》(闽政〔2016〕23 号)、《福建省特色小镇创建指南》(闽发改规划〔2016〕462 号)精神，结合自身特质，找准产业定位，挖掘产业特色、人文底蕴和生态禀赋，融合产业、文化、旅游和社区功能，打造“产、城、人、文”四位一体有机结合的发展平台。

1. 特色小镇创建规划应与所在县(市、区)国民经济和社会发展、城乡建设、土地利用、环境保护、产业发展等规划做好衔接，推进特色小镇规划的“多规合一”，实现“一本规划、一张蓝图”。

2. 特色小镇创建规划体系为“1+X”，其中“1”为特色小镇创建规划，“X”为若干专题研究，其中产业发展、文化旅游专题为必选专题。

3. 特色小镇创建规划由所在县级人民政府组织或委托开展编制，所在设区市发改、规划部门组织评审，修改完善后经所在县级人民政府批准，由特色小镇创建工作牵头部门组织实施，并报省城镇化办备案。

4. 特色小镇创建规划是指导小镇开展项目策划、审批、建设的重要依据。

(二)基本原则

1. 产业为根，突出特色。立足产业基础，聚焦新兴产业，兼顾传统特色产业，主攻最有优势、最有基础的特色产业，差异定位、细分领域、错位发展，培育具有行业竞争力的“单打冠军”。

2. 功能融合，形态精美。从产业发展中衍生、从产业内涵中挖掘出文化、旅游和社区功能，避免生搬硬套、牵强附会，真正产生叠加效应、推进融合发展。坚持精而美、节约集约发展，多维展示地貌特色、建筑特色和生态特色。

3. 简便易行，注重实效。坚持问题导向和目标导向，简化规划编制层级和程序，突出产业发展、空间布局、特色塑造等重点任务，强化项目支撑，提高规划的针对性和可操作性。

二、规划内容与要求

（一）总则

说明规划背景、编制依据、规划范围、规划期限等。

1. 规划背景

简述规划编制的背景、必要性和意义。

2. 编制依据

提出规划编制的法律法规、技术规范、相关文件等依据。

3. 规划范围

明确小镇规划和建设用地范围的四至界线，原则上要求小镇的物理空间集中连片。

4. 规划期限

规划基准年：原则上以规划编制的前一年为规划基准年。

规划期限：特色小镇创建规划的期限一般为 3~5 年，可以对小镇远景发展规划布局提出展望、设想。

（二）现状分析

1. 创建基础

小镇的建设、产业、资源、生态环境、历史人文等情况，突出特色优势说明。

2. 发展分析

从产业发展、空间布局、生态环境保护、历史人文传承等方面分析小镇存在的问题以及未来一个时期发展趋势，面临的机遇和挑战。

（三）规划目标与指标

1. 规划目标

对照创建要求，阐述小镇的发展定位与目标、发展重点和实施路径等内容。基于产业定位目标，选择特色主题，树立、提炼、总结小镇特征。

2. 规划指标

提出小镇产业发展、城镇化、资源与生态环境保护和利用等方面的指标体系，包括定性、定量指标，其中定量指标有统计、可考核。

（四）重点任务

1. 产业发展规划。应突出“特而强”，深挖产业潜力，延伸产业链条，激发发展活力。主要内容包括：

（1）产业发展方向。分析细分产业发展趋势，突出培育壮大龙头企业、延伸健全产业链条，提出小镇产业培育重点、转型升级方向和路线图。

（2）重点产业项目。明确产业重点建设项目，落实用地安排。

（3）双创平台建设。围绕小镇产业发展，提出创新、创业载体建设内容和布局。

2. 空间规划布局。应力求“聚而合”，挖掘、延伸、融合产业功能、文化功能、旅游功能和社区功能。主要内容包括：

（1）用地安排。在小镇全域范围内，统筹安排建设用地、农业用地、生态用地和其他用地。落实并划定生产、生活、生态空间的规模及界线，并提出三类空间管控措施。

（2）功能分区。确定建设用地的空间布局，提出土地使用强度管制和相应的控制指标。落实产业、文化、旅游和社区功能，避免机械功能分区，促进功能适度混合。

（3）交通组织。明确小镇主要路网骨架布局，要求倡导绿色智慧交通，鼓励建设慢行系统。

（4）设施配套。明确小镇给排水、电力通信、燃气、环卫等市政基础设施以及小镇展示厅等相关公共服务设施的布局和建设要求。

3. 特色风貌塑造。应力求“精而美”，展现地貌特色、建筑特色、生态特色、人文特色。主要内容包括：

（1）整体设计。应包含整体形象的景观风貌基调、重要空间形态设计，统筹小镇入口—内部道路—关键节点—重点项目布局，形成层次分明、错落有序的空间组织。要充分利用地形地貌和生态环境，保护自然本底，借山用水，实行嵌入式开发。

（2）建筑风格。要传承和保护地域建筑风貌，提炼地域特色建筑元素，强化建筑风格设计，明确与小镇发展定位相适宜的建筑风格，提出现有建筑改造提升措施。

（3）人文环境。应包括延续历史文化根脉、保护非物质文化遗产的原则、目标和内容。要把文化基因植入产业发展、生态建设全过程，着力形成区域特色文化。

（4）景区创建。提出创建3A级景区（旅游类小镇5A级景区）的发展路径和建设重点，打造独特的自然人文景观。

4. 社区功能完善。应坚持“放管服”结合，积极培育小镇自治，打造有利于小镇发展的营商环境。主要内容包括小镇展示中心、公共服务APP、数字化管理、基本公共服务、休闲设施、“一站式”行政服务等方面的具体建设内容。

（五）实施计划

应包括项目策划、建设时序和资金筹措等内容。

1. 项目策划。提出创建期内主要项目的建设内容、投资规模、建设年限、用地选址、建设主体、责任单位等。

2. 建设时序。提出小镇年度建设计划安排，以及每个项目的年度投资和供地计划，重点项目要以附表形式体现。

3. 资金筹措。提出项目开发模式，明确资金筹措渠道，积极引导社会资本参与小镇建设。

（六）实施保障

从组织领导、要素保障、资金支持、人才扶持、改革创新等方面，提出特色小镇创建的相关保障措施。

（七）规划成果

1. 成果组成

规划设计成果的表达应当规范且简单明了，成果文件应当以书面文件和电子文件两种方式表达。规划成果包括规划文本、规划图纸。

规划文本应包含项目建设年度计划、主要技术经济指标附表；专题研究应作为规划文本附件。

2. 图纸

必绘图纸应包含区位图、总平面布局图、鸟瞰图、功能结构图、土地利用现状图、土地利用规划图、道路交通规划图、绿地景观系统规划图、重点地段概念性规划设计图等，其中产业发展及项目布局可结合总平面布局图表现。

可根据实际选择现状分析图、人文资源保护规划图、旅游业发展规划图等。

图件比例尺寸要合适，能够清晰反映图件的主要内容。

八、陕西省相关政策

陕西省人民政府对于深入推进新型城镇化建设给出了实施意见，并下发了表彰奖励2016年度小城镇建设先进镇的通报，现节选如下：

陕西省人民政府关于深入推进新型城镇化建设的实施意见

陕政发〔2016〕47号

新型城镇化是现代化的必由之路，是最大的内需潜力所在和经济社会发展的重要动力，也是重要的民生工程。为深入推进全省新型城镇化建设，根据《国务院关于深入推进新型城镇化建设的若干意见》（国发〔2016〕8号），结合我省实际，提出如下实施意见。

一、总体要求

（一）指导思想。全面贯彻党的十八大和十八届三中、四中、五中全会以及中央经济工作会议、中央城镇化工作会议、中省城市工作会议精神，按照“五位一体”总体布局和“四个全面”战略布局，牢固树立创新、协调、绿色、开放、共享的发展理念，围绕让农村人口进入城市、安居乐业目标，以人的城镇化为核心，以供给侧结构性改革为动力，以关中平原城市群建设为重点，以新型城镇化试点为抓手，着力增强城镇化发展的质量和水平，提升城镇综合承载能力，优化城镇布局和体系，促进城乡统筹发展，为全省经济社会持续健康发展提供持久动力。

（二）基本原则。坚持统筹规划、科学布局，建设大西安，做美城市、做强县城、做大集镇、做好社区，大力推动“一融双新”工程，促进大中小城市和小城镇协调发展；坚持点面结合、统筹推进，深化新型城镇化综合试点，总结推广成功经验，带动全省新型城镇化体制机制创新；坚持纵横联动、协同发力，完善推进机制，优化政策组合，推动户籍、土地、财税、住房等相关政策和改革举措配套；坚持补齐短板、重点突破，瞄准重点领域和关键环节，加快体制机制创新，确保改革举措和政策落地生根。

（三）主要目标。到2020年，累计实现1000万农业转移人口和其他常住人口在城镇落户，全省城镇化水平和质量稳步提高，常住人口城镇化率和户籍人口城镇化率分别达到60%和45%以上，并力争超过全国平均水平。关中平原城市群辐射带动能力显著增强，“一核一群两轴三带四极”的格局基本形成，城市建设和城市管理水平明显提高，城市环境更加生态宜居；城镇化体制机制更加完善，城乡公共服务均等化步伐明显加快，城乡统筹一体化发展水平进一步提升。

二、以户籍制度改革为突破，推进农业转移人口市民化

（四）加快推进户籍制度改革。逐步剥离户籍上附着的公共服务和社会福利，2017年底前，各市要制订完成推动农业转移人口在城镇落户的实施方案，确保进城落户人员与城镇居民享有同等权利、履行同等义务。除西安市主城区外，各市（区）要进一步放宽落户限制条件，允许农业转移人口在就业地落户，优先解决农村学生升学和参军进入城镇的人口、在城镇就业居住一定年限和举家迁徙的农业转移人口以及新生代农民工落户问题。高校毕业生、技术工人、中职学校毕业生、留学归国人员、优秀农民工凭相关证件和证明可在就业地办理落户。西安市要根据城市综合承载能力和功能定位，分区域、分类实施相应落户政策；在制定积分落户政策中，要以具有合法稳定住所（含租赁）、参加城镇社会保险年限、连续居住年限为主要指标，重点解决在城镇就业或居住5年以上、举家迁徙的农业转移人口及符合条件的普通劳动者落户问题。

（五）全面实行居住证制度。根据国务院《居住证暂行条例》，加快《陕西省流动人口服务管理办法》修订进程。2016年底前，各市（区）要制定具体实施管理办法，公布居住证持有人享受的公共服务范围等，逐步保障居住证持有人在居住地享有义务教育、就业、卫生、计划生育、文化体育、住房、法律援助和法律服务以及国家规定的其他基本公共服务；同时享有办理出入境证件、换领补领居民身份证、机动车登记、申领机动车驾驶证、报名参加职业资格考试和申请授予职业资格以及其他便利。鼓励各地对居住证服务内容扩面提标，缩小与户籍人口基本公共服务的差距。

（六）推进农业转移人口享有城镇基本公共服务。全面落实13年免费教育，把进城务工随迁人员子女就学情况纳入国家义务教育均衡发展和我省“双高双普”督导评估指标体系。支持企办和普惠性民办幼儿园发展。保障农民工随迁子女以公办幼儿园和普惠性民办幼儿园为主接受学前教育。从2017年起，全面实施城乡义务教育“两免一补”和生均公用经费基准定额资金随学生流动可携带政策。实施农民工职业技能培训提升计划，“十三五”期间每年培训60万人次。积极推进社会保险关系转移接续，保证农民工和进城落户农民缴费记录不断档、参保续得上。整合城镇居民基本医保和新农合，建立城乡居民基本医疗保险一体化制度。积极发展分级诊疗、医联体、医疗集团、家庭医生、县镇一体化，建立基本医疗保险异地结算制度，2016 年底前实现省域内医疗费用异地结算。构建新型城镇化现代公共文化服务体系，保障农业转移人口享有基本文化权益。

（七）健全农业转移人口市民化激励机制。加快落实财政转移支付同农业转移人口市民化、城镇建设用地增加规模与吸纳农业转移人口落户数量“双挂钩”政策，制定省级预算内投资安排向吸纳农业转移人口落户数量较多的城镇倾斜的实施办法和细则。建立健全由政府、企业、个人共同参与的农业转移人口市民化成本分担机制。

（八）加强社区服务与治理。加大社区服务设施建设，2020 年前实现城市社区综合服务设施全覆盖。健全城乡社区综合服务管理平台，促进公共服务、便民利民服务、志愿服务有机衔接，实现一站式服务。完善城乡社区治理机制，充分发挥社区党组织在服务群众中的领导核心作用，建立健全居民代表大会、业主委员会等社区居民自治组织，组织和引导社区居民自我管理、自我教育、自我服务。加强社区服务岗位职业培训，提升社区工作者队伍职业素质。以精神文明创建为抓手，鼓励支持社区开展群众性文体活动、志愿服务活动，形成文明健康、积极向上的社区文化环境。

三、加强城镇基础设施建设，提升城市功能

（九）改造提升城市基础设施。加强城市公共停车场规划与建设，扩大公共停车位供给总量，调整停车设施供给结构，缓解西安等大中城市交通拥堵问题。推进“宽带陕西”建设，加快全光纤网络城市和第四代移动通信（4G）网络布局，到 2020 年，城市和农村接入带宽能力普遍达到 50 Mbps 和 12 Mbps 以上，实现城市无线网络全覆盖。加强信息网络、数据中心等基础设施建设，协同推进智能化信息应用，支持咸阳等地建设智慧城市。实施地下管网改造工程，编制地下综合管廊专项规划，建立地下综合管廊项目储备库，积极争取将西安、延安等城市列入全国地下综合管廊试点，加快实施既有路面城市电网、通信网络架空线入地工程，推进雨污分流。到 2020 年，全省建成并投运地下综合管廊 100 千米以上，在建管廊长度超过 500 千米。

（十）加快城镇棚户区、城中村和危房改造。实施棚户区改造行动计划和城镇旧房改造工程，改造各类棚户区 50 万套以上，货币化安置率不低于 50%。推动棚户区改造与名城保护、城市更新相结合，推动城市老城区改造。加快城中村改造，有序推进旧住宅小区综合整治、危旧住房和非成套住房改造。

（十一）加快城市综合交通网络建设。加快大西安地铁网建设，完善关中城际铁路网体系，形成城市交通快速网络，加快建设城市快速干道、主次干路与支路合理配置的路网系统。引导新建住宅推广街区制，原则上不再建设封闭住宅小区。已建成的住宅小区和单位大院要逐步打开，形成道路交通微循环。在西安等市（区）选择部分区域开展住宅小区、单位大院内部道路与城市道路打通试点。优化公共交通线网布局和站点设置，到2020年，全省各市建成区平均路网密度达到8千米/每平方千米，榆林、安康、商洛、韩城市及杨凌示范区中心城区公共交通站点500米覆盖率达到98%，其余市（区）中心城区公共交通站点500米覆盖率达到100%。规划建设一批"零换乘"综合客运枢纽，提升新增及更新公交车辆中的新能源车辆比例，到2020年，全省分散式充电桩达到9万台以上。

（十二）推进海绵城市建设。各市（区）要加快编制海绵城市建设规划，充分利用自然山体、河湖湿地、荒野滩涂、草地等生态空间建设海绵城市。支持西咸新区海绵城市建设试点，推广海绵型建筑与小区、海绵型道路与广场建设，推行道路与广场雨水的收集、净化和利用，支持海绵型公园和绿地建设。按照柔性治水理念，科学构建陕西水系，恢复和保持河湖水系的自然连通，构建城市良性水循环系统。加强城市防洪保安系统、排水管网、排涝泵站等基础设施建设，加快低洼地、易涝点改造，提高城市防灾排水能力。加大城市黑臭水体治理力度，加强城市污水处理厂及配套管网建设，改进运营管理机制。到2020年，全省城市建成区20%以上的面积达到海绵城市要求。

（十三）加强城市规划与管控。复制推广榆林市、富平县"多规合一"试点经验，扩大"多规合一"试点范围，科学划定城市水体保护线、绿地系统线、基础设施建设控制线、历史文化保护线、永久基本农田和生态保护红线，限定开发边界，控制开发强度。制定城市设计导则，开展城市设计，加强传统文化、民俗文化、历史文化与自然遗产保护，保留城市特有地域环境、文化特色、建筑风格等基因。严格依法实施规划，加强刚性约束，强化惩戒机制，增强规划的严肃性、稳定性和权威性。

四、完善城镇体系，优化城镇化格局

（十四）推进关中平原城市群建设。配合国家编制好关中平原城市群发展规划，力争更多诉求上升到国家层面;建立关中协同创新发展协调机制,出台关中协同创新发展意见,推进关中各市(区)规划同筹、交通同网、信息同享、产业同构、金融同城、电话同号、环境同治、服务同质。全面加快省市共建大西安步伐,支持西咸新区创新管理体制机制,推进西铜、西渭、西商一体化发展,支持宝鸡加快关天副中心城市建设。

(十五)培育特色中小城市。加大力度支持39个重点县城建设,进一步完善城市功能,增强人口、产业等要素集聚能力,打造区域性中小城市。支持具备条件的县撤县设区设市,到2020年,人口规模高于20万以上的县城达到10个,10万至20万的达到26个左右。创新体制机制,优化人口、产业、交通、公共设施布局,培育沿黄和沿汉江城镇带,打造渭北台塬、渭河北岸、陕晋蒙毗邻等区域新增长极。加大对庄里、蔡家坡、大柳塔、恒口镇级综合改革试点的支持力度,落实县级经济社会管理权限,鼓励试点镇在行政管理、社会管理、投融资体制等领域先行先试,在此基础上逐步扩大试点镇范围。充分发挥省级产业发展母基金引导作用,支持试点镇吸引金融资本和社会资本设立小城市培育发展基金,主要用于基础设施完善、园区建设、产业培育和公共服务能力提升等。

(十六)培育发展特色小镇。持续推进35个重点示范镇和31个文化旅游名镇建设,打造县域副中心和宜居宜游特色镇。积极争取国家特色小镇政策支持,进一步发掘历史文化、产业、生态等资源,打造一批休闲养生小镇、民俗小镇、特色产业小镇。到2020年,全省形成100个特色小镇。

五、统筹城乡发展,建设美丽乡村

(十七)推动基础设施和公共服务向农村延伸。加强农村水电路气网等基础设施建设,推动城镇供水管网向农村延伸,加人集中供水工程推进力度。选择一批基础条件较好的镇开展小城镇地下综合管廊试点,完善村庄排洪排水管网设施。实施农村电网改造升级行动计划,着力提高农村供电能力和质量。以贫困地区为重点,持续加快农村公路建设,到2020年,改建和完善农村公路6万千米,实现具备条件的建制村通沥青(水泥)路。积极发展通村客运,实现具备条件的建制村通班车、直接通邮、通快递。加快宽带普及,推进信息进村入户。推进农村危房改造,建立农村生活垃圾收运处理体系,加大农村改厕力度,着力改善人居环境。

(十八)促进农村一二三产业融合发展。推动农业供给侧结构性改革,调整优化农业产业布局，完善农产品产地初加工补助政策，落实初加工用电享受农用电政策，打造杨凌、渭南等一批农产品深加工贸易示范园区，加快形成契合市场需求、供给与需求匹配、生产与消费对接的现代农业生产经营体系。推进农业与旅游、教育、文化、健康养老等产业深度融合发展，开展乡村旅游品牌建设活动，引导大中专毕业生、新型职业农民、务工经商返乡人员领办专业合作社、兴办家庭农场，抓好韩城、紫阳、子长、平利农民工返乡创业试点。支持大荔、榆阳、蓝田建设国家农村产业融合发展“百县千乡万村”试点示范工程。

（十九）加快农村电子商务发展。加快武功、洛川、山阳等 30 个电子商务示范县建设，在全省 80% 以上县城设立农村电子商务服务中心。结合鼓励引导农民工返乡创业，大力发展农村电子商务，培育一批农产品电子商务主体，做强做优陕西苹果、猕猴桃、茯茶等优质农产品品牌。深化与阿里巴巴、京东等电商龙头企业合作，推进电子商务进村综合示范工程建设，整合邮政、商贸、交通、供销等公共资源，支持快递企业在农村建立网点，推动县级仓储配送中心建设，改造、新建一批农产品冷库，完善农产品物流配送体系，打通农村物流“下乡与进城”双向快捷通道。

（二十）推进移民（脱贫）搬迁与新型城镇化结合。按照“四避免”“四靠近”原则推进易地搬迁，科学规划建设搬迁居民小区，同步配套桥、路、水、电、气、网等基础设施，以及教育、卫生、文化、社会保障等必要的公共设施。积极发挥当地资源优势，推广先进实用技术，培育发展特色优势产业，因地制宜建设产业园区，五年完成建档立卡贫困户 35.5 万户 125 万人搬迁任务，切实做到搬迁一户、脱贫一户。

六、深化土地制度改革，推进土地集约高效利用

（二十一）推进城乡建设用地增减挂钩。稳妥推广增减挂钩“高陵模式”“阎良模式”“富平模式”“西乡模式”，引领全省重点示范镇、文化旅游名镇和新型农村社区建设。大力开展农村土地综合整治，指导列入国家连片特困地区、国家扶贫开发工作重点区域的 56 个县（区）开展省域内增减挂钩，允许节余建设用地指标在省域内跨县、跨市流转使用。支持高陵农村土地征收、集体经营性建设用地入市、宅基地制度改革试点。积极探索农村集体经营性建设用地出让、租赁、入股，与国有土地同等入市、同权同价。综合利用国家遥感监测成果以及各类用地管理信息，开展年度土地利用现状预报监测。

（二十二）建立城镇低效用地再开发激励机制。深入推进“以地控税、以税节地”，鼓励低效工业用地企业搬迁改造，适当提高对原土地使用权人的补偿标准，提高单位面积产出率。在符合规划、不改变原用途的前提下，对现有工业用地经批准在原用地范围内新建、改建、扩建工业项目，且投资强度、建筑容积率等指标符合规定的，其增加建筑面积部分不再补缴土地出让金。鼓励农村集体经济组织开展城中村更新改造，政府征收城中村存量集体建设用地进行经营性开发和土地公开交易的，可适当提高对原农村集体经济组织的补偿标准。鼓励旧城镇用地集中开发利用，符合城乡规划的，市场主体可收购相邻多宗地块，申请集中开发利用。旧城镇用地依法收回后纳入政府储备的，可参考原用途评估价格确定收购价格，适当提高对原土地使用权人的补偿标准。

（二十三）完善农村承包土地经营权和宅基地使用权流转机制。结合实施不动产统一登记制度，全面完成不动产统一登记窗口建设。开展农村“房地一体”村庄地籍调查确权登记发证试点，统筹推进农房等集体建设用地上的建筑物、构筑物确权登记。加快推进农村集体土地确权登记颁证工作，稳步推进农村土地承包经营权和农民住房财产权抵押贷款试点。加快农村“两权”流转交易平台建设，规范“两权”价值评估行为。探索进城落户农民土地承包经营权、宅基地使用权、集体收益分配权的依法自愿有偿退出机制。

七、坚持购租并举方式，完善城镇住房体系

（二十四）建立购租并举的城镇住房制度。加快推进以满足新市民住房需求为主要出发点的住房制度改革，建立健全购房与租房并举、市场配置与政府保障相结合的住房制度，打通保障性安居工程与存量商品房通道，通过购买和长期租赁方式，把适合或经改造符合公共租赁住房条件的存量商品房转为公共租赁住房房源，配租给保障对象。积极培育市场供应主体，鼓励自然人和各类机构投资者购买库存商品房，规范住房租赁中介行为，引导社会闲置房源进入租赁市场，发展住房租赁专业化企业，完善住房租赁支持政策，明确各方权利义务。到 2020 年，保障房覆盖面稳定在 23% 左右。

（二十五）完善城镇住房保障体系。各地应结合住房供需状况等因素，将新增租赁住房纳入住房发展规划，合理确定公共租赁住房建设规模，允许将商业用房等按规定改建为租赁住房。对依法登记备案的住房租赁企业、机构和个人，给予税收优惠政策支持。采取实物配租和租赁补贴相结合并逐步转向租赁补贴为主的方式，加大公共租赁住房补贴发放力度，加快推广租赁补贴制度，支持保障对象通过租赁市场解决住房问题。合理扩大保障面，降低申请门槛，将在本地就业的非户籍人口纳入公共租赁住房保障范围。进一步拓宽申请渠道，实行常态化受理，严格“三级审核、三次公示”制度，确保在项目竣工前6个月编制完成配租配售方案、竣工验收后3个月内完成分配入住。到2016年底，力争2013年底前开工的公共租赁租房入住率达到90%以上，以后年度照此类推。

（二十六）健全房地产市场调控机制。调整完善差别化住房信贷政策，提高对农民工等中低收入群体的住房金融服务水平。鼓励保险机构创新产品，为中低收入群体提供保险增信服务，帮助其获得银行住房贷款支持。将进城农民工纳入住房公积金保障范围。支持符合条件的住房租赁企业发行债券、不动产证券化产品。稳步推进房地产投资信托基金（REITs）试点。加强商品房预售管理，制定新建商品房预售资金、二手房交易资金监管办法，完善新建商品房网签和二手房买卖网签系统。鼓励地方政府盘活城区存量土地，采用多种方式增加租赁住房用地有效供应。

八、推进体制机制创新，形成强大合力

（二十七）深化新型城镇化试点。支持高陵、韩城、西咸新区等积极开展国家新型城镇化综合试点，深化渭南国家中小城市综合改革试点，指导富平等11个县（区）开展全省新型城镇化综合试点。加强对试点地区监测评估，推动相关改革举措在试点地区先行先试。鼓励试点地区在农业转移人口市民化成本分担、产城融合、投融资、行政管理等方面加快改革，重点突破，积极探索符合各自实际的新型城镇化路径。各地各有关部门要加大对试点地区指导支持力度，及时总结推广试点经验。各试点地区要制定工作实施方案和年度计划，明确任务、夯实责任。建立健全试点绩效考核评价机制，实施动态管理，进一步激发和调动试点工作积极性。

（二十八）构建多元化可持续投融资模式。完善PPP项目储备库，继续选择一批重大项目开展PPP项目示范。合理确定合作双方权利义务，建立投资、补贴与价格的协同机制，为社会资本获得合理回报创造条件。积极争取中央专项建设基（资）金扩大支持新型城镇化建设的覆盖面，加大对城市基础设施和公共服务设施建设、特色小城镇功能提升等支持力度。加强与国家开发银行、中国农业发展银行对接，充分利用“政府发展基金+政策性银行”等方式，争取更多融资支持。鼓励公共基金、保险资金等参与具有稳定收益的城市基础设施项目建设和运营。加快健全新型城镇化投融资平台，进一步放大中央资金及我省专项资金效应。

（二十九）健全工作推进机制。定期召开省推进新型城镇化工作联席会议，及时协调解决新型城镇化工作中的重大问题。省发展改革委要加强统筹协调，强化对各市（区）新型城镇化工作的指导，推动相关具体政策尽快出台，落地、落细、落实。各市（区）要进一步完善城镇化工作机制，统筹推进本地新型城镇化工作。各有关部门要结合各自职能，强化对新型城镇化建设进展情况的跟踪监测和监督检查，对相关配套政策实施效果及时进行分析评估。各地各有关部门要广泛宣传推进新型城镇化的新理念、新政策、新举措，及时报道典型经验和做法，为推进新型城镇化营造良好的社会环境和舆论氛围。

陕西省人民政府关于表彰奖励2016年度小城镇建设先进镇的通报

陕政函〔2017〕37号

加快特色小城镇建设，是省委省政府贯彻落实中央城市工作会议精神，推进新型城镇化建设，统筹城乡发展做出的重大战略部署。2016年，省级重点示范镇紧紧围绕规划修编、人口和产业聚集、扩权强镇等目标积极谋划，竞相发展，掀起了“十三五”建设的新高潮，全年新开工建设项目437个，完成投资11 589亿元。省级文化旅游名镇（街区）建设“十三五”开局良好，规划修编全面完成，全年启动建设项目353个，完成投资3785亿元。省上跟踪指导考核的市级重点镇规划编制起点高、项目推进速度快，建设成效明显。

为表彰先进、激发干劲，决定授予眉县汤峪镇等10个省级重点示范镇为2016年度省级重点示范镇建设先进镇，各奖励100万元；授予山阳县漫川关镇等10个省级文化旅游名镇（街区）为2016年度文化旅游名镇（街区）建设先进镇（街区），各奖励100万元；授予神木县大保当镇等10个省上跟踪指导考核的市级重点镇为2016年度市级重点镇建设先进镇，各奖励600万元和600亩城乡建设用地增减挂钩指标、新增建设用地指标。

希望受到表彰的镇（街区）珍惜荣誉，再接再厉，进一步发挥示范引领作用。各地要以受到表彰的镇（街区）为榜样，自加压力，攻坚克难，加大对省级重点示范镇、文化旅游名镇（街区）和省上跟踪指导考核的市级重点镇的支持力度，积极营造争先创优、加快建设的良好氛围，为我省新型城镇化建设做出新的更大的贡献。

附件：2016年度小城镇建设先进镇名单

一、2016年度省级重点示范镇建设先进镇

眉县汤峪镇、蓝田县汤峪镇、宝塔区河庄坪镇、杨陵区五泉镇、彬县新民镇、南郑县大河坎镇、商洛市商州区沙河子镇、黄陵县店头镇、凤翔县柳林镇、户县草堂镇。

二、2016年度省级文化旅游名镇（街区）建设先进镇（街区）

山阳县漫川关镇、宁强县青木川镇、铜川市耀州区照金镇、丹凤县棣花镇、绥德县名州文化旅游街区、洋县华阳镇、延川县文安驿镇、勉县武侯镇、留坝县留侯镇、石泉县城关

文化旅游街区。

三、2016 年度市级重点镇建设先进镇

神木县大保当镇、平利县长安镇、渭南市华州区高塘镇、洛川县旧县镇、永寿县常宁镇、宜君县哭泉镇、城固县桔园镇、阎良区武屯镇、商南县赵川镇、大荔县官池镇。

九、河北省相关政策

河北省委、省人民政府、发展改革等对于加强特色小城镇建设提出一系列指导意见，下发了重点培育特色小城镇总体规划实施工作的通知、全省重点培育100个特色小城镇名单的通知及做好特色小城镇培育工作的通知等，并明确了特色小镇创建导则，节选如下：

关于上报重点培育特色小城镇名单的通知

冀建办村〔2016〕21号

为贯彻省委省政府《关于加快新型城镇化与城乡统筹示范区建设的意见》（冀字〔2015〕27号）提出的“重点培育100个特色小城镇”的要求，做好特色小城镇培育工作，现就各地上报纳入省重点培育的特色小城镇名单有关事项通知如下：

一、特色小城镇的基本条件

纳入省重点培育的特色小城镇应具有区位优势明显、主导产业特色鲜明、基础设施及服务功能比较完善等基本条件，原则上是国家重点镇。除县域人口较少的县外，其他县（市）可确定一个特色小城镇纳入省重点培育范围。

二、特色小城镇的发展目标

重点培育的特色小城镇，通过3~5年的建设和发展，能够形成定位清晰、特色鲜明、功能完善、生态宜居的现代小城镇。

三、其他要求

拟纳入省重点培育的特色小城镇名单经本级政府同意后，请于2016年2月底前报我厅村镇处，材料包括基本情况、产业特色及发展规划等。

河北省人民政府关于深入推进新型城镇化建设的实施意见

冀政发〔2016〕27号

为贯彻落实《国务院关于深入推进新型城镇化建设的若干意见》（国发〔2016〕8号）精神，深入推进新型城镇化建设，结合我省实际，提出如下实施意见：

一、总体要求

深入贯彻落实中央城镇化工作会议、城市工作会议精神和国务院总体部署，牢固树立创新、协调、绿色、开放、共享的发展理念，以人的城镇化为核心，以新型城镇化与城乡统筹示范区建设为主线，以体制机制改革为动力，加强部门和市、县工作协调联动，统筹安排重点工作和重大项目，着力完善户籍、土地、财政、投融资等政策措施，充分释放新型城镇化蕴藏的巨大内需潜力，为经济持续健康发展提供持久强劲动力。

二、积极推进农业转移人口市民化

（一）加快落实户籍制度改革政策。按照我省深化户籍制度改革的实施意见，加快推进户籍制度改革，着力解决农村学生升学和参军进入城镇的人口、在城镇就业居住5年以上人口、举家迁徙的农业转移人口等重点群体在城镇落户问题。开展户籍制度改革情况专项检查，清理限制户口迁移的“门槛”和障碍。推进教育、就业、医疗、养老、住房保障等领域配套改革，开展农村土地确权登记颁证，探索土地承包权、宅基地使用权、集体收益分配权退出机制，推动“三权”与户口脱钩，调动农村转移人口进城落户的积极性。

（二）全面实行居住证制度。认真贯彻实施《河北省居住证实施办法（试行）》，建立健全为居住证持有人提供国家和省规定的基本公共服务和便利的机制。综合考虑连续居住年限等因素，建立居住证梯度赋权机制。将流动人口纳入城镇基本公共卫生计生服务范围，各项服务指标达到国家规范和省定标准。建立健全公共就业服务提供机制，保障城镇常住人口享有与本地户籍人口同等的劳动就业权利，并提供就业政策法规咨询、职业指导、职业介绍等基本公共就业服务。推动居住证持有人享有与当地户籍人口同等的住房保障权利，将符合条件的农业转移人口纳入当地住房保障范围。各地要积极创造条件，逐步扩大为居住证持有人提供公共服务和便利范围，提高服务标准，防止基本公共服务与居住证制度脱钩。

（三）推进城镇基本公共服务常住人口全覆盖。实施农民工职业技能提升计划，每年培训40万人次以上。建立城乡统一的居民医疗保险制度和城乡一体化经办运行机制。完善省内医疗保险异地就医直接结算体系，加快建立基本医疗保险省外异地就医医疗费用结算制度。2016年继续按照不低于生均公用经费基准定额的标准对城乡义务教育学校（含民办学校）补助公用经费；自2017年起，统一城乡义务教育学生“两免一补”政策。

（四）加快建立农业转移人口市民化激励机制。切实维护进城落户农民在农村的合法权益。逐步扩大农村集体经济组织股份合作制改革试点范围，将农村集体经营性资产折股量化到集体经济组织成员，设立一批农村股份经济合作社。引导农村股份经济合作社开展代耕代种、联耕联种、土地托管等农业社会化服务。将农村股份经济合作社纳入新型农业经营主体奖补范围。待国家出台财政转移支付同农业转移人口市民化挂钩机制指导意见后，结合实际研究提出我省财政转移支付同农业转移人口市民化挂钩机制指导意见。积极为吸纳农业转移人口落户数量较多的城镇争取更多中央预算内投资支持，优先安排省级预算内基本建设配套资金。

三、全面提升城市功能

（一）加快城镇棚户区、城中村和危房改造。打好棚户区改造三年攻坚战，用足用好城镇棚户区改造政策，将城中村、城郊村及易地搬迁进入城镇的村庄改造纳入棚户区改造范围，推动棚户区改造与名城保护、城市更新相结合。各地新启动的城镇棚户区改造货币化安置比例达到80%以上。到2020年基本完成现有城镇棚户区、城中村和危房改造。每年开展两次省级工程质量巡查，对棚户区改造工程进行重点督查。

（二）加快城市综合交通网络建设。重点推进石家庄城市轨道交通项目1号线一期工程建设，3号线一期工程力争2017年投产运行。启动石家庄市郊铁路规划和承德、张家口、秦皇岛、唐山、廊坊、保定、沧州、衡水、邢台、邯郸城市轨道交通线网规划编制工作，推进石家庄、保定“公交都市”建设，在百万人口城市构建快速公交系统（BRT）。优化街区路网结构，打通城市“断头路”，增加街巷支路密度，到2020年，城市建成区平均路网密度提高到8千米／平方千米，道路面积率达到15%。推广国家自行车和步行道系统示范项目。严格落实充电设施配置要求，新建住宅配建停车位、大型公共建筑物配建停车场、社会公共停车场建设充电基础设施或预留建设充电设施安装条件的车位比例原则上不低于100%、10%、10%。

（三）实施城市地下管网改造工程。加快实施既有道路城市电网、通信网络、架空线入地工程。编制地下综合管廊建设规划，明确五年项目滚动建设计划和年度实施计划，逐步推进地下综合管廊建设。加强综合管廊开工项目督查，确保建设进度和质量。编制河北省城镇排水防涝设施建设和供水设施建设“十三五”规划，指导各市（含定州、辛集市，下同）排水防涝设施建设、雨污分流改造和供水管网建设及改造工作。

（四）推进海绵城市建设。制定省级海绵城市建设标准、规划和工程图集，指导各市在城市新区、各类园区、成片开发区域开展海绵城市建设。推进海绵型建筑与小区、海绵型道路与广场、海绵型公园与绿地等建设，到2017年底，迁安市完成海绵城市试点建设任务，达到国家试点要求。推进唐山湾生态城、正定新区、北戴河新区、黄骅新城、涿州生态宜居示范基地和承德北部新区生态城海绵城市建设。

（五）推动新型城市建设。开展“多规合一”试点，制定编制导引和技术规范。与总体规划、控制性详细规划修编同步开展总体城市设计和近期建设用地范围内重点区段城市设计。加快建设绿色城市、智慧城市、人文城市等新型城市。贯彻落实“宽带中国”战略，提升百兆光纤覆盖城市家庭比例，在农村地区开展电信普遍业务，推进石家庄、唐山、秦皇岛、张家口“宽带中国”示范城市建设。推进全省县级以上城市主城区公共区域免费WIFI全覆盖。按照国家城镇化工作部署，实施“互联网+”城市计划，建设新型智慧城市，打造“智创空间”“智创园区”。制定智慧城市评价指标体系总体框架，重点推进城市公共安全视频监控、时空信息云平台、智慧交通、智慧医疗、智慧旅游等建设，开展智能电网技术研发。2020年前建成全省城镇空间信息平台和城市建（构）筑物空间数据库。推动分布式太阳能、风能、生物质能、地热能多元化规模化应用和工业余热供暖，推进既有建筑供热计量和节能改造。培育建立区域性建筑节能新技术新产品展示基地，建立绿色建材评价标识管理信息平台和建材装备使用管理信用平台，启动绿色建材评价标识工作，推广应用绿色新型建材、装配式建筑和钢结构建筑。推行生活垃圾分类收集、运输和处理，完善生活垃圾收运体系，建立与垃圾分类收集、资源化利用及无害化处理相衔接的生活垃圾收运网络。加强餐厨废弃物和建筑垃圾管理，力争用5年左右时间，基本建立餐厨废弃物、建筑垃圾回收和再生利用体系。划定永久基本农田、生态保护红线和城市开发边界，实施城市生态系统修复工程，开展城市生态修复项目试点、分布式可再生能源综合示范、钢结构建筑推广试点等工作。完善城市绿地系统布局，加强公园、游园、道路绿化、生态隔离带和绿道绿廊建设。积极推进太行山申报世界自然文化遗产工作。加快建设园林城市（县城），推动生态园林城市（县城）创建取得突破进展。制定实施城市空气质量达标时间表，提高优良天数比例，大幅减少重污染天数。积极推进中水回用，全面建设节水型城市。支持经济基础好、就业规模较大、符合土地和城市规划的开发区率先向城市功能区转型。

（六）提升城市公共服务水平。积极争取中央公共服务设施建设资金支持，加大地方各级财政投入。编制城镇公共服务设施综合专项规划。加强社区卫生服务体系建设，逐步健全社区卫生服务网络。“十三五”期间创建 300 个全国综合减灾示范社区，建设 30 个城市示范性应急避难场所，合理规划预留城市绿地，积极争取资金重点开展城镇地质灾害治理，完善城市排水防涝应急预案，建立城市防洪排涝应急体系。加强居家养老服务中心建设，完善呼叫服务网络，健全农村养老服务设施，将各级留存福利彩票公益金 50% 以上用于支持养老服务业发展，开展养老专业护理人员培训工作。开展以生活服务业为核心的社区电子商务服务。整合利用闲置城乡公共设施，依托城乡社区综合服务设施，加强城市社区和农村文化设施建设。推进公共图书馆、博物馆、文化馆、纪念馆、美术馆等免费开放工作，逐步将民族博物馆、行业博物馆纳入免费开放范围。保障公共体育设施建设用地，在城市社区建设 15 分钟健身圈，开展社区多功能运动场等健身场所建设。引导物流园区、配送中心及配送网点建设。

四、加快培育中小城市和特色小城镇

（一）提升县城和重点镇基础设施水平。开展污水处理厂污泥处理处置情况排查，实施未达标污水处理厂提标改造，完善污泥处理设施。2018 年前全面完成县城公共供水设施建设和升级改造。2016 年所有县城实现集中供热或清洁能源供热，重点镇也要加快推进步伐。因地制宜选择无害化生活垃圾处理技术，升级改造未达标处理设施。开展水泥窑协同处置垃圾废弃物工作，到 2018 年，建成水泥窑协同处置垃圾废弃物示范工程，实现年处置 500 万吨垃圾废弃物和 1000 万吨水泥熟料产能转型。在医疗资源短缺、人口相对集中、距离主城区较远的地区，依托中心乡镇卫生院建设县级医院分院。在县城建设县级全民健身活动中心和公共体育场，推进农民体育建设工程项目建设。将公共文化设施建设纳入市、县城乡规划，列入同级政府固定资产投资计划。健全小城镇垃圾处理体系，推进重点镇棚户区改造，到2019年，重点镇全部具备污水处理能力。

（二）加快拓展特大镇功能。将产业发展、城市建设管理、市场监管、公共服务、环境保护、社会治安等县级管理权限，下放给特大镇政府，不宜下放的要赋予特大镇必要的监督协管权力并给予相应经费保障，实行条块结合、以块为主的双重管理体制。结合城市执法体制改革，采取设立派出机构、有限赋权、委托授权、联合执法、延伸相对集中行政处罚权等方式，探索特大镇综合执法新模式。规范县乡财政体制，进一步推进县级财政简政放权，下沉资金资产管理权限，强化乡（镇）财政职能。分类确定乡（镇）财政管理体制，重点镇和财政收入规模过亿元乡（镇），可实行“分税制”体制，其他乡（镇）可实行“统收统支”体制。省、市财政按照项目管理的专项转移支付，在项目申报、资金安排和拨付等方面，对特大镇给予重点考虑。特大镇发展急需的建设项目，同等条件下优先列入省、市、县重点项目。当地政府安排适当用地指标用于特大镇发展。

（三）加快特色镇发展。以多样化、专业化和特色化为方向，推动小城镇发展，省重点培育100个特色小城镇。加快小城镇基础设施建设，谋划一批生活污水、垃圾处理设施和集中供热项目，争取列入全国“十三五”城镇基础设施建设规划。立足打造创新创业新载体，培育一批供给侧特色小镇。“十三五”期间培育一批具有示范性、影响力的非物质文化遗产示范县、镇，推出一批山地度假小镇、湿地生态小镇、草原风情小镇、冰雪运动小镇等主题旅游小镇。发展乡村特色餐饮、民俗节庆、休闲农业、旅游购物等旅游产品。

（四）培育发展一批中小城市。自2016年起，实施县城建设三年攻坚行动，着力完善服务功能，增强承载能力，提升城市品质，打造有历史记忆、地域特征、山清水秀、宜居宜业的美丽县城。坚持分类指导、典型引路，集中培育30个中小城市和10个都市卫星城，推进县城建设上档升级、增比进位。围绕新型城镇化与城乡统筹示范区建设，在全省推出一批先进市、县，探索路径，积累经验，在全省推广。科学整合乡镇行政建制，推进撤乡设镇、撤镇设街道办事处行政区划调整工作，稳步推进村委会改居委会工作。

（五）加快城市群建设。落实京津冀协同发展战略，构建以首都为核心的世界级城市群，优化省域城镇层级结构和空间布局，编制河北省空间布局规划和省域城镇体系规划，修编各市城市总体规划。加快推进城乡发展一体化，构建主城区与周边县（市）规划、管理、交通、能源等同城化发展格局。推进京津石中心城区与新城、卫星城市之间的“1小时通勤圈”、京津保唐“1小时交通圈”、相邻城市间基本实现1.5小时通达。统筹区域热负荷发展需要，建设集中供热项目。

五、辐射带动新农村建设

（一）推动基础设施和公共服务向农村延伸。启动1000个左右中心村示范点建设。推进美丽乡村建设，实施民居改造、安全饮水、污水治理、街道硬化、无害化卫生厕所改造、清洁能源利用、“三清一拆”和垃圾治理、村庄绿化、特色富民产业、电子商务平台建设、乡村文化建设、基层组织建设等专项行动。推进城乡客运一体化，实施城市周边农村客运班线公交化改造，推广农村客运片区经营模式，加快燕山—太行山集中连片特困地区、革命老区农村客运发展。建设实体性乡镇便民服务中心。2016年基本公共卫生经费补助标准提高到人均45元，服务项目增加到12类45项。

（二）带动农村一二三产业融合发展。加强农村产业融合发展规划与城乡规划、土地利用总体规划有效衔接，积极争取国家农村产业融合发展专项建设基金，每年评选200家省级示范家庭农场，并纳入支农补贴政策、农业基础设施建设和重点农业项目扶持范围。整合发展一批农民工返乡创业园，培育一批电子商务进农村综合示范县。建设安国市、巨鹿县、涉县、滦平县等中药材种植、加工、存储、销售基地。组建农民合作社联合社，形成规模和品牌优势。构建河北省休闲农业与乡村旅游品牌体系，到2020年，认定200个休闲农业示范点和星级园区，培育20条特色休闲农业观光带，建成30条农业休闲旅游精品线路。实施乡村旅游创客行动，建设一批旅游创客基地，支持和组织引导旅游志愿者、艺术和科技工作者驻村帮扶，到2020年，全省打造500个旅游专业村，10 000个旅游专业户。开展农民合作社示范社建设，推动农民合作社与大型超市、社区、金融部门等开展合作。

（三）带动农村电子商务发展。鼓励电子商务企业加强与万村千乡、邮政便民服务网点、供销合作社、超市等流通主体合作，提高电子商务应用水平。建设完善县、乡、村三级物流节点基础设施，打通农村电子商务“最后一千米”。到2016年底，基本实现行政村宽带全覆盖。发展农业生产资料电子商务，探索鲜活农产品进入社区模式，拓宽河北农产品、民俗产品、乡村旅游等网络营销市场。加快信息进村入户试点县“12316”益农服务社建设，健全全省品牌农产品展示推介平台。加快实施快递下乡工程，打通农村快递物流“下乡与进城”的双向快捷通道，改善农村地区电子商务服务环境。开发适合电子商务企业发展的金融产品。

（四）推进易地扶贫搬迁与新型城镇化结合。制定“十三五”易地扶贫搬迁实施方案和年度计划，集中安置搬迁 37.8 万人左右。搞好科学规划，在县城、小城镇或工业园区附近建设移民集中安置区，推进转移就业贫困人口在城镇落户。改善贫困农户生产生活条件，提高公共服务设施建设水平，加强后续产业发展帮扶。合理配置教育、医疗、文化、体育等服务设施，满足搬迁群众居住、看病、上学等需求。

六、完善土地利用机制

（一）规范推进城乡建设用地增减挂钩。全面实行城镇建设用地增加与农村建设用地减少相挂钩政策。全省城乡建设用地增减挂钩、工矿废弃地复垦利用指标优先保障新型城镇化建设。利用土地调查外业在线监测平台和专业队伍外业核实的方式，加强土地利用变更情况监测监管。

（二）建立城镇低效用地再开发激励机制。允许存量土地使用权人在不违反法律法规、符合相关规划的前提下，按照有关规定经批准后对土地进行再开发。完善城镇存量土地再开发过程中的供应方式，鼓励原土地使用权人自行改造，涉及原划拨土地使用权转让需补办出让手续的，经依法批准，可采取规定方式办理，并按市场价缴纳土地出让价款。在国家、改造者、土地权利人之间合理分配“三旧”（旧城镇、旧厂房、旧村庄）改造的土地收益。探索城市资本盘活农村闲置资源的方式方法和“市民农庄”等新型模式，挖掘城市郊区发展潜力。

（三）因地制宜推进低丘缓坡地开发。在坚持最严格的耕地保护制度、确保生态安全、切实做好地质灾害防治的前提下，鼓励资源环境承载力适宜地区开展低丘缓坡地开发试点，充分发挥荒山荒坡土地资源优势，推动未利用地规范、科学、有序开发利用，提高土地资源利用的经济、生态和社会效益。

（四）完善土地经营权和宅基地使用权流转机制。2016 年完成村镇地籍调查，逐步进行集体建设用地、宅基地使用权颁证工作。2017 年基本完成农村土地承包经营权确权登记颁证工作。维护进城落户农民土地承包权、宅基地使用权、集体收益分配权，支持引导其依法自愿有偿转让。开展农村土地确权登记成果应用试点，指导平泉县在互换并地、承包权有偿退出等方面开展积极探索。

七、创新投融资机制

（一）深化政府和社会资本合作。大力推广政府和社会资本合作模式，引入价格和补贴动态调整机制，充分考虑社会资本获得合理收益，吸引社会资本投入城市基础设施和公共服务领域。指导各地做好 PPP 项目库建设，推荐一批 PPP 项目申请国家和省级试点。

（二）加大政府投入力度。从教育发展、文化体育事业发展、基础设施建设、社保资金等省级预算专项资金中，统筹衔接落实支持农业转移人口市民化的相关配套设施建设资金。协调各金融机构配合做好地方政府债券发行工作。

（三）强化金融支持。鼓励国家开发银行河北省分行、中国农业发展银行河北省分行创新信贷模式和产品，重点支持棚户区改造、城镇地下综合管网和垃圾处理等市政基础设施建设。充分利用重点建设基金，加大项目资本金投入，通过“投贷结合”支持重点项目建设。申请发行城镇化建设专项债券，筹集发展建设资金。探索建立河北省城镇化建设基金。推动建设主体企业资产证券化，拓宽城市基础设施建设项目直接融资渠道。加强项目前期工作，做好与国家开发银行、中国农业发展银行的沟通衔接，积极争取国家专项建设基金，重点支持城市基础设施和公共服务设施建设、特色小城镇功能提升等。加强与住房城乡建设部、中国农业发展银行在推进棚户区改造、地下综合管廊建设和农村垃圾治理等方面的战略合作。

八、完善城镇住房制度

（一）建立购租并举的城镇住房制度。以满足新市民的住房需求为出发点，建立购房与租房并举、市场配置与政府保障相结合的住房制度，健全以市场为主满足多层次需求、以政府为主提供基本保障的住房供应体系。紧盯国家深化住房制度改革动向，待国家政策出台后，及时制定我省政策。

（二）完善城镇住房保障体系。实行公租房货币化，各地政府原则上不再新建公租房，住房保障方式由采取实物与租赁补贴相结合逐步转向租赁补贴为主。指导各地将城镇住房保障范围覆盖到城镇中低收入住房困难家庭、新就业职工、居住证持有人、外来务工人员、乡镇公职人员。各地要合理确定租赁补贴发放和实物保障的准入标准，实行梯度保障，做好有效衔接。继续落实好保障性住房并轨政策。完善住房保障申请、审核、公示、轮候、复核制度，严格保障性住房分配和使用管理，健全退出机制，确保住房保障体系公平、公正、健康运行。

（三）加快发展专业化住房租赁市场。建立租赁市场房源信息平台，积极培育专业化住房租赁机构，推动住房租赁规模化、专业化经营。根据住房租赁业务的经营特点、融资需求，开发住房租赁业务信贷产品。

（四）健全房地产市场调控机制。认真落实我省关于化解房地产库存促进房地产市场健康发展的政策措施，将棚户区改造货币化安置比例列入年度考核目标体系。完善住房用地供应制度，优化供应结构。取消 90 平方米以下住房面积所占比重必须达到开发建设总面积 70%以上的强制要求。加快建立房地产统计监测平台，做好市场动态监测分析。切实加强房地产交易资金监管。指导各市、县政府制定鼓励农民进城购房的政策措施。将农民工和城镇个体工商户纳入住房公积金覆盖范围，全面开展住房公积金异地贷款，实现住房公积金缴存异地互认和转移接续，提高进城务工人员住房消费能力。研究制定差别化住房信贷政策并抓好落实，鼓励银行业金融机构尽快推出针对农民进城购房的信贷产品。推行个人住房贷款保险业务。

九、加快推进新型城镇化综合试点

（一）深化试点内容。按照国家新型城镇化综合试点工作要求，积极推进石家庄市和定州市、张北县、威县、保定市白沟镇在建立农业转移人口市民化成本分担机制、可持续城镇化投融资机制方面，有序建立进城落户农民农村土地承包权、宅基地使用权、集体收益分配权依法自愿有偿退出机制方面，加大探索力度，实现重点突破，积极开展省级新型城镇化综合试点。

（二）扩大试点范围。积极组织省级综合试点中改革意愿强、综合条件成熟的地区申报国家综合试点。总结推广典型经验，适时扩大省级综合试点范围。鼓励市、县开展城镇化综合试点，有关部门在组织开展城镇化相关领域试点时，向国家和省级新型城镇化综合试点地区倾斜。

（三）加大支持力度。研究制定新型城镇化发展评估实施办法，探索建立试点申报评价体系，激发各级政府在推进新型城镇化工作中的活力。加强对试点地区的指导和支持，组织试点地区总结试点经验并及时推广。指导试点地区制定和实施年度推进计划，明确年度任务，确保试点工作有序推进。

十、健全新型城镇化工作推进机制

（一）强化政策协调。省城镇化工作领导小组统筹推动相关政策尽快出台，领导小组办公室要加强协调，各成员单位主动配合，共同推动新型城镇化建设。

（二）加强监督检查。积极配合国家有关部门对新型城镇化建设进展情况的跟踪监测和监督检查。省城镇化工作领导小组办公室及时发布城镇化发展报告和年度工作要点，推动政策措施落地生效。

（三）强化宣传引导。利用网络、电视、报刊等媒体和新闻客户端、微博、微信、论坛等平台，加大宣传力度，努力营造良好氛围。

关于开展重点培育特色小城镇总体规划实施评估工作的通知

冀建村〔2016〕14号

为做好全省重点特色小城镇培育工作，提高规划建设水平，现就全省重点培育的100个特色小城镇总体规划实施评估工作通知如下：

一、评估的范围

本次评估的范围为：全省重点培育的100个特色小城镇。

二、评估的内容

围绕提高100个特色小城镇建设发展水平，使其成为经济发达、环境优美、功能完善、特色鲜明的现代小城镇的目标，评估现有总体规划的差距和不足，并对规划实施中存在的问题，分析原因，提出相应对策。根据评估结果，需完善或修编镇总体规划的，要对完善和修编工作作出具体安排，并尽快开展有关工作。

三、完善和修编总体规划的基本要求

完善、修编全省重点培育的特色小城镇总体规划，要创新规划理念，改进规划方法，把以人为本、尊重自然、传承历史、绿色低碳等理念融入规划全过程，增强规划的前瞻性、严肃性和连续性，实现一张蓝图干到底。

四、评估的时间安排

各地应于8月底前完成评估工作，并将评估成果报上报省城乡建设厅备案。

五、其他要求

各地城乡规划部门会同当地住房城乡建设部门组织开展全省重点培育的特色小城镇评估工作，要明确工作任务，落实工作责任，确保各项评估工作的落实。

关于开展全省首批特色小镇申报工作的通知

冀发改传〔2016〕25号

为加快经济转型升级和新型城镇化建设步伐，按照省领导指示要求，借鉴浙江特色小镇"非镇非区"发展模式，我省将用3~5年时间，培育建设100个产业特色鲜明、人文气息浓厚、生态环境优美、多种功能融合、体制机制灵活的特色小镇。按照整体规划，分批推进的原则，现组织申报首批拟创建的特色小镇，具体要求如下：

一、申报条件

特色小镇不是行政区划单元的"镇"，不具有镇一级行政管理职能，也不是产业园区、景区的"区"，而是按照创新、协调、绿色、开放、共享的发展理念打造，具有明确产业定位、文化内涵、旅游业态和一定社区功能的发展空间平台。各市选定上报的特色小镇，在产业定位、规划建设、运作方式等方面，符合下列条件。

（一）产业方向：与我省产业集群发展相衔接，聚焦支撑我省未来发展的战略性新兴产业、现代服务业、现代农业，以及地域传统特色产业和历史经典产业。根据资源禀赋和区位特点，每个小镇需明确一个主攻产业，突出"一镇一主业"。

（二）空间布局：一般位于城镇周边、景区周边、高铁周边及交通轴沿线等适宜集聚产业和人口的地域，相对独立于城市和乡镇建成区中心，原则上布局在城乡结合部。严格划定小镇边界，规划面积一般控制在3平方千米左右（旅游产业类特色小镇可适当放宽），建设用地面积一般控制在1平方千米左右。

（三）有效投资：三年内完成固定资产投资20亿元以上（商品住宅项目和商业综合体除外），金融、科技创新、旅游、文化创意、历史经典产业类特色小镇的总投资额可放宽到不低于15亿元，特色产业投资占比不低于70%，第一年投资不低于总投资的20%。

（四）功能定位：立足特色产业，培育独特文化，衍生旅游功能以及必需的社区功能，实现功能有机融合。一般特色小镇要按3A级以上景区标准建设，旅游产业类特色小镇要按4A级以上景区标准建设。实现公共WIFI和数字化管理全覆盖，建设现代化开放型特色小镇。

（五）运作方式：坚持政府引导、企业主体、市场化运作。特色小镇要明确投资建设主体，以企业为主推进项目建设，鼓励采取企业统一规划、统一招商、统一建设的发展模式。政府主要在特色小镇的规划编制、基础设施配套、资源要素保障、文化内涵挖掘传承、生态环境保护等方面加强引导和服务。

（六）综合效益：有效投资、营业收入、新增税收、市场主体数量、常住人口等实现爆发式增长，形成新的经济增长点和创新创业平台。

二、申报材料

（一）规划方案：有符合土地利用总体规划、城乡规划、环境功能区规划的特色小镇概念性规划，包括空间布局图、功能布局图、项目示意图，如已经开工的要有实景图，明确特色小镇的四至范围、产业类别。

（二）建设计划：有分年度的投资建设计划，明确每个建设项目的投资主体、投资额、投资计划、用地计划、建设规模、项目建成后产生的效益，以及相应的年度推进计划。

（三）业主情况：简要介绍特色小镇建设主体的公司名称、实力、资金筹措计划等。可附上已建成运营项目案例。

（四）扶持举措：特色小镇所在设区市、县（市、区）政府支持特色小镇建设的扶持政策和具体措施。

（五）基本情况：如实、完整地填写《特色小镇基本情况表》。

三、其他要求

请各市按照以上要求，在市发改、住房城乡建设部门前期工作的基础上，组织各县（市、区）进行自愿申报。为集中力量、重点突破，每个县（市、区）申报数量原则上为 1 个，最多不超过 2 个。各市要根据各县上报的特色小镇产业类别进行分类汇总并排序，于 2016 年 7 月 20 日前，将名单及申报材料报省发展改革委。因时间较短，特色小镇规划方案没有编制完成的，可先上报基本规划思路，概念性规划（含图）可延迟至 7 月底上报。省发展改革委将会同省有关部门，根据各地申报情况，在组织评审的基础上，确定首批省级特色小镇创建名单。省委省政府《关于建设特色小镇的指导意见》印发实施后，将抓紧筹备召开全省特色小镇建设推进会议，全面启动全省特色小镇建设工作。

关于公布全省重点培育的100个特色小城镇名单的通知

冀建村〔2016〕18号

为深入推进新型城镇化，加快特色小城镇建设，发挥示范带动作用，经省政府同意，确定石家庄市井陉县天长镇、元氏县殷村镇等100个镇为全省重点培育的特色小城镇，现予以公布。

100个特色小城镇是全省小城镇建设发展的重点，各地各部门要认真贯彻落实省委、省政府《关于加快新型城镇化与城乡统筹示范区建设的意见》（冀字〔2015〕27号）和《河北省人民政府关于印发河北省新型城镇化与城乡统筹示范区建设规划（2016—2020年）的通知》（冀政发〔2016〕7号）精神，按照提高质量、体现特色等要求，在政策、土地及项目安排上予以支持，促进其提高建设发展的水平，到2020年，努力建设成为经济发达、环境优美、功能完善、特色鲜明的小城镇。

中共河北省委　河北省人民政府
关于建设特色小镇的指导意见

特色小镇是按照创新、协调、绿色、开放、共享的发展理念打造，具有明确产业定位、科技元素、文化内涵、生态特色、旅游业态和一定社区功能的发展空间平台，呈现产业发展“特而精”、功能集成“聚而合”、建设形态“小而美”、运作机制“活而新”的鲜明特征。为加快打造体现河北特点、引领带动区域发展的特色小镇，现提出如下意见。

一、重要意义

（一）建设特色小镇是落实新发展理念的重要举措。特色小镇是经济社会发展中孕育出的新事物，贯穿着创新、协调、绿色、开放、共享五大发展理念在基层的探索和实践。加快特色小镇建设，有利于破解资源瓶颈、聚集高端要素、促进创新创业，能够增加有效投资，带动城乡统筹发展和生态环境改善，提高居民生活质量，形成新的经济增长点。

（二）建设特色小镇是全面深化改革的有益探索。特色小镇是改革创新的产物，也是承接、推进改革的平台。加快特色小镇建设，可以更好地发挥市场在资源配置中的决定性作用，激发企业和创业者的创新热情和潜力，也能推动政府转变职能，营造良好发展环境，形成企业主体、政府引导、市场化运作、多元化投资的开发建设格局。

（三）建设特色小镇是推进产业转型升级的有效路径。特色小镇突出新兴产业培育和传统特色产业再造，是推进供给侧结构性改革、培育发展新动能的生力军。加快特色小镇建设，既能增加有效供给，又能创造新的需求；既能带动工农业发展，又能带动旅游业等现代服务业发展；既能推动产业加快聚集，又能补齐新兴产业发展短板，形成引领产业转型升级的示范区。

（四）建设特色小镇是统筹城乡发展的重要抓手。特色小镇是连接城乡的重要节点和产城人文一体的复合载体。加快特色小镇建设，能够推动产业之间、产城之间、城乡之间融合发展，有利于落实新型城镇化和城乡统筹示范区功能定位，破解城乡二元结构，提速农民就地城镇化进程，助力美丽乡村建设，形成独具魅力的城乡统筹发展新样板。

二、总体要求

（一）基本思路。牢固树立和贯彻落实新发展理念，准确把握特色小镇的内涵特征，坚持因地制宜、突出特色、企业主体、政府引导，坚守发展和生态底线，注重特色打造，注重有效投资，注重示范引领，注重改革创新，加速要素集合、产业聚合、产城人文融合，努力把特色小镇打造成为经济增长新高地、产业升级新载体、城乡统筹新平台，为建设经济强省、美丽河北提供有力支撑。力争通过 3 至 5 年的努力，培育建设 100 个产业特色鲜明、人文气息浓厚、生态环境优美、多功能叠加融合、体制机制灵活的特色小镇。

（二）建设要求。

1. 坚持规划引领。特色小镇不是行政区划单元的“镇”，也不是产业园区、景区的“区”，一般布局在城镇周边、景区周边、高铁站周边及交通轴沿线，适宜集聚产业和人口的地域。选址应符合城乡规划、土地利用总体规划要求，相对独立于城市和乡镇建成区中心，原则上布局在城乡结合部，以连片开发建设为宜。特色小镇规划要突出特色打造，彰显产业特色、文化特色、建筑特色、生态特色，形成“一镇一风格”；突出功能集成，推进“多规合一”，体现产城人文四位一体和生产生活生态融合发展；突出节约集约，合理界定人口、资源、环境承载力，严格划定小镇边界，规划面积一般控制在 3 平方千米左右（旅游产业类特色小镇可适当放宽），建设用地面积一般控制在 1 平方千米左右，聚集人口 1 万至 3 万人；突出历史文化传承，注重保护重要历史遗存和民俗文化，挖掘文化底蕴，开发旅游资源，所有特色小镇要按 3A 级以上景区标准建设，旅游产业类特色小镇要按 4A 级以上景区标准建设，并推行“景区 + 小镇”管理体制。

2. 明确产业定位。特色小镇要聚焦特色产业集群和文化旅游、健康养老等现代服务业，兼顾皮衣皮具、红木家具、石雕、剪纸、乐器等历史经典产业。每个小镇要根据资源禀赋和区位特点，明确一个最有基础、最有优势、最有潜力的产业作为主攻方向，差异定位、错位发展，挖掘内涵、衍生发展，做到极致、一流。每个细分产业原则上只规划建设一个特色小镇（旅游产业类除外），新引进的重大产业项目优先布局到同类特色小镇，增强特色产业集聚度，避免同质化竞争。

3. 突出有效投资。坚持高强度投入和高效益产出，每个小镇要谋划一批建设项目，原则上 3 年内要完成固定资产投资 20 亿元以上，其中特色产业投资占比不低于 70%，第一年投资不低于总投资的 20%，金融、科技创新、旅游、文化创意、历史经典产业类特色小镇投资额可适当放宽，对完不成考核目标任务的予以退出。

4. 集聚高端要素。打破惯性思维和常规限制，根据产业定位量身定制政策，打造创新创业平台，吸引企业高管、科技创业者、留学归国人员等创新人才，引进新技术，开发新产品，做大做强特色产业。建设特色小镇公共服务 APP，提供创业服务、商务商贸、文化展示等综合功能。积极应用现代信息传输技术、网络技术和信息集成技术，实现公共 WIFI 和数字化管理全覆盖，建设现代化开放型特色小镇。

5. 创新运作方式。特色小镇建设要坚持政府引导、企业主体、市场化运作，鼓励以社会资本为主投资建设特色小镇。每个小镇要明确投资建设主体，注重引入龙头企业，以企业为主推进项目建设，鼓励采取企业统一规划、统一招商、统一建设的发展模式。政府主要在特色小镇的规划编制、基础设施配套、资源要素保障、文化内涵挖掘传承、生态环境保护等方面加强引导和服务，营造良好的政策环境，吸引市场主体投资建设特色小镇。

三、创建程序

（一）自愿申报。由各县（市、区）结合实际提出申请，由各市（含定州、辛集市）向省特色小镇规划建设工作联席会议办公室报送创建书面材料。各县（市、区）制定创建方案，明确特色小镇的四至范围、产业定位、投资主体、投资规模、建设计划，并附概念性规划。

（二）分批审核。根据申报创建特色小镇的具体产业定位，坚持统分结合、分批审核，先分别由省级相关职能部门进行初审，再由省特色小镇规划建设工作联席会议办公室组织联审、报省特色小镇规划建设工作联席会议审定后公布。对各地申报创建特色小镇数额不搞平均分配，凡符合特色小镇内涵和质量要求的，纳入省重点培育特色小镇创建名单。

（三）动态管理。特色小镇实行创建制，按照“宽进严定、分类分批”的原则推进。制定年度考核办法，以年度统计数据为依据，公布年度达标小镇，兑现奖惩政策；对连续 2 年没有完成建设进度的特色小镇，退出创建名单。

（四）验收命名。制定《河北省特色小镇创建导则》。通过 3 年左右的创建期，对实现规划建设目标、达到特色小镇标准要求的，由省特色小镇规划建设工作联席会议组织验收，通过验收的认定为省级特色小镇。

四、政策措施

（一）加强用地保障。各地要结合土地利用总体规划调整和城乡规划修编，将特色小镇建设用地纳入城镇建设用地扩展边界内。特色小镇建设要按照节约集约用地的要求，充分利用低丘缓坡、滩涂资源和存量建设用地，统筹地上地下空间开发，推进建设用地多功能立体开发和复合利用。土地计划指标统筹支持特色小镇建设。支持建设特色小镇的市、县（市、区）开展城乡建设用地增减挂钩试点，连片特困地区和片区外国家扶贫开发工作重点县，在优先保障农民安置和生产发展用地的前提下，可将部分节余指标用于特色小镇。在全省农村全面开展“两改一清一拆”（改造城中村和永久保留村，改造危旧住宅，清垃圾杂物、庭院和残垣断壁，拆除违章建筑等）行动，建立健全全省统一的土地占补平衡和增减挂钩指标库，供需双方在省级平台对接交易，盘活存量土地资源。

（二）强化财政扶持。省级财政用以扶持产业发展、科技创新、生态环保、公共服务平台等专项资金，优先对接支持特色小镇建设。鼓励和引导政府投融资平台和财政出资的投资基金，加大对特色小镇基础设施和产业示范项目支持力度。省市县美丽乡村建设融资平台对相关特色小镇的美丽乡村建设予以倾斜支持，对符合中心村申报条件的特色小镇建设项目，按照全省中心村建设示范点奖补标准给予重点支持，并纳入中心村建设示范点管理，对中心村建设示范县（市、区），再增加 100 万元奖补资金，专门用于特色小镇建设。

（三）加大金融支持。按照谁投资谁受益原则，加大招商引资力度，探索产业基金、私募股权、PPP 等融资路径，拓宽投融资渠道，广泛吸引社会资本参与特色小镇建设。鼓励在特色小镇组建村镇银行和小额贷款公司，鼓励和引导金融机构到特色小镇增设分支机构和服务网点，加大对特色小镇基础设施建设、主导产业发展和小微企业支持力度，探索开展投贷联动业务。鼓励保险机构通过债券、投资基金、基础设施投资计划、资产支持计划等方式参与特色小镇建设投资。加强特色小镇项目谋划，积极与国家开发银行、农业发展银行沟通对接，争取国家专项建设基金和低息贷款支持。

（四）完善基础设施。加强统筹谋划，积极支持特色小镇完善水、电、路、气、信等基础设施，提升综合承载能力和公共服务水平。加快完善内部路网，打通外部交通连廊，提高特色小镇的通达性和便利性。加快污水处理、垃圾处理和供水设施建设，实现特色小镇供水管网、污水管网和垃圾收运系统全覆盖。完善电力、燃气设施，推进集中供气、集中供热或新能源供热。加大特色小镇信息网络基础设施建设力度，推动网络提速降费，提高宽带普及率，加快实现WIFI全覆盖。加强特色小镇道路绿化、生态隔离带、绿道绿廊和片林建设，构建“山水林田湖共同体”系统生态格局。合理配置教育、医疗、文化、体育等公共服务设施，完善特色小镇公共服务体系。

（五）支持试点示范。把特色小镇作为改革创新的试验田，国家相关改革试点，特色小镇优先上报；国家和省相关改革试点政策，特色小镇优先实施；符合法律法规要求的改革，允许特色小镇先行先试。

各地和省直有关部门要积极研究制定具体政策措施，整合优化政策资源，给予特色小镇建设有力的政策支持。

五、组织领导

（一）建立协调机制。为加强对特色小镇建设工作的组织领导和统筹协调，省委、省政府建立省特色小镇规划建设工作联席会议制度，省委副书记担任召集人，省政府常务副省长担任副召集人，省委宣传部、省农工办、省发展改革委、省科技厅、省财政厅、省国土资源厅、省环境保护厅、省住房城乡建设厅、省交通运输厅、省工业和信息化厅、省林业厅、省商务厅、省文化厅、省旅游发展委、省金融办、省统计局、省通信管理局等单位负责同志为成员。联席会议办公室设在省发展改革委，负责联席会议日常工作。

（二）推进责任落实。各县（市、区）党委、政府是特色小镇规划建设的责任主体，要加强组织协调，勇于改革创新，建立工作落实推进机制，分解落实年度目标任务，及时协调解决问题，确保按时间节点和进度要求规范有序推进，务求取得实效。省直有关部门根据特色小镇的产业类别，结合职责分工，加强指导协调和政策扶持，支持特色小镇加快发展。

（三）加强督导考核。加强工作调度，组织考察培训，及时总结、评估特色小镇建设成果和有效做法，树立一批产业鲜明、主题突出的特色小镇，发挥好典型示范带动作用。以有效投资、营业收入、新增税收、市场主体数量、常住人口等为主要指标，对特色小镇建设实行年度专项考核。各地要按季度报送特色小镇创建工作进展和形象进度情况，省特色小镇规划建设工作联席会议办公室将定期进行通报。

（四）搞好宣传推广。发挥舆论导向作用，充分利用传统媒体和微博、微信、客户端等新兴媒体，加大对特色小镇建设的宣传力度，营造全社会关心支持特色小镇建设的浓厚氛围，调动市场主体和干部群众的积极性，树立典型、唱响品牌、提高知名度，增强吸引力，扩大影响力。

各地各部门要进一步提高认识，把特色小镇建设与新型城镇化、美丽乡村建设、产业转型升级和建设旅游强省有机结合起来，统筹推进，强化责任，形成合力，最大限度释放特色小镇的综合效益。

关于做好特色小城镇培育工作的通知

冀建村〔2016〕26号

根据住房城乡建设部、国家发展改革委、财政部《关于开展特色小镇培育工作的通知》（建村〔2016〕147号）精神，现就我省做好特色小城镇培育工作提出如下意见，请结合实际抓好贯彻落实。非建制镇的特色小镇培育的具体工作另行安排。

一、制定培育特色小城镇的实施方案

培育特色小城镇是深入推进新型城镇化、促进城乡统筹发展、加快县域经济发展的重要举措。全省重点培育的100个特色小城镇，按照到2020年建成经济发达、环境优美、功能完善、特色鲜明的现代小城镇的要求，市、县（市、区）住房城乡建设部门（建设部门）要会同有关部门制定当地纳入全省重点培育的特色小城镇的具体实施方案，明确支持政策、目标任务和工作措施，加大培育力度。通过政府推动、政策扶持、市场运作，提升特色小城镇连接城乡、聚集产业、辐射带动的能力，培育县域经济发展的新载体，形成以城带乡、城乡互动、协调发展的良性格局，促进大中小城市和小城镇的协调发展。

二、推进培育特色小城镇的重点工作

（一）强化规划引领。特色小城镇总体规划确定的人口规模、特色产业、用地布局、交通体系等要与发展目标相适应，合理规划、科学安排产业发展区、公共服务区和居住区、旧镇区改造与新镇区建设等各功能区，处理好生产、生活、生态等要素关系，注重发挥优势和突出特色。并与经济社会发展、土地利用、环境保护等规划相衔接，实行“多规合一”。

（二）培育特色产业。根据特色小城镇的地理区位、资源禀赋、历史沿革、经济基础等条件，明确主导产业，强化产业支撑，提高小城镇发展能力。围绕主导产业的发展，扶持一批骨干企业、龙头企业，促进产业集群发展，发展壮大特色产业。大力发展园区经济，吸引镇域内和周边乡镇的企业向园区集聚，并承接大中城市产业转移。各市、县（市、区）要结合产业结构调整，将适合在小城镇发展的产业项目，优先安排在特色小城镇。

（三）完善基础设施。坚持统筹城乡、以城带乡的原则，推动城市、县城基础设施向特色小城镇延伸，发挥特色小城镇带动周边乡村的作用。加快完善特色小城镇的道路交通、给水排水、燃气、环卫、电力电信、公园绿地、停车场等市政公用基础设施，并同步建设各类地下管线和设施，提高特色小城镇的综合承载能力。鼓励有条件的特色小城镇，建设地下综合管廊和海绵城镇。大力推广应用“新技术、新材料、新能源、新工艺”，打造绿色低碳、宜居宜业的城镇环境。

（四）发展社会事业。积极推进便民服务、文体活动、科技服务、商贸流通、社区服务等设施建设，完善办学及医疗条件，提高社会公共服务水平，引导农村人口向特色小城镇聚集。认真贯彻落实户籍制度改革的有关政策，及时为在小城镇落户的居民办理相关手续，并纳入城镇社会保障体系。完善小城镇住房保障制度，为符合条件的城镇居民和已在镇内就业并参加社会保险的外来务工人员提供住房保障。

（五）提高建设水平。加强特色小城镇历史文化和自然景观保护，挖掘、弘扬地方文化和建筑风格，切实保护好古建筑、老街巷、特色民居等人文景观，以及山岭、河流、林地等自然景观，形成独具特色的小城镇建筑风格。强化特色小城镇住房建设及周边农民住宅的管理，合理控制建筑密度，保持优美的人居环境和特色风貌。精心设计建设或改造核心街区、重要建筑群、重点建筑物，建成一批建筑精品，提升小城镇特色和品位。

（六）加强小城镇管理。各地要合理配置特色小城镇经济发展、社会事业、城镇规划建设管理方面的人员，建立健全政府管理机制。强化特色小城镇规划监管，严格依据批准的规划组织项目建设，确保规划有效实施。搞好净化、绿化、亮化、美化，建立市政养护、园林管护、环卫保洁专业队伍。开展镇容镇貌综合治理，实施“两改一清一拆”行动，严肃整治违法占道、私搭乱建等行为，保持镇容镇貌的整洁有序。

三、落实培育特色小城镇的支持政策

（一）优先土地供应。各地要充分考虑特色小城镇建设和发展需要，统筹安排土地供应，对特色小城镇建设用地指标，优先予以保障。支持特色小城镇开展“旧房、旧村、旧厂”改造和荒地、废弃地开发利用，提高土地集约和节约利用水平，解决特色小城镇建设用地问题。

（二）加大财政支持力度。全省重点培育的 100 个特色小城镇建设要建立镇一级财政，增强小城镇的发展活力。规范县与特色小城镇财政体制，推进县级财政简政放权，下沉资金管理权限，对于特色小城镇，可实行分税制体制，赋予特色小城镇财政更多自主权，激励特色小城镇更好更快发展。在特色小城镇产生的土地出让金净收益、城镇基础设施配套费等非税收入，除国家和省规定有明确用途外，主要用于特色小城镇建设。在积极争取国家有关小城镇专项资金支持的同时，各级财政加大对特色小城镇建设和发展的投入。全省重点培育的100个特色小城镇，参照县城建设标准和政策支持其进行基础设施建设，省级加大资金统筹整合力度，利用支持城镇化建设方面相关资金或股权投资基金，为特色小城镇建设融资提供支持。100个特色小城镇可与省市县美丽乡村融资平台积极对接，争取倾斜支持。

（三）整合相关资源。积极争取国家特色小城镇专项建设基金和中央财政对特色小城镇建设的支持，整合各级对于乡镇的城建、交通、水利、环保、民政、商贸、旅游等项目和专项资金，重点向100个特色小城镇倾斜。广泛吸引社会资本参与特色小城镇建设，全面推广政府和社会资本合作（PPP）模式。鼓励政策性和商业金融机构增加对小城镇的贷款规模，引导信贷资本对特色小城镇基础设施、棚户区改造等建设给予支持。

四、强化培育特色小城镇的保障措施

（一）加强组织领导。省住房和城乡建设厅会同有关部门，负责全省100个重点培育特色小城镇建设的组织、协调、监督检查等工作。各市住房城乡建设部门会同有关部门负责当地纳入重点培育范围特色小城镇的培育工作，加强工作指导。100个重点培育的特色小城镇所在县（市、区）政府是特色小城镇培育的责任主体，要制定具体支持政策，整合落实资金，完善体制机制，做好组织推进工作。100个重点培育的特色小城镇镇政府是特色小城镇培育的实施主体，要精心组织，周密安排，抓好各项工作的落实。

（二）优化发展环境。各级各部门要根据特色小城镇的实际和发展需要，赋予部分县级经济和社会管理权。把特色小城镇作为政策措施先行先试的试点和示范，国家和省先行先试的改革试点，特色小城镇优先实施。符合法律法规要求的改革，允许特色小城镇先行突破，为小城镇建设和发展提供有利政策支持。完善政策措施，创造有利于吸引和留住人才的良好环境，积极培养和引进城乡规划建设专业技术人才。

（三）提高管理效能。县（市、区）有关部门要提高办事效率，建立绿色通道，做好行政许可、项目管理等工作，为特色小城镇建设和发展提供良好的服务。规划、城建、城管、环保、水利等行政许可事项，可由县级部门在特色小城镇设立分支机构或派出工作人员就地办理，也可依法委托特色小城镇行使职权。特色小城镇也要健全服务中心，实行“一站式、一条龙”服务，提高工作效率。

河北省特色小镇创建导则

第一条　总则

根据《中共河北省委　河北省人民政府关于建设特色小镇的指导意见》要求，为加快打造一批体现河北特点、引领带动区域发展的特色小镇，助力我省产业转型升级、城乡统筹发展，推动美丽乡村和旅游强省建设，特制定本导则。

第二条　申报条件

（一）产业定位：特色小镇要聚焦特色产业集群和文化旅游、健康养老等现代服务业，兼顾皮衣皮具、红木家具、石雕、剪纸、乐器等历史经典产业。每个小镇要根据资源禀赋和区位特点，明确一个最有基础、最有优势、最有潜力的产业作为主攻方向，突出“一镇一主业”。

（二）规划布局：以现有城镇、景区、产业园区为依托，根据产业和人口聚集发展趋势和连片开发条件，合理确定规划布局。一般位于城镇周边、景区周边、高铁站周边及交通轴沿线，选址应符合城乡规划、土地利用总体规划要求，相对独立于城市和乡镇建成区中心，原则上布局在城乡结合部。严格划定小镇边界，规划面积一般控制在 3 平方千米左右（旅游产业类特色小镇可适当放宽），建设用地面积一般控制在 1 平方千米左右。特色小镇规划要注重特色打造，突出“一镇一风格”。

（三）有效投资：三年内完成固定资产投资 20 亿元以上（商品住宅项目和商业综合体除外），金融、科技创新、旅游、文化创意、历史经典产业类特色小镇的总投资额可放宽到不低于 15 亿元，特色产业投资占比不低于 70%，第一年投资不低于总投资的 20%。

（四）功能定位：立足特色产业，培育独特文化，衍生旅游功能以及必需的社区功能，实现产业、文化、旅游和一定社区功能的有机融合。一般特色小镇要按 3A 级以上景区标准建设，旅游产业类特色小镇要按 4A 级以上景区标准建设。建有特色小镇公共服务 APP，提供创业服务、商务商贸、文化展示等综合功能。加快实现公共 WIFI 和数字化管理全覆盖。

（五）运作方式：坚持政府引导、企业主体、市场化运作。特色小镇要有明确的投资建设主体，以企业为主推进项目建设，尽可能采取企业统一规划、统一招商、统一建设的发展模式。政府引导和服务到位，统筹做好规划编制、基础设施配套、资源要素保障、文化内涵挖掘传承、生态环境保护、统计数据审核上报等方面工作。

（六）综合效益：创建过程中能够带动和形成大规模有效投资，建成后能够创造大量的新增税收、新增就业岗位、营业收入，集聚一大批工商户、中小企业、中高级人才，培育具有核心竞争力的特色产业和品牌，形成新的经济增长点。

第三条 申报材料

（一）规划方案：有符合土地利用总体规划、城乡规划、环境功能区规划的特色小镇概念性规划，包括空间布局图、功能布局图、项目示意图，如已经开工的要有实景图，明确特色小镇的四至范围、产业定位。

（二）建设计划：有分年度的投资建设计划，明确每个建设项目的投资主体、投资额、投资计划、用地计划、建设规模、项目建成后产生的效益，以及相应的年度推进计划。以表格形式进行汇总。

（三）业主情况：简明扼要说明特色小镇建设主体的公司名称、实力、资金筹措计划等。可附上已建成运营项目案例。

（四）扶持举措：特色小镇所在设区市、县（市、区）政府支持申报省级特色小镇创建对象的服务扶持举措或政策意见。

（五）基本情况：如实、完整地填写《特色小镇基本情况表》。

第四条 申报程序

（一）申报范围：所有符合基本条件的特色小镇。

（二）申报时间：由省特色小镇规划建设工作联席会议办公室（以下简称省联席会议办公室）发文通知，原则上每年集中申报1次。

（三）申报数量：总体上坚持上不封顶，不平均分配名额。为集中力量、突出重点，每个县（市、区）每次申报数量为1个，最多不超过2个。

（四）申报方式：由各县（市、区）结合实际自愿提出申请，经各市（含定州、辛集市）甄别筛选，整体排序后上报省联席会议办公室。

第五条 审核程序

（一）审核分类：根据规划建设工作深度和实际进度，每批次分创建类、培育类两类审核确认。

（二）部门初审：省联席会议办公室将各市申报材料提交省联席会议成员单位，分别提出审核、推荐意见。

（三）评估论证：省联席会议办公室会同省住房城乡建设厅对初审意见进行汇总梳理，并委托第三方机构，组织专家组，对申报材料进行评估论证，确定备选名单。

（四）审定公布：省联席会议办公室根据第三方机构论证意见，将特色小镇创建、培育名单报请省特色小镇规划建设联席会议审定，由联席会议办公室向社会公布。

第六条　监督管理

（一）定期监测：省统计局会同省发展改革委建立省特色小镇统计指标体系，以有效投资、营业收入、市场主体数量、常住人口数量为主要指标，对省级特色小镇创建和培育对象开展统一监测，实行季度和年度通报。

（二）动态管理：按照“批次创建、滚动实施、动态调整”原则，分类推进。对列入创建名单并按时完成年度建设任务的特色小镇，公布为年度达标小镇，对连续 2 年没有完成建设进度的特色小镇，退出创建名单。对列入培育名单的特色小镇，完成有效投资多、创建形象进度好的，次年可优先纳入创建名单。

（三）扶持指导：省有关部门要认真落实支持特色小镇发展的土地、财政、金融、基础设施、改革创新等政策措施，并根据特色小镇的产业类别，结合职责分工，加强指导、辅导和督导。各设区市要加强对辖区内特色小镇规划、申报、创建等工作的指导和服务。各县（市、区）党委、政府是特色小镇规划建设的责任主体，要建立工作推进机制，分解落实年度目标任务，及时协调解决问题，确保按时间节点和进度要求规范有序推进。

第七条　验收命名

（一）验收条件：如期完成各项建设目标，符合特色小镇的内涵特征，有广泛的知名度、公认度和影响力。

（二）验收程序：由省级特色小镇创建对象所在市向联席会议办公室提交要求验收命名的申请报告和当地市政府提供的初验报告。省联席会议办公室组成专家组，经实地查看、专家打分形成一致意见后，报省联席会议审议。对于首次验收不通过的，一年内可申请一次复验。

（三）命名公布：经省联席会议审定合格的特色小镇，正式命名为省级特色小镇，由省联席会议办公室发文公布，并授予河北省特色小镇牌匾。

本办法自发布之日起实施，由省联席会议办公室负责解释。

十、重庆市相关政策

重庆市人民政府办公厅下发了培育发展特色小镇的指导意见及关于做好特色小镇（街区）示范与创建工作的通知，节选如下：

重庆市人民政府办公厅关于培育发展特色小镇的指导意见

渝府办发〔2016〕111号

特色小镇是指具有特色资源、特色产业、特色风貌，文化底蕴深厚、综合服务功能较为完善、生产生活生态融合发展的小城镇，是深入推进新型城镇化的又一载体和平台，是城乡联动的重要纽带。根据《中共重庆市委　重庆市人民政府关于深化拓展五大功能区域发展战略的实施意见》（渝委发〔2016〕16号）精神，市政府决定在具有较好城镇化基础和潜力的地区培育和发展一批特色小镇。经市政府同意，现提出如下指导意见。

一、总体要求

（一）重要意义。

在全市培育和发展一批特色小镇，发挥示范、辐射、带动效应，实现小空间大集聚、小平台大纽带、小载体大创新，有利于突出重点、精准发力，促进各优其优、优优与共，各美其美、美美与共；有利于发挥城乡联动的纽带功能，推动城乡要素自由流动、资源优化配置，促进城乡统筹发展的国家中心城市建设；有利于激发小城镇发展活力和潜力，疏解核心城区功能，完善市域城镇体系，优化城镇空间布局；有利于深入挖掘历史文化资源，提炼文化内涵，传承历史文脉，弘扬优秀传统文化；有利于适应消费新需求，培育有效供给，形成有效投资，更好地适应、把握和引领经济发展新常态，促进经济平稳健康发展。

（二）指导思想。

全面贯彻落实党的十八大和十八届三中、四中、五中全会精神，按照“五位一体”总体布局和“四个全面”战略布局，牢固树立创新、协调、绿色、开放、共享的发展理念，贯彻落实深化拓展五大功能区域发展战略部署要求，以产业发展为核心，以人口集聚为基础，强化改革创新支撑，抓好试点示范突破，着力提升供给效率水平，坚持集聚发展、差异发展，培育一批特色小镇，充分释放小城镇蕴藏的发展活力和潜力，为深入推进新型城镇化提供有力支撑。

（三）发展目标。

按照“三特色、三集聚”目标，力争在“十三五”期间建成30个左右在全国具有一定影响力的特色小镇示范点，推动形成一批产城融合、集约紧凑、生态良好、功能完善、管理高效的特色小镇。

——“三特色”。特色产业，基本形成“一镇一业”发展格局，主导产业特色鲜明、集群式发展，生产方式较为高效，是小镇地区生产总值、税收、投资、就业保持稳定增长的主要支撑。特色风貌，小镇建设实现整体平面和立体空间的统筹，地域文化特色浓郁，建筑风貌与自然环境相融合，建筑色彩与建筑形态相协调。特色功能，形成较为完善的基础设施和公共服务功能，具备与区县城综合服务功能错位补充的产业配套、休闲娱乐、度假旅游、文化体验等专业特色功能。

——“三集聚”。空间集聚，核心建设区域范围明确，主要发展空间向镇总体规划确定的城镇建设用地范围集聚，资源要素向核心建设区域集聚，单位面积产出效率较高。旅游小镇可根据功能适当调整空间范围。产业集聚，围绕主导产业全链式延伸，集聚发展相关配套产业及相关服务产业，形成具有一定规模、跨界融合的产业集群。人口集聚，就业岗位稳步增加，吸引与区域功能定位、主导产业发展方向、资源环境承载能力相适应的人口集聚，成为融合发展的典范。

（四）发展原则。

——功能错位、突出重点。按照各功能区功能定位要求，与区县城作为人口集聚主战场的功能错位，不搞“遍地开花”，重点选择一批具有自然、建筑、产业、人文等特色资源的小镇，因地制宜培育成为特色小镇，成为区县城城市功能的有益补充，优化完善市域城镇体系。

——市级示范、区县推动。市级集中筛选确定一批特色小镇示范点，给以相关政策支持，发挥引领示范作用，尽快形成可供推广的经验模式。各区县（自治县）人民政府要充分发挥主动性和积极性，因地制宜培育发展一批特色小镇。

——市场主导、政府引导。充分发挥市场在资源配置中的决定性作用，坚持市场化运作，凸显企业在项目投资、运营、管理等方面的主体地位。更好发挥政府的作用，在规划编制、基础设施配套、资源要素保障、公共服务设施完善、文化内涵挖掘传承、生态环境保护、宣传推广等方面统筹推进。

——产城融合、城乡联动。特色小镇发展要坚持依托产业集聚相应规模的人口就业、居住、旅游，不搞“空心镇”，避免“大建设”，要成为生态优美、风貌独特、宜居宜业的风情小镇。注重发挥好在区县城和农村人口及要素流动之间的承接传递作用，要成为城乡联动的重要纽带。

（五）发展导向。

立足各功能区功能定位，遵循“产业跟着功能定位走，人口跟着产业走，建设用地跟着产业和人口走”思路，合理配置资源要素，突出发展重点，形成“一镇一景、一镇一业、一镇一韵”的差异化发展格局。

——重点领域。依托历史人文资源和自然景观资源，结合地理区位特点，培育发展一批历史文化传承、民俗风情展示、健康养老养生、休闲度假、观光体验类特色旅游小镇；围绕特色农副产品加工、零部件加工制造、轻工纺织等劳动密集型产业培育发展一批特色产业小镇；围绕电子商务、文化创意、创新创业、商贸农贸等培育发展一批特色服务小镇。

——区域导向。立足于城乡联动的重要纽带功能，特色小镇原则上不布局在都市功能核心区和都市功能拓展区二环以内的区域。都市功能拓展区二环以外区域，以补充完善都市区功能为导向，培育若干旅游小镇和服务小镇；城市发展新区，以补充完善新型工业化、新型城镇化主战场功能为导向，重点发展一批产业小镇、旅游小镇和服务小镇；渝东北生态涵养发展区和渝东南生态保护发展区，充分利用自然生态风光和特色资源，突出民族民俗民风等文化特色，适度发展一批旅游小镇、产业小镇和服务小镇。建设用地空间制约明显的巫山县、巫溪县、城口县、奉节县、彭水县、酉阳县等县（自治县），可重点支持结合县城建设培育发展若干特色街区。

二、主要任务

（一）统筹兼顾推动“多规合一”。坚持规划先行，科学编制特色小镇全域规划，合理确定建设规模和功能定位，把以人为本、尊重自然、传承历史、绿色低碳等理念融入规划过程，切实提升规划的前瞻性、科学性和操作性。统筹考虑人口分布、生产力布局、国土空间利用和生态环境保护，合理确定生产、生活、生态空间，推动小镇发展规划、城乡规划、土地利用规划等"多规合一"，实现以规划"定空间、定产业、定项目"。立足于特色小镇自然资源、文化底蕴、特色产业等，坚持系统规划、整体打造、做靓品牌，统筹规范特色小镇的标志标识、风格塑造、建筑风貌、市场营销等。强化小镇建筑风格的个性设计，制订《重庆市特色小镇城镇建设导则》，明确小镇建筑标准，规范统一建筑形体、色彩、体量、高度等。

（二）打造特色鲜明的主导产业。特色小镇要融入所在区县（自治县）乃至全市的重点产业格局，结合当地实际，突出本地资源优势，差异定位、细分领域、错位发展，明确产业发展定位，锁定产业主攻方向，做好"一镇一业"文章。围绕主导产业，发挥龙头骨干企业的示范带动效应，提升小微企业协作和配套能力，加速"点"上集聚、"链"式拓展，在"一镇一业"上实现集群化、集约化、规模化。切实改变传统镇域产业粗放型发展模式，积极主动适应绿色、生态、安全、个性化的消费升级需求，加快产业提档升级，改进完善生产工艺，严格产品质量标准，坚持做"精"、做"细"、做"绿"，彰显"个性"和"特色"。切实改变传统镇域产业"高消耗、高排放、低效率"的生产模式，鼓励引导发展循环经济，推动产业绿色低碳发展。切实改变传统镇域产业发展"空心化""园区化"的现象，积极吸纳小镇农业转移人口就近就业、落户定居，鼓励扶持小镇人员创新创业，构建以产业促就业、产城融合发展的良好格局。

（三）营造优美宜居的人居环境。提升特色小镇基础设施建设水平，统筹推进公共供水、道路交通、燃气供热、信息网络、分布式能源建设，推进生活污水垃圾处理设施全覆盖和稳定运行，完善垃圾收集转运、公共厕所等设施。加大环境综合整治力度，实施绿化美化工程和生态环境提升工程，突出与自然景观融合发展，强化独特文化风貌展示，努力打造一批环境优美、文化浓郁、生态宜居的特色小镇。提升特色小镇公共服务便利化水平，合理确定公共服务设施建设标准，加强商业服务、社区服务、教育卫生、公共交通、文化娱乐、休闲健身等公共服务设施建设，形成以村级设施为基础，区县、乡镇级设施衔接配套的公共服务设施网络体系。

（四）创新特色小镇发展体制机制。特色小镇要坚持把改革创新作为发展的根本动力，探索形成符合特色小镇发展的体制机制，尽快形成可复制、可推广的经验和模式。探索扩权增能，着力降低行政成本、提高行政效率，根据实际需要，依法赋予特色小镇部分区县级经济社会管理权限。建立更加高效的特色小镇建设管理模式，制定分年度的项目投资计划，以项目为载体引导各类政策、资金、要素集聚。提升特色小镇公共服务的水平和质量，推进政府向社会力量购买公共服务，推动社区网格化管理，利用"互联网＋"推动公共服务更加便捷普惠。探索创新土地流转经营、土地功能调整、用地保障等体制机制，推动特色小镇集约节约建设。

三、支持政策

有序引导特色小镇发展，充分发挥条件较好的特色小镇示范引领作用，市级层面集中规划、金融、财政、用地、人力资源等相关政策支持发展若干特色小镇示范点，根据特色小镇示范点推进建设情况适时扩大覆盖范围。

（一）规划。编制特色小镇示范点建设规划，支持推进"多规合一"。统筹特色小镇示范点土地利用总体规划、城乡规划等现行规划，编制各专项规划，实现资源的合理配置，有效利用。

（二）金融。新型城镇化专项建设基金、少数民族特色小镇专项建设基金原则上用于特色小镇示范点建设，其他专项基金优先安排特色小镇示范点。利用国际金融组织（世界银行、亚洲银行等）贷款优先支持特色小镇示范点建设。加强信贷政策指导，引导银行业金融机构结合新型城镇化建设金融需求特点，创新金融产品和服务，加大对特色小镇示范点建设的信贷支持，积极利用再贷款、再贴现等货币政策供给，加大定向支持力度，扩大金融机构新型城镇化建设信贷资金来源。支持募投项目用于特色小镇示范点建设的债券发行。鼓励产业引导股权投资基金、基础设施 PPP 项目投资基金等支持特色小镇示范点建设。

（三）财政。加大市级小城镇建设专项资金投入，调整优化市级中心镇专项建设资金，重点支持特色小镇示范点建设。对特色小镇示范点建设较好的区县（自治县）加大财政转移支付力度。旅游、扶贫、文化、农业、商贸、工业、市政、城乡建设、水利、科技、环保等市级行业主管部门将特色小镇示范点经济社会发展纳入专项资金支持范围。

（四）用地。按照规划、建设时序，市级专项下达特色小镇示范点建设用地计划指标。综合运用增减挂钩周转指标、地票等政策，充分保障特色小镇示范点建设。支持有条件的特色小镇示范点开展农村土地承包经营权、农村宅基地使用权、林地承包经营权、集体收益分配权自愿退出机制探索，盘活农村土地资源。

（五）人力资源。市内转移人口和市外来渝在特色小镇示范点创业投资和稳定就业人员，在城市发展新区、渝东北生态涵养发展区和渝东南生态保护发展区特色小镇示范点落户不受务工经商年限限制。重庆市新型城镇化工作联席会议（以下简称市联席会议）成员单位和特色小镇示范点互派干部交流锻炼。针对主导产业开展分类创业就业培训，将特色小镇示范点就业人员纳入农民工培训计划。

（六）其他。支持特色小镇示范点参照国家新型城镇化综合试点地区享受市级部门相关政策，国家1000个特色小镇、建制镇示范试点、国家投融资模式创新小城镇试点原则上在特色小镇示范点中选取。特色小镇示范点建设项目打捆纳入市级重点项目，享受相关支持政策。特色小镇示范点名单在市级主流媒体公布。

四、组织保障

（一）建立协调机制。加强对特色小镇规划建设工作的组织领导和统筹协调，建立全市特色小镇建设工作推进机制，由市政府分管领导同志负责，市联席会议办公室牵头推进相关工作，市政府有关部门各司其职，密切配合，形成合力。市联席会议成员单位定点联系指导特色小镇建设。

（二）推进责任落实。有关区县（自治县）人民政府是特色小镇建设的责任主体，要加强组织协调，确保特色小镇示范点建设有序推进；及时总结示范经验，稳步推进区域内其他特色小镇建设。市政府督查室、市发展改革委、市城乡建委要加强督促检查和指导，并通报相关情况。市城乡建委要会同市政府有关部门尽快制订《重庆市特色小镇城镇建设导则》，确保特色小镇城镇建设有章可循。市政府有关部门要强化科学指导，制定支持特色小镇建设相关政策的实施细则。

（三）加强动态监测。结合新型城镇化工作，市统计局要会同市政府有关部门建立健全特色小镇统计指标体系，准确反映特色小镇推进情况。各区县（自治县）人民政府要按季度向市联席会议办公室报送特色小镇示范点工作进展情况。

（四）强化宣传推广。充分发挥舆论引导作用，凝聚社会共识，营造良好社会环境和舆论氛围。各区县（自治县）人民政府、市政府有关部门要对特色小镇示范点的新思路、新理念、新举措进行广泛宣传，提高特色小镇示范点的美誉度和认同感。对特色小镇示范点建设的典型经验和做法进行认真总结和归纳提炼，形成示范带动效应。

重庆市人民政府办公厅
关于做好特色小镇（街区）示范点创建工作的通知

渝府办发〔2016〕250号

特色小镇（街区）示范点是推进新型城镇化工作的载体和平台，是完善城镇体系、促进产业发展和创新创业的重要抓手。集中资源、突出重点培育一批具有特色和充满活力的特色小镇（街区），有利于加快推动全市城乡统筹发展。经市政府同意，现就做好特色小镇（街区）示范点创建工作通知如下：

一、明确创建目标

特色小镇（街区）示范点要以"特色、集聚"为目标开展创建工作。特色产业要突出主导产业和主题元素，形成"一镇（街）一业"的发展格局；特色风貌要强化建筑风格的地域特色或产业特色，统筹整体平面和立体空间；特色功能要叠加融合基础设施、公共服务功能与产业配套、文化体验等专业特色功能；空间集聚要锁定核心建设区域，发展空间向规划确定的城镇建设用地范围集聚；产业集聚要围绕主导产业引导相关配套产业集聚发展、集群发展。要围绕人的城镇化，统筹生产、生活、生态空间布局，完善城镇功能，补齐城镇基础设施、公共服务、生态环境短板，推动小镇（街区）发展与疏解大城市中心城区功能相结合、与特色产业发展相结合、与服务"三农"相结合。

二、完善创建机制

坚持探索示范、稳妥推进的原则，特色小镇（街区）示范点采用"宽进严定"的创建制，按照"自愿申报、分批审核、年度考核、验收命名"程序推进规划建设。市政府每年确定一批市级特色小镇（街区）示范点创建名单，每年组织考核验收，2017年底验收命名首批市级特色小镇（街区）示范点。建立特色小镇（街区）示范点退出机制，对创建名单进行动态调整，验收不合格的退出创建名单，由创建效果明显的区县（自治县）申报补充。市新型城镇化工作联席会议办公室牵头制定考核验收办法并组织考核验收。

三、落实各方责任

市政府有关部门要加强协调，密切配合，注重政策衔接互补，形成合力，进一步细化政策措施，提出具体工作举措，由市新型城镇化工作联席会议办公室汇总后上报市政府审定。各区县(自治县)人民政府是特色小镇(街区)示范点培育创建的责任主体,要建立实施推进工作机制,搞好规划建设,做好项目策划、储备和滚动实施;加强组织协调,确保各项工作按照时间节点和计划要求规范有序推进,并按季度向市新型城镇化工作联席会议办公室报送特色小镇(街区)示范点创建工作进展情况。

(一)编制特色小镇(街区)示范点建设规划,支持推进"多规合一"。

(二)统筹特色小镇(街区)示范点土地利用总体规划、城乡规划等现行规划,编制各专项规划,实现资源的合理配置、高效利用。

(三)新型城镇化专项建设基金、少数民族特色小镇专项建设基金原则上用于特色小镇(街区)示范点建设,其他专项基金优先安排特色小镇(街区)示范点。

(四)利用国际金融组织(世界银行、亚洲银行等)贷款优先支持特色小镇(街区)示范点建设。

(五)加强信贷政策指导,引导银行业金融机构结合新型城镇化建设金融需求特点,创新金融产品和服务,加大对特色小镇(街区)示范点建设的信贷支持。积极利用再贷款、再贴现等货币政策供给,加大定向支持力度,扩大金融机构新型城镇化建设信贷资金来源。

(六)支持募投项目用于特色小镇(街区)示范点建设的债券发行。

(七)鼓励产业引导股权投资基金、基础设施 PPP 项目投资基金等支持特色小镇(街区)示范点建设。

(八)加大市级小城镇建设专项资金投入,调整优化市级中心镇专项建设资金,重点支持特色小镇(街区)示范点建设。

(九)对特色小镇(街区)示范点建设较好的区县(自治县)加大财政转移支付力度。

(十)旅游、扶贫、文化、农业、商贸、工业、市政、城乡建设、水利、科技、环保等市级行业主管部门将特色小镇(街区)示范点经济社会发展纳入专项资金支持范围。

(十一)按照规划、建设时序,市级专项下达特色小镇(街区)示范点建设用地计划指标。综合运用增减挂钩周转指标、地票等政策,充分保障特色小镇(街区)示范点建设。

(十二)支持有条件的特色小镇(街区)示范点开展农村土地承包经营权、农村宅基地使用权、林地承包经营权、集体收益分配权自愿退出机制探索,盘活农村土地资源。

（十三）市内转移人口和在特色小镇（街区）示范点创业投资和稳定就业的市外来渝人员，在城市发展新区、渝东北生态涵养发展区和渝东南生态保护发展区特色小镇（街区）示范点落户不受务工经商年限限制。

（十四）市新型城镇化工作联席会议成员单位和特色小镇（街区）示范点互派干部交流锻炼。

（十五）针对主导产业开展分类创业就业培训，将特色小镇（街区）示范点就业人员纳入农民工培训计划。

（十六）支持特色小镇（街区）示范点参照国家新型城镇化综合试点地区享受市级部门相关政策。

（十七）国家 1000 个特色小镇、建制镇示范试点、国家投融资模式创新小城镇试点原则上在特色小镇（街区）示范点中选取。

（十八）特色小镇（街区）示范点建设项目打捆纳入市级重点项目，享受相关支持政策。

四、营造良好氛围

各区县（自治县）人民政府、市政府有关部门和有关单位要加强宣传，总结推广特色小镇（街区）示范点创建工作的新思路、新理念、新举措，努力提高特色小镇（街区）示范点的群众获得感和社会美誉度。

附件：重庆市特色小镇（街区）示范点创建名单

一、都市功能核心区

渝中区化龙桥特色街区：重点发展国际商务业，打造化龙桥国际商务街区。

渝中区湖广会馆及东水门特色街区：修缮保护传统历史风貌，打造湖广会馆及东水门历史文化街区。

渝中区十八梯特色街区：修缮保护传统历史风貌，打造十八梯传统风貌街区。

大渡口区九宫庙特色街区：依托工业博物馆及文创产业园、工业遗址公园等，打造文商旅有机融合的工业遗址街区。

江北区观音桥特色街区：以集合书店为核心，将重庆纺织仓库遗址改造为“城市书仓”，打造北仓文创街区。

九龙坡区黄桷坪特色街区：以油画、雕塑、陶艺、工业设计等原创艺术为主，延伸发展艺术培训、艺术品展览交易等业态，打造黄桷坪艺术街区。

南岸区花园路特色街区：重点发展物联网产业，打造物联网创新创业街区。

南岸区慈云寺—米市街—龙门浩特色街区：修缮保护传统历史风貌，打造慈云寺—米市街—龙门浩历史文化街区。

二、都市功能拓展区

江北区五宝镇：以“慢生活”为主题打造主城后花园。

沙坪坝区中梁镇：发展富硒服务业全产业链，建设都市区养生养心目的地。

沙坪坝区虎溪特色街区：依托四川美术学院虎溪校区，发展文化艺术创意产业，打造虎溪艺术街区。

沙坪坝区磁器口特色街区：依托磁器口古镇，打造磁器口历史文化街区。

九龙坡区金凤镇：重点发展检验检测、认证认可、研发、咨询等科技服务产业。

南岸区迎龙镇：依托朝天门批发市场等重点发展现代商贸产业。

北碚区金刀峡镇：依托金刀峡景区、偏岩古镇发展休闲度假旅游。

渝北区统景镇：以温泉养身为主题发展休闲度假旅游。

渝北区仙桃特色街区：重点发展大数据产业，打造国际数据谷街区。

巴南区东温泉镇：突出山水特色，以温泉度假为主导发展养生养老产业。

巴南区丰盛镇：修缮保护传统历史风貌，打造丰盛传统风貌小镇。

巴南区木洞镇：修缮保护传统历史风貌，打造木洞传统风貌小镇。

三、城市发展新区

涪陵区蔺市镇：以龙头企业带动返乡农民工创业。

长寿区长寿湖镇：依托长寿湖发展生态滨湖度假旅游。

江津区白沙镇：重点发展富硒产业集群。

合川区涞滩镇：以禅宗文化为主题，发展健康养老休闲产业。

永川区朱沱镇：重点发展临港产业。

南川区大观镇：围绕现代农业重点发展体验、观光、休闲等产业。

綦江区东溪镇：围绕版画促进二三产业融合发展。

大足区万古镇：重点发展智能、环保装备制造产业。

璧山区福禄镇：围绕橘文化发展文创产业。

铜梁区安居镇：围绕安居古城建设推动文旅融合发展。

潼南区双江镇：依托杨尚昆故里发展红色文化旅游。

荣昌区安富街道：以安陶古镇的陶文化产业为主导，实现产城、文旅融合发展。

万盛经开区黑山镇：重点发展避暑休闲度假旅游。

四、渝东北生态涵养发展区

万州区甘宁镇：依托万州大瀑布发展全域旅游。

开州区铁桥镇：以雪梨为主导产业促进一二三产业融合发展。

梁平县金带镇：依托双桂堂促进文旅融合发展。

城口县东安镇：围绕优美闲适的乡村田园和古朴原真的民风民俗，发展观光旅游、避暑养生、健康疗养。

丰都县高家镇：重点打造肉牛全产业链及产业集群。

垫江县新民镇：以“五彩田园”为主题促进一三产业融合发展。

忠县新立镇：重点打造柑橘全产业链及产业集群。

云阳县清水乡：依托龙缸地质公园推动旅游业发展。

奉节县白帝镇：围绕白帝城景区促进农旅、文旅融合发展，打造长江三峡首峡旅游目的地。

巫山县大昌镇：围绕大昌古镇推动全域旅游发展。

巫溪县文峰镇：依托红池坝景区，突出云中花海秀美景色，重点发展旅游休闲养生产业。

五、渝东南生态保护发展区

黔江区濯水镇：围绕苗族土家族少数民族风情推动商旅融合发展。

武隆县仙女山镇：依托天生三硚世界自然遗产和仙女山森林公园等景区，创新发展“旅游+”全产业链。

石柱县黄水镇：突出休闲避暑功能，发展健康养生产业。

秀山县洪安镇：依托边城发展休闲娱乐旅游。

酉阳县龙潭镇：挖掘古镇文化、抗战文化、移民文化元素，推动文旅融合发展。

彭水县郁山镇：突出盐文化、丹文化促进文旅融合发展。

十一、辽宁省相关政策

辽宁省人民政府关于推进特色乡镇建设提出了指导意见，节选如下：

辽宁省人民政府关于推进特色乡镇建设的指导意见

辽政发〔2016〕53号

规划建设一批特色乡镇（含国有农场、林场），是推动全省经济转型升级和城乡统筹发展的一项重大举措。为加快推进全省特色乡镇建设，现提出如下意见。

一、总体要求

（一）指导思想。牢固树立创新、协调、绿色、开放、共享的发展理念，以乡镇现有产业为基础，以因地制宜，分类指导为原则，以稳增长、惠民生为目标，以坚持产业定位、壮大乡镇经济、突出特色发展为主线，以创新体制机制为重点，以建立健全省、市、县三级工作机制为保障，加快规划建设一批具有一定产业基础、地域风情浓厚的特色乡镇，以新理念、新机制、新载体加快推进全省新型城镇化步伐。

（二）主要目标。"十三五"期间，力争规划建设50个产业特色鲜明、体制机制灵活、人文气息浓厚、生态环境优美、多种功能叠加的特色乡镇，培育新的经济增长点，推动新型城镇化建设，促进城乡统筹协调发展。

二、明确责任

各县（市、区）政府是特色乡镇建设责任主体，主要领导是特色乡镇建设第一责任人，投资企业是项目实施主体。市政府负领导责任，省政府负总责。各县（市、区）要建立以乡镇政府为主的长效管理机制，科学制定实施方案，充分发挥职能部门作用，建立部门联动机制，确保各项工作按照时间节点和计划要求规范有序推进。省政府各有关部门要按照职责分工，建立相应行业主管部门对口联系制度和严格的责任体系。

特色乡镇要以企业为主推进项目建设，坚持政府引导、市场化运作，既要凸显企业主体地位，充分发挥市场在资源配置中的决定性作用，又要加强政府在规划编制、基础设施配套、资源要素配置、文化内涵挖掘传承、生态环境保护等方面的引导和保障能力。

各地区要因地制宜，严格控制现有镇（乡）区面积，不得借建设特色乡镇名义，再造新区、产业园区等。对发展信息经济、环保、健康、旅游、时尚、金融、高端装备制造等新产业、新业态确有需要的，要严格履行报批程序。培育创建特色乡镇切不可政府大包大揽、千镇一面、一哄而上，要做到成熟一个、发展一个。原则上，特色乡镇3年内要完成固定资产投资20亿元左右（不含住宅和商业综合体项目）；对支撑我省未来经济发展产业和历史经典产业类特色乡镇，投资时限可适当放宽到5年。

三、重点任务

（一）明确特色乡镇培育方向。依托现有产业，选择基础条件较好，具有一定发展优势的乡镇，培育创建玉石之乡、根（木）雕小镇、林蛙之乡、袜业小镇、枫叶小镇、蟹田之乡、枸杞（药材）种植小镇、服装小镇、皮草之乡、温泉小镇、玛瑙小镇、箱包小镇、梅花鹿小镇、海岛小镇、旅游小镇等乡村旅游型、历史文化型、民族特色型、现代农业型、生态宜居型等特色乡镇。推进创建种类不拘一格的特色乡镇建设，促进乡镇经济发展，提升人居环境质量。建立省级特色乡镇（村）信息平台，对有价值、有特色的乡镇（村）争取列入中国传统村落和省级传统村落名录以及历史文化名镇名村、特色景观旅游名镇名村名录。

（二）建设旅游型特色乡镇。科学编制建设规划，推动制定建设方案，出台相关政策，整合资金，吸纳人才，开展方案论证和评审，指导和督促各地区实施建设，不断完善和调整、丰富特色乡镇旅游内容。

（三）建设历史文化型特色乡镇。挖掘历史文化内涵，展现地方特色，收集整理历史资料，确定发展方向，开展古建筑、近现代重要史迹及代表性建筑的修缮，盘活现有古迹历史，组织考古发掘，实施古遗址、古墓葬保护和展示，引导和培训村民提高历史文化保护意识，组织撰写历史资料，延续历史文脉，加大宣传推广力度。

（四）建设民族特色型特色乡镇。做好调查论证，遴选出一批基础条件良好、民族风情浓郁、民族文化保护价值较高、新型城镇化发展潜力较大的少数民族特色乡镇，依托自身特点和实际，进行整体布局和规划设计。按照保护改造民族特色民居、发展壮大民族特色产业、改善人居环境、传承民族优秀文化和民族团结创建"五位一体"的模式，进行重点保护和建设。

（五）建设现代农业型特色乡镇。大力发展设施农业和相关产业，培育新型农业种植产业，开展环保农业建设，推进农副产品精深加工，发扬传统农副产品制作工艺，创新传统农副产品生产，培育农村新型经济合作组织，宣传、推销绿色特色农副产品。抓好认养农业试点，发展特色农业种植，增加乡村聚集能力，吸引游客消费，增加农民收入。

（六）建设生态宜居型特色乡镇。抓好以农村垃圾、污水、畜禽粪便、秸秆治理为主的乡村环境治理工程，完善农村环境基础设施及公共服务体系建设。开展农村庭院规范化建设，推广庭院田园认养、田园采摘、农户客栈等。选择绿色、有机农产品生产及休闲养生相结合的庄园或田园建设试点。

其他各类特色乡镇培育创建要参照上述有关规定执行，行业主管部门为牵头部门，相关部门或单位为配合部门，各部门要认真履职，相互配合，确保工作落实。

（七）组织实施建设项目。各地区要积极谋划项目，做好项目储备，扩大有效投资，弘扬传统优秀文化；集聚人才、技术、资本等要素，实现小空间大集聚、小平台大产业、小载体大创新；推动资源整合、项目组合、产业融合，加快推进产业集聚、产业创新和产业升级，尽快培育形成新的经济增长点。

（八）制定特色乡镇建设标准。按照特色乡镇功能类型，组织专家根据特色乡镇产业聚集能力、人口规模、财税收入、固定资产投资、人均可支配收入等发展水平，制定“基本条件＋特色”的特色乡镇建设标准，即“$10+n$”特色乡镇建设标准。

（九）规范特色乡镇创建程序。特色乡镇建设采用“宽进严定”的创建方式，分为自愿申报、分批审核、年度考核、验收命名四个环节。

自愿申报。县（市、区）政府向省宜居乡村建设领导小组办公室报送创建特色乡镇书面材料，制定创建方案，明确乡镇产业定位、投资主体、投资规模、建设计划，并附概念性规划。

分批审核。根据申报创建特色乡镇的具体产业定位，坚持统分结合、分批审核，先由各有关部门进行初审，再由省宜居乡村建设领导小组办公室组织专家审查，创建名单经省政府批准后公布。

年度考核。对纳入创建名单的特色乡镇，建立年度考核制度，考核结果纳入各市、县（市、区）政府和牵头部门的目标考核体系，并在省级主流媒体公布。

验收命名。通过3至5年时间创建，省宜居乡村建设领导小组办公室组织对实现规划建设目标、达到标准要求的特色乡镇进行验收。通过验收的，由省政府命名省级特色乡镇。

特色乡镇建设不平均分配名额，各地区要严格按照《辽宁省特色乡镇创建导则》要求，结合现有乡镇产业和经济状况，不断发展壮大农村一二三产业，深入研究和探索投融资模式，积极开展特色乡镇创建工作。要按照创建工作时间节点要求，积极组织培育、审核和申报工作。省宜居乡村建设领导小组办公室适时组织开展全省特色乡镇建设审查和验收工作。

四、加强组织实施

（一）强化协调机制。省宜居乡村建设工作领导小组要切实加强对特色乡镇建设工作的组织领导和统筹协调，领导小组办公室作为特色乡镇建设牵头部门，要抓好特色乡镇建设日常工作。各市、县（市、区）宜居乡村建设工作领导小组办公室要认真履行职责，强化协调配合，确保特色乡镇建设取得实效。

（二）突出规划引领。坚持从实际出发、因地制宜的原则，按照有利于乡镇经济升级转型，发展绿色低碳经济，促进产城融合，加快新型城镇化建设的总体要求，科学编制全省特色乡镇建设规划。各地区要按照全省特色乡镇规划大纲，组织编制本地特色乡镇建设规划。依托高等院校、科研院所、规划设计院等专业机构，开展专题研究。鼓励、支持在产业集聚区和各类开发区（园区），以特色乡镇理念改造提升特色产业。

（三）拓宽融资渠道。特色乡镇建设资金可以通过转让经营权、政府和社会资本合作（PPP）、招商引资等方式，引入社会资本，发挥企业建设主体地位。充分利用好农业发展银行支持农村改善人居环境信贷政策，研究制定相关配套优惠政策，整合各类涉农资金，支持特色乡镇建设。

（四）做好土地保障。各地区要将特色乡镇建设用地纳入调整完善后的土地利用总体规划中。按照节约集约用地原则，充分利用低丘缓坡、荒地、废地资源和存量建设用地。

（五）加强政策和资金支持。省级特色乡镇可列入省级新型城镇化试点，并可推荐申报国家新型城镇化综合试点镇。省财政通过不断优化财政支出结构，支持各地推进特色乡镇建设。各地区、各有关部门要积极研究制定具体政策措施，整合优化政策资源，积极争取中央财政专项资金、特色小城镇建设专项基金，为特色乡镇建设提供强有力的政策和资金支持。

（六）加强动态监督。各地区要按季度将纳入省创建名单的特色乡镇创建工作进展和形象进度情况，报省宜居乡村建设领导小组办公室。省宜居乡村建设领导小组办公室将工作成果汇总后报省政府督查室。在创建过程中，各地区、各有关部门要抓好典型，不断总结经验，及时宣传推广成功经验和做法。

辽宁省相关政策

十二、内蒙古自治区相关政策

内蒙古自治区人民政府办公厅关于特色小镇建设工作提出了指导意见，住房和城乡建设厅下发了一系列做好推荐工作的通知，节选如下：

内蒙古自治区人民政府办公厅关于特色小镇建设工作的指导意见

内政办发〔2016〕128号

小城镇是新型城镇化的重要载体，是实现城乡统筹发展的重要节点。加快规划建设一批产业定位明确、文化内涵深厚、景观风貌独特的特色小镇，推进小城镇健康快速发展，是新时期促进全区新型城镇化和城乡一体化发展的重要举措。为进一步加快我区特色小镇规划建设，充分发挥小城镇在城乡建设和经济社会发展中的作用，推动新型城镇化和城乡一体化发展，经自治区人民政府同意，现提出以下意见。

一、总体要求、基本原则和发展目标

（一）总体要求。全面贯彻落实党的十八大和十八届三中、四中、五中全会精神，深入贯彻落实习近平总书记系列重要讲话和考察内蒙古重要讲话精神，按照自治区新型城镇化发展的战略部署，以促进县域经济发展为目标，因地制宜选择一批具有产业、资源、区位优势的一般建制镇，准确定位发展模式，突出产业和文化特点，加大各级财政投入，积极引进社会资本，投资发展优势产品、产业和服务业，促进当地和吸引外来消费，带动当地的经济发展。通过特色小镇引领，推动全区小城镇健康快速发展，为加快我区新型城镇化进程，逐步实现城乡基础设施、公共服务、就业和社会保障的城乡一体化提供保障。

（二）基本原则。

——统筹谋划，规划先行。以规划统筹各种要素，优化资源配置，合理谋划空间布局，注重发挥优势和突出特色，处理好生产、生活、休闲、交通四大要素关系，明确生态功能定位。

——定位明确，产业支撑。依托地方资源优势和特色，优化产业结构，积极发展现代工业，精细化农业、牧业，农畜产品加工业，旅游度假和商贸服务业等，形成规模效应，引导发展“一镇一业”，吸引当地群众就地就业，带动群众增收致富。

——小而精美，凸显特色。挖掘小城镇独具魅力和特色的文化内涵，突出打造个性鲜明的建筑风格、绿化景观和人文特色文化，为小城镇的建设发展注入文化元素，提升城镇建设品质，彰显小城镇特色和魅力。

——绿色低碳，生态宜居。以建立绿色低碳、节能环保的生产生活方式为目标，保护生产环境，发展循环经济、绿色经济和低碳经济，推广太阳能、风能等清洁能源，环保材料在小城镇中得到广泛应用，力争建设低碳、零碳小镇。

——政府引导，市场运作。充分发挥市场在资源配置中的决定性作用，加强政府引导和服务保障，明确投资建设主体，引入龙头企业，充分发挥龙头企业在规划建设中的主体作用。

（三）发展目标。根据经济社会基础良好、区位优势明显、交通设施便利、人口聚集度高、资源环境承载力强等标准和要求，自治区按照工业、农业、牧业、林业、旅游、物流、商贸、口岸、文化等几种类型，每年选择 8~12 个示范镇，各旗县（市、区）至少选择 1 个示范镇，通过自治区、盟市、旗县三级集中投入，逐年推进，建成一批功能齐备、设施完善、生活便利、环境优美、特色鲜明、经济繁荣、社会和谐的特色小镇，推动全区新型城镇化发展。到 2020 年，全区的特色小镇基本实现产业特色鲜明、基础设施和公共服务功能比较完善、人居生态环境良好、城镇建设风貌独特、居民就业和社会保障水平较高、对县域经济带动能力较强的发展目标。

二、主要任务

（一）制定特色小镇创建方案。各旗县（市、区）要优先从国家和自治区重点示范镇、特色景观旅游名镇中选择地理位置优越、交通便捷、经济基础好、产业特色明显、资源丰富独特、开发潜力大的建制镇，制定特色小镇创建方案，高起点谋划特色小镇发展，确保与国民经济和社会发展规划、城乡规划、土地利用总体规划等统筹衔接，找准特点，明确定位，打造具有核心竞争力的商业运行模式。要制订量化可行的工作计划，落实投资计划，包括建设主体、建设项目、形象进度等，实施项目化管理。

（二）培育特色产业。以独特的产业定位为核心，形成具有市场竞争力和可持续发展特征的产业体系。加快推动产业转型升级，注重产业融合、项目组合、资源整合。加快培育特色产业项目，立足实际，合理布局建设符合规划和环保要求、吸纳就业性强、可带动城镇发展的休闲旅游度假养老服务性项目，逐步提高第三产业增加值占全镇经济增加值的比重。积极培育主导产业和特色产业，因地制宜发展工业、农业、牧业、林业、旅游、物流、商贸、口岸、文化等产业，打造各具特色的工业重镇、农业重镇、牧业重镇、商贸重镇、旅游旺镇和历史文化名镇等。拉长产业链，促进产业集聚发展，推动产业规模做大、结构优化，鼓励民间投资，结合引进大企业大项目，建设特色产业基地，强化产业支撑。

（三）突出打造特色景观。按照“一镇一特色，一镇一风情”的思路，统筹做好小城镇发展规划。在完成总体规划、专项规划和详细规划编制和修编的基础上，提高详细规划的覆盖率，着力提高项目设计水平，形成鲜明的建筑风格、景观设施和人文环境，积极营造绿色、洁净、舒适的和谐发展格局。要重点抓好镇区主要出入口、主干道沿线、规模大的安置房小区、商贸街区、中心广场、园林景观项目等重点地段和节点地区的城市设计，积极开展外部空间和形体环境设计。以改善居民生产、生活质量为重心，按照适度超前的原则，加快推进基础设施和公共服务设施建设，促进土地、基础设施、公共服务设施等资源合理配置、集约利用。

（四）加强生态保护。依托乡村田园风光，以打造生态宜居为核心，强化乡村规划建设管理，加大环境保护力度，打造生态优良、清洁舒适、风貌优美的宜居小镇。要切实增强节能减排能力，大力开展绿色生态设施建设。在污水和垃圾处理等方面采用无害化、低耗能、低成本技术。在新建建筑、既有居住建筑节能改造方面大力推广太阳能、风能等可再生能源和绿色集成节能技术。

三、保障措施

（一）深化改革推进管理体制机制创新。通过推进小城镇机构和管理体制改革，完善体制机制，创新发展模式，统筹城乡经济社会协调发展。各旗县（市、区）要出台扩权强镇意见，将能够下放的各种管理权限依法下放到镇级，赋予小城镇享有与目标责任相匹配的权限和资源。明确承担小城镇建设管理职能的部门，合理配备人员，并从经费上予以保障，解决有人干事、有钱干事的问题。

（二）拓宽小城镇建设投融资渠道。进一步规范和完善公共财政投入，各级财政统筹整合各类已设立的相关专项资金，重点支持特色小镇市政基础设施建设。在镇规划区内建设项目缴交的基础设施配套费，要全额返还小城镇，用于小城镇基础设施建设。大力支持村镇银行、小额贷款公司的发展，构建政策性金融、商业金融相结合的农村牧区金融体系。国有政策性银行应在开展产业基金合作方面给予试点城镇以地市级同等待遇。把市场机制引入特色小镇，按照谁投资，谁经营，谁受益的原则，鼓励各种经济性质的资本在特色小镇投资路、水、电、通讯、市场、文化娱乐等市政公用设施建设，投资者享受自治区现行的有关优惠政策。

（三）保障用地指标。旗县（市、区）每年的非农建设用地计划中，优先安排一定数量的用地指标，支持特色小镇的开发建设。为有利于小城镇规划的实施，在镇区规划范围内的农村牧区建设用地，优先办理有关用地审批手续。鼓励农村牧区集体经济组织和农牧民以土地入股，集体建设用地使用权转让、租赁等方式有序地进行农家乐、牧家乐、家庭旅馆、农庄旅游等旅游开发项目试点。

（四）加强组织领导，形成工作合力。调整自治区小城镇建设工作领导小组成员组成和职能分工。自治区住房城乡建设厅具体负责指导全区特色小镇的规划建设和功能完善，指导全区特色小镇基础设施建设和工程建设项目实施工作；自治区发展改革委协调指导特色小镇列入自治区、盟市重点建设项目，整合本部门资源，支持特色小镇加快规划建设；自治区财政厅具体负责做好享受财政扶持政策的特色小镇审核和兑现工作，引导各地区安排资金支持特色小镇加快规划建设。

自治区农牧业厅负责整合本部门资源，支持特色小镇打造特色农业、牧业；自治区国土资源厅具体负责做好享受用地扶持政策的特色小镇审核和兑现工作，指导各地区强化特色小镇用地保障，创新节约集约用地机制；自治区商务厅具体负责指导全区特色小镇电子商务创建、提升和涉外业务的指导。

自治区环保厅具体负责指导全区特色小镇污染防治和生态环境建设，自治区科技厅具体负责指导全区特色小镇的科技创新工作；自治区经济和信息化委具体负责指导全区特色小镇的产业转型升级工作。各盟市、旗县（市、区）要对小城镇建设工作领导小组成员单位的职能进行相应调整。

关于转发《住建部关于做好 2016 年特色小镇推荐工作的通知》的函

内建村函〔2016〕759 号

一、各盟市要认真组织推荐工作，推荐上报能够代表当地特色产业的镇（原则上为一般建制镇，优先推荐全国重点镇），推荐数量为 2 个。自治区将根据盟市推荐情况组织专家评估考核，择优推荐 4 个镇上报住建部。推荐名单确定后相关镇要及时在住房城乡建设部网站填报信息。

二、各盟市要严格把关，按照上报要求对上报材料进行符合性审查，于 2016 年 8 月 20 日前将推荐文件及相关材料电子版（扫描件）报送自治区住房和城乡建设厅。因指标名额限制，逾期未上报视为自动放弃。

关于做好 2016 年自治区级特色小镇推荐工作的通知

内建村函〔2016〕943 号

根据《内蒙古自治区人民政府办公厅关于特色小镇建设工作的指导意见》(内政办发〔2016〕128 号)的要求，为做好 2016 年自治区级特色小镇推荐上报工作，现将有关事项通知如下。

一、推荐数量

各盟市根据小城镇建设工作情况，择优选择 2 个一般建制镇推荐上报我厅。

二、推荐材料

推荐特色小镇应提供下列资料:

(一)小城镇基本信息表。各项信息要客观真实。

(二)小城镇建设工作情况报告及 PPT。同时按编写提纲提供能直观、全面反映小城镇培育情况的 PPT。有条件的地方可提供不超过 15 分钟的视频材料。

(三)镇总体规划。符合特色小镇培育要求、能够有效指导小城镇建设的规划成果。

(四)相关政策支持文件。被推荐镇列为省、市、县支持对象的证明资料及县级以上支持政策文件。

(五)盟市推荐文件。

所有材料以电子版形式上传到村镇处网盘，基本信息表和盟市推荐文件还需提供彩色扫描件。

各盟市住房城乡建设部门严格按照推荐数量上报，并于 2016 年 10 月 28 日前将推荐特色小镇材料上报我厅，逾期未上报视为自动放弃。

十三、甘肃省相关政策

甘肃省有关部门对于推进特色小镇建设提出了指导意见，下发了加快特色小镇规划编制工作的通知，节选如下：

甘肃省人民政府办公厅关于推进特色小镇建设的指导意见

甘政办发〔2016〕114号

为统筹城乡经济社会协调发展，提高城乡居民收入水平，实现到2020年与全国一道全面建成小康社会目标，省委、省政府决定在全省开展创建特色小镇工作，现提出如下指导意见。

一、重要意义

特色小镇是按照创新、协调、绿色、开放、共享发展理念，以打造特色业态为主导，产业定位明确、市场要素集聚、管理机制创新、生产生活生态统筹布局的综合性发展平台，是引领经济发展新常态的积极探索和有益实践，对于推动政府与市场互动、激发创新创业活力、推进供给侧结构性改革、促进经济结构调整、加快经济社会发展具有重要意义。

开展特色小镇建设，是省委、省政府深入贯彻落实习近平总书记、李克强总理等中央领导同志关于特色小镇建设重要批示精神，从全省经济社会发展大局出发做出的一项重大决策，是破解小城镇经济发展瓶颈、创新发展动能、加快产业转型升级、有力改善人居环境、实现精准扶贫精准脱贫的重要抓手。在全省创建特色小镇，有利于推动各地积极谋划项目，扩大有效投资，推动资源整合、项目组合、产城融合；有利于集聚人才、技术、资本等高端要素，实现小空间大集聚、小平台大产业、小载体大创新；有利于加快推进产业创新和产业升级，形成新的经济增长点；有利于深入挖掘华夏文明传承创新区建设内涵，充分发挥我省文化资源优势，打造文化品牌，使特色小镇成为记住陇原乡愁、唤醒历史记忆、弘扬历史文化的有效载体，从而带动经济社会持续健康发展，实现与全国一道全面建成小康社会的目标。

二、目标步骤

（一）建设目标。坚持产业、文化、旅游“三位一体”，生产、生活、生态“三生融合”，工业化、信息化、城镇化、农业现代化“四化驱动”，项目、资金、人才、管理“四方落实”的要求，坚持以人为本、公平共享，科学规划、产业集聚，生态文明、绿色低碳，文化传承、彰显特色，政府引导、市场运作，统筹协调、分类指导的原则，围绕不同区域的产业发展、自然风貌、文化风俗和资源禀赋，按照"一镇一业"、"一镇一品"的要求，切实做好创建工作，力争通过3年的努力，在全省范围内初步建成一批特色鲜明、绿色低碳、功能完善、产业集聚、开放包容、机制灵活、示范效应明显的特色小镇。

特色小镇均要建设成为3A级以上旅游景区，其中旅游产业类特色小镇要按5A级旅游景区标准建设。支持各地以特色小镇理念改造提升产业集聚区和各类开发区（园区）的特色产业。

（二）实施步骤。全省推进特色小镇建设工作从2016年7月至2018年底，用3年时间分4个阶段进行：

第一阶段（2016年7月）：调研论证，确定名单。在县市区政府自愿申报、各行业主管部门和市州政府充分调研论证的基础上，确定重点特色小镇创建名单。各市州政府可结合当地实际，确定市州特色小镇创建名单先行培育。

第二阶段（2016年8~10月）：制定方案，编制规划。纳入重点特色小镇创建名单的县市区政府负责制定特色小镇建设实施方案，编制特色小镇建设规划，明确特色小镇的规划建设范围、产业定位、投资主体、投资规模、项目建设计划，以及规划范围约3平方千米控制性详细规划和核心区约1平方千米的城市设计。

第三阶段（2016年11月至2018年9月）：分类指导，分步实施。根据每个特色小镇功能定位，统筹衔接各类规划，突出规划引领作用，落实建设项目，培育特色产业，以优质项目的实施推动产业转型升级，着力打造集产业链、投资链、创新链、人才链、服务链等要素支撑的特色小镇。

第四阶段（2018年10~12月）：总结验收，交流提升。各地全面总结特色小镇建设与管理等方面的做法和经验，探索建立特色小镇建设与监管的长效机制。组织力量对重点建设的特色小镇进行综合评定，交流推广创建工作经验。

三、创建要求

（一）绿色低碳，生态良好。围绕绿色、循环、低碳发展理念，确定特色小镇绿色发展战略，因地制宜开发应用清洁能源和可再生能源，大力发展绿色建筑和低碳、便捷的交通体系，划定绿化建设用地，控制绿色指标，提高供排水、供热、供气、环境保护、智能化管理的基础设施建设水平，促进特色小镇绿色、低碳、集约、智能、可持续发展。

（二）风貌优美，功能完善。在尊重小镇自然生态、历史文化遗存的基础上，按照城市设计的理念和方法，对特色小镇的风貌特色、产业发展、空间布局进行科学规划。坚持人与自然和谐共生，注重借景山水、巧用田园、就地取材，体现纯朴的乡村特色。坚持地域人文特色，把传统文化和风土人情融入“山、水、村”中，真正体现出“望得见山，看得见水，记得住乡愁”的小镇魅力。坚持科学管控，规划创新，塑造出特色鲜明、色彩协调、风貌优美的小镇形象。坚持合理配套，做到基础设施、公共服务、旅游交通、产业发展、生态环境等布局完善，教育养老、医疗卫生、住房就业等各项保障措施到位，提升特色小镇综合服务功能。

（三）产业集聚，特色鲜明。以特色产业的提升发展为核心，结合资源禀赋和发展基础，根据不同发展阶段、地域特征、资源优势，找准特色、凸显特色、放大特色、做足特色，紧扣适合当地实际的特色富民产业，注重聚焦旅游、文化、生态、健康、现代服务等五大产业和中药材、民俗风情、特色农产品加工等传统产业，着力培育建设特色产业集群，推动产业向特色小镇集聚，形成具有市场竞争力和可持续发展产业体系的特色小镇。

（四）机制高效，体制创新。坚持政府引导、企业主体、市场化运作的方式，创新投资支持机制、健全高效管理机制、规范完善激励机制，着力打造集产业链、投资链、创新链、人才链、服务链等要素支撑的众创生态系统。通过政策扶持、品牌创新、人才支撑，全力推进产业科学集聚、资源有效整合，走出一条创新发展之路、人才创业之路，从而促进大众创业万众创新，使特色小镇成为农村有志之士施展才华的广阔舞台。

四、保障措施

（一）加强组织领导。特色小镇创建工作纳入全省新型城镇化试点工作范围，在全省推进新型城镇化试点工作领导小组领导下开展工作，并增补省供销合作社、省城乡发展投资集团为成员单位。各成员单位要充分发挥职能作用，加强工作指导，加大支持力度，全力推进特色小镇创建工作。市州政府负责指导督促本地特色小镇的创建工作，县市区政府为特色小镇创建的责任主体，镇政府为特色小镇创建的实施主体。各级要切实加强组织领导，制定特色小镇实施方案，抓紧编制规划，明确职责任务，确保特色小镇建设工作有序开展。

（二）加强规划统筹。特色小镇在创建初期要重视特色产业的科学定位，按照“多规合一”的理念统筹编制特色小镇建设规划，充分衔接产业、生态、空间、文化、旅游等专项规划内容，合理确定特色小镇的产业发展及空间布局、建设用地规模、基础设施和公共服务设施配置等重要内容，做到定位科学、目标清晰、特色鲜明、布局合理、功能完善。

（三）加强用地保障。各地要结合土地利用总体规划调整特色小镇建设用地指标，加大特色小镇土地节约集约利用水平，把特色小镇的用地纳入城镇建设用地指标范围。要加快农村土地流转力度，探索农村宅基地自愿有偿退出机制，推行特色小镇土地管理创新，突出保障特色小镇建设用地指标。

（四）加强财政支持。省级财政采取整合部门资金的办法对特色小镇建设给予支持。同时采取“以奖代补”的方式，对按期完成任务，通过考评验收的特色小镇给予一定的奖补资金。特色小镇所在县级政府要将特色小镇建设用地的租赁收入以及小城镇基础设施配套费等资金，专项用于特色小镇基础设施建设。各地要积极研究制订具体政策措施，整合优化资源，对特色小镇规划建设给予支持。

（五）加强金融支持。充分发挥信贷和投融资平台作用，引导金融机构大力支持特色小镇建设，鼓励省、市、县各级投融资平台创新融资方式，多渠道筹集特色小镇建设资金。建立市场化运作机制，采取 TOT（转让经营权）、BOT（建设 – 经营 – 转交）等 PPP（政府与社会资本合作）项目融资模式，引导社会资本在更大范围参与特色小镇建设。

（六）加强资源整合。充分发挥政府投资的引领带动作用，多方整合资金，创新投入方式，对特色小镇建设的重点项目给予支持。省新型城镇化试点工作领导小组各成员单位，按照职责分工，围绕特色小镇创建工作目标，每年在编制部门专项资金预算时，重点向特色小镇倾斜。对涉及特色小镇建设的文化、旅游、产业、基础设施、小镇风貌等项目，充分利用新型城镇化试点、华夏文明传承创新区建设、丝绸之路经济带建设、生态环境建设与发展循环经济、精准扶贫和易地搬迁、改善农村人居环境和美丽乡村建设的成果，编制特色小镇建设项目清单，优先对列入特色小镇建设的项目给予重点支持。

（七）加强舆论宣传。各地要大力宣传特色小镇建设中的好经验、好典型和新思路、新举措，强化示范带动效应，凝聚社会共识，使特色小镇建设成为全社会高度重视、广泛参与的共同行动，为特色小镇建设工作营造良好氛围。省政府每年召开一次全省特色小镇工作经验交流会，及时总结推广经验，充分发挥典型的示范带动作用，推动全省特色小镇建设不断向纵深发展。

（八）加强考核考评。按照分级负责的原则，建立健全特色小镇建设工作考核评价机制。各市州要切实加强对特色小镇创建工作的监督检查指导，纳入创建名单的各县市区和乡镇要切实加强组织实施工作，及时了解工作进展情况，研究解决存在问题，确保特色小镇建设工作正常开展。省推进新型城镇化试点工作领导小组定期对特色小镇建设的进展情况开展督查，每年对特色小镇创建工作进行一次综合考评。考评实行政府绩效第三方评估机制，评估结果作为省级财政以奖代补的重要依据。

附件：重点特色小镇创建名单

1. 定西市通渭县平襄书画小镇
2. 临夏州和政县松鸣冰雪运动小镇
3. 武威市凉州区清源葡萄酒小镇
4. 天水市麦积区甘泉民俗风情小镇
5. 张掖市临泽县倪家营七彩丹霞小镇
6. 定西市临洮县洮阳马家窑洮砚小镇
7. 兰州市西固区河口黄河风情小镇
8. 平凉市崆峒区崆峒养生休闲小镇
9. 酒泉市肃州区酒泉玉文化小镇
10. 兰州市榆中县青城历史文化小镇
11. 定西市陇西县首阳中药材小镇
12. 陇南市康县阳坝生态度假小镇
13. 白银市景泰县黄河石林小镇
14. 陇南市成县西狭颂文化养生小镇
15. 兰州市皋兰县什川梨园小镇
16. 庆阳市华池县南梁红色旅游小镇
17. 甘南州夏河县拉卜楞民族风情小镇
18. 金昌市金川区双湾香草小镇

关于加快特色小镇规划编制工作的通知

甘肃函〔2016〕417 号

为全面做好全省特色小镇创建工作，按期完成特色小镇创建阶段性工作任务。现就有关事项通知如下：

一、工作进展情况

《甘肃省人民政府办公厅关于推进特色小镇建设的指导意见》（甘政办发〔2016〕114 号）明确规定，2016 年 10 月底前，纳入重点特色小镇创建名单的县市区政府负责制定特色小镇建设实施方案，编制特色小镇建设规划，明确特色小镇的规划建设范围、产业定位、投资主体、投资规模、项目建设计划以及规划范围约 3 平方千米控制性详细规划和核心区约 1 平方千米的城市设计。从各地工作情况看，目前各地特色小镇建设工作进展很不平衡，大多数地方的工作未达到时序进度要求，未按期完成实施方案制定和规划编制工作。

二、加快制定特色小镇建设实施方案

各特色小镇所在地的县市区政府要尽快制定特色小镇建设实施方案，并于 11 月 30 日前上报省建设厅。特色小镇建设实施方案要根据每个特色小镇的功能定位，准确把握特色小镇创建要求，统筹衔接各类规划，突出规划引领作用，落实建设项目，培育特色产业，以优质项目的实施推动产业转型升级，着力打造集产业链、投资链、创新链、人才链、服务链等要素支撑的特色小镇。纳入全省特色小镇创建名单的县市区政府在现阶段要以科学严谨、深入务实的态度结合实际需要，确定一批可行性高的重点建设项目，并按重要程度进行排序，同时组织动员各方面力量进行研讨，加快落实各重点项目前期工作，夯实规划基础。

三、加快编制特色小镇规划

按照全省推进特色小镇建设工作的安排部署，各地要进一步加快特色小镇的规划编制工作。列入第一批全国特色小镇名单的和政县松鸣镇、榆中县青城镇、凉州区清源镇，要在 11 月 30 日前完成特色小镇规划编制成果，并上报省建设厅进行规划技术审查；其他列入全省重点特色小镇创建名单的 15 个特色小镇，11 月 30 日前完成特色小镇规划编制，由市级规划主管部门组织进行规划技术审查，县级人民政府依据技术审查意见进行审批；12 月 15 日前完成特色小镇规划审查审批工作，并上报省建设厅备案。

十四、云南省相关政策

云南省人民政府关于加快特色小镇发展提出了意见，节选如下：

云南省人民政府关于加快特色小镇发展的意见

云政发〔2017〕20号

各州、市人民政府，省直各委、办、厅、局：

为认真贯彻落实省第十次党代会和省十二届人大五次会议精神，加快推进全省特色小镇发展，现提出以下意见：

一、重要意义

特色小镇是指聚焦特色产业和新兴产业，具有鲜明的产业特色、浓厚的人文底蕴、完善的服务设施、优美的生态环境，集产业链、投资链、创新链、人才链和服务链于一体，产业、城镇、人口、文化等功能有机融合的空间发展载体和平台。

加快特色小镇发展是省委、省政府贯彻落实新发展理念、适应经济发展新常态、深化供给侧结构性改革，从统领全局的高度做出的一项重大决策部署。发展特色小镇有利于推动全省经济转型升级和发展动能转换，有利于推进新型城镇化建设，有利于精准扶贫、精准脱贫，有利于推动大众创业、万众创新，有利于形成新的经济增长点，有利于引领人们生产生活方式转变和促进社会文明进步。

二、总体要求

（一）工作目标。按照“一年初见成效、两年基本完成、三年全面完成”的总体要求，突出重点、突出产业、突出特色，坚持因地制宜、分类指导，2017年启动全省特色小镇创建工作，鼓励在原有基础上进行提升改造，鼓励州、市、县、区结合本地实际积极培育发展特色小镇，力争通过3年的努力，到2019年，全省建成20个左右全国一流的特色小镇，建成80个左右全省一流的特色小镇，力争全省25个世居少数民族各建成1个以上特色小镇。

（二）规划引领。坚持规划先行，突出规划引领，以人为核心，以产业为支撑，高起点、高标准、宽视野，科学编制特色小镇发展总体规划、修建性详细规划，明确特色小镇的选址、投资建设运营主体、特色内涵、产业定位、建设目标、用地布局、空间组织、风貌控制、项目支撑、建设时序、资金筹措、政策措施、环境影响评价等，确保规划的科学性、前瞻性、操作性。统筹特色小镇生产、生活、生态空间布局，推动特色小镇“多规合一”。

（三）产业定位。按照“错位竞争、差异发展”的要求，瞄准产业发展新前沿，顺应消费升级新变化，紧跟科技进步新趋势，细分产业领域，明确主导产业。每个特色小镇要选择 1 个特色鲜明、能够引领带动产业转型升级的主导产业，培育在全国具有核心竞争力的特色产业和品牌，实现产业立镇、产业富镇、产业强镇。聚焦生命健康、信息技术、旅游休闲、文化创意、现代物流、高原特色现代农业、制造加工业等重点产业，推进重点产业加快发展；聚焦茶叶、咖啡、中药、木雕、扎染、紫陶、银器、玉石、刺绣、花卉等传统特色产业优势，推动传统特色产业焕发生机。

（四）创业创新。充分发挥特色小镇创业创新成本低、进入门槛低、发展障碍少、生态环境好的优势，打造大众创业、万众创新的有效平台和载体。营造吸引各类人才、激发企业家活力的创新环境，为初创期、中小微企业和创业者提供便利、完善的“双创”服务。全面推进众创众包众扶众筹，大力发展服务经济，集聚创业者、风投资本、孵化器等高端要素，推动新技术、新产业、新业态、新经济蓬勃发展。

（五）彰显风貌。按照“多样性、独特性、差异性”的要求，加强风貌形象设计，打造特色小镇的独特魅力。运用地方优秀传统建筑元素，营造具有地域差异的建筑风貌特色，避免盲目模仿、千镇一面。深入挖掘历史文化资源，加大历史遗迹遗存文化保护传承力度，突显文化特色。充分发挥民族风情多样的独特优势，将民族特色打造成为特色小镇的亮丽名片。坚持人与自然和谐共生，突显生态特色，实现特色小镇发展与生态文明建设协调统一。

（六）人口集聚。围绕人的城镇化，完善城镇功能，补齐特色小镇在道路、通信、供水、供电、公厕、污水垃圾处理等公共基础设施和教育医疗、商业娱乐、文化体育等公共服务设施方面的短板，完善防火、防汛、防涝、抗震等安防设施，提升特色小镇的综合配套服务能力，打造宜居宜业生态环境，营造便捷高效的营商环境，促进人口在特色小镇集聚。

（七）投资建设。坚持“政府引导、企业主体、群众参与、市场化运作”的原则，充分发挥市场在资源配置中的决定性作用，强化政府在规划编制、基础设施配套、公共服务提供、生态环境保护等方面的作用，吸引和撬动民间资本参与特色小镇建设。引入战略投资者，每个特色小镇必须有与投资规模相匹配的、有实力的投资建设主体。创建全国一流特色小镇的，原则上要引入世界500强、中国500强或在某一产业领域公认的领军型、旗舰型企业。

（八）运营管理。按照"小政府、大服务"工作思路，推进体制机制创新，建立以市场化为主的运营模式。通过投资建设主体自身参与运营、实行政企合作和引入理念新、实力强、专业化的运营商等多种模式，推动特色小镇建成后的高效运营和可持续发展。

三、创建标准

（一）用地标准。每个特色小镇规划面积原则上控制在3平方千米左右，建设面积原则上控制在1平方千米左右。根据产业特点和规模，旅游休闲类、高原特色现代农业类、生态园林类特色小镇可适当规划一定面积的辐射带动区域。

（二）投入标准。2017—2019年，创建全国一流特色小镇的，每个累计新增投资总额须完成30亿元以上；创建全省一流特色小镇的，每个累计新增投资总额须完成10亿元以上。2017、2018、2019年，每个特色小镇须分别完成投资总额的20%、50%、30%。建成验收时，每个特色小镇产业类投资占总投资比重、社会投资占总投资比重均须达到50%以上。

（三）基础设施标准。创建全国一流旅游休闲类特色小镇的，须按照国家4A级及以上旅游景区标准建设；创建全省一流旅游休闲类特色小镇的，须按照国家3A级及以上旅游景区标准建设。每个特色小镇建成验收时，集中供水普及率、污水处理率和生活垃圾无害化处理率均须达到100%；均须建成公共服务APP，实现100M宽带接入和公共WIFI全覆盖；均须配套公共基础设施、安防设施和与人口规模相适应的公共服务设施；至少建成1个以上公共停车场，有条件的尽可能建设地下停车场。

（四）产出效益标准。2017—2019年，创建全国一流特色小镇的，每个特色小镇的企业主营业务收入（含个体工商户）年均增长25%以上，税收年均增长15%以上，就业人数年均增长15%以上；创建全省一流特色小镇的，每个特色小镇的企业主营业务收入（含个体工商户）年均增长20%以上，税收年均增长10%以上，就业人数年均增长10%以上。

州、市、县、区培育发展特色小镇，达到省级创建标准的，纳入省级支持范围。

四、创建程序

采取“自愿申报、宽进严定、动态管理、验收命名”的创建方式，推进特色小镇建设。

（一）自愿申报。分为创建全国一流和全省一流特色小镇2个类型，由各州、市人民政府向省特色小镇发展领导小组办公室（以下简称领导小组办公室）统一报送特色小镇创建方案，明确每个特色小镇的特色内涵、四至范围、产业选择、投资建设运营主体、投资规模、资金来源、建设进度、综合效益及与大型企业主体合作的思路等。

（二）方案审查。由领导小组办公室牵头，会同省直有关部门和专家，对各州、市报送的特色小镇创建方案进行审查，提出创建特色小镇建议名单报省特色小镇发展领导小组（以下简称领导小组）审定。对各地创建特色小镇的名额，不搞平均分配。

（三）名单公布。创建特色小镇建议名单经领导小组审定后，由领导小组办公室公布。

（四）规划审查。进入创建名单的特色小镇，由所在地的县市、区人民政府组织编制特色小镇发展总体规划、修建性详细规划。各州、市人民政府认真组织审查后，将本地编制完成的特色小镇规划报送领导小组办公室，领导小组办公室会同省直有关部门和专家进行审查，审查结果报领导小组审定。没有编制规划或未通过省级规划审查的特色小镇，不享受有关支持政策，不予审批项目，不安排项目资金。

（五）项目建设。特色小镇所在地的县、市、区人民政府，要以产业发展和特色小镇功能提升为重点，按照审查通过的规划，加快推进特色小镇项目建设。

（六）考核评价。由领导小组办公室制定考核办法，按照“自查自评、第三方评估、随机抽查、综合考核、结果报审”的程序组织年度和验收考核，形成年度和验收考核结果报领导小组审定。年度考核合格的兑现年度扶持政策，考核不合格的停止扶持政策支持，退出创建名单。年度考核或验收考核不合格的，通过扣减特色小镇所在地的州、市、县、区一般性财政转移支付，收回相应阶段的省财政支持资金。

（七）验收命名。由领导小组办公室牵头，于2019年底进行验收，提出特色小镇命名建议名单报领导小组审定后命名。

五、支持政策

（一）保障建设用地。坚持节约集约用地的原则，充分利用存量建设用地，鼓励利用低丘缓坡土地，鼓励低效用地再开发，盘活闲置建设用地。2017—2019 年，省级单列下达特色小镇建设用地 3 万亩。在符合有关规划的前提下，经县、市、区人民政府批准，利用现有房屋和土地兴办文化创意、健康养老、众创空间、“互联网 +”等新业态的，可实行继续按原用途和土地权利类型使用土地的过渡期政策，过渡期为 5 年，过渡期满后需按新用途办理用地手续，符合划拨用地目录的可依法划拨供地。

在符合有关规划和不改变现有工业用地用途的前提下，对工矿厂房、仓储用房进行改建及利用地下空间，提高容积率的，可不再补缴土地价款差额。在符合有关规划和用途管制前提下，在特色小镇规划区范围内，探索集体经营性建设用地入市，允许以出租、合作等方式盘活利用宅基地，允许通过村民自愿整合、采取一事一议，在现有宅基地基础上进行统一集中规划建设。

（二）加大财税支持。凡纳入创建名单的特色小镇，2017 年，省财政每个安排 1000 万元启动资金，重点用于规划编制和项目前期工作。2018 年底考核合格，创建全国一流、全省一流特色小镇的，省财政每个分别给予 1 亿元、500 万元奖励资金，重点用于项目贷款贴息。2019 年底验收合格，创建全国一流、全省一流特色小镇的，省财政每个分别给予 9000 万元、500 万元奖励资金，重点用于项目贷款贴息。特色小镇规划建设区域内的新建企业，从项目实施之日起，其缴纳的各种新增税收省、州市分享收入，前 3 年全额返还、后 2 年减半返还给特色小镇所在地的县、市、区人民政府，专项用于特色小镇产业培育和扶持企业发展支出。

（三）拓宽融资渠道。健全政府和社会资本合作机制，大力吸引民间资本参与特色小镇建设。通过财政资金引导、企业和社会资本投入、政策性银行和保险资金项目贷款以及特色小镇居民参与等多种渠道筹措项目建设资金。2017—2019 年，由省发展改革委每年从省重点项目投资基金中筹集不低于 300 亿元作为资本金专项支持特色小镇建设，实现资本金全覆盖，并向贫困地区、边境地区、世居少数民族地区和投资规模大的特色小镇倾斜。积极支持具备条件的特色小镇建设开发企业发行企业债进行融资。支持各州、市利用财政资金和社会资金设立特色小镇发展基金。

（四）优先给予项目支持。特色小镇申报符合条件的项目，省发展改革委、财政厅、住房城乡建设厅等省直有关部门在审核批准、投资补助等方面加大倾斜支持力度，优先支持申请中央预算内投资和国家专项建设基金，优先列入省级统筹推进的重点项目计划和省“十、百、千”项目投资计划以及有关基金支持，优先安排城镇供排水、“两污”、市政道路等城镇基础设施建设专项补助资金。

六、保障措施

（一）加强组织领导。成立由省人民政府主要领导任组长，分管住房城乡建设工作的副省长任副组长，省直有关部门主要负责同志为成员的省特色小镇发展领导小组，主要负责特色小镇建设重大事项的统筹协调、政策制定、创建和奖惩名单审定等。领导小组下设办公室在省发展改革委，具体牵头负责特色小镇建设的综合协调、审查创建方案和规划、动态管理、考核评价、监督检查等工作。

（二）落实主体责任。各县、市、区人民政府是特色小镇建设的责任主体。各州、市人民政府要出台扶持政策、建立工作机制、强化工作措施、倒排时间节点，督促指导所属县、市、区做好特色小镇建设工作，避免另起炉灶、重复建设、大拆大建和搞房地产开发，确保工作实效。

（三）强化分工协作。省发展改革委具体承担领导小组办公室的日常工作，做好协调推进特色小镇发展有关工作；省住房城乡建设厅负责特色小镇的建设监管，制定建设导则，与省发展改革委共同做好规划审查、考核评价等有关工作，积极申报国家级特色小镇；省财政厅负责财税支持政策的兑现落实，配合做好考核评价工作；省工业和信息化委负责指导做好工业转型升级工作；省科技厅负责指导做好科技创新工作。

省人力资源社会保障厅负责做好就业指导和培训工作；省国土资源厅负责做好用地支持政策的兑现落实工作；省农业厅负责指导做好高原特色现代农业类特色小镇建设工作；省商务厅负责指导做好电子商务发展及口岸类特色小镇建设工作；省民族宗教委、文化厅负责指导做好民族文化挖掘、传承和保护工作；省旅游发展委负责指导做好旅游休闲类特色小镇景区标准建设工作；省招商合作局负责指导做好招商引资工作。领导小组其他成员单位要按照职能职责，加强协调配合，积极支持特色小镇发展。

（四）抓实招商引资。创新招商方式，搭建合作平台，完善激励机制，围绕特色小镇发展方向和产业定位，盯大引强，采取项目推介、整体包装营销、委托招商、以商招商、专业招商等方式，提高招商引资针对性和成功率。各州、市、县、区要在特色小镇申报创建的前期阶段，加大招商引资力度，促进以企业为主体推进特色小镇的项目建设。

（五）强化项目支撑。按照“论证储备一批、申报审核一批、开工建设一批、投产运营一批”的要求，建立全省特色小镇发展重大项目库，创新项目管理模式，以项目为载体引导各类政策、资金、要素向特色小镇集聚。

（六）加强督查监测。由省政府督查室牵头，加大对特色小镇建设工作的督查检查力度。省重点项目稽查特派员办公室要将特色小镇创建纳入稽查工作范围，加强对特色小镇建设项目的稽查。由省统计局会同省直有关部门，于 2017 年上半年前建立全省特色小镇发展统计监测指标体系。各州、市人民政府要按季度报送特色小镇建设进展情况，由领导小组办公室汇总后向全省通报。

（七）加大宣传力度。充分发挥舆论引导作用，通过新闻发布、专题报道、项目推介、经验交流等，大力宣传特色小镇建设的重要意义、政策措施及成功经验，营造有利于加快推进特色小镇建设的良好社会环境和舆论氛围。

附件：云南省特色小镇发展领导小组组成人员名单

云南省人民政府

2017 年 3 月 30 日

附件

云南省特色小镇发展领导小组

组成人员名单

组　长：省长

副组长：副省长

成　员：省政府副秘书长、省扶贫办主任

省政府办公厅副主任、督查室主任

省政府副秘书长

省委农办主任

省发展改革委主任

省工业和信息化委主任

省教育厅厅长

省科技厅厅长

省民族宗教委主任

省民政厅厅长

省财政厅厅长

省人力资源社会保障厅厅长

省国土资源厅厅长

省环境保护厅厅长

省住房城乡建设厅厅长

省交通运输厅厅长

省农业厅厅长

省林业厅厅长

省水利厅党组书记

省商务厅厅长

省文化厅厅长

省卫生计生委主任

省旅游发展委主任

省地税局局长

省工商局局长

省体育局局长

省安全监管局副局长

省统计局局长

省金融办主任

省新闻办主任

省招商合作局局长

省国税局局长

省通信管理局局长

国家开发银行云南省分行行长

农业发展银行云南省分行党委书记

云南电网公司总经理

领导小组下设办公室在省发展改革委，由省发展改革委主任兼任办公室主任。领导小组成员如有变动，由成员单位相应职务人员自行递补并报领导小组办公室备案，不再另行发文。

十五、广西壮族自治区相关政策

广西壮族自治区人民政府办公厅关于培育特色小镇提出了实施意见，节选如下：

广西壮族自治区人民政府办公厅
关于培育广西特色小镇的实施意见

桂政办发〔2017〕94号

各市、县人民政府，自治区人民政府各组成部门、各直属机构：

为全面贯彻党中央、国务院关于推进特色小镇、小城镇建设的精神，更好地推动我区县域经济和小城镇发展，根据《住房城乡建设部 国家发展改革委 财政部关于开展特色小镇培育工作的通知》（建村〔2016〕147号）和《中共广西壮族自治区党委 广西壮族自治区人民政府关于加快县域经济发展的决定》（桂发〔2017〕16号）要求，结合我区实际，经自治区人民政府同意，现提出如下意见。

一、总体要求

特色小镇是指相对独立于城市中心区，具有明确产业定位、文化内涵、旅游特征和一定社区功能的发展空间平台。广西特色小镇的培育应突出产业发展能力，主要以建制镇（乡）、产业园区、现代农业核心示范区、特色旅游集聚区等为载体进行培育。培育特色小镇，有利于加快产业结构转型升级，促进产业链完善延伸，更好地推动供给侧结构性改革，带动地方经济发展；有利于集聚产业人口，激发县域经济活力，积极稳妥推进新型城镇化发展；有利于完善设施服务，建设宜居城镇，整体提升小城镇建设水平。

（一）指导思想。全面贯彻党的十八大和十八届三中、四中、五中、六中全会精神，以马克思列宁主义、毛泽东思想、邓小平理论、“三个代表”重要思想、科学发展观为指导，深入贯彻习近平总书记系列重要讲话精神和治国理政新理念新思想新战略，深入学习贯彻习近平总书记对广西工作的重要指示精神，统筹推进“五位一体”总体布局和协调推进“四个全面”战略布局，牢固树立创新、协调、绿色、开放、共享的发展理念，认真落实中央城镇化工作会议、中央城市工作会议精神，以实施大县城战略为主线，以推进供给侧结构性改革为目标，以壮大县域经济为方向，统筹推进特色小镇产业、生态、文化、旅游、基础设施和公共服务融合发展，实现小城镇大集聚、小产业大市场、小领域大创新。

以培育特色小镇为抓手，带动信息技术、节能环保、海洋产业、生物制药、现代物流、电子商务、休闲旅游养老、食品糖业、农产品加工、边境贸易等十大千亿元产业发展，做强百家优势企业，建成百个经济（生态）强镇，激活2000亿元以上固定资产投资，形成统筹城乡新平台、经济发展新引擎、特色营造新典范。

（二）基本原则。改革创新、增强活力，以市场化为导向，降低或缩小公共政策供给方的政府约束，增强产业、企业的发展活力；政府引导、企业主体，采取市场化运作模式，以社会资本为主投资建设，激发企业自身潜力，发挥主体作用，拓宽发展空间；集聚要素、突出主业，集聚全社会的各类要素，突出培植主业、规模经营、品牌效应，增强市场活力；推进产业、生态、文化、旅游、基础设施等"五位一体"深度融合发展，实现互促共进；多方培育、宽进窄出，发挥部门的职能和协调作用，建立考核激励机制，实行宽进窄出、分级培育、动态管理，共同培育特色产业发展。

（三）工作目标。构建国家、自治区、市三级特色小镇培育体系，建设一批特色产业鲜明、服务功能完善、体制机制灵活、生态环境优美、文化底蕴彰显、宜居宜业宜旅的国家、自治区、市级特色小镇，使特色小镇成为我区县域经济发展新的增长点，成为农民就地就近城镇化的重要载体。

——到2020年，培育30个左右全国特色小镇，小城镇功能完善、特色鲜明、活力凸显，成为21世纪海上丝绸之路和北部湾城市群的新亮点；建设100个左右自治区级特色小镇，产业集聚能力明显增强、拉动投资作用显著，成为县域经济跨越发展的新支撑；建设200个左右市级特色小镇，吸纳就业成效明显，区域发展整体加快，成为统筹城乡发展的新平台。

——到2020年，以特色小镇为载体，培育特色产业，做强特色优势企业，建成百个经济（生态）强镇，激活2000亿元以上固定资产投资，培育形成产业链、投资链、创新链、人才链、服务链等融合发展的生态链。

——到2020年，通过扩权强镇、改革创新，逐步完善适应特色小（城）镇发展的机制体制，营造良好的创新、创业氛围，增强发展内生动力，推进全区小城镇发展水平整体提升。

二、主要任务

（四）构建科学合理培育体系。广西特色小镇按照自治区、市两个层级，采用培育小镇、建设小镇和命名小镇三个阶段，分级培育、动态管理。市级特色小镇由各设区市出台政策开展培育；列入市级培育名单的特色小镇才能进入自治区级培育名单。确定培育小镇的程序为：各设区市自主申报（或自治区主要产业部门推荐）、专家评审、相关部门联合审定后公布，自名单公布之日起 1 年内为培育期。

培育期完成后，经考核达到预期成效的，转为建设小镇；未达到成效的，再培育 1 年，次年考核仍未达到成效的，退出培育名单。建设小镇的建设周期为 2 年，达到预期成效并经相关部门联合验收通过的，报请自治区人民政府命名；未通过验收的，延期一年，次年验收仍未通过的，取消特色小镇建设资格。

细分特色小镇产业类型。选择一个具有地方特色和明显优势的细分产业作为主攻方向，防止特色小镇“一哄而上”“遍地开花”，防止将已建成的各类小区、园区列为特色小镇。对地域相近、产业相同、定位相似的小镇择优选择，原则上一个细分产业只培育 1~2 个特色小镇，避免同质竞争。

要统筹考虑产业特色、基础条件、区位优势和带动能力，坚持设区市申报与自治区重点培育相结合的原则，突出发展千亿元产业，重点培育边境贸易、海洋产业、健康养老、民族文化、休闲旅游、农产品生产加工、本地产业型市场等传统优势产业和信息技术、节能环保、生物制药、现代物流、电子商务等新兴产业，强化对县域经济的支撑作用。（自治区住房城乡建设厅、发展改革委，工业和信息化委、科技厅、财政厅、人力资源社会保障厅、国土资源厅、农业厅、商务厅、文化厅、旅游发展委、地税局、工商局、体育局等。排在第一位的为牵头单位，下同）

（五）开展“五位一体”规划建设。要按照产业、生态、文化、旅游、基础设施等要素融合发展、协同推进的“五位一体”方式创建特色小镇。自列入培育名单起，1 年内要完成特色小镇总体规划编制和特色小镇培育策划，并完成控制性详细规划编制。选址应符合城乡规划要求，与城乡规划不一致的，必须先依法修改城乡规划。特色小镇选址所在地县级人民政府应建立住房城乡建设、发展改革、国土资源、文化、旅游及产业主管部门协调联动的发展建设规划编制和实施机制，由相关部门牵头组织规划编制，县级人民政府审批通过，坚持“一张蓝图干到底”。发展建设规划要做好与上位相关规划的衔接，并加强规划实施的技术指导，每个特色小镇均需安排乡村规划师挂点服务。

要结合各自特点统筹产业、生态、文化、旅游、基础设施等项目建设，将特色小镇建成集文化展示、旅游观光、产业集聚、生态保护、生活宜居等为一体的城镇生产生活综合体。文化展示方面，要深度研究挖掘地方优秀传统文化和产业文化，将文化展示融入小镇规划建设和生活中，保持与自然生态相协调、与民族文化相适应的村镇风貌，以及有民族特色的传统建筑群落，让小镇居民和创业者既能享受现代城市生活，又能留住绿水青山。每个小镇都要实现文化展示“四个一”的目标，即突出一个主题文化品牌、建设一个文化场馆、打造一个小镇公园、形成一个具有独特文化肌理和建筑风貌的小镇核心区。

旅游观光方面，工、农、贸、新兴产业类小镇需按照国家 AAA 级旅游景区建设，休闲旅游、健康养生类小镇需按照国家 AAAA 级以上旅游景区建设。生态保护方面，要加强环境整治，完善污水、垃圾处理设施，突出绿化美化，加强空气污染治理，发展清洁能源和循环利用体系，推广绿色建筑，将特色小镇所在地建成自治区级以上园林城镇。生活宜居方面，要完善交通路网，推进慢行系统建设，加强公共服务供给，建立健全创业者住房保障体系，着力推进民生服务的智慧应用，打造智慧小镇。

特色小镇原则上按 1~3 平方千米面积进行建设，原则上轻资产型（生态、文化、旅游等）社会投入要达到 8 亿元 / 每平方千米以上，重资产型（工业、贸易等）社会投入要达到 16 亿元 / 每平方千米以上。严格控制特色小镇的房地产开发，新增建设用地主要用于基础设施和公共服务设施、产业及配套用房、文化养生旅游设施等建设，防止“变相圈地”和以特色小镇建设为名变相实施房地产开发。（自治区住房城乡建设厅、发展改革委、工业和信息化委、国土资源厅、交通运输厅、农业厅、文化厅、旅游发展委）

（六）开展“一业主导、多业联动”产业培育。每个特色小镇要重点发展一个主导产业及 2~3 个联动产业。鼓励特色小镇的主导产业注册地理标志商标，培育小镇特色产业品牌。要推动主导产业要素集聚、产业升级，不断完善产业上下游链条，提升产业链意识和智慧，或构建新链条，或延伸链条，或拉长链条，或补足链条，或做强链条，加快形成具有行业竞争力的“单打冠军”。

要加大龙头企业扶持力度，在特色小镇重点扶持一批具有较强研发创造力、行业影响力、辐射带动力的龙头企业，做强百家优势企业。要协同推进联动产业发展，加快特色小镇产城融合，推动商业、办公、居住、生态空间与交通站点的合理布局与综合利用开发，统筹生产、办公、生活和商业区等功能区规划建设，建成集生产、服务和消费于一体的综合体，在集聚产业的同时集聚人口。

注重特色小镇内闲置工业厂房、码头仓库等的改造利用，将其发展成为具有历史记忆、符合现代要求的众创空间或产业基地。自特色小镇培育起，全区各级人民政府引导落地的同类型或关联产业，在满足建设规划的基础上，优先考虑落户特色小镇；各级财政主导的技改、研发和产业升级资金，优先考虑安排特色小镇所在企业。（自治区发展改革委、工业和信息化委、财政厅、住房城乡建设厅、农业厅、商务厅、旅游发展委）

（七）推进特色产业创新驱动。特色小镇的特色在于产业，产业发展源于创新。要进一步增强企业自主创新能力，激励企业加大研发投入，加强企业研发能力建设，推动在特色小镇的企业建设一批工程（技术）研究中心等创新基地（平台）；要积极搭建平台，支持企业与区内外高校、研究机构开展产学研合作，优先将政府引导的实验、试点项目安排在特色小镇。加强对集群产业的商标品牌建设，鼓励支持集体商标、地理标志证明商标注册、使用和保护，加快形成一批拥有自主知识产权、核心技术和知名品牌、具有竞争力的创新型企业。

建立健全创新保障体系，为科技成果转化和企业技术创新提供优质高效服务。加强特色小镇各类科技公共服务平台和科技资源共享网络建设，加快提升其服务功能和服务水平，完善开放共享的保障政策和运行机制。创新投融资体系，支持商业银行加大对科技创新的信贷支持，完善科技型企业信用担保体系，加大对社会资金设立风险投资基金的引导支持和风险补偿，支持科技型企业上市融资，构建多元化、多层次的科技投融资体系。（自治区科技厅、发展改革委、住房城乡建设厅、工商局、金融办）

（八）完善特色小镇发展机制体制。推进扩权强镇，对具备条件的特色小镇，由县级主管部门委托乡镇人民政府负责乡村规划建设管理审批工作；进一步完善乡财县管财政制度，具备条件的特色小镇经批准可设立镇一级财政；对以产业园区为主要载体创建的建制镇，推进“园镇合一”试点，按照两块牌子、一套领导班子的建设管理模式，实现产业、城镇、人员深度融合；强化市场的主体作用，充分调动企业积极性，有条件的可以试行以企业为主体的特色小镇建设和管理、运营模式;加强与国家开发银行、农业发展银行、建设银行、光大银行等金融部门合作,着力搭建银行优惠贷款落地的平台和渠道,促进特色小镇长效健康发展。(自治区发展改革委、工业和信息化委、财政厅、住房城乡建设厅、金融办)

三、创建程序

(九)自愿申报。特色小镇申报每年组织1次,按照创建内容,凡具备创建条件的均可申报。由设区市向自治区住房城乡建设厅、发展改革委报送书面申报材料(包括创建方案,特色小镇的建设范围、产业定位、投资主体、投资规模、建设计划、营商环境改善措施,并附相关城镇规划)。

(十)审核公布。自治区住房城乡建设厅、发展改革委组织对申报材料进行初审,在初审基础上组织召开相关部门会议联合进行审查,根据审查结果提出建议名单,分批上报自治区人民政府审定公布。

(十一)年度评估。对列入创建名单的小镇,自治区住房城乡建设厅、发展改革委委托第三方评价机构进行年度评估,对达到发展目标要求的将兑现扶持政策。

(十二)验收命名。对达到创建内容标准要求,通过自治区组织的第三方评估并经相关部门联合验收和审定的,由自治区人民政府命名为广西特色小镇。

四、支持政策

(十三)建设用地激励。全区各设区市、县(市、区)要做好特色小镇与土地利用总体规划的衔接,避让优质耕地、禁止占用基本农田,要本着节约集约利用土地资源的理念,充分利用荒山、荒坡、荒滩等未利用地以及存量建设用地。

特色小镇确需新增建设用地的,由自治区和各设区市按照集中统筹、分级保障的原则,优先列入土地利用年度计划。探索特色小镇建设与易地扶贫搬迁、城乡建设用地增减挂钩、土地整治协同推进工作模式,集中整合各方资源,打造精品。易地扶贫搬迁安置区及其配套的基础设施、公共服务设施、产业项目用地,在符合节约集约用地要求的前提下,由自治区统筹保障用地指标;具备增减挂钩实施条件的特色小镇,增减挂钩试点指标由自治区应保尽保,增减挂钩节余周转指标可按规定有偿流转使用,拓宽特色小镇建设资金来源。

在符合相关规划的前提下,利用现有房屋和存量建设用地,兴办文化创意、科研、健康养老、众创空间、现代服务业、“互联网 +”等新业态的，可实行继续按原用途和土地权利类型使用土地的过渡期政策，过渡期为 5 年，过渡期满后需按新用途办理用地手续。对存量工业用地，在符合相关规划和不改变用途的前提下，经批准在原用地范围内进行改建或利用地下空间而提高容积率的，不再收取土地出让价款。（自治区国土资源厅、发展改革委、住房城乡建设厅）

（十四）补助资金激励。自治区财政按照每个特色小镇培育资金 2000 万元予以奖励，其中列入培育名单后先拨付奖励资金 1000 万元，用于启动特色小镇建设；培育合格转入建设阶段后再奖励 1000 万元，用于特色小镇规划设计、基础设施和公共服务平台等建设。其中，属于旅游、科技、工业的特色小镇，奖励资金从相关部门的经费中安排。未能通过验收获得命名的，自治区通过财政年终结算扣款收回 2000 万元奖励资金。（自治区财政厅、发展改革委、住房城乡建设厅）

（十五）财税优惠激励。特色小镇范围内的建设项目整体打包列入年度自治区重点项目的，所含子项目可享受自治区级重点项目优惠政策。特色小镇自列入培育名单之日起，自治区据其规划空间范围内实际上划自治区财政的税收收入情况，通过统筹安排专项转移支付等方式支持规划区项目建设。充分利用好农业发展银行支持农村人居环境改善信贷政策，整合各类涉农资金，支持特色乡镇建设。优先支持项目方向国家开发银行、中国农业发展银行等政策性银行争取长期低息贷款。（自治区财政厅、发展改革委、住房城乡建设厅、地税局）

（十六）人才培育保障。引进和培育一批与特色小镇建设相关的产业、生态、文化、旅游、基础建设等领域专业技术人才，分级建立与特色小镇规划建设相关的各领域专家人才信息库，实行动态管理。

支持特色小镇聘请专家采用挂钩联系方式指导特色小镇建设发展；支持在具备条件的特色小镇建设与其产业发展定位相一致的人才小高地、博士后科研流动站和工作站、博士后创新实践基地、专家服务基地；鼓励高校相关专业增加特色小镇规划、建设相关课程，并鼓励高校师生积极参与特色小镇课题的研究。（自治区人力资源社会保障厅、编办、发展改革委、教育厅、住房城乡建设厅）

（十七）其他奖励激励。以产业园区、旅游景区为载体的特色小镇，给予先上浮、再认定的优惠政策，即自培育之日起，可享受上浮一个等级的优惠政策，待完成建设通过验收后，再由相关部门予以认定。

参照国务院对落实有关政策措施成效较明显地区予以激励支持的做法，每年由自治区住房城乡建设厅、发展改革委组织第三方评估，对在全区排前10位的特色小镇所在地的县级人民政府给予相关的奖励措施。（自治区住房城乡建设厅、发展改革委、工业和信息化委、科技厅、财政厅、人力资源社会保障厅、国土资源厅、农业厅、商务厅、文化厅、旅游发展委、地税局、工商局、体育局等）

五、保障措施

（十八）加强组织领导。建立广西特色小镇培育厅际联席会议（以下简称联席会议）制度，由自治区住房城乡建设厅、发展改革委、工业和信息化委、科技厅、财政厅、人力资源社会保障厅、国土资源厅、农业厅、商务厅、文化厅、旅游发展委、地税局、工商局等部门共同参与，统筹推进全区特色小镇培育。

联席会议办公室设在住房城乡建设厅，承担日常工作。自治区住房城乡建设厅、发展改革委要切实履行好统筹协调的工作职责，会同相关部门做好建设名单筛选、规划设计评审、项目计划下达、指导督促、验收等工作；各有关部门要按照职责分工，做好产业发展指导和优惠政策落实等工作。

各特色小镇所在地的县级人民政府是特色小镇建设的责任主体，要建立工作领导机制，制定工作方案，组织规划编制，推进项目建设，加快产业集聚，确保培育工作有序实施。要建立完善问题协调、指导服务、工作督查、信息公开、总结交流等工作机制，确保工作有序推进；要组建广西特色小镇培育专家指导组和工作推进组，及时解决存在问题，加快特色小镇建设；要构建上下联动、横向互动的工作格局，适时召开工作推进会，交流经验做法，整体提升水平。

（十九）完善工作机制。自治区住房城乡建设厅、发展改革委要会同有关部门研究制定广西特色小镇申报标准、评选办法、动态管理和验收细则等，实现申报、评选、建设、命名全过程科学规范管理；要建立策划方案、规划设计、产业发展等重大事项的专家咨询论证和集中会审制度，确保特色小镇高起点规划、高标准建设、高速度发展。

（二十）加大资金投入力度。要坚持“政府主导、市场主体、公众参与”的原则，加大财政资金的统筹力度，将棚户区改造、城市地下综合管廊建设、海绵城市建设、农村人居环境改善、城镇基础设施建设、特色旅游名县和现代农业核心示范区创建，以及企业技术改造、研发等资金统筹用于支持特色小镇培育。

积极申请国家专项建设基金、绿色债券，以及广西政府投资引导基金的资金支持；以财政资金做引导，扩大市场化融资规模，大力运用政府和社会资本合作等方式开展特色小镇各类项目建设与运营；运用多种手段，支持项目业主引入保险资金，鼓励公共基金、保险资金等参与项目自身具有稳定收益的项目建设和运营。

十六、江苏省相关政策

江苏省对于培育创建特色小镇提出了如下实施方案：

省政府关于培育创建江苏特色小镇的实施方案

为贯彻落实《关于培育创建江苏特色小镇的指导意见》（苏政发〔2016〕176号）要求，加快培育创建一批具有江苏特点的特色小镇，现提出如下实施方案：

一、创建目标

坚持政府规划引领、市场主导运作、民众广泛参与，力争通过3~5年努力，分批培育创建100个左右产业特色鲜明、多种功能叠加、体制机制灵活、人文气息浓厚、生态环境优美、宜业宜居宜游的特色小镇，彰显江苏产业特色、突显苏派人文底蕴、引领区域创新发展。

二、创建要求

（一）产业定位：聚焦高端制造、新一代信息技术、创意创业、健康养老、现代农业、旅游风情、历史经典等产业。

——高端制造，小镇主导产业为智能装备、节能环保、航空航天、海洋工程、轨道交通、新能源和新材料、生命健康等具有比较优势，适合特色小镇集聚发展的高端制造业。

——新一代信息技术，小镇主导产业为智能终端和云服务、下一代通信网络、先进传感和物联网技术、机器人和无人系统、高级人工智能、3D打印技术、信息安全与防护、数字内容等新一代信息技术产业内的重点领域。

——创意创业，小镇主导产业为文化创意、科技教育、电子商务等，或是服务实体企业，满足居民需求的新金融，如创业投资、私募股权投资或要素市场等，也可是创新创业人才集聚平台，如众创空间、创业孵化器等。

——健康养老，小镇主导产业为健康或养老领域的产品生产、服务提供或信息传播，如医疗服务、医药保健、医养结合、养老服务、体育休闲、健康咨询管理等。

——现代农业，小镇主导产业为一二三产融合发展，兼具生态保护、生活休闲、农业科普、文明传承等功能的高科技农业、品牌农业、互联网+农业、创意农业等。

——旅游风情，小镇拥有独特旅游资源、浓郁风情韵味、秀丽自然风光，有一定知名度和影响力，能够突显浓郁苏派风情和人文魅力。

——历史经典，小镇主导产业为具有悠久历史、传统工艺的经典产业或民俗文化传承，如丝绸、刺绣、紫砂、漆器、茶叶、雕刻、珍珠、酿造等。

（二）建设空间：原则上布局在有较好特色产业基础，相对独立于市区的产业集聚区、具备一定条件的开发园区或中心城市周边的小城镇，并在产业定位、文化传承、资源要素、基础设施、生态环境等方面进行科学规划和统筹策划。规划面积原则上控制在3平方千米左右，其中建设面积原则上控制在1平方千米左右。

（三）功能集成：注重生产、生活和生态有机融合。建有提供创业服务、商务商贸、文化展示、交往空间等综合功能的小镇客厅。积极应用现代信息传输技术、网络技术和信息集成技术，实现公共WIFI和数字化管理全覆盖。注重自然保护、历史传承和地下空间开发，所有特色小镇原则上要按3A级以上景区服务功能标准规划建设，旅游风情小镇原则上要达到国家5A级旅游景区规范要求，建设产城人文融合发展的现代化开放型特色小镇。

（四）项目投资：在主攻产业内谋划一批重点建设项目，高端制造业类特色小镇，原则上3年内要完成项目投资50亿元，苏北、苏中地区投资额可放宽至标准的80%。新一代信息技术、创意创业、健康养老、现代农业、旅游风情和历史经典特色小镇，原则上3年内要完成项目投资30亿元。第一年完成投资不少于总投资额20%，且投资于特色主导产业的占比不低于70%。以上投资均不含住宅项目。

（五）运行机制：坚持政府作引导、企业为主体、市场化运作。特色小镇要有明确的建设主体，鼓励由特色产业内的骨干企业、创新创业载体平台或行业协会商会牵头，组建多元化、公司化的管理运营平台。政府做好规划编制、基础设施配套、市场运行监管、文化内涵挖掘、生态环境保护、统计数据核报等工作。

（六）综合效益：特色小镇以集聚高端要素为核心，吸引一批“国千省千”人才、大企业高管、工艺大师、科技人员和其他创新创业人才；集聚一批特色产业内的骨干龙头企业、中小企业、工商户、创投企业和创业孵化器等创新创业载体；促进互联网和特色产业深度融合发展，形成一批新技术、新产业、新业态和新机制，建成一批有影响力的产业科技创新中心、有国际竞争力的先进制造业基地、有较高知名度的特色产业和自主品牌；体现生态优先、绿色发展理念，基本实现绿色低碳循环发展。旅游风情类小镇旅游综合收入10亿元以上，实现直接就业人数2000人以上，带动就业人数7500人以上。

三、创建程序

按照“宽进严定、动态管理、优胜劣汰、验收命名”的原则，分批创建特色小镇。

（一）自愿申报。对各地不平均分配名额，按照“创建一批、培育一批、谋划一批”和自愿申报原则，明确重点、分批推进。各县（市、区）、设区市直管的产业集聚区和经济开发区，向设区市上报申请材料。设区市汇总筛选并实地考察后，将初步具备创建条件的申报材料排序后报省联席会议办公室。省属企事业单位和高等院校牵头培育创建的特色小镇，直接向省联席会议办公室上报申请材料。

（二）分批审核。省联席会议办公室制定省级特色小镇评审办法，建立特色小镇专家智库，根据申报创建特色小镇的产业类别，组织相关部门和专家进行联审。省联席会议办公室分批统一公布省级特色小镇创建名单和培育名单。

（三）年度考核。对创建过程进行动态管理，建立特色小镇季度统计监测指标体系和年度考核制度。根据年度考核结果，公布达标小镇名单，并兑现相关政策。完不成年度目标的特色小镇退出创建名单，形成优胜劣汰的良好竞争机制。开展特色小镇评选活动，在考核达标小镇中评出优秀特色小镇。

（四）验收命名。达到规划建设目标的特色小镇，经申请由省联席会议办公室组织验收。对实现创建目标、达到标准要求的特色小镇，经省政府同意后，给予正式命名。

四、组织实施

（一）建立协调机制。加强对特色小镇培育创建工作的组织领导和统筹协调，建立省特色小镇培育创建工作联席会议制度。联席会议办公室设在省发展改革委，承担联席会议日常工作。

（二）加强土地保障。在符合相关规划前提下，经市、县（区）人民政府批准，利用现有房屋和土地，兴办文化创意、科研、健康养老、工业旅游、众创空间等新业态的，可实行继续按原用途和土地权利类型使用土地的过渡期政策，过渡期为5年。过渡期满后需按新用途办理用地手续，若符合划拨用地目录的，可依法划拨供地。鼓励对现有工业用地追加投资、转型改造，合理利用地上地下空间。

对符合规划、不改变用途的现有工业用地，通过厂房加层、老厂改造、内部整理等途径提高土地利用率和增加容积率的，不再增收土地价款。特色产业项目确需新增建设用地的，由各地先行办理供地手续。如期完成年度规划目标任务的，省里按实际使用指标的50% 给予增减挂钩、工矿废弃地及新增计划配套奖励。对 3 年内未达成规划目标任务的，次年省按奖励的用地指标数，在下达地方年度计划中加倍扣减。

（三）强化财政扶持。对纳入省级创建名单的特色小镇，在创建期间及验收命名后累计 3 年内，每年考核合格后给予 200 万元奖补资金。将列入省级创建名单的特色小镇符合要求的项目，纳入相关引导资金补助范围。鼓励和引导政府投融资平台和财政出资的投资基金，加大对特色小镇基础设施和产业示范项目支持力度。

（四）优化融资支持。支持设立特色小镇产业投资基金。创建期间，支持特色小镇发行企业债券、项目收益债券、专项债券或集合债券等各类债权融资工具用于特色小镇公用设施项目建设。支持特色小镇范围内符合条件的项目申请国家专项建设基金、省级战略性新兴产业发展专项资金、省级现代服务业发展专项资金和省 PPP 融资支持基金等。将通过多元化融资产品及模式对省级特色小镇给予融资支持。省级层面组织特色小镇与各类金融机构和社会资本开展战略合作，推进差别化投融资创新，帮助协调解决重点难点问题。

（五）鼓励试点示范。特色小镇原则上都列为省级综合改革试验区。鼓励各特色小镇因地制宜、扬长避短，在各项改革中先行先试。对“零用地”技术改造等国家鼓励类企业投资项目试行“不再审批”。开展以“区域能评、环评 + 区块能耗、环境标准”取代项目能评、环评工作机制试点。

探索差别化的土地供应政策，实行长期租赁、租让结合、先租后让、弹性出让等多种工业用地供应方式并存的工业用地供应制度。鼓励各地创新制定吸引高端人才落户政策，完善住房、教育、医疗保健、配偶安置等服务，以“不求所有，但求所用”的方式引用世界级高端人才。

十七、河南省相关政策

河南省对于重点镇建设示范工程提出了如下实施方案：

河南省重点镇建设示范工程实施方案

为深入贯彻省委九届八次、九次全会精神，全面落实《河南省全面建成小康社会加快现代化建设战略纲要》、《中共河南省委关于科学推进新型城镇化的指导意见》（豫发〔2014〕1号）、《河南省新型城镇化规划（2014—2020年）》，实施重点镇建设示范工程，科学推进新型城镇化发展，按照控制数量、提高质量、节约用地、体现特色的要求，选择68个建制镇作为我省第一批重点示范镇，加快推进建设，特制定本实施方案。

一、总体要求

（一）示范范围。以纳入全国重点镇、国家建制镇示范试点、省经济发达镇行政管理体制改革试点范围的镇为重点，兼顾其他特色镇，选择具有一定产业基础、人口规模和发展潜力较大、区位优势较为突出的非县城驻地建制镇，作为全省第一批重点示范镇。

（二）主要思路。坚持以人的城镇化为核心，在推动农业转移人口最大限度向县城集中的基础上，以政府推动、政策扶持、市场运作为重点，推动示范镇通过完善发展规划、发展特色产业、完善城镇功能、提高管理服务水平，增强示范镇人口集聚能力，进一步提升县域经济发展副中心地位，使之成为统筹城乡发展的重要节点、服务区域"三农"发展的重要载体，形成大中小城市和小城镇协调发展格局，为全省小城镇发展提供示范。

（三）基本原则。

1. 以人为本、产业为基。把增加示范镇就业岗位作为人口转移的基本前提，以提升产业支撑能力为重点，优化产业发展布局和公共资源配置，合理引导农业转移人口向示范镇流动。

2. 规划先行、提高质量。依据城市总体规划、土地利用总体规划，根据发展潜力、产业特色、地形地貌和历史文化风貌，统筹推进产业发展、基础设施和公共服务设施建设，有针对性地修编完善示范镇总体规划和详细规划。

3. 突出特色、合理布局。根据资源禀赋、区位特点和经济社会发展现状，突出产业和地域特色，依托资源优势重点发展商贸物流、矿业、旅游、农产品加工、特色养殖、特色种植等产业。

4. 改革创新、示范先行。纳入国家建制镇示范试点范围的镇，重点围绕城乡一体化发展体制机制、建制镇投融资体制、公共服务供给体制等方面开展先行先试；纳入省经济发达镇行政管理体制改革试点范围的镇，重点围绕创新行政管理体制机制等开展改革探索；其他镇重点围绕完善规划管理体系、强化产业支撑、提升辐射带动能力等开展实验示范。

5. 市县为主、形成合力。尊重省辖市、县（市、区）发展规划布局和县域经济发展路径选择，发挥省辖市、县（市、区）主体地位作用，充分调动示范镇积极性，明确目标任务，制定工作措施，细化责任分工，推进示范镇建设。

（四）发展目标。到 2020 年，争取明港镇、回郭镇、水冶镇 3 个示范镇发展成为 10 万人左右的小城市；广武镇、大周镇、克井镇等 6 个示范镇镇区人口超过 5 万人。培育一批布局合理、功能完善、经济繁荣的特色商贸大镇、现代工业强镇，建设一批具有文化特色、环境优美的历史文化名镇、美丽宜居小镇；辐射带动能力进一步增强，形成一批农村区域服务中心。为小城镇发展积累经验，带动提升全省小城镇建设和发展水平。

二、重点任务

（五）科学编制城镇规划。坚持分类引导，省有关部门要抓紧研究制定《重点镇规划建设导则》，引导规划编制，2016 年 5 月前完成总体规划和控制性详细规划修编。各示范镇要根据资源条件、区位优势、历史文化和特色景观，加快编制镇区发展规划，明确功能定位，以产业所能吸纳的就业人口确定镇区人口规模，以人口规模确定镇区建设用地规模和基础设施、公共服务设施空间布局。

（六）突出特色产业发展。坚持“一镇一品”，引导示范镇充分利用资源优势，做大做强特色产业，发挥规模效应，打造品牌。推动有工业园区（专业园区）的示范镇合理调整规划布局，进一步规范园区建设，引导企业向园区集聚，推进园区与镇区基础设施共建共享；位于中心城区、重要交通通道节点或临近中心城区的示范镇利用区位优势，积极参与省辖市、县（市、区）产业分工协作，建立仓储配送、采购销售物流园区，尽快壮大经济实力，形成特色商贸大镇；具有资源禀赋、发展基础的示范镇加快发展矿产资源、农产品加工和文化旅游等特色产业，发展成为各具特色的工业重镇、农业强镇、文化旅游名镇；沿边示范镇发挥区位优势，以商贸兴镇强镇，在省际沿边结合点建设小商品批发市场、农业生产资料批发市场等综合交易市场和商贸物流体系；农区示范镇培育发展农产品生产加工业及产销服务业。

（七）加快基础设施建设。以开展专项建设为重点，配套完善城镇基础设施，提升示范镇承载能力。实施交通设施建设专项，加强与高速公路、国省道干线公路的连接，推动示范镇与城区、周边乡镇、中心村连接等级公路建设，加快镇区过境国省道干线公路绕城改造、干线公路低等级路段升级改造，到 2020 年，争取实现国省道干线公路镇区全覆盖。

实施市政设施建设专项，推动示范镇结合产业园区调整布局和镇区改造，启动一批排水、电力、通信、集中供水、生活污水垃圾处理、燃气管道等基础设施项目，实施街道、河道、社区与小游园绿化，到 2020 年，公共用水普及率达到 85%，生活污水集中处理率达到 70% 以上，生活垃圾无害化处理率达到 90% 以上，达到省级以上园林绿化城镇标准。实施商贸服务设施建设专项，规划建设一批集商业金融、农资供应、农技推广等功能为一体的乡镇商贸中心，提升服务周边能力。

（八）完善公共服务设施。结合村镇体系规划，优化调整镇区基本公共服务格局，全面完善示范镇教育、医疗卫生、劳动就业、社会保险、综合文化中心、社区管理等基本公共服务设施，到 2020 年，争取完成镇区小学、初中标准化建设，每个示范镇建成 1 个标准化镇卫生院、镇级就业和社会保障服务站，基本实现社区综合服务设施全覆盖。

（九）提高管理服务能力。强化对城镇规划编制及监督实施、公益性基础设施建设、环境保护、计划生育、社会治安和精神文明建设等工作的管理职能，统筹提升城市管理和社会管理服务水平。实施镇区居住环境综合整治工程，根据镇区发展，解决道路路面、集贸市场、集镇环境卫生等方面的"脏乱差"问题。以抓好基层、打好基础为基本保障，加强社区建设，推进社区居民自治、服务机构进社区，逐步实现网格化管理、社会化管理，推动社会管理创新。建设便民服务中心，简化办事流程，方便服务群众。

三、完善配套政策

（十）扩大经济社会管理权限。纳入省经济发达镇行政管理体制改革试点范围的镇，要按照《中共河南省委办公厅　河南省人民政府办公厅关于开展省级经济发达镇行政管理体制改革试点工作的意见》（豫办〔2015〕31 号）赋予的县级经济社会管理权限，深入开展改革创新,激发发展活力和动力,为其他示范镇提供可复制、可推广的经验。适时扩大省经济发达镇行政管理体制改革试点范围。

(十一)拓宽资金筹措渠道。建立健全示范镇基础设施和公共服务设施财政投入增长机制。整合各类专项建设资金,统筹用于重点项目建设,加大对示范镇项目的倾斜支持力度。推动有条件的示范镇通过设立农村资金互助社、小额贷款公司、融资性担保公司等,改善融资服务。鼓励示范镇积极争取社会资本投入,以多种方式吸收社会资本参与基础设施、公共服务设施和产业园区建设。

(十二)强化用地保障。深入挖掘用地潜力,提高土地集约节约利用水平。严格落实工程建设项目用地标准,适当提高工业项目用地产出强度和容积率。吸引社会资本参与镇区废旧厂房改造和荒地、废弃地开发利用以及低效用地再开发、农村土地综合整治。结合新农村建设规划,统筹镇区周边农村住房建设与危房改造。

四、组织保障

(十三)加强组织领导。省发展改革委要会同省编办、财政厅、住房城乡建设厅等部门,建立省级工作协调机制,指导示范镇开展试点工作。各省辖市、有关省直管县(市)要加强领导,做好本辖区内示范镇试点工作。县(市、区)作为试点工作的实施主体,要按照本方案要求,抓紧研究制定具体实施方案,精心组织实施。2015年年底前,各省辖市、省直管县(市)要将本辖区内示范镇的实施方案报省发展改革委和省住房城乡建设厅。

(十四)及时跟踪评估。各省辖市、有关省直管县(市)要按照年度工作责任目标,加强评估,及时总结经验,每年3月底前将示范镇上年度工作总结和当年度工作安排报省发展改革委和省住房城乡建设厅。省发展改革委、住房城乡建设厅要在全省对示范镇建设情况进行通报,对成效显著的予以表彰。

附件:河南省第一批重点示范镇名单

附件

河南省第一批重点示范镇名单

郑州市:荥阳市广武镇、新密市超化镇、新郑市辛店镇、登封市大冶镇、中牟县雁鸣湖镇

开封市:杞县葛岗镇

洛阳市:孟津县麻屯镇、嵩县车村镇、伊川县鸣皋镇、栾川县潭头镇、宜阳县三乡镇、

新安县磁涧镇

平顶山市：宝丰县石桥镇、叶县任店镇

安阳市：安阳县水冶镇、汤阴县宜沟镇、林州市临淇镇、

鹤壁市：淇县西岗镇

新乡市：辉县市孟庄镇、获嘉县中和镇、卫辉市唐庄镇、封丘县黄陵镇、延津县东屯镇

焦作市：温县赵堡镇、沁阳市西向镇、修武县七贤镇、武陟县詹店镇

濮阳市：范县濮城镇、濮阳县文留镇

许昌市：长葛市大周镇、鄢陵县陈化店镇、禹州市神垕镇、许昌县五女店镇

漯河市：舞阳县北舞渡镇、临颍县杜曲镇

三门峡市：灵宝市豫灵镇、陕县观音堂镇

南阳市：镇平县石佛寺镇、方城县博望镇、南召县云阳镇、内乡县马山口镇、桐柏县埠江镇、淅川县丹阳镇、新野县歪子镇

商丘市：民权县北关镇、虞城县利民镇

信阳市：淮滨县马集镇、新县沙窝镇、平桥区明港镇

周口市：沈丘县付井镇、淮阳县四通镇、西华县逍遥镇、项城市秣陵镇、商水县固墙镇、太康县老冢镇

驻马店市：泌阳县官庄镇、汝南县老君庙镇

济源市：承留镇、克井镇

巩义市：竹林镇、回郭镇

兰考县：堌阳镇

汝州市：小屯镇

长垣县：恼里镇

邓州市：穰东镇

永城市：芒山镇

固始县：黎集镇

鹿邑县：玄武镇

十八、吉林省相关政策

吉林省住房和城乡建设厅对于培育特色小镇下发了如下通知，节选如下：

吉林省住房和城乡建设厅关于开展吉林省特色小镇培育的通知

吉建村〔2017〕9号

各市（州）建委（住房城乡建设局），长白山管委会住房城乡建设局，各县（市）住房城乡建设局（规划局）：

2016年7月，住房和城乡建设部、国家发展改革委、财政部发布《关于开展特色小镇培育工作的通知》，提出到2020年我国将培育1000个左右的特色小镇，并特别强调，要根据特色资源优势和发展潜力，科学确定培育对象。规划建设特色小镇，是加强生态文明建设和深化供给侧改革、推动经济转型升级、实现可持续发展的具体体现。为了进一步深刻领会省委、省政府决策部署，统一思想、抢抓机遇，找准定位、挖掘潜力，不断提升村镇建设管理水平，加快推进城乡人居环境和特色小镇建设，我省“十三五”期间要高水准、高标准培育我省特色小镇健康有序发展。

一、培育目的和意义

为深入贯彻习近平总书记在浙江特色小镇调研时所作重要指示精神，挖掘我省特色小镇在产业、形态、投资、创新、服务、人才等方面独特优势，抓住特色小镇建设这一“关键小事”，探索出一条适合我省特色小镇的发展之路。使全省形成“培育一批、创建一批、命名一批”的特色小镇建设格局，进而推动我省经济建设，带动特色小镇周边农村经济发展。同时也为每年国家级特色小镇培育，打下坚实基础。

二、申报条件

（一）产业特色突出。本次申报“特色”是核心，产业特色是重中之重。找准特色、凸显特色、放大特色，是小镇建设的关键所在。申报的小镇应具有独特的区域位置、特有的产业基础、厚重的文化内涵、丰富的旅游业态、新兴与传统产业的特色支撑，并在一定期间内对小镇的经济发展带来实质性拉动。同时形成小镇独有的产业运行模式，带动地方经济的发展。

（二）市场化为主导的运营机制。申报的小镇应采用“政府引导、企业主体、市场化运作”的运营模式，明确投资建设主体，由企业为主推进项目建设，充分发挥市场的资源配置作用。做好规划编制、基础设施配套、项目监管、文化内涵挖掘、生态环境保护、统计数据审核上报等工作。

（三）规划科学。特色小镇必须编制高标准的规划，以规划为引领，指导特色小镇建设。规划内容应包括建设思路、总体目标、产业特色、文化内涵、发展模式、空间格局、项目策划、核心区布局、生产力调控、建设计划等内容，合理界定人口承载力、资源承载力、环境承载力与产业支撑力。

（四）基础设施完备。特色小镇要有完善的医疗、文化、教育、休闲等公共服务设施和齐备的垃圾、供水、污水、道路交通、电力电讯等基础设施配套。完成建档立卡贫困户危房改造，污水治理工作全面铺开，镇区绿化、亮化、监控、美化达到国家要求。

（五）强有力的政策支持。特色小镇要有强有力的地方支持政策和保障措施，有雄厚的资金配套实力，有完善的体制机制，做到政府引导、政策支持、统筹推进的创建格局。

（六）安全和信誉保障。候选特色小镇近 5 年应无重大安全生产责任事故、重大环境污染、重大生态破坏、重大群体性社会事件和重大刑事案件，历史文化遗存无破坏现象、非物质文化遗产得以妥善传承。

三、申报材料

（一）规划方案。有符合土地利用总体规划、城乡规划、环境功能区规划的特色小镇概念性规划，包括空间布局图、功能布局图、项目示意图，如已经开工的要有实景图。规划应符合特色小镇培育要求、能够有效指导特色小镇建设的规划成果。

（二）建设计划。有分年度的投资建设计划，明确每个建设项目的投资主体、投资额、投资计划、用地计划、建设规模、项目建成后产生的效益，以及相应的年度推进计划。除文字表述外，要以表格形式进行汇总。

（三）扶持举措。特色小镇被列为县（市、区）支持对象的证明资料和县级以上服务扶持举措及支持政策文件。

（四）基本情况。如实、完整地填写《特色小镇基本信息表》（详见附件 1）。

（五）信誉保证。有县（市）级资料证明 5 年内无重大事件发生，近年来获得的荣誉（要图文并茂）。

（六）建设工作情况报告及 PPT（编写提纲见附件 2）。报告要紧紧围绕培育要求编写。同时按编写提纲提供能直观、全面反映小镇培育情况的 PPT。有条件的地方可提供不超过 15 分钟的视频材料。

以上材料均需提供电子版，基本信息表还需提供纸质盖章文件。

四、申报程序

（一）申报范围。所有符合基本条件的乡（镇）、非城市规划区内的街道办事处。以冰雪、温泉旅游业、生态观光高效农业为重点，以具有地域文化特色和历史文化传承为脉络，以开发属地物产、特产、资源为依托，兼顾有竞争优势和潜力产业的其他特色小镇（社会上有较大知名度，在行业内有一定的公认度）。

（二）申报原则。各县（市、区）坚持从严把关，宁缺毋滥的原则；要完备申报要件、实事求是、明确重点、分期推进的原则，不搞平均主义，坚持做大做强。

（三）申报方式。各县（市、区）规划的特色小镇和规划范围跨行政区域以及市（州）直管的产业集聚区和各类开发区规划的特色小镇，由县（市、区）和市（州）行政主管部门向我厅申报，并报当地政府备案。

五、申报时间

各市（州）、县（市、区）村镇建设主管部门要严格按照《通知》要求组织申报，于 2017 年 4 月 28 日前将候选小镇名单及申报材料、电子版文档汇总后，上报我厅村镇建设处。（以上内容为吉林特色小镇政策主要内容）

附件：

1. 特色小镇基本信息表

2. 特色小镇建设工作情况报告编写提纲

十九、天津市相关政策

天津市对于特色小镇规划建设提出了如下指导意见：

天津市特色小镇规划建设指导意见

在示范小城镇建设基础上，加快建设一批实力小镇、特色小镇、花园小镇，是市委、市人民政府结合供给侧改革，贯彻新的发展理念，从推动城乡统筹发展大局出发，实施的一项重要举措，有利于全面提升全市小城镇生产生活生态功能，增强小城镇核心竞争力和人口吸附能力，使我市小城镇更具实力、更具活力、更具特色，造福于民。为做好相关工作，特制定如下意见。

一、总体要求

（一）重要意义。多年来，我市以示范小城镇为龙头，推进农民居住社区、示范工业园区、农业设施园区发展，农村"三区"建设已经成为经济社会发展的新支撑；实施创新驱动战略，大项目、小巨人、楼宇经济、万企转型、众创空间以及建设创新型城市和产业创新中心等一系列创新举措，成为我市经济发展的新生动力。在示范小城镇基础上开展特色小镇建设，有利于实现人、地、钱、房各种资源要素的优化配置，在全市范围内共建共有共享；有利于盘活现有资产、资源、资金，开放现有政策环境；有利于科技创新引领产业转型升级，从传统动力向新生动力驱动转变；从而促进我市城乡各类资源合理流动均衡发展，缩小城乡差异，实现一体化发展。

（二）目标要求。力争到 2020 年，创建 10 个实力小镇，20 个市级特色小镇，上述 30 个小镇达到花园小镇建设标准，每个区因地制宜自主创建 2 到 3 个区级特色小镇。实力小镇以整建制街镇辖域范围进行考核，GDP 要超 200 亿元、全口径财政收入要超 40 亿元；特色小镇可以考虑以特色街区为考核单位，一个特色小镇可以有几个特色街区，规划面积一般控制在 3 平方千米左右，建设面积一般控制在 1 平方千米左右，固定资产投资完成 50 亿元以上（商品住宅和商业综合体除外），信息经济、金融、旅游和历史传统产业的特色小镇总投资额可放宽到不低于 30 亿元，特色产业投资占比不低于 70%，旅游特色小镇应参照结合国家 A 级旅游景区和全域旅游示范区标准有关内容进行建设；花园小镇要实行城镇全面精细化网格化管理，有条件的街镇要建立智慧共享平台，成为智慧小镇，以风景美、街区美、功能美、生态美、生活美、风尚美为建设内容，居住社区城市绿化覆盖率要达到 40% 以上，生活垃圾无害化处理率和污水处理率要达到 100%，主要道路绿化普及率要达到 100%。

（三）产业定位。特色小镇产业，要结合我市建设创新型城市的产业发展方向，立足打造十大先进制造产业集群，围绕高端装备、航空航天、新一代信息技术、生物医药、新能源新材料等战略性新兴产业，以及我市特色文化产业和历史经典产业为导向，聚焦互联网智能制造、信息经济、生态农业、节能环保、民俗文化、电子商务、高端旅游、食品安全、健康养老等民生领域的优势产业、新兴产业，充分利用互联网 +、大数据、云计算，重点培育一批产业特色鲜明、生态环境优美、人文气息浓厚、体制机制灵活、兼具旅游与社区功能的专业特色小镇。

（四）规划引领。实力小镇要以推进产业集聚、高端高质、市场连接、历史传承等方面为发展重点，经济实力要强、功能集成完善、示范效应明显，具有独特发展魅力；特色小镇要在现代产业、民俗文化、生态旅游、商业贸易、自主创新等多方面谋划发展，形成一镇一韵、一镇一品、一镇一特色；花园小镇要以城镇精细化精致化智能化管理为抓手，搭建智慧城镇共享平台，努力打造绿树环绕、花草覆盖、干净整洁、管理有序、清新亮丽的美丽小镇。

（五）运作方式。特色小镇建设要坚持政府引导、企业主体、市场运作、开放共享的原则，积极引入市场机制，突出企业主体地位，充分发挥市场在资源配置中的决定性作用，特别是在深入挖掘传统文化内涵、历史传承、生态环境保护、促进经济社会可持续发展等方面发挥重要作用；同时，政府要在建设规划编制、基础设施配套、资源要素保障、政策环境开放，调动社会一切积极因素，实现共建共有共享的目标上，提供服务保障。每个特色小镇要明确投资建设主体，由企业为主体推进项目建设。

二、创建申报

（一）组织申报。各区按照天津市特色小镇规划建设的总体要求，结合本地实际，提出本区域内拟培育的市级特色小镇名单，组织编制特色小镇创建方案和概念规划、环境规划，根据土地利用总体规划确定土地利用结构和布局，明确四至范围和产业定位、落实投资主体和投资项目、分解三年或五年建设计划。

（二）分批审核。各区人民政府选择有资质高水平的规划设计团队进行规划编制；市规划局初步审查各区特色小镇规划方案，择优选出市级特色镇创建对象后，报市特色小镇规划建设联席会议审定同意后予以公布；同时，由市特色小镇规划建设联席会议办公室会同相关区人民政府重点推荐市级特色小镇培育对象名单。

（三）培育建设。各区人民政府根据市级特色小镇的创建要求，组织相关建设主体按照创建方案和建设计划有序推进各项建设任务。市特色小镇规划建设联席会议办公室每季度对各地特色小镇规划建设情况进行通报，并定期组织现场会，交流培育建设经验。

（四）年度考核。市级特色小镇年度建设任务纳入市人民政府对各区年度目标考核体系。对未完成年度目标考核任务的特色小镇，实行退出机制，下一年度起不再享受市级特色小镇扶持政策。

（五）验收命名。市级特色小镇完成各项目标任务的，由市发展改革委组织相关部门进行评估验收，验收合格的报市人民政府同意后，可命名为天津市特色小镇。

三、政策措施

（一）土地政策。特色小镇规划建设要按照节约集约用地的原则，充分利用存量建设用地，确需新增建设用地的，由各区带项目申请办理农用地转用土地征收手续。凡属特色产业聚集程度高、辐射带动作用强，具有高端高质的行业龙头企业集群的项目，经认定，土地利用计划指标予以安排；对如期完成年度规划目标任务的，市里给予一定土地利用年度计划指标奖励。

（二）人才政策。对支持特色小镇建设的以成建制形式整体迁入我市的企业、研发机构，在办理首批人员调津过程中，凭相关资料，在保证调津人员中有 50% 以上符合我市引才条件的前提下，对其余虽不具备我市引才要求的学历、职称条件，但原已在该单位工作且迁入我市后单位仍然急需的管理、专业技术及技能型人才，可同时予以调入，配偶及 18 周岁以下子女可办理随迁手续。

（三）财政政策。设立市级特色小镇专项补助资金，一是对经市人民政府批准同意的特色小镇基础设施建设投入，从 2016 年起，按照一年期 6% 贷款利率，对每个实力小镇基础设施贷款给予总额不超过 2000 万元的贴息扶持，对每个特色小镇基础设施贷款给予总额不超过 1000 万元的贴息扶持，其中：市、区两级财政各承担 50%；二是对验收达标的特色小镇，市级财政给予一次性奖励资金500万元，专项用于特色小镇发展建设。

（四）其他政策。列入市级特色小镇创建范围的基础设施建设项目，均可享受“两行一基金”贷款融资政策，列为市发展改革委申请国家专项建设基金范围。

市级有关部门和各区人民政府要积极研究制订具体政策措施，整合优化政策资源，给予特色小镇规划建设强有力的政策支持。大项目、小巨人、楼宇经济、众创空间、万企转型升级项目在特色小镇生根开花的，为实力小镇、特色小镇、花园小镇发挥重大作用的，各部门可优先考虑给予重点扶持奖励政策；市乡村公路、“四清一绿”政策安排向特色小镇集中倾斜。

四、组织保障

（一）统筹协调推动。借助天津市特色小镇规划建设工作联席会议制度，定期对工作中出现的重大事项和问题进行会商，统筹指导、综合协调、上下联动，全力推进特色小镇规划建设工作。

（二）推进责任落实。各区是特色小镇培育创建的责任主体，要建立实施推进工作机制，搞好规划建设，加强组织协调，确保各项工作按照时间节点和计划要求规范有序推进，不断取得实效。

（三）加强动态监测。各区要按季度向市特色小镇规划建设工作联席会议办公室报送纳入市重点培育名单的特色小镇创建工作进展和形象进度情况，市里在一定范围内进行通报。

二十、湖北省相关政策

湖北省人民政府对于加快特色小(城)镇规划建设提出了指导意见，节选如下：

省人民政府关于加快特色小(城)镇规划建设的指导意见

鄂政发〔2016〕78号

各市、州、县人民政府，省政府各部门：

特色小(城)镇规划建设是推进供给侧结构性改革的重要平台，是深入推进新型城镇化的重要抓手，也是推动大众创业万众创新和加快区域创新发展的有效路径，有利于推动经济转型升级和发展动能转换，有利于促进大中小城市和小城镇协调发展，有利于充分发挥城镇化对新农村建设的辐射带动作用。为加快特色小(城)镇规划建设，现结合我省发展实际，提出如下意见：

一、指导思想

牢固树立和贯彻落实创新、协调、绿色、开放、共享的发展理念，按照党中央、国务院部署，深入推进供给侧结构性改革，坚持以特色为灵魂、以产业为支撑、以项目为载体、以创新为动力、以人才为保障，规划建设一批特色小(城)镇，打造一批集产业链、投资链、创新链、人才链、服务链于一体的创新创业生态系统，形成一批生产、生活、生态有机融合的重要功能平台，加快培育新的经济增长点，促进经济转型升级，推动新型城镇化建设。

二、发展目标

力争通过3至5年的培育创建，在全省范围内规划建设50个产业特色鲜明、体制机制灵活、人文气息浓厚、生态环境优美、建筑风格雅致、卫生面貌整洁、多种功能叠加、示范效应明显、群众生产生活环境与健康协调发展的国家及省级层面的特色小(城)镇。

三、总体要求

(一)坚持规划引领。特色小(城)镇包括特色小镇和特色小城镇两种形态。特色小镇主要指聚焦特色产业和新兴产业，集聚发展要素，具有明确产业定位、文化内涵、兼具旅游和社区功能的不同于行政建制镇和产业园区的创新创业平台，规划区域面积一般控制在3平方千米左右，建设用地规模一般控制在1平方千米左右。特色小城镇是指以传统行政区划为单元，特色产业鲜明、具有一定人口和经济规模的建制镇。

特色小（城）镇建设要坚持精而美，按照节约集约发展、“多规融合”的要求，严守生态保护红线，充分利用现有区块的环境优势和存量资源，合理规划生产、生活、生态等空间布局。特色小（城）镇要按国家3A级景区标准建设，旅游产业类特色小（城）镇按湖北省旅游名镇标准建设。支持建设具有游览观光功能的特色文化旅游街区、商贸文化区、文化旅游创意园区、传统工艺美术和特产加工销售园区、非物质文化遗产的展示和体验区等，统筹考虑接待功能，科学布局游客中心、厕所、交通导览、休憩等配套设施，同步规划周边道路、停车场和公共交通设施。特色小（城）镇规划要依法进行环境影响评价，加强土壤环境保护。

（二）培育产业特色。特色小（城）镇要充分利用原有的小城镇建设和产业园区发展基础，利用湖北独特的文化优势、科教优势、生态优势，聚焦产业转型升级，引导高端要素集聚，推动经济创新发展，促使传统产业提档升级、战略性新兴产业茁壮成长。

要充分发挥省长江经济带产业基金作用，为特色小（城）镇发展导入新兴产业、特色产业，以产业引领特色小（城）镇发展。重点瞄准新一代信息技术、互联网经济、高端装备制造、新材料、节能环保、文化创意、体育健康、养生养老等新兴产业，兼顾香菇、茶叶、小龙虾、酒类、纺织鞋服等传统特色产业。各地可选择一个具有当地特色和比较优势的细分产业作为主攻方向，力争培育成为支撑特色小（城）镇未来发展的大产业。

（三）搭建双创载体。特色小（城）镇要把人才引进作为首要任务，把为企业构筑创新平台、集聚创新资源作为重要工作，在平台构筑、文化培育、社区建设等方面鼓励小（城）镇内企业、社会组织、从业者等充分参与。在投资便利化、商事仲裁、负面清单管理等方面改革创新，努力打造有利于创新创业的营商环境，最大限度集聚人才、技术、资本等高端要素，建设创新创业样板，助推产业转型升级。

（四）强化项目支撑。发挥项目带动支撑作用，夯实特色小（城）镇发展基础。新建类特色小（城）镇原则上3年内要完成固定资产投资20亿元左右（不含商品住宅和商业综合体项目），改造提升类10亿元以上，国家级和省级扶贫开发工作重点县可放宽至5年，投资金额可放宽至8亿元和10亿元以上，其中特色产业投资占比不低于70%。互联网经济、金融、科技创新、旅游和传统特色产业类特色小（城）镇的总投资额可适当放宽至上述标准的80%。突出实体经济投资，防止单纯搞房地产开发。支持各地以特色小（城）

镇理念改造提升产业集聚区和各类开发区（园区）的特色产业。

（五）强化市场运作。创新特色小（城）镇建设投融资机制，大力推进政府和社会资本合作，坚持企业主体、政府引导、市场化运作的模式，鼓励以社会资本为主投资建设，充分发挥市场在资源配置中的决定性作用。每个特色小（城）镇均应明确投资建设主体，由企业为主推进项目建设。投资建设主体可以是国有投资公司、民营企业或混合所有制企业。地方政府重点做好规划引导、基础设施配套、资源要素保障、文化内涵挖掘传承、生态环境保护、投资环境改善等工作。

四、创建程序

按照深化投资体制改革要求，采用"宽进严定"的创建方式推进特色小（城）镇规划建设，务实、分批筛选创建对象。

（一）自愿申报。在县级推荐的基础上，市、州政府向省特色小（城）镇规划建设工作联席会议办公室报送创建特色小（城）镇书面材料，制订创建方案，明确特色小（城）镇的区域范围、产业定位、投资主体、投资规模、建设计划，并附概念性规划。

（二）分批审核。根据申报创建特色小（城）镇的具体产业定位，省特色小（城）镇规划建设工作联席会议办公室提出初审意见，报省特色小（城）镇规划建设工作联席会议审查，经省政府审定后分批公布创建名单。对各地申报创建特色小（城）镇不平均分配名额，凡符合特色小（城）镇内涵和质量要求的，纳入省重点培育特色小（城）镇创建名单。

（三）年度考核。制定《湖北省特色小（城）镇考核细则》。对纳入创建名单的特色小（城）镇建立年度考核制度，考核合格的兑现扶持政策。考核结果纳入各市、州、县政府和牵头部门目标考核体系，并在省级主流媒体公布。对连续两年未完成年度目标考核任务的特色小（城）镇，实行退出机制，下一年度起不再享受特色小（城）镇相关扶持政策。

（四）考核验收。制订《湖北省特色小（城）镇创建导则》。通过3至5年创建，对实现规划建设目标、达到特色小（城）镇标准要求的，由省特色小（城）镇规划建设工作联席会议组织考核验收，通过验收的认定为省级特色小（城）镇，继续兑现扶持政策，实行动态管理。

五、政策措施

（一）强化用地保障。特色小（城）镇建设要作为国土资源节约集约示范省创建工作的重要内容，按照节约集约用地的要求，充分利用低丘缓坡和存量建设用地，以及充分利用城乡建设用地增减挂钩政策，积极探索人地挂钩。涉及新增建设用地的，各地依法办理农用地转用及供地手续。省里将于 2017 年起单列下达每个特色小（城）镇 500 亩增减挂钩指标用以支持建设（属于 21 个省级“四化同步”示范乡镇的除外）。各地要结合城乡规划修编和土地利用总体规划调整完善工作，优先保障特色小（城）镇建设用地。

在符合相关规划的前提下，经市（州）、县（市、区）人民政府批准，利用现有房屋和存量建设用地，兴办文化创意、科研、健康养老、众创空间、现代服务业、“互联网 +”等新业态的，可实行继续按原用途和土地权利类型使用土地的过渡期政策，过渡期为 5 年，过渡期满后需按新用途办理用地手续。对存量工业用地，在符合相关规划和不改变用途的前提下，经批准在原用地范围内进行改建或利用地下空间而提高容积率的，不再收取土地出让价款。

（二）加强政策支持。省级特色小（城）镇范围内的建设项目整体打包列入年度省重点项目的，所含子项目可享受省重点项目优惠政策。市、州、县财政通过统筹相关资金，对特色小（城）镇建设给予支持。对纳入省级创建名单的特色小镇，在创建期间及验收命名后累计 5 年，其规划空间范围内的新增财政收入上交部分，由征收地政府前 3 年全额返还、后 2 年减半返还。对省级特色小（城）镇内为服务特色产业而新设立的符合条件的公共科技创新服务平台，政府给予资助。

特色小（城）镇范围内符合条件的项目，优先申报国家专项建设基金和相关专项资金，优先享受省级产业转型升级、服务业发展、互联网经济、电子商务、旅游、文化产业、创业创新等相关专项资金补助或扶持政策。省级财政整合相关小城镇及农村补助资金，对特色小（城）镇完善生活污水处理设施、生活垃圾处理收运设施及其他基础设施建设，给予“以奖代补”资金补助和支持。

（三）拓宽融资渠道。特色小（城）镇建设要调动各方积极性，通过政府和社会资本合作（PPP）、招商引资等方式广泛筹集建设资金。充分发挥长江经济带产业基金作用，引导和带动社会资本支持特色小（城）镇产业发展。鼓励专业投资机构、民间资本和有实力的企业积极参与特色小（城）镇建设。优先支持项目方向国家开发银行、中国农业发展银行等开发性、政策性银行争取长期低息贷款。支持相关企业通过发行城投债和专项债券等方式筹集资金用于特色小(城)镇公共基础设施建设。各地和省有关部门要积极研究制订具体政策措施，整合优化政策资源，给予特色小(城)镇规划建设强有力的政策支持，同时对少数民族地区和国家级贫困县在申报及项目安排上予以倾斜。

(四)提供人才扶持。实施人才强镇计划，由组织人事部门研究具体实施办法，将市、州、县分管负责同志及主管单位主要负责同志纳入培训计划，每年开展特色小(城)镇领导干部专题轮训。结合产业发展需要，加强与高校合作，加大就(创)业培训力度。建设特色小(城)镇的急需紧缺专业技术人才和高层次人才，可采取人才引进方式进入特色小(城)镇工作。在特色小(城)镇工作的人员，符合住房保障条件的，可向所在地政府住房保障部门申请公共租赁房，承租商品房的可向所在地政府住房保障部门申请租赁住房补贴。

六、组织领导

(一)建立协调机制。加强对特色小(城)镇规划建设工作的组织领导和统筹协调，建立省特色小(城)镇规划建设工作联席会议制度，省发展改革委、省住建厅、省经信委、省科技厅、省财政厅、省人社厅、省国土资源厅、省民政厅、省商务厅、省文化厅、省农业厅、省环保厅、省旅游委、省卫计委、省统计局、省政府研究室、省政府金融办等单位负责人为成员。联席会议办公室设在省住建厅，承担联席会议日常工作。建立例会制度，定期对重大事项和问题进行会商。

(二)推进责任落实。各县(市、区)政府是特色小(城)镇培育创建的责任主体，主要领导是第一责任人，投资企业是项目实施主体。各县(市、区)要建立以乡镇政府为主的长效管理机制，科学制定实施方案，充分发挥职能部门作用，建立部门联动机制，确保各项工作按照时间节点和计划要求规范有序推进。省政府各有关部门要按照职责分工，建立制度和严格的责任体系。

(三)加强动态监测。有关市(州)、县(市、区)要定期向省特色小(城)镇规划建设工作联席会议办公室报送纳入省重点培育名单的特色小(城)镇创建工作进展情况，各地进展情况将在一定范围内进行通报。各地、各有关部门在创建过程中，要抓好典型，总结经验，及时宣传推广成功经验和做法，推动特色小(城)镇规划建设工作不断向前发展。

二十一、海南省相关政策

海南省下发了特色小镇政策文件和发展基金设立方案，节选如下：

海南省百个特色产业小镇建设工作方案

（此文件为海南省特色小镇政策主要文件）

根据省政府工作部署，全省在“多规合一”中先行选择100个特色产业小镇进行规划建设。为加快推进百个特色产业小镇建设工作，落实好省委、省政府推动全省经济转型升级、统筹城乡发展的一系列重大决策，结合实际，制定本方案。

一、总体要求

（一）重要意义。特色产业小镇是相对独立于市区（县城），具有明确产业定位、文化内涵和一定社区功能的发展空间平台，可以区别于行政区划单元规划。规划建设一批特色产业小镇，是各市县“多规合一”的重要内容，是推进就地城镇化的重要突破口，是带动农民群众脱贫致富奔小康的重要抓手。加快全省百个特色产业小镇建设发展，有利于推动各市县积极谋划产业发展，找准建设项目，扩大有效投资；有利于利用好当地自然、文化资源，加强产业培育，推动资源整合；有利于促进县域尤其是农村经济发展，增加农民收入，促进农村贫困人口脱贫；有利于加快推进产业融合、产业集聚、产业创新和产业升级，形成新的经济增长点。

（二）产业定位。从实际出发，结合当地资源、产业条件，以热带特色高效农业、旅游、互联网、医疗健康、渔业、民族文化等产业为发展重点。坚持产业的带动性，产业的发展要带动当地居民脱贫致富并能长期受益；坚持产业的成长性，对具有良好市场前景能带来高收益的项目，即使属于成长期，也给予支持和扶持；坚持产业的生态性，无论是农业的种养加工还是旅游、医疗保健，都以不破坏生态环境为基本准则；根据每个特色产业小镇功能定位实行分类指导，努力做到产业、文化、旅游“三位一体”。

（三）建设目标。力争用3年时间，百个特色产业小镇的产业发展全面提速，一批立足本地资源的产业形成并壮大，全省县域经济的活力、竞争力和可持续性全面加强。通过特色产业小镇的产业发展，全省产业结构得到优化调整，产业融合度有效提升，新的经济增长点逐步形成，居民收入尤其是农村居民收入明显提高。新型城镇化全面推进，产城融合进一步深化，生产、生活、生态相融合得到强化，一批新的独具风格的风情小镇得以形成。

二、主要任务

（一）明确建设思路。考虑到我省镇（乡）绝大多数以农业为主体，产业化发展滞后，人均收入少，消费水平低，镇区建设落后，特色产业小镇按照以下原则进行建设：一是以产兴镇，即针对现状比较落后，暂时还不具备对镇区进行大规模投资建设但具有优势产业的小镇，以培育优势产业为主。

在产业的发展中，居民增加收入、企业壮大实力、镇（乡）财政增收。经过一个阶段的发展后，再开展镇区建设；二是以镇促产，对于产业基础、区位条件好的小镇，创造条件进行镇域局部或全面改造，通过镇区等改造促进旅游等相关产业发展，提高就地城镇化水平。（省发展改革委、省住房城乡建设厅、省国土资源厅、省财政厅、各市县政府负责，排第一位者为牵头负责部门，其他部门及市县政府按照职责分工负责或者配合，下同）

坚持政府引导、企业主体、市场化运作。政府加强引导和服务保障，在规划编制、基础设施配套、资源要素保障、文化内涵挖掘传承、生态环境保护等方面更好发挥作用。企业（合作社）作为特色产业小镇项目的主要投资建设主体，负责推进项目建设。（各市县政府负责）

（二）落实“六个一”目标和工作机制。具体如下：

一个发展目标，每个小镇都要确立明确的、切合实际的产业发展目标。（各市县政府负责，2015 年 10 月 31 日前完成）

一个产业规划定位，明确产业方向、定位、项目工程安排。抓紧组织编制特色产业小镇产业发展及建设规划，将特色产业小镇和 12 个重点产业发展相衔接，明确每个小镇的产业目标、方向和重点项目，并纳入到“多规合一”当中。（各市县政府负责，2015 年 11 月 30 日前完成）

一个议事协调机构，省及各市县要建立特色产业小镇发展的议事协调机构。（省发展改革委、各市县政府负责，2015 年 10 月 31 日前完成）

一个具体机构，省、市县、各产业小镇要设立产业小镇发展的办事机构。（省发展改革委、各市县政府负责，2015 年 10 月 31 日前完成）

一批扶持资金，一是设立产业小镇产业发展引导基金，重点用于产业小镇的产业培育;二是各方面的财政专项资金(基金)在符合投向的情况下,要向产业小镇的产业发展及相关基础设施建设等项目倾斜;三是多渠道解决小镇产业发展的融资问题。(省发展改革委、省财政厅、省政府金融办、国家开发银行海南省分行、中国农业发展银行海南省分行、省农村信用社联合社负责,2015 年 11 月 31 日前完成)

一套支持政策措施,系统完善特色产业小镇的产业、建设等政策措施,加强产业、住房城乡建设、国土和环保等方面在小镇上的“多规合一”,为小镇发展提供政策支持。(省发展改革委、省财政厅、省住房城乡建设厅、省国土资源厅、省生态环保厅、省工业和信息化厅、省国税局、省地税局、省统计局负责,2015 年 10 月 31 日前完成)

(三)完善创建程序。

1. 规划审核。由各市县组织编制特色产业小镇产业发展及建设规划。规划先分别由省政府相关职能部门进行初审,再由省特色产业小镇产业发展和建设工作联席会议办公室组织联审,报省特色产业小镇产业发展和建设工作联席会议审定。(省发展改革委、省国土资源厅、省住房城乡建设厅、省生态环保厅、省林业厅、省海洋与渔业厅、省水务厅负责,2015 年 10 月 31 日前完成)

2. 年度考核。对确定的省重点培育的特色产业小镇,建立年度考核制度,考核结果纳入各市、县政府目标考核体系。(省统计局、省发展改革委、省财政厅、省国土资源厅、省住房城乡建设厅、省生态环保厅、省林业厅、省海洋与渔业厅、省水务厅负责)

3. 验收命名。对实现规划建设目标、达到特色产业小镇标准要求的,由省特色产业小镇产业发展和建设工作联席会议组织验收,通过验收的予以认定。(省发展改革委、省财政厅、省国土资源厅、省住房城乡建设厅、省生态环保厅、省林业厅、省海洋与渔业厅、省水务厅、省统计局负责)

三、政策措施

(一)土地要素保障。各市县特色产业小镇产业发展及建设规划经审核批准后,纳入规划的项目建设用地要纳入各市县“多规合一”中予以保障。特色产业小镇项目建设要按照节约集约用地要求,首先着眼于盘活存量建设用地。具体的保障办法及奖惩措施由省国土资源厅牵头提出,报省特色产业小镇产业发展和建设工作联席会议审定。(省国土资源厅、省生态环保厅、省住房城乡建设厅、省发展改革委负责,2015 年 10 月 31 日前

完成）

（二）财政支持。特色产业小镇在创建期间及验收命名后，其规划范围内的新增财政收入部分，省财政可考虑给予一定返还，具体政策由省财政厅牵头提出，报省特色产业小镇产业发展和建设工作联席会议审定。（省财政厅、省国税局、省地税局、省国土资源厅、省生态环保厅、省住房城乡建设厅、省发展改革委负责，2015 年 11 月 31 日前完成）

（三）金融支持。通过多渠道、多形式解决特色产业小镇规划项目融资问题。由省发展改革委会同省政府金融办，联合有关开发性金融机构，研究制定支持百个产业小镇重点工程建设的指导意见，报省特色产业小镇产业发展和建设工作联席会议审定。（省发展改革委、省财政厅、省政府金融办、国家开发银行海南省分行、中国农业发展银行海南省分行、省农村信用社联合社负责，2015 年 10 月 31 日前完成）

（四）政策整合。各地和省级有关部门要积极研究制订具体政策措施，整合优化政策资源，简化审批程序，加强沟通协调和具体服务，给予特色产业小镇规划建设强有力的政策支持。（省发展改革委、省财政厅、省住房城乡建设厅、省国土资源厅、省生态环保厅、省林业厅、省海洋与渔业厅、省水务厅、省国税局、省地税局、省统计局负责，2015 年 12 月 31 日前完成）

四、组织领导

（一）建立协调机制。省政府设立省特色产业小镇产业发展和建设工作联席会议制度，由常务副省长担任召集人，省发展改革委、省旅游委、省农业厅、省工业和信息化厅、省财政厅、省文化广电出版体育厅、省卫生计生委、省国土资源厅、省住房城乡建设厅、省生态环保厅、省交通运输厅、省商务厅、省科技厅、省海洋与渔业厅、省水务厅、省林业厅、省农垦总局、省统计局、省政府金融办等单位负责人为成员。联席会议办公室设在省发展改革委，承担联席会议日常工作。（省发展改革委、省编办负责，2015 年 10 月 31 日前完成）

（二）推进责任落实。各市县是特色产业小镇培育创建的责任主体，要建立实施推进工作机制，加强组织协调，搞好规划建设，确保各项工作落实。（各市县政府负责）

（三）加强动态监测。各市县要按季度报送特色产业小镇创建工作进展和形象进度情况，省里在一定范围内进行通报。（省发展改革委、各市县政府负责）

2017年海南省特色产业小镇发展基金设立方案

为深入贯彻党中央、国务院关于推进特色小镇、小城镇建设的精神，落实海南省省委、省政府关于"美丽海南百镇千村"建设的战略部署，加快推进特色产业小镇建设，充分发挥开发性金融的融资、融智优势，根据国家发展改革委、国家开发银行、光大银行等部门《关于实施"千企千镇工程"推进美丽特色小（城）镇建设的通知》（发改规划〔2016〕2604号）精神，参照国际和国内相关实践经验，我省设立特色产业小镇发展基金（以下简称基金）。

一、基金设立目的

（一）搭建统筹规划平台，培育特色小镇。

通过基金支持，统筹规划、培育打造一批具有明确产业定位、体现海南省特色，集文化内涵、旅游和一定社区功能于一体的特色小镇。

（二）吸引多方社会资源，深度参与建设运营。

通过配套的招商优惠政策和招标决策机制，在基金支持下，吸引国内外相关领域顶尖投资机构进驻，携规划、建设、运营、管理等多方资源深度参与特色产业小镇建设运营。

（三）发挥投贷联动作用，助推项目落地。

通过基金投入和国家开发银行、光大银行贷款相结合的方式，解决特色产业小镇基础设施、公共服务配套建设和产业培育发展所需的建设资金，为建设特色产业小镇提供充足的资金支持，加快项目落地，形成实效。

（四）统筹推进镇区建设，培育产业发展。

加快小镇基础设施建设，完善公共服务功能，满足产业发展配套和居民生产生活需要，突出小镇建设的特色。把握市场方向，培育并做精做强本地有基础、有潜力、有成长性的特色产业，拓展和延伸产业链，打造特色产业集群。

二、基金设立原则

（一）政府引导。

由省特色产业小镇产业发展和建设工作联席会议办公室（设在省发展改革委）统筹协调与建设特色产业小镇相关的具体工作，制定特色产业小镇总体行动计划、建设标准、专业投资机构招投标条件，负责协调相关职能部门制定财政、税收、土地等优惠政策。

（二）市场主导。

通过招商引资、专项招标等市场化方式，按照特色产业小镇的产业形态，引入一家或多家具有国际视野、优秀规划设计能力、国内建设运营经验、整合产业链资源的专业机构，负责一个或多个特色产业小镇的规划设计、产业包装、建设运营和管理等工作。

（三）融资融智。

国家开发银行发挥其品牌优势，牵头筹集资金，通过“投、贷、债、租、证、基”综合金融服务资源，协助省政府设计基金模式，搭建基金架构，并在基金不同层面提供融资融智服务。光大银行依托其集团优势，配合国家开发银行提供综合金融服务。

（四）多元参与。

通过前期的规划设计、产业包装和开放式的特色产业基金模式设计，打通多样化、多渠道的资本介入通道，积极引入财务投资人和战略投资人，充分利用资本市场的多元化金融产品，为特色产业小镇建设注入活力。

三、基金设立

（一）组织形式。

基金采用国际上通行和市场上普遍采用的有限合伙制形式。

（二）基金规模。

基金总规模为 200 亿元，分期募集到位。其中：国开金融有限责任公司承诺对外募集资金 179 亿元，在基金中占比 89.5%；政府出资人作为劣后级有限合伙人出资 21 亿元，在基金中占比 10.5%。基金成立后，首期规模 67 亿元，政府出资 7 亿元，国开金融有限责任公司募集 60 亿元。后期资金根据基金投资与运作情况分期到位。

后续可视需求设立子基金，并对子基金方案进行区别设计和管理；或在项目端进行结构化融资放大杠杆，撬动更多社会资本参与。鼓励市县政府在子基金设立和项目端融资中主动参与，发挥积极作用。

（三）资金来源。

基金对外募资部分（179 亿元）由国开金融有限责任公司总体承诺、市场募集，包括：一是险资、商业银行等资金；二是纯股权投资类社会资金，主要面向机构投资者，采取收益共享、风险共担的投资模式。

（四）资金成本。

对于银行、险资等资金，资金成本根据各家机构成本高低及审批效率确定，一般在基准利率的基础上进行浮动，在募资时采取必要措施控制资金成本；对于面向机构投资者募集的纯股权资金，由于所投项目具有市场化属性，投资收益来源于项目自身盈利等方式，资金成本由市场水平确定。

（五）基金期限。

基金存续期 10 年，其中 8 年投资期，2 年退出期。经全体合伙人同意，基金期限可继续延长。

（六）出资缴付。

基金为承诺出资制，可视具体情况进行分期募集。优先级资金根据基金管理人发出的缴款通知书出资。

（七）资金用途。

基金作为特色产业小镇项目的资本金和项目资金。基金在项目资本金中的出资占比根据项目类别决定。重点支持两类项目：

1. 基础设施类、公益类等政策性项目，主要用于特色产业小镇“五网”等大型基础设施和山体、湿地等生态修复类项目；旅游、教育、文化体育、医疗卫生等公共服务设施；污水处理、垃圾处理、园林绿化、山体和湿地修复等生态环境保护建设和运营项目；小镇建筑风貌改造等“双修”项目。

2. 商业类市场化项目。一是支持促进小镇产业发展的配套设施建设。主要包括：标准厂房、众创空间、产品交易等生产平台建设；展示馆、科技馆、文化交流中心、民俗传承基地等展示平台建设；旅游休闲、商贸物流、人才公寓等服务平台建设，以及促进特色产业发展的配套设施建设。严禁以住宅为主的房地产开发。二是促进小镇产业发展的项目建设。主要包括：旅游业、热带特色农业、渔业、文化体育、健康养老、商贸服务、互联网、黎苗文化等促进当地经济发展的特色产业项目。

对于基础设施类、公益类等政策性项目，项目资本金可完全由基金出资，或由基金联合市县政府共同出资，具体出资比例可协商决定；对于商业类市场化项目，则根据项目自身风险、收益、保障措施等条件以及引入外部合作伙伴后的合作情况综合确定。

四、基金管理运营机制

（一）基金管理公司（GP）。

按照市场化惯例，基金的日常运作和投资管理由基金管理公司（GP团队）负责。

1. 基金管理公司组建方式。为满足基金迫切设立的诉求，同时体现政府的引导参与作用，采取如下组建方案：现阶段，由国开金融有限责任公司现有平台国开投资发展基金管理（北京）有限责任公司担任基金管理公司。在基金设立运营过程中，由国开金融有限责任公司牵头在我省新设基金管理公司。新管理公司完成组建、注册、备案等程序后，经全体合伙人同意，完成管理公司的转换。

2. 管理费。基金按照资金来源规模及风险性质收取一定的基金管理费。对于政策类项目，管理费率不高于实际到位资金的1‰；对于市场化项目，按照市场化基金要求收取。

（二）基金的投资运作。

基金从项目储备库中选择合适的项目，按照投资决策机制，支持海南省百个特色产业小镇建设。

1. 建立海南省特色产业小镇企业资源库。以基金为平台，依托国开金融有限责任公司的战略联盟，建立海南省特色产业小镇企业资源库，在规划设计、基础建设、环境治理、文化体育、旅游休闲、医疗健康、教育、主题公园、产业园区、生态农业、绿色城镇、智慧城镇等领域都选择若干领先的国内外运营机构，纳入企业资源库动态管理，作为长期的战略合作伙伴，与市县政府对接，发挥各自优势，深度参与小镇规划制定、产业发展、基础设施、人才建设、特色挖掘等建设运营各方面。

2. 建立招商路演机制。发挥基金的平台作用，把我省百个特色产业小镇分期分批向全国、全球推介路演，邀请国内外最佳实践的专业公司，结合自身经验、特点和小镇的资源禀赋对小镇策划规划、基础建设、产业打造、长期运营等各环节进行优化设计。

3. 充分发挥开发性金融机构融资融智优势。引导社会资本投入特色产业小镇建设，统一规划、建设、运营，主要支持基础设施、公共服务和产业培育，形成小镇可持续发展的商业模式，努力实现基金的整体运营平衡。在国家政策允许的前提下，可以通过政府购买服务、政府付费等方式予以支持。

（三）投资决策委员会。

1. 投资决策委员会由省发展改革委、国开金融有限责任公司、国家开发银行海南省分行以及其他出资人分别委派代表组成。其中，省政府授权省财政厅履行基金出资人职责，并由省财政厅委托省发展改革委代为管理，由省发展改革委委派 1 人作为投资决策委员会委员，其他省政府直属单位不再向投资决策委员会委派成员。

2. 投资决策委员会主要行使下列职责：制定基金投资方向、投资原则和投资策略，代表基金行使投资决策权；审核和批准基金管理人提交的拟投资项目方案和项目退出方案；对以上事项的实施进行监督、检查和绩效评估。投资决策委员会每名委员均有一票表决权，负责基金重大事项的决策和协调，对资金筹措、合作方选择、管理制度、运行机制、风险控制等方面进行决策。投资决策委员会会议作出决议须经全体委员过半数通过。其中省发展改革委委派的委员对违反规定、偏离政策导向的投资运作决策拥有一票否决权。

3. 建立投资项目遴选制度。各市县和有关部门向省发展改革委申报有意愿申请基金的投资项目，基金各合作方也可积极为基金推荐优质项目。由省发展改革委牵头，根据项目性质，会商省住房城乡建设厅、省旅游委、省国土资源厅、省生态环境保护厅、省文化广电出版体育厅、省农业厅、省林业厅等相关部门，进行基金项目遴选，并形成基金拟投资项目储备库。基金在拟投资项目储备库中挑选符合基金投资条件的项目进行开发。基金与项目所在乡镇可建立互派干部挂职制度，以强化基金投资项目在推进过程中的沟通和协调力度。

（四）合伙人大会。

基金设立合伙人大会，合伙人大会由全体出资人参加，是基金的最高权力机构，决定本基金的设立、分配、清算、托管人的聘用等事项。合伙人大会每年召开 1 次，由基金管理公司负责召集。所有出资人按合伙协议享有出资人权利和承担相应义务。合伙人会议讨论事项经基金管理人及 50% 以上的有限合伙人（按实缴金额计算）通过可作出决议。

（五）基金托管。

基金由国家开发银行海南省分行担任托管银行，具体负责基金的资金保管、拨付和结算等工作。

（六）基金费用。

1. 与基金的成立有关的所有筹建开支，包括但不限于差旅、法律、会计、印刷、邮寄开支以及成立的其他费用。

2. 与基金的运营、终止、解散、清算等相关的费用，包括但不限于：针对投资项目和拟投资项目的介绍、投资、持有、运营、出售而发生的法律、审计、评估、中介及其他费用，对被投资企业的监管费用、基金年度财务报表的审计费、基金之财务报表及报告费用、合伙人会议、投资决策委员会会议费用、基金管理费、托管费、政府部门对基金收取的税项及其他费用、诉讼费和仲裁费、清算费等。

（七）基金收益分配。

收益分配按照下列先后顺序进行：银行资金和保险资金、社会资金、政府资金、普通合伙人资金。

（八）基金退出。

针对基础设施和公共服务类项目，按照政府付费、使用者付费或政府可行性缺口补助等方式实现退出。针对市场化项目，可采取社会股东回购、转让、上市、资产证券化、清算等多种方式退出。

（九）监管机制。

建立定期及特别事项报告制度，及时报告运作过程中的重大事项；建立定期评估制度，委托中介机构定期评估基金投资的社会效益和经济效益。

二十二、安徽省相关政策

安徽省住房城乡建设厅等对开展特色小镇培育工作提出了指导意见，节选如下：

安徽省住房城乡建设厅　安徽省发展改革委员会　安徽省财政厅关于开展特色小镇培育工作的指导意见

建村〔2016〕169 号

各市住房城乡建设委（城乡建设委、城乡规划建设委）、城乡规划局、发展改革委、财政局，广德县、宿松县住房城乡建设委（局）、发展改革委、财政局：

为贯彻落实党中央、国务院关于推进特色小镇、小城镇建设的精神，根据《住房城乡建设部　国家发展改革委　财政部关于开展特色小镇培育工作的通知》（建村〔2016〕147 号）要求，结合我省实际，现就开展我省特色小镇培育工作，提出以下指导意见。

一、指导思想、原则和目标

（一）指导思想

全面贯彻党的十八大和十八届三中、四中、五中全会精神，按照“五位一体”总体布局和“四个全面”战略布局要求，牢固树立创新、协调、绿色、开放、共享的新发展理念，充分发挥市场主体作用，创新建设理念，转变发展方式，通过培育特色鲜明、产业发展、绿色生态、美丽宜居的特色小镇，探索我省小城镇健康发展之路，推动新型城镇化和美丽乡村建设。

（二）基本原则

1. 规划引领，统筹发展。规划要加强城乡统筹，优化资源配置，合理谋划空间布局，注重发挥优势和突出特色，合理确定产业发展、空间布局、基础设施和公共服务设施等内容，做到定位科学、布局合理、功能完善。

2. 因地制宜，突出特色。根据各地经济社会发展状况、区位特点、产业基础和资源禀赋，发挥区域优势，着力培育产业特色，传承传统文化，注重生态环境保护，加强特色风貌塑造。

3. 市场主体、政府引导。尊重市场规律，坚持市场化运作，鼓励社会资本投资建设。

政府重在搭建平台、提供服务，做好规划引导、基础设施配套、资源要素保障等工作。

4. 深化改革，注重创新。加大改革力度，创新发展理念，创新发展模式，创新规划建设管理，创新社会服务管理。通过政策扶持，积极培育主导产业和特色产业，促进大众创业万众创新。

（三）总体目标

到 2020 年，在各地自愿申报的基础上，选择 80 个左右产业基础较好、生态环境优良、文化积淀深厚的小城镇进行重点培育，不断提高建设水平和发展质量，分别打造成各具特色富有活力的休闲旅游、商贸物流、现代制造、教育科技、传统文化、美丽宜居等小城镇，形成一批具有徽风皖韵、凸显专精美活的生态宜居型特色小镇。

二、培育要求

（一）科学制定特色小镇规划。要按照节约集约发展、多规融合的要求，科学编制镇总体规划和控制性详细规划。要注重综合配套，吸引人口集聚，推进产业和服务同步发展，实现居住、就业、基本公共服务设施均衡布局。要加强环境保护，促进资源合理、集约、高效利用，强化生态涵养，实现可持续发展。

（二）培育壮大特色产业。把培育特色产业、壮大特色经济作为促进特色小镇发展的核心内容，推动茶叶、中药、丝绸、纸、墨、酱、雕刻、瓷器等传统产业改造升级，培育壮大高端装备制造、信息技术、节能环保、生物医药、旅游、金融等新兴产业。按照产业集聚、用地集约的要求，科学合理规划建设产业园，引导企业向产业园区集聚。高度重视发展现代农业，推进农业现代化、产业化发展。吸纳特色小镇周边农村劳动力就业，带动农村发展，促进农民增收。

（三）加强基础设施和服务体系建设。从统筹城乡基础设施建设出发，重点加强道路、供水、排水、污水处理、垃圾处理等基础设施建设，增强公共服务功能，提高承载力，促进人口、产业和经济集聚。以推进城乡基本公共服务均等化为方向，加快教育、科技、文化、卫生、体育等社会事业设施建设，提升公共服务水平。发挥特色小镇的农村公共服务平台作用，促进基础设施和公共服务向农村延伸覆盖。

（四）加强特色风貌建设。切实保护好特色小镇自然景观和古建筑、老街巷、特色民居等人文景观，突出地域文化特色，培育和丰富特色小镇文化内涵。加强镇区绿化工作，鼓励种植乡土树种，见缝插绿，增加绿量，倡导自然式种植，营造良好公共活动空间。充分利用和挖掘特色小镇自然环境、历史文脉、民俗风情等特点，加强风貌设计，适度控制建筑的高度和密度，凸显建筑景观风格，塑造各具特色的建设发展模式。

（五）开展环境综合整治。按照美丽乡镇建设要求，全面推进特色小镇环境整治，重点整治过境交通干线、背街小巷、镇村结合部、集贸市场、河塘岸线、居民小区、建筑工地和学校周边环境卫生。治理乱搭乱建，严格按规划规范建房审批，加强违法建设整治，依法拆除违法建筑物。治理乱停乱放，完善交通标识、导行设施和停车场地，纠正不文明交通行为。治理乱摆乱占，纠正占道摆摊、店外经营现象，清理、规范建筑材料堆场、煤矸石场、废品收购站等。治理乱拉乱挂，整治主次干道杆线，规范店招广告、过街横幅。

（六）创新发展体制机制。创新特色小镇发展理念，创新经济发展模式。探索符合特色小镇发展的体制机制，形成可复制、可推广的经验和模式。结合土地利用总体规划调整，加大特色小镇土地节约集约利用水平，探索创新土地流转经营、土地功能调整、用地保障等体制机制。建立更加高效的特色小镇规划建设管理模式，以项目为载体引导各类政策、资金、要素集聚。提升特色小镇公共服务水平和质量，推进政府向社会力量购买公共服务。

三、支持政策

（一）支持开展多规合一。省级加强技术指导，支持特色小镇多规合一，实现国民经济和社会发展规划、镇总体规划、土地利用规划等多规融合。市级指导探索规划协调机制，推动各部门规划职能整合，解决规划协调问题。县级要建立部门协同平台，优化建设项目审批流程，促进各部门业务协同办理。

（二）加强建设资金支持。按照“渠道不变、管理不乱、统筹安排”的原则，整合对特色小镇的各类补助资金，加大对特色小镇建设的支持力度。积极争取中央投资，支持特色小镇基础设施及社会事业项目建设。省发展改革委支持符合条件的建设项目申请专项建设基金；省财政对工作开展较好的特色小镇给予奖补；市、县财政要进一步加大特色小镇建设投入。

（三）创新市场化融资模式。符合条件的产业、社会事业和基础设施项目，优先列入各级政府重点建设项目。加强与金融机构合作，引导金融机构支持特色小镇基础设施、产业发展等建设。创新特色小镇投融资体制，支持募投项目用于特色小镇建设的债券发行。

拓宽建设资金来源渠道，鼓励采取政府和社会资本合作（PPP）等模式，吸引社会资金参与特色小镇基础设施和公共服务建设、运营。

（四）推动绿色低碳发展。支持特色小镇实施绿色发展战略，围绕绿色、循环、低碳发展理念，初步形成绿色空间格局，提升特色小镇空间品质。大力发展绿色建筑，开发应用清洁能源和可再生能源，健全垃圾资源化利用体系。倡导低碳绿色出行方式，形成节能低碳的生活风尚。指导特色小镇科学划定生态保护红线，扩大生态空间，按照低碳、生态、绿色要求，推进特色小镇绿色、低碳、智能、可持续发展，促进人居环境改善。

四、保障措施

（一）落实各级责任。省住房城乡建设厅、省发展改革委、省财政厅负责组织开展我省特色小镇培育工作，制定指导意见并予以政策支持，开展指导检查，公布省级特色小镇名单，组织推荐国家特色小镇。市级人民政府对本行政区域内的特色小镇培育工作负总责，市级住房城乡建设、发展改革、财政部门具体负责组织开展本地区特色小镇培育工作，制定本地区指导意见和支持政策，开展监督检查，组织推荐。县级人民政府是培育特色小镇的责任主体，制定支持政策和保障措施，整合落实资金，完善体制机制，统筹项目安排并组织推进。镇人民政府负责做好实施工作。

（二）开展监督检查。省有关部门各司其职，密切配合，形成合力。各市、县（市、区）政府及有关部门要主动作为，及时研究解决工作中遇到的困难和问题，确保各项政策措施落到实处。按照分级负责的原则，建立健全特色小镇培育工作绩效评价机制。根据规划要求，合理安排项目建设时序，建立项目实施跟踪制度。及时报送工作进展情况，研究解决出现的新情况、新问题，建立工作报告制度。

（三）加大宣传力度。要发挥舆论导向作用，充分利用广播、电视、报纸、网络、宣传栏等多种形式，大力宣传特色小镇的新思路、新理念、新举措，激发广大干部群众的积极性、创造性，引导社会各界广泛参与，形成良好的舆论氛围。对特色小镇建设的典型经验和做法进行认真总结和归纳提炼，形成示范带动效应。

安徽省国土资源厅关于支持和促进特色小镇建设的意见

皖国土资〔2017〕110号

各市、县国土资源局：

为支持和促进我省特色小镇建设，提升特色小镇综合吸引力和承载力，依据国家和省有关规定，结合国土资源管理实际，提出如下意见：

一、充分发挥规划引领作用

各地在调整和完善土地利用总体规划时，要做好与县域乡村建设规划、村庄规划、风景名胜区规划等相关规划的衔接，适当增加特色小镇新增建设用地规模，合理布局特色小镇各类用地，优化土地利用结构，促进产业结构优化升级和经济转型发展。在安排新增建设用地计划、城乡建设用地增减挂钩指标时，要围绕培育新经济增长点，重点保障特色小镇旅游、健康及其他产业用地。对符合省级预留指标使用条件的特色小镇用地，由省按照规定程序优先安排用地计划指标。特色小镇建设要按照节约集约用地的要求，充分利用存量建设用地。

二、实施差别化用地政策

（一）支持新产业发展。

依据国家《战略性新兴产业重点产品和相关服务指导目录》《中国制造2025》"互联网+"等国家鼓励发展的新产业、新业态政策要求，优先安排用地供应。在不改变用地主体、规划条件的前提下，开发互联网信息资源，利用存量房产、土地资源发展新业态、创新商业模式、开展线上线下融合业务的，可实行继续按原用途和土地权利类型使用土地的过渡期政策。过渡期满，可根据企业发展业态和控制性详细规划，确定是否另行办理用地手续事宜。

（二）支持乡村旅游和文化产业发展。

在符合规划和用途管制的前提下，鼓励农村集体经济组织依法利用集体建设用地自办或以土地使用权入股、联营等方式与其他单位和个人共同举办乡村酒店、特色民宿以及其他乡村旅游项目。镇和乡村居民可以利用自有住宅依法从事旅游、文化项目经营。休闲农业和旅游项目中，属于永久性设施建设用地的，依法按建设用地管理；属于自然景观用地及农牧渔业种植、养殖用地，不征收，按照现用途管理。

（三）支持养老服务业发展。

专门为老年人提供生活照料、康复护理、医疗、托管等服务，经有关部门确定属于非营利性的，其房屋和场地设施占用的土地可以划拨方式供地。在符合土地利用总体规划以及其他相关规划的前提下，农村集体经济组织可以利用其所有的集体建设用地自办或者以土地使用权入股、联营等方式与他人联合举办养老服务机构。单位、个人对现有空闲的厂房、学校、社区用房等进行改造和利用，兴办非营利性养老服务机构，经规划部门批准临时改变建筑使用功能从事非经营性养老服务且连续经营一年以上的，五年内可不增收土地年租金或者土地收益差价，土地使用性质也可暂不作变更。

三、推进农村土地整治和发展设施农业

支持特色小镇开展土地综合整治，土地整治区内涉及建设用地整理的，优先安排城乡建设用地增减挂钩指标给予配套。通过整理农村建设用地和宅基地所节约的土地，在优先复垦耕地、满足农村发展用地的前提下，节余土地可依法办理用地手续，用于特色小镇建设。支持发展设施农业，生产设施、附属设施和配套设施用地直接用于或者服务于农业生产，其性质属于农用地，按农用地管理，不需办理农用地转用审批手续，但要按照国家规定合理控制附属设施和配套设施用地规模。

四、积极盘活利用空闲农房及宅基地

土地利用总体规划确定的城镇建设扩展边界内的城郊、近郊农村居民点用地，原则上不再进行“一户一宅”的宅基地分配，鼓励集中建设农民新居。市、县可在《安徽省实施 < 中华人民共和国土地管理法 > 办法》规定的农村村民新建住宅宅基地面积标准范围内，制定符合特色小镇实际的宅基地面积标准。建立农户宅基地使用权的自愿有偿退出机制，支持引导其依法自愿有偿转让上述权益。探索农村集体组织以出租、合作等方式盘活利用空闲农房及宅基地。

二十三、西藏自治区相关政策

西藏自治区对于特色小城镇示范点建设工作提出了实施方案，节选如下：

西藏自治区特色小城镇示范点建设工作实施方案

为贯彻推进新型城镇化工作会议精神，积极探索特色小城镇示范点建设发展的模式，加快特色小城镇示范点建设步伐，推进我区新型城镇化健康发展，自治区决定开展特色小城镇示范点建设工作，特制订本实施方案。

一、总体要求

（一）指导思想。

深入贯彻落实党的十八大、十八届三中、四中全会和习近平总书记系列重要讲话精神，特别是“治国必治边、治边先稳藏”的重要战略思想，以全区推进新型城镇化工作会议精神为指导，协调推进“四个全面”战略布局，把加快特色小城镇示范点建设作为推进新型城镇化和城乡一体化的重要抓手，按照特色鲜明、功能完善、集约节约、宜居宜业宜游的总体要求，通过加强政策扶持与引导，创建一批生态环境良好、基础设施完善、产业基础扎实、人居环境优良、管理机制健全、经济社会发展协调的特色示范小城镇，为提高我区小城镇建设的质量和水平提供示范，为建立符合我区区情的小城镇建设发展模式积累经验。

（二）基本原则。

特色小城镇示范点建设工作应坚持以下基本原则：

1. 以人为本，注重民生。坚持以人为本，优先发展民生。加快特色小城镇示范点教育、卫生、科技、文化、公共安全等公共服务体系建设步伐。注重调整产业结构、提升吸纳就业能力、改善人居环境、强化社会保障，着力促进城乡公共服务均等化，促进社会事业协调发展。

2. 规划先行，突出特色。以规划为龙头，结合交通区位、自然资源、产业构成、历史文化、民族风情等实际，坚持将城镇传统风貌保护与城镇现代化建设相结合，实行分类指导和建设，着力提升示范小城镇特色和品位，集中力量打造一批宜居、宜业、宜游的新型特色小城镇。

3. 保护生态，和谐发展。针对小城镇所处的地理位置、环境特征、功能定位和经济基础，合理确定小城镇产业结构和发展规模，坚持环境建设与小城镇建设同步规划、同步实施、同步发展。坚持以人为本，以创造良好的人居环境为中心，加强城镇生态环境综合整治，解决好小城镇建设与发展中的生态环境问题，实现环境效益、经济效益、民生效益、社会效益的统一。

4. 项目带动，完善功能。以推进项目为抓手，狠抓项目落地，优先实施基础设施项目、民生项目、产业项目，切实改善小城镇基础设施和公共服务设施，提高城镇综合承载力，引导和推动农牧区人口向示范小城镇有序转移，引领、带动其余乡（镇）和周边农牧区加快发展。

5. 产城互动，强化支撑。根据小城镇资源、地缘和产业基础，集聚发展要素，选准主攻方向，大力培育主导产业，不断延长产业链，促进产城互动、园镇合一，构建小城镇产业发展支撑体系。

6. 强化管理，确保稳定。创新城镇管理机制，完善城镇管理措施，确保城镇基础设施功能高效发挥、城镇产业经济持续健康发展、城镇社会秩序长期稳定。

（三）主要目标。

依据《西藏自治区城镇体系规划》和《西藏自治区新型城镇化规划（2014—2020年）》，按照自治区党委、政府的决策部署，积极作为、扎实工作，绵绵用力、久久为功，敢于探索、勇于实践，先行先试、不断创新，为全区小城镇建设提供可复制、可推广的经验和模式，走出一条中国特色、西藏特点的城镇化道路。结合地方发展实际，从交通沿线、江河沿线、边境沿线中，遴选出 20 个经济社会基础较好、特色产业优势明显的小城镇作为自治区级特色小城镇示范点（示范点和领导联系点名单见附件），利用 3 年时间予以重点打造，建成各具特色的小城镇，使特色小城镇示范点在推进新型城镇化建设、统筹城乡发展方面发挥引领示范作用。

1. 特色小城镇示范点城镇居民的生产生活条件明显改善。以改善特色小城镇示范点居民的生产生活质量为重点，按照适度超前的原则，加快特色小城镇示范点基础设施和公共服务设施建设，促进土地、基础设施、公共服务设施等资源合理配置、集约利用；以高效、便捷为目标，规范生产生活秩序，营造优雅、祥和的生活消费氛围；以打造宜居环境为核心，营造生态优良、环境优美、独具风貌的宜居小城镇；以强化公共管理和公共服务为重点，提升特色小城镇示范点居民保障水平，加快建立适应特色小城镇特点的医疗、就业、就学、养老、生活保障等制度，促进基本公共服务均等化。

2. 特色小城镇示范点自我发展能力明显增强。通过加强特色小城镇示范点建设，使特色小城镇示范点自我发展能力显著提高，成为我区实现全面建成小康社会目标、推进新型城镇化、转变经济增长方式的重要载体。基本形成产镇一体发展格局，特色产业具备一定规模，经济实力明显增强。

3. 特色小城镇示范点综合承载能力和公共服务水平大幅提升。进一步强化城镇风貌整治和园林绿化工作，保护传承城镇人文气息，彰显个性发展魅力。特色小城镇功能进一步完善，生态环境、生活环境、生产环境明显改善。城镇道路、供水、排水、环卫等市政基础设施水平进一步提升，城镇综合承载能力明显增强。特色小城镇公共服务设施进一步完善，公共服务水平进一步提升。为特色产业发展提供有力的硬件支撑和良好的发展环境。

4. 特色小城镇示范点生态宜居建设成效明显。适应人民群众对环境友好、生态保护、健康安全的需求，开展环境综合治理，开展污水和垃圾处理设施建设，科学保护河湖水系，因地制宜实施绿化美化工程，大力开展节能减排和再生资源利用。

5. 特色小城镇示范点管理水平显著提升。特色小城镇设置包括经济发展、社会事务管理、社会治安综合管理、综合行政执法、国土资源和规划建设环保等在内的综合性管理机构，探索创新特色小城镇集约化城镇管理机制。

二、重点任务

（一）强化规划统领，科学推进小城镇建设。

以地（市）、县（区）城市总体规划为依据，与各行业部门规划相衔接，围绕特色小城镇发展目标，编制或修编特色小城镇总体规划及其控制性详细规划。开展城市设计，按照“核心区、发展区”的层级要求，对各种物质要素在实现预定统一目标的前提下进行统筹安排，使小城镇各种设施功能相互协调，空间形式统一、完美。配套完善相关专项规划，探索推进“多规合一”。加强小城镇风貌特色研究，探索编制与城镇发展目标和定位相适应的城镇风貌规划，塑造富有特色与活力的城镇风貌，展现历史沿革和传统文化，传承城镇特质个性和民俗风情。

（二）强化产业支撑，增强小城镇经济实力。

坚持把发展实体经济、促进产业集聚作为特色小城镇示范点发展的核心。根据特色小城镇示范点区位优势、资源条件、历史沿革和经济基础，按照“一镇一主业、多业融合发展”的思路，宜工则工、宜农则农、宜商则商、宜游则游，构建特色小城镇示范点产业发展支撑体系，科学确定特色小城镇示范点主导产业，打造民族手工业强镇、特色生态农牧业大镇、商贸物流业重镇、休闲旅游业名镇。

积极扶持本土企业、大力吸纳社会资本，鼓励有条件的特色小城镇示范点建设区域商贸物流中心，发挥镇级流通辐射集聚能力。围绕世界旅游目的地建设，打造主题鲜明、环境优美、功能完善、服务配套、具有核心竞争力的，集观光旅游、休闲度假和宜居宜业宜游于一体的新型特色小城镇示范点。完善特色小城镇示范点农牧业产业布局，优化农牧业产业结构，加快规模化、标准化、市场化步伐，推动现代农牧业产业体系建设，创建一批生态农牧产品品牌。引导和扶持农牧民工进镇务工经商办实体，推动农牧区人口向特色小城镇示范点有序集聚。

（三）完善城镇功能，提升小城镇承载能力。

按照统一规划、适度超前、统筹兼顾、确保重点的要求，建设与特色小城镇示范点经济社会发展相适应的城镇基础设施。

1. 加快市政基础设施建设。按照先地下、后地上的原则，加强特色小城镇示范点道路、电力、通信、给排水、环卫、地下管网等基础设施建设，加快推进城乡一体的公共交通体系，构建给排水、垃圾污水处理等市政基础服务体系，促进特色小城镇示范点基础设施向周边农牧区延伸。

——交通设施：加强特色小城镇示范点建设规划与公路建设规划的衔接，做到“近路而不占路”，确保城路同步建设、交通顺畅。积极完善镇区道路网络，提高路网承载能力和运行效率。加强主次干道的建设和改造，因地制宜推进自行车和步行交通系统建设。特色小城镇示范点镇区道路铺装率达到 60% 以上，路灯、绿化、消防、视频监控等设施同步配套完善。规划实施交通管理系统和停车场建设。

——给水设施：规范保护城镇饮用水水源地。加快特色小城镇示范点自来水厂和供水管网建设及技术改造，提高供水水质，实现常态化供水，保障居民用水安全。到 2017

年年底，特色小城镇示范点建成区内自来水供水普及率达到100%。

——排水设施：建设完善排水（雨水）防涝工程体系。重点支持特色小城镇示范点污水收集管网及处理设施建设，因地制宜选择污水处理方式和技术工艺。到2017年年底，特色小城镇示范点镇区生活污水收集达到80%，处理率达到75%。

——环卫设施：特色小城镇示范点要按照清洁化、秩序化、优美化、制度化的标准，建立健全环境卫生体系。在地（市）、县（区）生活垃圾处理设施服务范围内的特色小城镇示范点，要完善"户集、村收、镇运、市（县）处理"的处理模式；不在地（市）、县（区）生活垃圾处理设施服务范围内的特色小城镇示范点，要规划建设区域性的生活垃圾处理设施。到2017年年底，特色小城镇示范点镇区生活垃圾处理率达到100%，周边农牧区生活垃圾处理率达到90%。

——电力设施：加强特色小城镇示范点供电设施的改造和建设，确保电网布局合理、供电系统安全可靠。

——通信设施：积极推进特色小城镇示范点信息化建设，健全和完善广播、电视、互联网、通信等网络设施，建立电子政务、电子商务、电子金融等公共服务平台。

——防灾设施：合理安排特色小城镇示范点各项功能用地布局，避开自然灾害高发地段。加强防灾减灾基础设施和避险应急场所建设，保障应急和救援物资储备，合理确定防洪标准，建立地质灾害防治和地质环境保护体系，规范设置和合理布局消防站点，提高小城镇防灾减灾能力。

2. 完善公共服务设施。着力改善特色小城镇示范点的人居环境质量，提升带动周围农牧区发展的能力，加大对特色小城镇示范点公共服务设施建设的投入，加强公共服务综合信息平台建设，完善特色小城镇示范点行政管理、教育科技、文化旅游、体育、医疗卫生、商业金融、社会福利等公共服务设施建设。特色小城镇示范点达到《镇规划标准》（GB 50188—2007）中的各项公共服务设施标准要求。

——教育设施：以确保适龄儿童、青少年接受学前"双语"教育和义务教育为重点，与城镇住宅区、城镇新区同步建设教育设施。特色小城镇示范点设置学前"双语"和义务教育阶段学校，并充分考虑寄宿要求。建设标准按国家和自治区相关标准执行。

——医疗卫生设施：加快建设和完善卫生院等医疗机构，特色小城镇示范点设置标准化乡(镇)卫生院或社区卫生服务中心。

——养老服务设施:每个特色小城镇示范点规划建设1所标准化社会福利院。

——文体服务设施:各特色小城镇示范点要建设与人口规模相适应的文化娱乐、体育健身等设施,每个特色小城镇至少建设一个集休闲、娱乐、健身、浏览于一体的市民广场或公园(应急避难场所),在镇区广场、公园绿地配置群众健身器材。特色小城镇示范点镇区广场或公园用地面积比例不小于规划建设用地的12%。

——商业金融设施:特色小城镇示范点至少设置1家金融服务网点,满足镇域及镇区生产生活需要。

——农贸市场:每个特色小城镇示范点规划建设1个标准化农贸市场,取消马路摊点。

——旅游服务设施:根据特色小城镇示范点实际,合理规划建设旅游住宿、旅游购物和旅游厕所等旅游服务设施。

3. 加快建设宜居住宅小区。按照布局合理、结构安全、设施配套、环境舒适、造型优美、特色浓郁的要求,统筹异地扶贫搬迁,加快建设包括农牧民安居、乡(镇)干部职工周转房在内的宜居住宅小区。特色小城镇示范点至少建成一个环境优美的宜居社区。

(四)突出绿色生态,打造美丽特色小城镇。

依托现有山水脉络等独特风光,将特色小城镇示范点融入大自然,让居民望得见山、看得见水、记得住乡愁;慎砍树、禁挖山、不填湖、少拆房,把生态文明理念和原则全面融入特色小城镇建设示范的全过程,走集约、循环、绿色、低碳的新型城镇化道路。推进有机、绿色、无公害农产品基地建设,推广城镇特色农产品,打造特色农产品品牌,提升农产品市场竞争能力。

1. 推进特色小城镇示范点自然生态系统保护和治理。切实加强山体、河流、湿地、林地等自然生态系统的保护,促进林草植被和自然生态恢复,利用当地原生和多年生树种、适当引进优质树种建设生态绿化系统,为特色小城镇示范点创造良好的生态本底。

2. 抓好镇区绿化美化工程。在镇区提升改造和新区建设中,加强公共绿地、附属绿地和防护绿地建设,抓好道路绿化、庭院绿化和建设项目配套绿化,做好镇周边、主要街道、河流沿线等重要节点绿化整治,推进特色小城镇示范点休闲广场和小游园建设,在有条件的地方建设森林公园、山体公园、湿地公园。

3. 做好自然景观和人文景观的保护。切实保护好山岭、河流、湿地、林地等自然景观及老建筑、古街巷、特色民居等人文景观，延续传统格局、保护历史风貌，保护具有民族特色的传统村落、传统民居、古树名树、文物古迹和非物质文化遗产，发掘、弘扬当地民居的建筑风格，突出地域文化特色。加强城镇风貌保护，结合生态优势、山水脉络和民族风情，推动特色小城镇示范点"一镇一风貌"建设，着力打造一批特色小城镇示范点精品。

4. 强化特色小城镇示范点镇容镇貌治理。加强规划实施过程监管，加大综合执法力度，深入开展打击违法违规建设行为专项行动。建立健全镇容镇貌管理相关规章制度，广泛开展镇区环境和主要街道景观综合整治，鼓励城镇居民以多种形式参与城镇建设和城镇管理。

5. 加快推进能源使用清洁化。坚持能源清洁化战略，因地制宜开发使用新能源和可再生能源，努力构建清洁能源体系。积极开展节能示范，适度推广绿色建筑。

（五）坚持深化关键领域改革，为特色小城镇示范点建设提供动力。

按照扩权、让利、松绑、开绿灯的原则，积极整合政策资源，凝聚改革合力，破除制约小城镇经济社会发展的体制机制障碍，在户籍改革、土地政策、财政政策、金融政策、税收政策、环保政策、人才政策等方面，建立横向到边、纵向到底的支持示范小城镇建设政策体系，着力推进扩权强镇改革，为示范小城镇发展提供动力。

三、方法步骤

（一）进度安排。

按照"一年有变化、两年大变样、三年基本建成"的总体要求，特色小城镇示范点建设工作 2015 年至 2017 年 3 年的工作任务如下：

1.2015 年（前期准备阶段）。完成特色小城镇示范点总体规划、控制性详细规划、城市设计及其实施方案的编制及其审查、审批。开展项目申报、项目选址、土地征用、初步设计、招投标等项目建设的前期工作。研究制定具体配套政策，建立支持特色小城镇示范点建设工作的政策体系。

2015 年开工建设一批工作基础较好，完成有关前期工作的特色小城镇示范点。

2.2016 年（全面实施阶段）。全面推进特色小城镇示范点建设工作。自治区、地

(市)两级领导机构加强督促指导,进行阶段性考核。

3.2017 年(考核验收阶段)。自治区、地(市)两级特色小城镇示范点建设工作领导机构按照《西藏自治区特色小城镇建设评价标准》(另文印发),组织开展考核验收工作。

(二)工作程序。

特色小城镇示范点总体规划、控制性详细规划、城市设计方案及其实施方案,经地(市)审核同意后,报自治区推进城镇化工作领导小组审批;特色小城镇示范点建设项目初步设计,由住房城乡建设厅会同财政厅、发展改革委联合审批并下达投资。特色小城镇示范点建设的其他审批,按照基本建设项目管理的有关法律法规办理。

鼓励各地(市)、县(区)在保证质量的前提下,加快工作进度,抓紧开展特色小城镇示范点规划编制和项目前期工作。有关部门要开通行政审批绿色通道,简化审批手续,提高审批效率,成熟一个、审批一个,先报先批。自治区将对在特色小城镇示范点建设工作中进度较快、效果好的地(市)、县(区)给予奖励,并在资金项目上予以倾斜。

四、保障措施

(一)加强组织领导。

自治区推进城镇化工作领导小组负责统一领导、统筹协调特色小城镇示范点建设各项工作,在住房城乡建设厅设立特色小城镇示范点建设工作办公室,负责日常工作。各地(市)、县(区)要充实相应的工作机构,研究制订具体的实施方案,扎实、有序推进特色小城镇示范点建设工作。

严格落实"一城一班、一城一规、一城一策、一城一案"工作要求。一城一班是指地(市)委、行署(人民政府)主要领导要分别抓一个示范点,特色小城镇示范点所在地县人民政府住房城乡建设、发展改革、财政、环境保护等部门以及特色小城镇示范点人民政府负责人组成一套工作班子。

县人民政府是特色小城镇示范点建设的项目法人,实行县长负责制。一城一规是指一个城镇要有一套规划,包括总体规划、控制性详细规划和城市设计方案等。一城一策是指要根据特色小城镇示范点的实际确定具体的扶持政策。一城一案是指一个小城镇要有一套实施方案,明确目标、任务、责任、分工,明确进度和时间表,明确投资安排。

（二）完善政策体系。

自治区有关部门和地（市）、县（区）要在户籍改革、土地政策、财政政策、金融政策、税收政策、环保政策、人才政策、项目安排等方面，建立横向到边、纵向到底的支持示范小城镇建设政策体系，并加强行业指导，形成加快推进特色小城镇示范点建设的强大合力。

（三）加大资金投入。

自治区财政安排 10 亿元特色小城镇示范点建设工作启动资金。地（市）、县（区）人民政府要以规划为统领，以基础设施项目、产业项目、民生项目为重点，进一步整合交通运输、住房城乡建设、农牧、水利、林业、电力等部门资源，调整资金结构，按照“渠道不乱、用途不变、统筹安排、集中投入、各负其责、各记其功、形成合力”的原则，加大对特色小城镇建设的投入力度。同时，要广泛吸纳社会资金和民间资本支持特色小城镇示范点建设。充分发挥援藏资金在小城镇建设中的重要作用。

特色小城镇示范点风貌改造涉及居民房屋的，房屋所有权人或实际使用人应当积极配合，并合理分担有关费用。

（四）加强技术支持。

县（区）、乡（镇）人民政府要建立和充实乡（镇）规划建设管理机构（村镇建设服务中心）、管理干部和专业技术人才队伍。自治区和地（市）住房城乡建设部门要牵头成立乡（镇）规划建设管理专家服务组，适时赴各特色小城镇示范点对规划编制与实施、重点项目建设等进行技术指导，对各乡（镇）配备的规划建设管理员进行培训。

（五）加强规划建设管理。

强化规划的统筹引导作用，增强规划的执行力。严格落实领导责任制、项目法人制、施工图审查制、招标投标制、工程监理制、合同管理制和竣工验收备案制。建立健全质量管理体系，落实监管责任，确保工程质量。增强安全意识，加强安全检查，排查安全隐患，防范安全风险，确保安全生产。推动特色小城镇建设工作法治化进程，积极推进公共决策的社会公示、公众听证和专家咨询论证制度，确保特色小城镇建设工作决策民主、程序正当、结果公开，严格依法规划、建设、管理特色小城镇。

（六）加强督促考核。

对特色小城镇示范点建设工作建立动态评价和激励机制，将示范小城镇建设工作纳入到领导干部和领导班子的工作实绩考核中，加大对特色小城镇示范点建设的督查力度，加强对特色小城镇示范点建设的动态跟踪、监控评估和高效管理，严格执行“月度报告、季度检查、半年通报、年度考核”机制，确保各项任务如期保质完成。对有特色、有成效、有影响的特色小城镇示范点要树立典型，引导特色小城镇示范点建设工作比学赶超。

（七）加大宣传力度。

发挥舆论导向作用，利用广播、电视、报纸、网络、宣传栏等多种形式，大力宣传特色小城镇示范点建设工作的重要意义和政策措施，扩大社会影响。组织新闻媒体，及时报道特色小城镇示范点建设的新进展，宣传好的典型及经验做法，激发广大干部群众的积极性、创造性，引导社会各界广泛参与，形成良好舆论氛围。（以上为西藏特色小镇政策主要内容）

附件：西藏自治区第一批特色小城镇示范点建设名单（20 个）

20 个特色小城镇示范点分别是：拉萨市羊八井镇、甲玛乡、吞巴乡，日喀则市江孜镇、吉隆镇、吉定镇、甲措雄乡，山南市杰德秀镇、桑耶镇、勒门巴民族乡，林芝市鲁朗镇、巴河镇、察瓦龙乡，昌都县岗托镇、然乌镇、曲孜卡乡，那曲地区雁石坪镇、荣布镇，阿里地区巴嘎乡、多玛乡。

二十四、上海市相关政策

上海市关于开展特色小（城）镇培育与2017年申报工作下发了通知，节选如下：

关于开展上海市特色小（城）镇培育与2017年申报工作的通知

沪发改地区〔2016〕20号

浦东新区、宝山区、闵行区、嘉定区、金山区、松江区、青浦区、奉贤区、崇明县人民政府：

为贯彻党中央、国务院关于推进特色小镇、小城镇建设的精神，落实市委、市政府关于“协同推进新型城镇化和新农村建设，加快推动本市城乡发展一体化”的总体部署，按照住房城乡建设部、国家发展改革委、财政部《关于开展特色小镇培育工作的通知》（建村〔2016〕147号）和国家发展改革委《关于加快美丽特色小（城）镇建设的指导意见》（发改规划〔2016〕2125号）的要求，现就开展上海市特色小（城）镇培育工作具体通知如下：

一、总体要求

全面贯彻党的十八大和十八届三中、四中、五中、六中全会精神，牢固树立和贯彻落实创新、协调、绿色、开放、共享的发展理念，因地制宜、突出特色，充分发挥市场主体作用，创新建设理念，转变发展方式，通过培育特色鲜明、产业发展、绿色生态、美丽宜居的特色小（城）镇，探索本市小（城）镇建设健康发展之路，建立市级特色小（城）镇梯队培养机制，为积极申报国家级特色小镇做好储备，推动新型城镇化和新农村建设。

——坚持创新探索。创新美丽特色小（城）镇的思路、方法、机制，着力培育供给侧小镇经济，防止“新瓶装旧酒”“穿新鞋走老路”，努力走出一条特色鲜明、产城融合、惠及群众的新型小城镇之路。

——坚持因地制宜。从各地实际出发，遵循客观规律，挖掘特色优势，体现区域差异性，提倡形态多样性，彰显小（城）镇独特魅力，防止照搬照抄、“东施效颦”、一哄而上。

——坚持产业建镇。根据区域要素禀赋和比较优势，挖掘本地最有基础、最具潜力、最能成长的特色产业，做精做强主导特色产业，打造具有持续竞争力和可持续发展特征的独特产业生态，防止千镇一面。

——坚持以人为本。围绕人的城镇化，统筹生产、生活、生态空间布局，完善城镇功能，补齐城镇基础设施、公共服务、生态环境短板，打造宜居宜业环境，提高人民群众获得感和幸福感，防止形象工程。

——坚持市场主导。按照政府引导、企业主体、市场化运作的要求，创新建设模式、管理方式和服务手段，提高多元化主体共同推动美丽特色小(城)镇发展的积极性。发挥好政府制定规划政策、提供公共服务等作用，防止大包大揽。

二、培育条件

根据国家发展改革委《关于加快美丽特色小(城)镇建设的指导意见》(发改规划〔2016〕2125号)，特色小(城)镇包括特色小镇、小城镇两种形态。特色小镇主要指聚焦特色产业和新兴产业，集聚发展要素，不同于行政建制镇和产业园区的创新创业平台。特色小城镇是指以传统行政区划为单元，特色产业鲜明、具有一定人口和经济规模的建制镇。按照国家要求，结合上海实际，本市特色小(城)镇申报和培育以建制镇为单位，鼓励引导在镇域内相对集中地区发展打造特色产业、特色文化和特色环境。具体条件包括：

(一)特色鲜明的产业形态

产业定位精准，特色鲜明，并向做特、做精、做强发展，新兴产业成长快，传统产业改造升级效果明显，充分利用“互联网+”等新兴手段，推动产业链向研发、营销延伸。产业发展环境良好，产业、投资、人才、服务等要素聚集。产业带动周边农村地区发展效果明显。

(二)和谐宜居的美丽环境

空间布局与周边自然环境相协调，整体格局和风貌具有典型特征，路网合理，建设高度和密度适宜。居住区开放融合、建筑彰显传统文化和地域特色、公园绿地贴近工作生活、店铺布局有管控、镇区环境优美。土地利用集约节约，小镇建设与产业发展同步协调。美丽乡村建设成效突出。

(三)彰显特色的传统文化

传统文化得到充分挖掘、整理、记录，历史文化遗存得到良好保护和利用，非物质文化遗产活态传承。形成独特的文化标识，与产业融合发展。优秀传统文化在经济发展和社会管理中得到充分弘扬。公共文化传播方式方法丰富有效。居民思想道德和文化素质较高。

（四）便捷完善的设施服务

基础设施完善，自来水符合卫生标准，生活污水全面收集并达标排放，垃圾无害化处理，道路交通停车设施完善便捷，绿化覆盖率较高，防洪、排涝、消防等各类防灾设施符合标准。公共服务设施完善、服务质量较高，教育、医疗、文化、商业等服务覆盖农村地区。

（五）充满活力的体制机制

发展理念有创新，经济发展模式有创新。规划建设管理有创新，鼓励多规协调，建设规划与土地利用规划合一，社会管理服务有创新。区级支持政策有创新。镇村融合发展有创新。体制机制建设促进小镇健康发展，激发内生动力。

三、推进机制

市、区、镇三级形成合力，共同做好本市特色小（城）镇建设培育工作。市发展改革委、市规划国土资源局、市住房城乡建管委、市财政局、市农委、市经济信息化委等部门建立市级特色小（城）镇工作小组，负责组织开展本市特色小（城）镇培育工作，明确培育要求，进行指导检查，确定市级特色小镇名单，做好国家级特色小镇的申报推荐工作。区县级人民政府是培育特色小镇的责任主体，负责制定支持政策和保障措施，整合落实资金，完善体制机制，统筹项目安排并组织推进。镇人民政府负责做好实施工作。

同时，按照市领导对本市特色小（城）镇建设工作的指示要求，市级特色小（城）镇工作小组建立"一镇一方案"的工作机制，对列入中国特色小镇和上海市特色小（城）镇名单的镇，根据其具体类型、实际问题和政策诉求，研究制定有针对性的支持政策和解决方案，因地制宜推进本市特色小（城）镇建设。对列入市级特色小（城）镇名单，经"一镇一方案"政策扶持后发展成效较为明显的镇，优先推荐申报国家级特色小镇。

四、2017 年申报工作

2016 年是国家开展特色小镇培育工作的第一年，上海有三个镇被评为第一批中国特色小镇。为加快推进本市特色小（城）镇培育工作，为申报 2017 年中国特色小镇做好储备，现开展 2017 年上海市级特色小镇推荐申报工作，请各郊区县积极参与。具体要求如下：

（一）推荐数量

各郊区县申报 2017 年市级特色小镇数量控制在 2 个以内。

（二）推荐材料

推荐市级特色小镇应提供下列资料：

1. 小城镇基本信息表（见附件1）

2. 小城镇建设工作情况报告及PPT（编写提纲见附件2）。报告要紧紧围绕本通知中培育要求的5项要点编写。同时按编写提纲提供能直观、全面反映小城镇培育情况的PPT。

3. 镇总体规划。符合特色小镇培育要求、能够有效指导小城镇建设的规划成果。

4. 相关政策支持文件。被推荐镇列为本区支持对象的证明资料和支持政策文件。

以上材料均需提供电子版，基本信息表还需提供区级人民政府盖章的纸质文件。

（三）截止时间和联系方式

请各区于2017年2月15号（周三）下班前提交推荐材料。请将反馈材料电子文件夹（包括各镇基本信息表、工作情况报告、PPT说明材料等）发送到电子邮箱。纸质盖章文件（各镇信息表）、有关电子材料（请以光盘形式）寄送到联系地址。

第四节　国家级特色小镇申报

一、申报条件

原则：原则上是建制镇（县政府除外），优先选择全国重点镇、人口 5 万以上的特大镇、人口 3 万以上的产业特色镇。

条件：候选特色小镇近 5 年应无重大安全生产事故、重大环境污染、重大生态破坏、重大群体性社会事件、历史文化遗存破坏现象。

要求：以人为本、产业建镇、市场主导、因地制宜、突出特色、深化改革、创新探索。

二、申报材料

（一）小城镇基本信息表

基本信息表需要提供电子版和盖章纸质版；各项信息要客观真实。

（二）小城镇建设工作情况报告及 PPT

小城镇建设工作情况报告：字数不超过 5000 字，需提供电子版。报告主要由近 3 年小城镇建设工作情况、小城镇建设培育工作评估、当前小城镇培育面临的困难和问题、发展目标及政策措施这四部分构成。

（1）近 3 年小城镇建设工作情况：要求简述小城镇区位、交通、人口、经济水平、产业基础等社会经济发展基本情况。简述近 3 年小城镇建设情况、主要实施项目、特色化方面开展的工作情况。

（2）小城镇建设培育工作评估：要求按照建村〔2016〕147 号文中培育要求，简述本镇在“产业发展、小镇环境、传统文化、设施服务、体制机制”5 个方面的情况，并逐项评估。从产业特色、带动作用、发展环境 3 个方面阐述小城镇的产业发展特色；从城镇风貌、镇区环境、美丽乡村 3 个方面阐述小城镇的环境风貌特色；从文化传承、文化传播 2 个方面阐述小城镇的文化特色；从道路交通、公用设施、公共服务 3 个方面阐述小城镇服务设施的便捷性；从理念模式、规划建设、社会管理、体制机制等方面阐述小城镇的体制机制活力。

（3）当前小城镇培育面临的困难和问题。

（4）发展目标及政策措施：内容共三部分，第一是简述到2020年总体发展目标及年度目标；第二从产业培育、环境整治、文化传承、基础设施建设、体制机制建设等方面阐述2017年、2018年工作安排；第三写明县级支持政策。

（5）同时按编写提纲提供能直观、全面反映小城镇培育情况的PPT。有条件的地方可提供不超过15分钟的视频材料。

（三）镇总体规划

符合特色小镇培育要求、能够有效指导小城镇建设的规划成果（电子版）。

（四）相关政策支持文件

被推荐镇列为省、市、县支持对象的证明资料及县级以上支持政策文件（电子版）。

三、申报流程

国家级特色小镇按照三级推荐程序进行申报（图7–1）。政府为实施主体，县为责任主体。

（1）县级人民政府做好推荐填报工作。

（2）省（区、市）住建厅村镇建设部门组织专家评估把关并实地考核，填写专家意见和实地考核意见，并严格按照推荐数量上报，按时将候选特色小镇的材料及电子版上报国家住建部村镇建设司，同时在住建部网站（网址：http：//czjs.mohurd.gov.cn）上完成信息填报。

（3）国家住建部村镇建设司将会同国家发展改革委规划司、财政部农业司组织专家对各地推荐上报的候选特色小镇进行逐项评估复核，并现场抽查，认定公布特色小镇名单。

（4）由国家发展改革委牵头，会同国土资源、环境保护、住房城乡建设等有关部门，共同推进特色小镇和小城镇建设工作，加强对各地区的监督检查评估。国务院有关部门对已公布的两批403个全国特色小城镇、96个全国运动休闲特色小镇等开展定期测评和优胜劣汰。

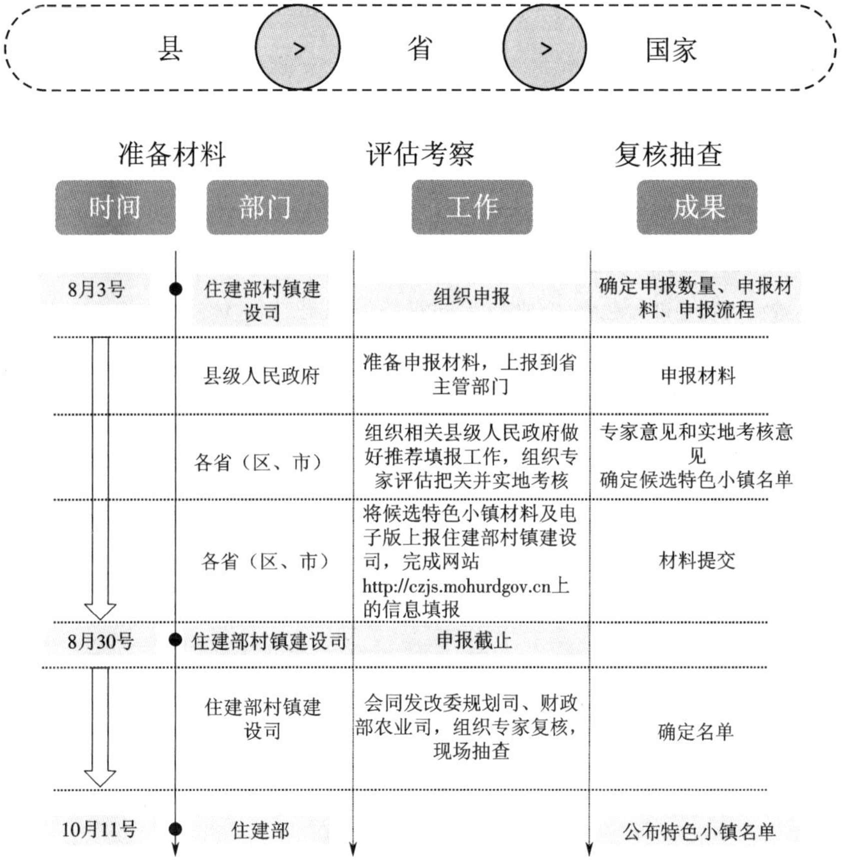

图 7-1　国家级特色小镇申报流程

第五节　国家级特色小镇评价体系

一、认定标准

（一）“特色”为主，“优秀”为辅

以往的小城镇系列评选以“评优秀”为主，例如全国重点镇，是依据其优秀水平设定

不同的评分等级。

特色小镇要在达到“优秀”的大前提下，挖掘“特色”部分。因此，国家特色小镇认定标准将评价指标分为“特色性指标”和“一般性指标”。

特色性指标反映小城镇的特色，给予较高的权重；一般性指标反映小城镇基本水平，给予较低的权重。做到以评“特色”为主，评“优秀”为辅。

（二）以定性为主，定量为辅

小城镇的特色部分包含：产业特色、风貌特色、文化特色、体制活力等。以上几项特色描述的特性多数是以定性描述。但是，完全的定性描述会导致标准评判的弹性过大，降低标准的科学性与严谨性。而少量且必要的定量指标客观严谨，虽然使评审增加了一定的复杂性，但能够保证标准的科学与严密。所以，国家特色小镇的认定以定性评论为主要，以定量评论为次要。在选择定量指标时首先尽量精简定量指标的数量，同时尽量使定量指标简单化，增强可评性。

二、评分细则

国家级特色小镇评审分值的构成见图 7-2。

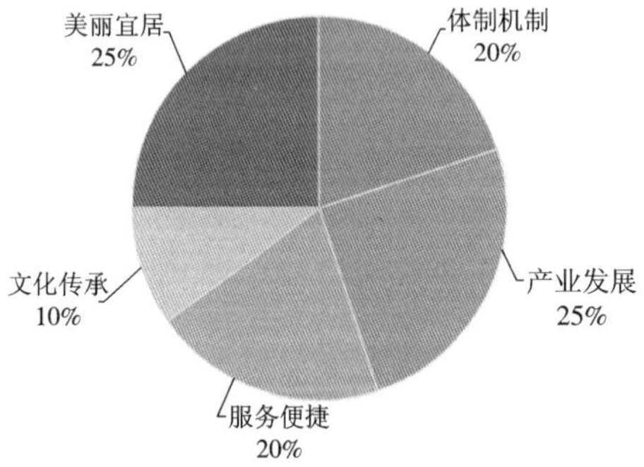

图 7-2　国家级特色小镇的评审分值

1. 产业发展（25 分）

小城镇的产业特色首先表现在产业定位与发展特色上，切忌千篇一律，要做到“唯一性”。

产业在符合国家的产业政策导向的切合程度;现有产业是否是传统产业的优化升级或者是新培育的战略新兴产业。

产业知名度影响力大小;产业是否有规模优势。其中产业规模优势为定量指标。

特色产业应该有产业带动作用,以及较好地为产业发展提供创新环境。

特色鲜明的产业形态是小城镇的核心特色,所以,在百分制的评分体系中,此项占有25分的评分权重。

2. 美丽宜居(25分)

小城镇特色风貌与建设特色的环境要求是具备和谐、适宜居住的美丽环境。

首先是城镇风貌特色的要求,可以分为整体格局与空间布局、道路路网、街巷风貌、建筑风貌、住区环境等几个指标,对小城镇风貌特色进行全面评价。

其次是镇区环境,包括公园绿地和环境卫生两方面。镇域内美丽乡村建设,也要满足考核要求。

特色小镇的核心载体是具备和谐、适宜居住的美丽环境,这一项占有25分的评分权重。

3. 文化传承(10分)

小镇文化是特色小镇的"灵魂"、"名片",发展特色小镇要对文化进行存续及发扬,更好地彰显特色的传统文化。因此,考察小镇的文化传承情况时主要是从文化传承和文化传播两个维度着手。

有些小城镇并没有很深厚的历史文化积淀,因此,在文化传播中要加强对缺乏历史文化积淀的小镇的审查。这一项占有10分的评分权重。

4. 服务便捷(20分)

便捷完善的设施服务是特色小镇长远发展的基础。小城镇设施服务的标准较为成熟,依据以往经验,会从道路交通、市政设施、公共服务设施三大方面考核小镇的设施服务便捷性。

服务便捷方面还会注重对现代服务设施的审查,包括WIFI覆盖情况、高等级商业设施配置指标。这一项占有20分的评分权重。

5. 体制机制（20 分）

充满活力的体制、机制是特色小镇的一个重要特征，可以从以下几个方面考核：

首先，小镇的发展理念及发展模式是否具有创新力；

其次，管理规划建设是否有创新力，规划编制是否相互融合；

最后，省、市、县是否有发展特色小镇的决心，是否有创新的支持政策。

此项是考核特色小镇创新发展的标准，占有 20 分的评分权重。

第六节　省级特色小镇申报流程

一、各省通用申报流程

（一）时间节点

省级特色小镇申报一般每年 4 月开始，4 月 30 日截止申报。

（二）主管部门

"非镇非区"模式省级特色小镇，主管部门一般为省级发改委的相关管理办公室；"建制镇"模式省级特色小镇，主管部门一般为省级住建厅的相关管理办公室。

（三）申报材料

省级特色小镇申报需提交的材料一般为以下几项：

（1）特色小镇基本信息表；

（2）概念性规划；

（3）创建方案；

（4）投资主体情况；

（5）支持政策。

（四）通用申报流程

省级特色小镇通用的申报流程见图 7-3。

图 7-3　省级特色小镇通用申报流程

二、省级特色小镇申报流程

（一）河北省特色小镇申报流程

河北省特色小镇申报流程见图 7–4。

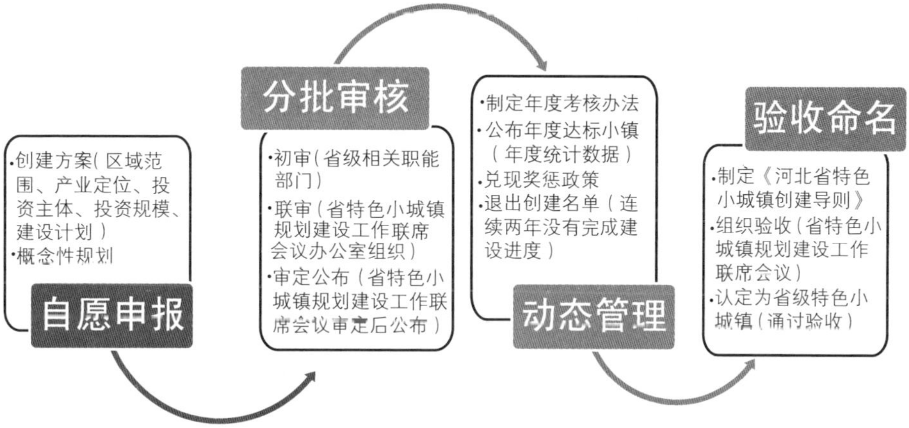

图 7-4　河北省特色小镇申报流程

（二）湖北省特色小镇申报流程

湖北省特色小镇申报流程见图 7–5。

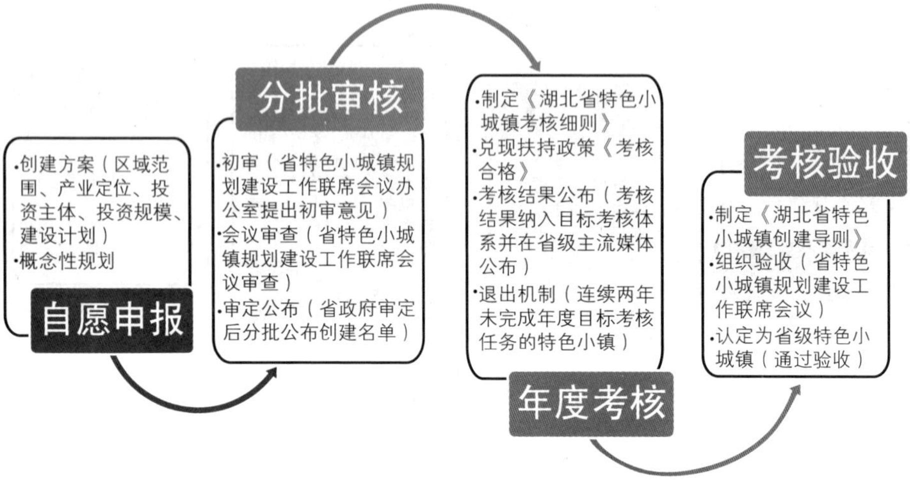

图 7-5　湖北省特色小镇申报流程

（三）山东省特色小镇申报流程

山东省特色小镇申报流程见图 7–6。

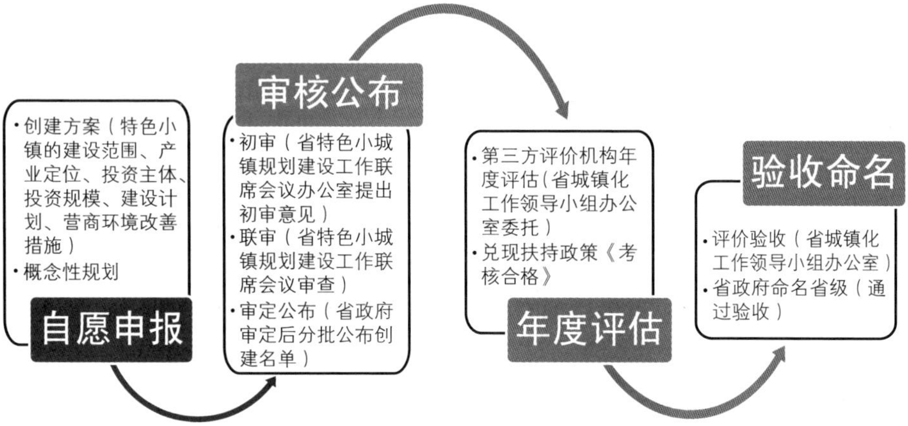

图 7-6　山东省特色小镇申报流程

（四）辽宁省特色小镇申报流程

辽宁省特色小镇申报流程见图 7–7。

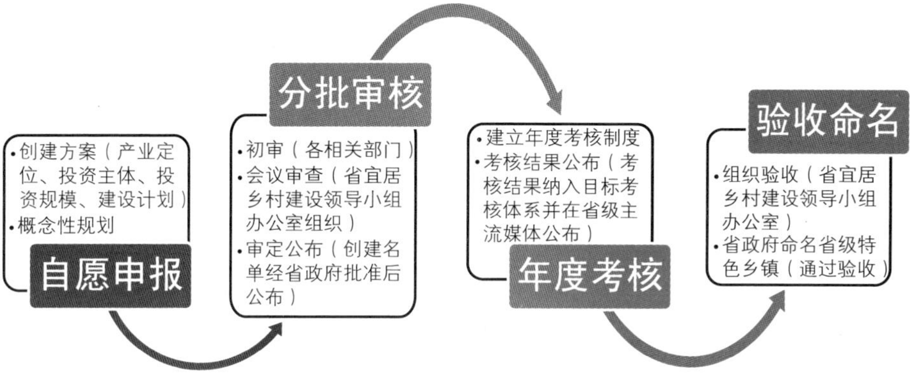

图 7-7　辽宁省特色小镇申报流程

（五）甘肃省特色小镇申报流程

甘肃省特色小镇申报流程见图 7–8。

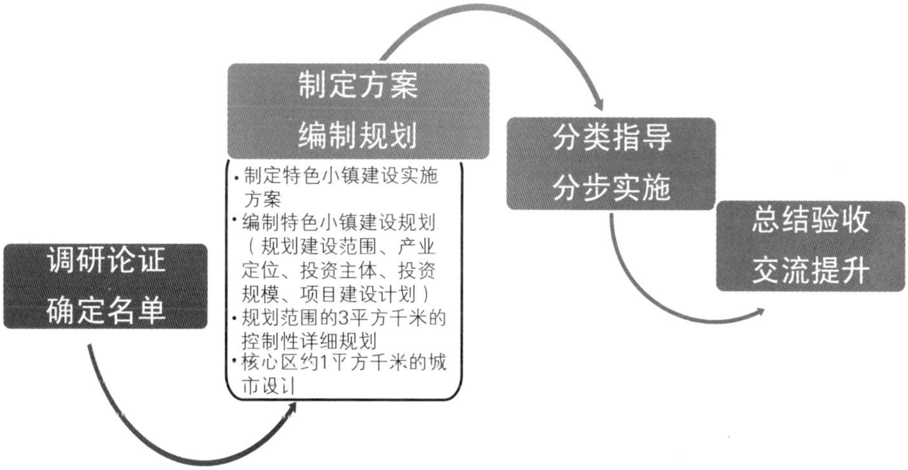

图 7-8　甘肃省特色小镇申报流程

（六）天津市特色小镇申报流程

天津市特色小镇申报流程见图 7–9。

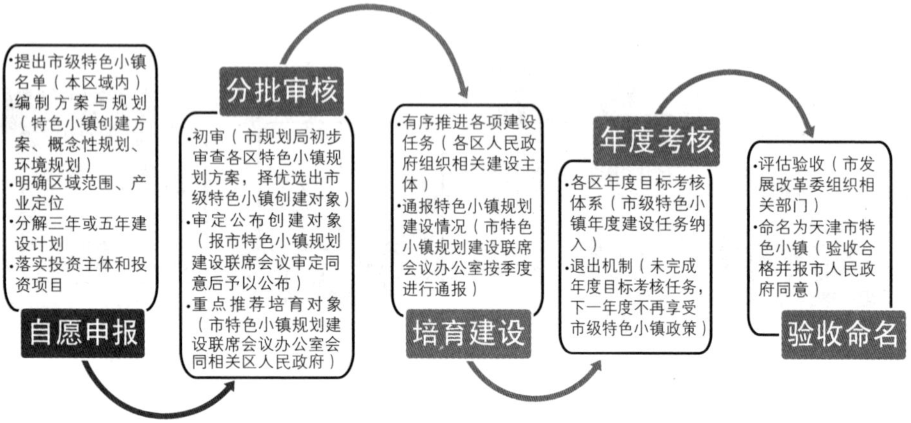

图 7-9　天津市特色小镇申报流程

（七）江西省特色小镇申报流程

江西省特色小镇申报流程见图 7–10。

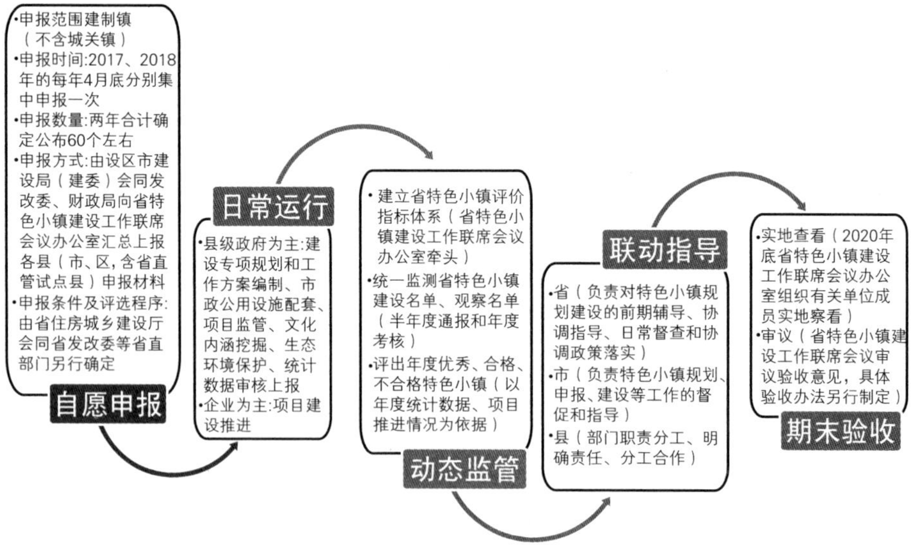

图 7-10　江西省特色小镇申报流程

（八）福建省特色小镇申报流程

福建省特色小镇申报流程见图 7–11。

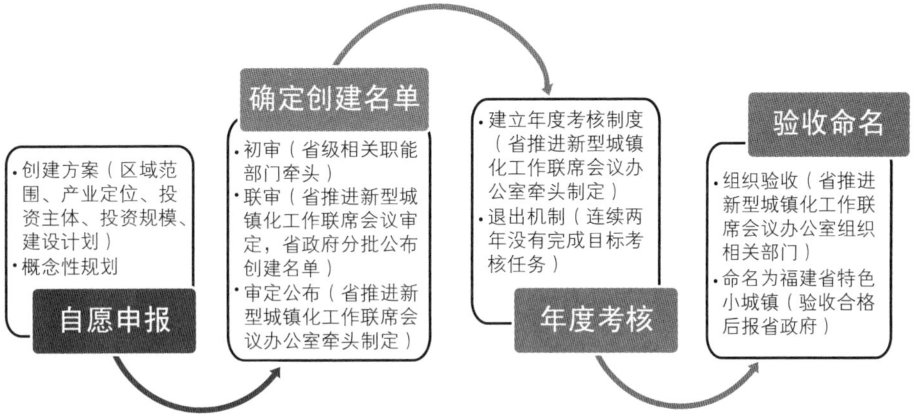

图 7-11　福建省特色小镇申报流程

（九）海南省特色小镇申报流程

海南省特色小镇申报流程见图 7–12。

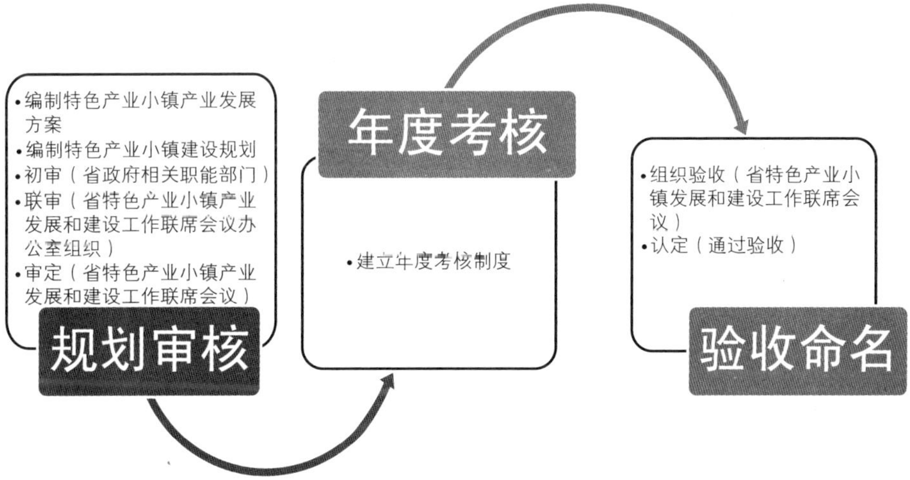

图 7-12　海南省特色小镇申报流程

（十）浙江省特色小镇申报流程

浙江省特色小镇申报流程见图 7–13。

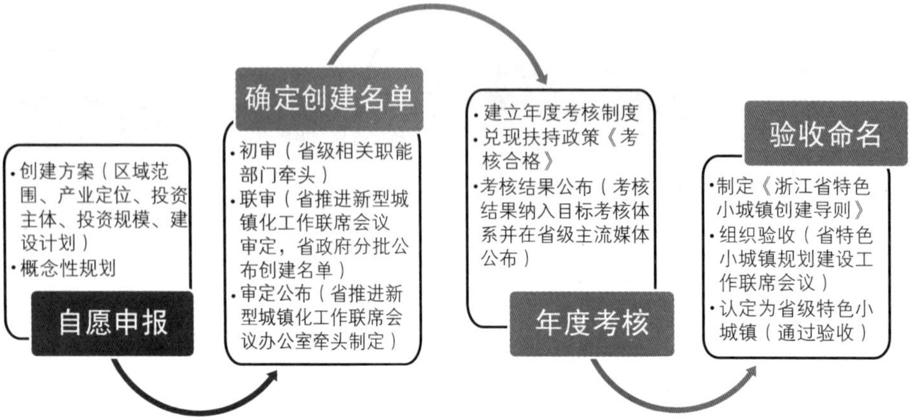

图 7-13　浙江省特色小镇申报流程

第七节　千企千镇工程申报流程

一、建设目标

以企业文化为主体，以市场为主导，建设美丽特色小（城）镇，解决企业与小（城）镇之间信息不对称问题以及以企业为主体建设特色小（城）镇过程中的重点难点问题，实现产业转型升级，力争到 2020 年底撮合建成约 1000 个具有鲜明产业特色的美丽小（城）镇。

二、体制机制

“千企千镇工程”采取“政、企、银、社”联动的体制机制创新模式，政府引导，企业为主体，市场化运作，多主体参与，主办单位联合行使共同职责。按照 2016 年 12 月《关于实施“千企千镇工程”推进美丽特色小（城）镇建设的通知》（发改规划〔2016〕2604 号）中的创建方式培育，探索和建立以市场化方式推动建设的良性发展机制，自愿申报，资源结对，不设数量，不搞政府指令。

主办单位联席会议：主办单位定期召开“千企千镇工程联席会议”，研究制定《年度工作计划》，发布《千企千镇工程年度报告》。

联合确定培育项目：联合确定“千企千镇工程培育项目”。

共同主办论坛：共同举办“中国特色小（城）镇发展论坛”。

工作机构：设千企千镇工程办公室作为千企千镇工程工作机构。

三、服务流程

千企千镇工程服务流程见图 7–14。

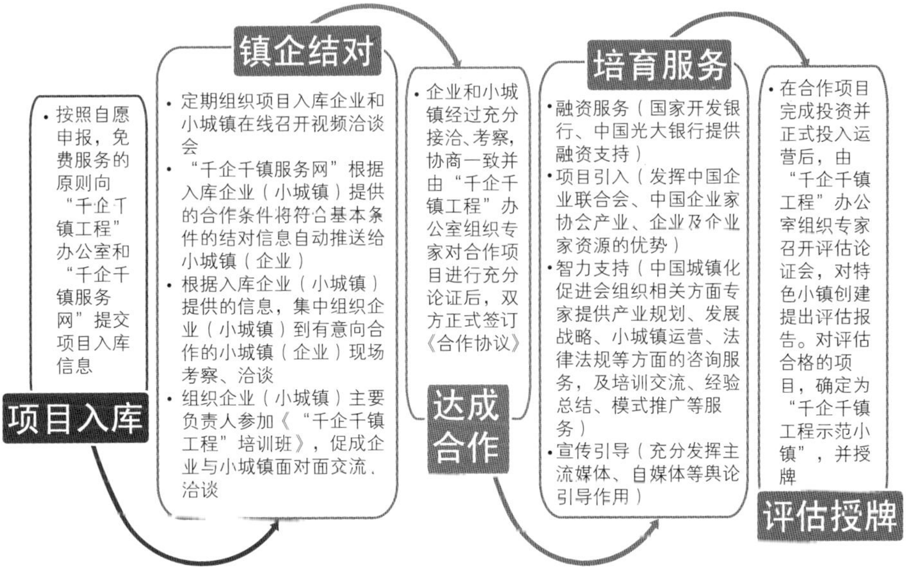

图 7-14 千企千镇工程服务流程